호산 박문호
『칠서주상설』 연구번역총서 4

논어집주상설 4

호산 박문호 저

책임역주[주저자]: 신창호
전임역주: 김학목 · 윤원현 · 조기영
공동역주: 김언종 · 임헌규 · 허동현

박영story

이 저서는 2017년 대한민국 교육부와 한국연구재단의 지원을 받아 수행된 연구임
(NRF－2017S1A5B4056044)

연구번역자 서문

학문 연구의 토대를 다지는 작업은 지난하면서도 즐겁다. 동양학을 탐구하는 학자들이 상생상극(相生相剋)의 학문적 이치를 노정(路程)한다면, 학문 연구의 난제(難題)와 열락(悅樂)은 서로 스며들게 마련이기 때문이다. 공자가 유교를 집대성(集大成)한 이후, 주자의 주석(註釋)을 거치면서 전변(轉變)을 거쳐 온 유학은, 그 이론과 실천의 차원에서 엄청난 심사숙고를 요청한다. 우주자연과 인간 사회에 대한 근본, 그 알파와 오메가를 진지하고 투철하게 고려하도록 채찍질한다. 선현(先賢)들의 학문 활동을 돌아보건대, 상당수가 그러한 삶을 고민했음이 분명하다.

본 저술은 호산(壺山) 박문호(朴文鎬, 1846~1918)의 『칠서주상설(七書註詳說)』을 심도있게 연구하여 한글로 완역한 연구번역 성과이다. 『칠서주상설』은 말 그대로 '칠서(七書)'의 주석에 대해 자세하게 설명한 저술이다. <칠서주>는 회암(晦庵) 주희(朱熹, 1130~1200)의 『논어집주(論語集註)』, 『맹자집주(孟子集註)』, 『대학장구(大學章句)』, 『중용장구(中庸章句)』, 『시집전(詩集傳)』, 『서집전(書集傳)』, 『주역본의(周易本義)』를 가리키는 것으로, 유교의 핵심 경전인 사서삼경(四書三經)에 관한 주희(『서집전』의 경우는 채침(蔡沈, 1167~1230))의 주석을 말한다. 주지하다시피, 사서삼경과 그 주석은 조선 주자학의 뼈대를 이루는 중심 경전이다. 호산은 이 <칠서주>에 다시 상세하게 주석을 부가하여 조선 유교를 종합해내었다. 서구 근대 문명이 밀물처럼 밀려오던 19세기 중반에서 20세기 초반에 활동하면서도, 주자학의 정통 학문을 자신의 사명처럼 여기고, 유교의 핵심 경전을 집대성한 것이다.

호산은 『칠서주상설』을 편찬하면서, 자신이 연구한 나름의 소신을 저술의 편차(編次)에 반영하였다. 중국 송대의 사상가들을 비롯하여 주자학을 신봉하는 대부분의 학자들이 사서(四書)의 독서 순서를 『대학(大學)』으로 시작했던 것과 달리, 호산은 『칠서주상설』의 순서를 주석(註釋)의 명칭에 따라 『논어집주상설(論語集註詳說)』로부터 시작했다. 그것은 유학의 핵심 경전인 『논어』가 맨 앞에 자리해야 하는 당위성이기도 하다.

그렇게 하여 『칠서주상설』은 『논어집주상설』 20권, 『맹자집주상설』 14권, 『대학장구상설』 1권, 『중용장구상설』 1권, 『시집전상설』 18권, 『시서변설상설』 2권, 『주역본의상설』 12권, 『서집전상설』 14권, 『서서변설상설』 1권으로, 전체 83권에 이르는 방대한 저작이 되었다. 마치, 조선의 주자학을 마무리하듯이, 경전의 주석을 짜임새 있게 갖추었다. 사서삼경의 경문에 대한 중국 역대의 주석을 비롯하여, 조선시대 여러 학자들의 주석을 간단·명료하게 총망라하였다. 특히, 사서삼경에 대한 주자의 주해(註解)를 의리(義理)와 훈고(訓詁), 그리고 논리(論理)를 반영하는 등, 여러 측면에서 정밀하고 명확하게 분석하면서도, 사서삼경의 주요 텍스트인 <영락대전(永樂大全)>본의 오류를 바로잡은 엄밀한 주석서로 편찬해내었다.

주자 이후 중국의 주요 주석뿐 아니라, 퇴계(退溪), 율곡(栗谷), 사계(沙溪), 우암(尤菴), 남당(南塘), 농암(農巖) 등 조선 성리학을 대표하는 학자들의 학설과 호산 자신의 견해까지 담은 저술이기에, 주자학의 심오한 이해는 물론 조선 성리학의 맥락과 계보, 발전 양상을 포괄할 수 있는 학문성을 담보한다.

본 연구번역은 2017년도 한국연구재단의 토대연구 사업으로 시작되었다. 연구 기획을 할 무렵 연구진의 생각은 좀 단순했다. '『칠서주상설』이 조선 유교 경전 주석사의 대미를 장식하는 주요한 저작이므로 이를 번역하여 학계에 기여하면 좋겠다!'는 정도였다. 그러나 기획 단계에서 초역을 하고 연구계획서를 작성하면서, '토대'연구 사업에 어울리는 작업으로서 연구범위가 상당 부분 확장되었다. 분량도 그렇지만, 원문에는 없는 표점, 찾아보기 힘들게 되어 있는 원전의 구절과 문장의 정돈, 내용 가운데 보충 설명이 필요한 부분의 주석 등, 관련 전공자들의 수준 높은 연구를 곁들인 번역의 필요성이 요청되었다. 고민을 거듭한 결과, 연구 작업이 너무나 방대해졌다.

그러나 연구진들은 매월 2,000여 매(200자 원고지 기준)에 달하는 연구 번역에 온힘을 쏟아 부었다. 열정을 바친 만큼 원고는 계획대로 생산되었고 또한 다듬어졌다. 단행본 1권에 해당하는 분량이었다. 원본의 오탈자를 바로잡고, 표점을 찍고, 구절을 바르게 맞추고, 문장을 정렬하고, 관련 전거를 확인하는 등, 초역에서 교열·윤문, 그리고 출판에 이르기까지, 여러 과정을 반복했다. 정말이지, 연구번역이라는 학문의 토대 작업을 자임한, 고난의 행군이었다. 당초 계획대로 5년 동안의 연구기간에 『칠서주상설』을 마무리한다면, 매년 20,000여 매, 전체 100,000여 매의 원고가 성과물로 쌓일 것이다. 단행본으로는 약 50여 권이 될 것으로 예상된다.

어려우면서도 엄청난 작업이지만, 학문의 토대를 구축하는 데 기여할 수 있다는 자부심과 자긍심으로, 현재 2차년도 연구번역 작업이 마무리 단계에 와 있다. 분량이 많다 보니, 본 번역연구 성과물의 출간과 관련하여 고민하지 않을 수 없었다. 모든 작업이 끝나고 한꺼번에 출간하는 것은 다소 무리라는 판단이 들었다. 이에 매년 번역연구물이 산출되면, 다음년도 연구번역이 끝나기 전, 즉 1년 이내에 출간하는 것이 연구진이나 학계에 도움이 되겠다고 생각하였다.

이 책은 1차년도(2017년 9월~2018년 8월)의 결과물이다. 1차년도에는 『논어집주상설』과 『대학장구상설』을 연구번역하고 정본화 작업을 진행하였다. 책의 권수는 경전의 편제와 분량, 그리고 내용에 따라 나누어 조정하였는데, 17,000여 매에 달하는 『논어집주상설』은 10권으로, 3,000매 가량인 『대학장구상설』은 3권으로 출간하게 되었다.

무엇보다도 본 연구번역의 과정에 매진해준 연구진에게 큰 절을 올린다. '고맙다!'는 말 이외에 서로를 격려하고 용기를 북돋우며 동기부여할 수 있는 표현은 없는 것 같다. 전임연구교수로 연구번역에 힘써준 고려대학교 교육문제연구소의 김학목 박사님, 윤원현 박사님, 조기영 박사님의 초역은 본 연구의 밑거름이 되었다. 공동연구에 참여하신 고려대학교 김언종 명예교수님, 강남대학교 임헌규 교수님, 경희대학교 허동현 교수님은 각종 자문과 조언, 윤문과 교열 등을 맡아 고생해 주셨다. 이외에 연구보조원으로 참여한 한국외국어대의 서세영, 고려대의 우버들, 위민성, 장우재 등 대학원생들의 각종 보조가 도움이 컸다. 또한 자문에 응하여 충고를 아끼지 않으신 원로 한학자 중관(中觀) 최권흥 선생님을 비롯하여, 『칠서주상설』의 가치와 중요성을 일깨워주신 일우(一愚) 이충구 선생님, 여기에서 일일이 거론하지는 못했지만, 본 연구와 관련하여 도움을 주신 여러 선생님들께 감사의 말씀을 전한다.

본 연구는 연구책임자를 비롯하여 자문에 이르기까지 우리 모두의 땀과 정성이 배어 있는 합작의 결실이다. 다시 한번 수고해주신 모든 분들에게 고마움과 감사의 인사를 건넨다. 그리고 본 연구번역을 원활하게 수행할 수 있도록 각종 편의를 제공해준 고려대학교 교육문제연구소와 행·재정적으로 지원해 준 한국연구재단, 고려대학교 산학단에도 감사드린다. 그런 지원이 없다면 본 사업은 쉽게 할 수 없는 학술 작업이다. 남은 연구기간에도 지속적인 관심을 부탁한다.

호산 박문호의 『칠서주상설』은 1921년에 발간되었다. 1918년 그의 사후 3년만이었다. 그 후 100년이 지났다. 1세기가 지난 2018년, 호산 선생 사후 100여 년 만에, 후학에 의해 본 『칠서주상설』이 연구번역되었다는 점에서 상당한 의미를 부여할 수도 있겠다. 여러 차원을 고려하여, 본 연구번역이 조선 유학을 집대성한 경전 주석서로서, 본 연구사업의 취지에 맞게 관련 학계의 연구 토대로 작용할 수 있기를 간절히 소망한다. 어떤 연구번역이건 완벽하려고 하지만, 한 점의 실수나 오류도 없이 완벽을 기하기란 쉽지 않다. 그만큼 완전한 연구번역은 어렵다. 본 연구번역도 최선을 다하려고 했지만, 미비한 부분이 있을 것이다. 오류가 있다면 많은 질정을 바라며, 잘못된 부분이 발견되면, 추후에 수정 보완할 수 있도록 노력할 것이다.

마지막으로, 심심한 감사를 표해야 할 분이 있다. 상당한 어려움을 감수하면서도 가치 있는 학술도서에 애정을 갖고 출판을 맡아준 박영스토리의 노현 대표님, 불철주야(不撤晝夜) 성심껏 원고를 꼼꼼하게 다듬어 편집해준 문선미 과장님을 비롯한 박영사 편집진에게 고마운 마음을 전한다.

2019. 6. 하지(夏至)절

연구책임자 신창호 씀

일러두기

1. 본서는 1921년 풍림정사(楓林精舍)에서 간행된 박문호의 『칠서주상설(七書註詳說)』(한국학중앙연구원 장서각 소장)을 저본으로 하였다. 아울러 아세아문화사(亞細亞文化社)에서 간행한 『호산전서(壺山全書)』 1~8(1987~1990)을 참고하였다.

2. 원전(原典)은 직역(直譯)을 원칙으로 하되, 필요한 경우에는 현대적 의미를 고려하여 의역(意譯)하며 풀이하였다. 원문은 번역문과 함께 제시하되, 원문을 앞에 번역문을 뒤에 배치하였다.

3. 역주(譯註)의 경우 각주로 처리하고 간단한 단어나 개념 설명의 경우 본문에서 그대로 병기하여 노출하였다(예 : 잡기(雜記 : 잡다하게 기록함)). 주석은 인용 출처 및 근거를 비롯한 관련 자료를 최대한 밝혀내어 제시하고, 관련 자료의 원문 내용과 번역문을 동시에 수록하는 것을 원칙으로 하였다. 자료의 성격과 독해상의 혼란을 고려하여 원문만을 그대로 노출하거나 내용이 중복되는 부분일지라도 편장이 달라질 경우 다시 수록하여 연구 토대 자료로서의 편리성을 도모하였다.

4. 원전의 원문은 칠서의 '경문(經文)', 주자의 주석인 '주주(朱註)', 박문호의 주석인 '상설(詳說)'로 구분하되, '경문－주주－상설'순으로 글자의 크기를 달리 하였다. 경문의 경우, 별도로 경문이라는 표시 없이 편장별로 번호를 붙였다(예 : 『논어』「선진」 1장 첫 구절은 「선진」이 『논어』의 11편이므로 [11－1－1]로 표시). 상설은 모든 구절에 ○를 붙여 의미를 분명하게 하였다.

5. 원문의 표점 및 정본화 작업은 연구번역 저본과 참고로 활용한 판본을 충분히 대조하여 정돈하였다. 『칠서주상설』 편제의 특성상, 혼란의 소지가 있는 부분은 글자를 추가하거나 삭제한 경우도 있으나 번역에서 원전 그대로 확인할 수 있도록 다시 전체 문장

을 제시하였다. 원문의 정본화 및 역주에서 경전(經傳; 『 』)이나 편명(篇名; 「 」), 구두(句讀; , ; .), 인용문(따옴표; “ ” ; ‘ ’), 강조점(따옴표; ‘ ’) 등을 구분하여 표시하였다.

6. 원전의 특성상, 경문의 바로 아래에 제시되어 있는 음운(音韻)이나 음가(音價)는 주자의 주석인 주주(朱註)로 처리하였다.

7. 원문이나 역주 가운데, 인명이나 개념어는 기본적으로 한글과 한문을 병기하되, 상황에 맞추어서 정돈하였다(예: ‘주자(朱子)’의 경우, 때로는 주희(朱熹)로 표기. 개념어는 원문을 그대로 노출하기도 하고 풀이하기도 하였는데, 도(道)의 경우, 도리(道理), 이치(理致), 방법(方法) 등으로 해석).

8. <참고문헌>과 인명 및 개념·용어 등은 최종 <별책 부록>으로 정돈한다.

차례

— 논어집주상설 총 목차 —

논어집주상설 1 • 칠서주상설서(七書註詳說序)
독논어맹자법상설(讀論語孟子法詳說)
논어집주서설상설(論語集註序說詳說)
제1편 학이(學而)

논어집주상설 2 • 제2편 위정(爲政)
제3편 팔일(八佾)

논어집주상설 3 • 제4편 이인(里仁)
제5편 공야장(公冶長)

논어집주상설 4 • 제6편 옹야(雍也)
제7편 술이(述而)

논어집주상설 5 • 제8편 태백(泰伯)
제9편 자한(子罕)

논어집주상설 6 • 제10편 향당(鄕黨)
제11편 선진(先進)

논어집주상설 7 • 제12편 안연(顔淵)
제13편 자로(子路)

논어집주상설 8 • 제14편 헌문(憲問)
제15편 위령공(衛靈公)

논어집주상설 9 • 제16편 계씨(季氏)
제17편 양화(陽貨)

논어집주상설 10 • 제18편 미자(微子)
제19편 자장(子張)
제20편 요왈(堯曰)

차례

— 논어집주상설 4 —

• **제6편 옹야(雍也)**

[6-1-1] 子曰:“雍也, 可使南面.” _ 6

[6-1-2] 仲弓, 問子桑伯子. 子曰:“可也簡.” _ 9

[6-1-3] 仲弓曰:“居敬而行簡, 以臨其民, 不亦可乎? 居簡而行簡, 無乃大簡乎?” _ 11

[6-1-4] 子曰:“雍之言然.” _ 19

[6-2-1] 哀公問:“弟子, 孰爲好學.” 孔子對曰:“有顔回者, 好學, 不遷怒, 不貳過, 不幸短命死矣. 今也則亡, 未聞好學者也.” _ 25

[6-3-1] 子華使於齊, 冉子爲其母請粟, 子曰:“與之釜.” 請益, 曰:“與之庾.” 冉子與之粟五秉 _ 46

[6-3-2] 子曰:“赤之適齊也, 乘肥馬, 衣輕裘. 吾聞之也, 君子周急 不繼富.” _ 47

[6-3-3] 原思爲之宰, 與之粟九百, 辭. _ 48

[6-3-4] 子曰:“毋. 以與爾隣里鄕黨乎.” _ 49

[6-4-1] 子謂仲弓曰:“犁牛之子, 騂且角, 雖欲勿用, 山川其舍諸?” _ 55

[6-5-1] 子曰:“回也, 其心, 三月不違仁, 其餘則日月至焉而已矣.” _ 60

[6-6-1] 季康子問:“仲由, 可使從政也與?” 子曰:“由也果 於從政乎何有.” 曰:“賜也可使從政也與?” 曰:“賜也, 達, 於從政乎何有.” 曰:“求也, 可使從政也與?” 曰:“求也, 藝, 於從政乎何有.” _ 68

[6-7-1] 季氏使閔子騫爲費宰, 閔子騫曰:“善爲我辭焉. 如有復我者, 則吾必在汶上矣.” _ 72

[6-8-1] 伯牛有疾, 子問之, 自牖執其手曰:“亡之, 命矣夫. 斯人也, 而有斯疾也. 斯人也, 而有斯疾也.” _ 80

[6-9-1] 子曰:“賢哉, 回也. 一簞食, 一瓢飮, 在陋巷, 人不堪其憂, 回也, 不改

其樂, 賢哉, 回也.” _ 87
[6-10-1] 冉求曰 : “非不說子之道, 力不足也.” 子曰 : “力不足者, 中道而廢, 今女畫.” _ 95
[6-11-1] 子謂子夏曰 : “女爲君子儒, 無爲小人儒.” _ 99
[6-12-1] 子游爲武城宰. 子曰 : “女得人焉爾乎.” 曰 : “有澹臺滅明者, 行不由徑, 非公事, 未嘗至於偃之室也.” _ 103
[6-13-1] 子曰 : “孟之反, 不伐. 奔而殿, 將入門, 策其馬, 曰 : ‘非敢後也, 馬不進也.’” _ 109
[6-14-1] 子曰 : “不有祝鮀之佞, 而有宋朝之美, 難乎免於今之世矣.” _ 114
[6-15-1] 子曰 : “誰能出不由戶. 何莫由斯道也.” _ 117
[6-16-1] 子曰 : “質勝文則野, 文勝質則史, 文質彬彬, 然後君子.” _ 120
[6-17-1] 子曰 : “人之生也直, 罔之生也, 幸而免.” _ 125
[6-18-1] 子曰 : “知之者, 不如好之者, 好之者, 不如樂之者.” _ 129
[6-19-1] 子曰 : “中人以上, 可以語上也, 中人以下, 不可以語上也.” _ 133
[6-20-1] 樊遲問知. 子曰 : “務民之義, 敬鬼神而遠之, 可謂知矣.” 問仁. 曰 : “仁者, 先難而後獲. 可謂仁矣.” _ 137
[6-21-1] 子曰 : “知者樂水, 仁者樂山, 知者動, 仁者靜, 知者樂, 仁者壽.” _ 145
[6-22-1] 子曰 : “齊一變, 至於魯, 魯一變, 至於道.” _ 152
[6-23-1] 子曰 : “觚不觚, 觚哉觚哉!” _ 157
[6-24-1] 宰我問曰 : “仁者, 雖告之曰, 井有仁焉, 其從之也.” 子曰 : “何爲其然也. 君子可逝也, 不可陷也, 可欺也, 不可罔也.” _ 162
[6-25-1] 子曰 : “君子博學於文, 約之以禮, 亦可以弗畔矣夫.” _ 169
[6-26-1] 子見南子, 子路不說, 夫子矢之曰 : “予所否者, 天厭之, 天厭之.” _ 175
[6-27-1] 子曰 : “中庸之爲德也, 其至矣乎! 民鮮久矣.” _ 185
[6-28-1] 子貢曰 : “如有博施於民, 而能濟衆, 何如. 可謂仁乎.” 子曰 : “何事於仁, 必也聖乎. 堯舜, 其猶病諸. _ 188
[6-28-2] 夫仁者, 己欲立而立人, 己欲達而達人. _ 192
[6-28-3] 能近取譬, 可謂仁之方也已.” _ 194

• 제7편 술이(述而)

[7-1-1] 子曰:"述而不作, 信而好古, 竊比於我老彭." _ 212
[7-2-1] 子曰:"默而識之, 學而不厭, 誨人不倦, 何有於我哉?" _ 219
[7-3-1] 子曰:"德之不修, 學之不講, 聞義不能徙, 不善不能改, 是吾憂也." _ 224
[7-4-1] 子之燕居, 申申如也, 夭夭如也. _ 227
[7-5-1] 子曰:"甚矣, 吾衰也! 久矣, 吾不復夢見周公!" _ 231
[7-6-1] 子曰:"志於道, _ 236
[7-6-2] 據於德, _ 238
[7-6-3] 依於仁, _ 240
[7-6-4] 游於藝." _ 242
[7-7-1] 子曰:"自行束脩以上, 吾未嘗無誨焉." _ 251
[7-8-1] 子曰:"不憤, 不啓; 不悱, 不發, 擧一隅, 不以三隅反, 則不復也." _ 255
[7-9-1] 子食於有喪者之側, 未嘗飽也. _ 262
[7-9-2] 子於是日, 哭則不歌. _ 263
[7-10-1] 子謂顔淵曰:"用之則行, 舍之則藏, 惟我與爾是夫." _ 266
[7-10-2] 子路曰:"子行三軍, 則誰與?" _ 270
[7-10-3] 子曰:"暴虎馮河, 死而無悔者, 吾不與也; 必也臨事而懼, 好謀而成者也." _ 271
[7-11-1] 子曰:"富而可求也, 雖執鞭之士, 吾亦爲之, 如不可求, 從吾所好." _ 279
[7-12-1] 子之所愼, 齊戰疾. _ 284
[7-13-1] 子在齊聞「韶」, 三月不知肉味, 曰:"不圖爲樂之至於斯也." _ 286
[7-14-1] 冉有曰:"夫子爲衛君乎?" 子貢曰:"諾. 吾將問之." _ 292
[7-14-2] 入, 曰:"伯夷·叔齊, 何人也?" 曰:"古之賢人也." 曰:"怨乎?" 曰:"求仁而得仁, 又何怨?" 出, 曰 :"夫子不爲也." _ 295
[7-15-1] 子曰:"飯疏食飮水, 曲肱而枕之, 樂亦在其中矣, 不義而富且貴, 於我如浮雲." _ 303
[7-16-1] 子曰:"加我數年, 五十以學『易』, 可以無大過矣." _ 309
[7-17-1] 子所雅言, 『詩』·『書』·執禮, 皆雅言也. _ 317
[7-18-1] 葉公, 問孔子於子路, 子路不對, _ 322
[7-18-2] 子曰:"女奚不曰:'其爲人也, 發憤忘食, 樂以忘憂, 不知老之將至云爾?'" _ 324

[7-19-1] 子曰:"我非生而知之者, 好古敏以求之者也." _ 329
[7-20-1] 子不語怪·力·亂·神. _ 332
[7-21-1] 子曰:"三人行, 必有我師焉, 擇其善者而從之, 其不善者而改之." _ 335
[7-22-1] 子曰:"天生德於予, 桓魋其如予何?" _ 338
[7-23-1] 子曰:"二三子, 以我爲隱乎? 吾無隱乎爾. 吾無行而不與二三子者, 是丘也." _ 341
[7-24-1] 子以四敎, 文·行·忠·信. _ 347
[7-25-1] 子曰:"聖人, 吾不得而見之矣, 得見君子者, 斯可矣." _ 349
[7-25-2] 子曰:"善人, 吾不得而見之矣, 得見有恒者, 斯可矣. _ 349
[7-25-3] 亡而爲有, 虛而爲盈, 約而爲泰, 難乎有恒矣." _ 352
[7-26-1] 子, 釣而不綱, 弋不射宿. _ 355
[7-27-1] 子曰:"蓋有不知而作之者? 我無是也. 多聞, 擇其善者而從之, 多見而識之, 知之次也." _ 359
[7-28-1] 互鄕, 難與言, 童子見, 門人惑. _ 363
[7-28-2] 子曰:"與其進也, 不與其退也, 唯何甚? 人潔己以進, 與其潔也, 不保其往也." _ 364
[7-29-1] 子曰:"仁遠乎哉? 我欲仁, 斯仁至矣." _ 369
[7-30-1] 陳司敗問:"昭公知禮乎?" 孔子曰:"知禮." _ 373
[7-30-2] 孔子退, 揖巫馬期而進之曰:"吾聞君子不黨, 君子亦黨乎? 君取於吳, 爲同姓, 謂之吳孟子, 君而知禮, 孰不知禮?" _ 375
[7-30-3] 巫馬期以告, 子曰:"丘也幸. 苟有過, 人必知之." _ 377
[7-31-1] 子與人歌而善, 必使反之, 而後和之. _ 380
[7-32-1] 子曰:"文莫吾猶人也? 躬行君子, 則吾未之有得." _ 383
[7-33-1] 子曰:"若聖與仁, 則吾豈敢? 抑爲之不厭, 誨人不倦, 則可謂云爾已矣." 公西華曰:"正唯弟子不能學也." _ 386
[7-34-1] 子疾病, 子路請禱, 子曰:"有諸?" 子路對曰:"有之, 誄曰'禱爾于上下神祇.'" 子曰:"丘之禱, 久矣." _ 391
[7-35-1] 子曰:"奢則不孫, 儉則固, 與其不孫也, 寧固." _ 398
[7-36-1] 子曰:"君子坦蕩蕩, 小人長戚戚." _ 400
[7-37-1] 子, 溫而厲; 威而不猛; 恭而安. _ 402

권6

논어집주상설

論語集註詳說

옹야 雍也

제6편 第六

朱註

凡二十八章. 篇內第十四章以前, 大意與前篇同.

모두 28장이다. 이 편 안의 14장 이전은 큰 의미가 앞의 편과 같다.

詳說

○ 祝鮀章.

제14장은 축관(祝官)인 타(鮀)에 관한 장이다.

○ 新安陳氏曰 : "亦論古今人物."[1]

신안 진씨(新安陳氏 : 陳櫟)가 말하였다. "또한 옛날과 지금의 인물들에 대해 논하였다."[2]

1) 호광 편(胡廣 編), 『논어집주대전(論語集註大全)』「옹야(雍也)」.

2) 또한 옛날과 지금의 인물들에 대해 논했다 : 『논어집주대전』「옹야(雍也)」에는 "또한 옛날과 지금의 인물들이 현명한지 그렇지 않은지 잘했는지 못했는지에 그 잘잘못에 대해 말하였다.(亦論古今人物賢否得失.)"라고 되어 있다. 호산 박문호(朴文鎬)가 원문을 축약하여 인용한 것으로 보이는데, 『논어상설』 곳곳에 이런 부분이 많다.

[6-1-1]

子曰："雍也，可使南面."
공자가 말하였다. "옹(雍)은 남면할 만하다."

詳說

○ 以下節觀之，蓋親對仲弓而謂之耳.
아래의 구절로 보면, 직접 중궁과 대면해서 한 말이다.

○ 此'可'字，如'足'字義.
여기에서 괜찮다는 글자는 '충분하다[足]'는 글자의 의미와 같다.

朱註

南面者，人君聽治之位.
남면은 군주(君主)가 정사를 다스리는 자리이다.

詳說

○ 去聲.
'청치지위(聽治之位)'에서 '치(治 : 다스리다)'자는 거성이다.

○ 厚齋馮氏曰："嚮明也."[3]
후재 풍씨(厚齋馮氏 : 馮椅)가 말하였다. "밝은 쪽으로 있는 것이다."[4]

○ 訓畢.
훈고가 끝났다.

朱註

言仲弓寬洪簡重，有人君之度也.
중궁(仲弓 : 雍)은 마음이 너그럽고 도량이 크며 간략하고 중후하여 임금의 도량

3) 호광 편(胡廣 編), 『논어집주대전(論語集註大全)』「옹야(雍也)」.
4) 밝은 쪽으로 있는 것이다 : 『논어집주대전』「옹야(雍也)」에는 "임금이 정사를 다스리는 자리는 반드시 천지와 음양의 끝없는 반복을 체현하는 곳으로 남면은 밝은 쪽으로 있는 것이다.(人君聽治之位，必體天地陰陽之嚮背，南面嚮明也.)"라고 되어 있다.

이 있음을 말씀한 것이다.[5]

詳說

○ 四德, 簡居其一, 以見其簡, 而不至大簡.

네 가지 덕에서 간략함이 그 한 부분을 차지하고 있어 간략함을 드러내도 너무 간략하게 되지는 않는다.

○ 朱子曰 : "將他言行來看."[6]

주자(朱子 : 朱熹)가 말하였다. "그의 언행을 가지고 봐야 할 것이다."[7]

○ 洪氏曰 : "人君, 諸侯."[8]

홍씨가 말하였다. "임금은 제후이다."[9]

○ 古之諸侯, 猶今之'方伯''守牧'. 凡有功德者, 皆可爲之, 故聖人親對門人許之而無嫌也.

옛날의 제후는 지금의 '한 지방의 수장[方伯]'이나 '한 지방의 장관[守牧]'과 같다. 공덕이 있는 자는 모두 될 수가 있기 때문에 성인이 친히 제자들과 마주하여 인정하고 꺼림이 없었던 것이다.

○ 慶源輔氏曰 : "'度'以德量言."[10]

---

5) 마음이 너그럽고 도량이 크며 간략하고 중후하여 : 『주자어류(朱子語類)』 권30, 「논어12(論語十二)」, 1조목에는 이와 관련하여 다음과 같이 설명한다. "황의강이 물었다. '(중궁은) 마음이 너그럽고 도량이 크며 간략하고 중후하다.'고 한 것은 중궁의 자질이 이러하다는 것을 말합니까? 주희가 말하였다. '공자가 이미 그가 남면한 것을 허락했다면 반드시 군주의 법도가 있을 것이므로 그가 반드시 이와 같을 것이라고 생각하였다. 이는 또한 헤아릴 수 없으니, 반드시 다시 그의 언행이 어떠한 지를 보아야 한다.'(問: '寬洪簡重', 是說仲弓資質恁地. 曰: '夫子旣許它南面, 則須是有人君之度, 意其必是如此. 這又無稽考, 須是更將它言行去看如何.')"

6) 호광 편(胡廣 編), 『논어집주대전(論語集註大全)』「옹야(雍也)」.

7) 그의 언행을 가지고 봐야 할 것이다 : 『논어집주대전』「옹야(雍也)」에는 "공자가 이미 그가 남면할 수 있다는 것을 인정했다면, 반드시 그럴 만한 도량이 있는 것이다. 그런데 이것은 상고해 볼 곳이 없으니, 반드시 그의 언행을 가지고 어떤지를 봐야 할 것이다.(夫子旣許他南面, 則須是有人君之度. 這又無稽考, 須是將他言行, 來看如何.)"라고 되어 있다.

8) 호광 편(胡廣 編), 『논어집주대전(論語集註大全)』「옹야(雍也)」.

9) 임금은 제후이다 : 『논어집주대전』「옹야(雍也)」에는 "안연에 대해 임금을 보좌할 만한 자질이라고 했다면, 중궁은 남면하는 제후의 적임자라는 것이다.(語顔淵以爲邦王者之佐也, 仲弓南面諸侯之任也.)"라고 되어 있다.

10) 호광 편(胡廣 編), 『논어집주대전(論語集註大全)』「옹야(雍也)」.

경원 보씨(慶源輔氏 : 輔廣)가 말하였다. "'도량[度]'은 덕의 정도로 말한 것이다."[11]

○ '度'字, 從寬洪簡重來.

'도량[度]'이라는 말은 마음이 너그럽고 도량이 크며 간략하고 중후하다는 말에서 온 것이다.

○ 夫子之言'可使南面', 其旨蓋微矣, 『集註』斷以一度字言之.

공자가 '남면할 만하다'[12]고 한 것은 그 뜻이 대개 은미하니, 『논어집주(論語集註)』에서 도량이라는 말로 단정해서 표현한 것이다.

○ 釋畢.

경문의 풀이가 끝났다.

---

11) '도량[度]'은 덕의 정도로 말한 것이다 : 『논어집주대전』「옹야(雍也)」에는 "너그럽기 때문에 도량이 크고, 간략하기 때문에 중후하다. 너그러우면 용납함이 있기 때문에 도량이 크고, 간략하면 핵심을 지키기 때문에 중후하니, 너그러움과 간략함이 무리를 제어하고 아래 사람들을 대하는 도이다. 그러므로 임금의 도량이 있어 남면할 수 있는 것이다. 도량은 덕의 정도로 말한 것이다.(惟寬故洪, 惟簡故重. 寬則有容, 故洪, 簡則守要, 故重, 寬與簡, 御衆臨下之道也. 故有人君之度, 而可以南面. 度, 以德量言也.)"라고 되어 있다.

12) 남면할 만하다 : 『주자어류(朱子語類)』 권30, 「논어12(論語十二)」, 1조목에는 이에 대해 다음과 같이 정돈하고 있다. "황간이 물었다.''옹은 남면할 만하다.'는 언급에 대해 이천이 말하기를 '중궁의 재주와 덕성은 정치를 하게 할만하다.'고 했습니다. 윤씨가 말하기를 '남면이란 그에게 정치를 하게 할만한 것을 말한다.'고 했습니다. 제1장에 대해 다섯 가지의 학설이 있지만, 지금은 이천과 윤씨의 설을 따릅니다. 범씨가 말하기를 '중궁은 제후가 될 수 있다.'고 한 것은 반드시 제후가 남면한 것을 가리킬 필요가 없을 것 같으며, 정치 전체가 모두 온전한 것만은 못합니다. 사씨가 말하기를 '어질되 아첨하지 않는다고 한 것은 그의 재주가 마땅히 이와 같음이다.'고 했습니다. 양씨도 말하기를 '옹은 어질다.'고 했습니다. '어질되 아첨하지 않는다는 것'은 어떤 사람의 물음입니다. 공자가 말하기를 '그가 어질지는 모르겠다.'고 말한 것은 '모르겠지만 어찌 어질겠는가?'라는 말과 같으니, 중궁이 어질다는 것을 가리킵니다. 두 학설이 어디에 의거하는지는 모르겠으나, 공자가 '인(仁)'자를 사람들에게 가볍게 허락하지 않았을 것입니다.' 주희가 말하였다. '남면이란 군주가 정치를 듣는 자리로 중궁의 덕과 법도가 간명하고 엄하여 그 자리에 거처하기에 적당했음을 말한다. 그가 어질지를 모르므로 인(仁)으로써 그를 허락하지 않았다. 그러나 중궁이 어질지 않다고 말한 것은 아래의 말이 매우 중요하다.'(問: ''雍也可使南面', 伊川曰: '仲弓才德可使爲政也.' 尹氏曰: '南面, 謂可使爲政也.' 第一章凡五說, 今從伊川尹氏之說. 范氏曰'仲弓可以爲諸侯', 似不必指諸侯爲南面, 不如爲政卻渾全. 謝氏曰: ''仁而不佞', 其才宜如此.' 楊氏亦曰: '雍也仁矣.' 據'仁而不佞', 乃或人之問. 夫子曰'不知其仁', 則與'未知, 焉得仁'之語同, 謂仲弓爲仁矣. 不知兩說何所據, 恐'仁'字聖人未嘗輕許人.' 曰: '南面者, 人君聽政之位, 言仲弓德度簡嚴, 宜居位. 不知其仁, 故未以仁許之. 然謂仲弓未仁, 卽下語太重矣.')"

[6-1-2]

仲弓, 問子桑伯子. 子曰 : "可也簡."
중궁이 자상백자(子桑伯子)에 대하여 물으니, 공자가 답하였다. "그의 간략함은 괜찮다."

朱註

子桑伯子, 魯人. 胡氏以爲疑卽莊周所稱子桑戶者, 是也.

자상백자(子桑伯子)는 노(魯)나라 사람이다. 호씨(胡氏)는 '장주(莊周)가 말한 자상호(子桑戶)라는 자가 그인 듯하다.'라고 여겼다.

詳說

○ 宋蒙縣人, 著『莊子』.
'장주(莊周)'는 송나라 몽현(蒙縣) 사람으로 『장자』에 있다.

○ 『莊子』「大宗師」篇曰 : "子桑戶與孟子反子琴張爲友."
『장자』「대종사」에서 말하였다. "자상호 · 맹자반 · 자금장은 친구였다."

○ 朱子曰 : "蓋老氏之類."[13]
'장주소칭자상호자(莊周所稱子桑戶者)'에 대해, 주자(朱子 : 朱熹)가 말하였다. "대개 노자의 부류들이다."[14]

○ 胡說止此.
호씨의 말은 여기[是也]에서 그쳤다.

○ 訓.
훈고이다.

朱註

仲弓以夫子許己南面, 故問伯子如何.

중궁은 공자가 자신에게 남면할 수 있다고 인정하였기 때문에 '백자(伯子)는 어

13) 호광 편(胡廣 編), 『논어집주대전(論語集註大全)』「옹야(雍也)」.

14) 대개 노자의 부류들이다 : 『논어집주대전』「옹야(雍也)」에는 "『장자』에서 말한 자상호는 맹자반 · 자금장과 함께 세 사람이 친구로 대개 노자의 부류들이다.(莊子所稱子桑戶, 與孟子反子琴張, 三人爲友, 蓋老氏之流.)"라고 되어 있다.

떠합니까?'라고 물은 것이다.

詳說

○ 承上節.

'중궁이부자허기남면(仲弓以夫子許己南面)은 앞의 절을 이어받은 것이다.

○ 亦'可南面乎?'

'고문백자여하(故問伯子如何)'는 백자도 또한 '남면할 수 있는 것입니까?'라는 말이다.

○ 朱子曰: "仲弓簡重見許夫子, 以伯子亦是一箇簡底, 故以爲問."[15]

주자(朱子: 朱熹)가 말하였다. "중궁의 간략함과 중후함은 공자에게 인정을 받았는데, 백자도 간략한 한 사람이기 때문에 물었던 것이다."[16]

○ 雙峰饒氏曰: "卽其氣象之類己者, 以爲問釋."[17]

쌍봉 요씨(雙峰饒氏: 饒魯)가 말하였다. "그 기상이 자신과 같은 것을 가지고 의문의 해석으로 삼았던 것이다."[18]

朱註

可者, 僅可而有所未盡之辭. 簡者, 不煩之謂.

---

15) 호광 편(胡廣 編), 『논어집주대전(論語集註大全)』「옹야(雍也)」.

16) 중궁의 간략함과 중후함은 …… 백자도 간략한 한 사람이기 때문에 물었던 것이다: 『논어집주대전』「옹야(雍也)」에는 "중궁의 사람됨이 간략하고 중후하여 공자에게 인정을 받았는데, 백자도 간략한 한 사람이기 때문에 물었던 것이다. 공자가 이 사람에게도 간략함을 말했던 것은 그가 간략하기 때문이다.(仲弓爲人, 簡重見夫子許之, 以伯子亦是一箇簡底, 故以爲問. 夫子言此人亦可者, 以其簡也.)"라고 되어 있다.

17) 호광 편(胡廣 編), 『논어집주대전(論語集註大全)』「옹야(雍也)」.

18) 그 기상이 자신과 같은 것을 가지고 의문의 해석으로 삼았던 것이다: 『논어집주대전』「옹야(雍也)」에는 "경(敬)은 모든 마음의 주재이고 모든 일의 근본이다. 중궁은 성인의 문하에서 덕행으로 칭찬받는 자인데, 공자가 남면할 수 있다고 인정했으니, 임금의 덕이 있어 그랬던 것이다. 중궁은 공자가 자신을 인정한 것에 대해서는 들었으나 그 의도가 어디에 있는지 알지 못하였다. 이때 자신의 기상의 부류 중에서 자상백자와 같은 것을 가지고 질문을 하니, 공자가 간략함은 괜찮다고 인정한 것이다.(敬者, 一心之主宰, 而萬事之本根也. 仲弓之在聖門, 以德行稱者也, 夫子許之以可使南面, 是以其有人君之德而然也. 仲弓聞夫子之許己, 而未知其所以許之之意安在. 於是卽其氣象之類己, 如子桑伯子者以爲問, 夫子以其可也簡許之.)"라고 되어 있다. 박문호(朴文鎬)가 축약하면서 말을 보탠 것으로 보인다.

'괜찮다[可]'는 겨우 괜찮아서 다하지 못함이 있다는 말이다. '간략하다[簡]'는 것은 까다롭지 않다는 말이다.

詳說

○ 若以可字作是字義, 則許簡太重, 故只以僅可訓之.

'괜찮다'는 말을 '옳다고 인정한다[是]'라는 말의 의미로 여긴다면, 간략함을 인정하는 것이 너무 무겁기 때문에 단지 겨우 괜찮다고 풀이했던 것이다.

○ 言靜也.

'간자, 불번지위(簡者, 不煩之謂)'에서 간략하다[簡]은 '고요하다'는 말이다.

○ 訓.

훈고이다.

○ 朱子曰 : "此人亦可者以其簡也."[19]

주자(朱子 : 朱熹)가 말하였다. "이 사람이 괜찮다는 것은 그가 간략하기 때문이다."[20]

[6-1-3]

仲弓曰 : "居敬而行簡, 以臨其民, 不亦可乎? 居簡而行簡, 無乃大簡乎?"
중궁이 말하였다. "경(敬)으로 처신하면서 간략함을 행하여 인민을 대한다면 괜찮지 않겠습니까? 간략함으로 처신하면서 간략함을 행한다면 너무 간략한 것이 아니겠습니까?"

詳說

○ '大', 音'泰'.

19) 호광 편(胡廣 編), 『논어집주대전(論語集註大全)』「옹야(雍也)」.

20) 이 사람이 괜찮다는 것은 그가 간략하기 때문이다 : 『논어집주대전』「옹야(雍也)」에는 "중궁의 사람됨이 간략하고 중후하여 공자에게 인정을 받았는데, 백자도 간략한 한 사람이기 때문에 물었던 것이다. 공자가 이 사람에게도 간략함을 말했던 것은 그가 간략하기 때문이다.(仲弓爲人, 簡重見夫子許之, 以伯子亦是一箇簡底, 故以爲問. 夫子言此人亦可者, 以其簡也.)"라고 되어 있다.

'태간호(大簡乎)'에서 '태(大)'자는 음이 '태(泰)'이다.

朱註

> 言自處以敬, 則中有主, 而自治嚴.[21]
>
> 스스로 처신하기를 경(敬)으로써 한다면, 가운데에 주장이 있어, 스스로를 다스림이 엄격할 것이다.

詳說

○ 上聲, 下幷同.

'자처(自處)'에서 '처(處)'자는 상성으로, 아래에서도 같다.

○ 中心

'즉중(則中)'에서 '중(中 : 가운데)'자의 의미는 중심이다.

○ 慶源輔氏曰 : "主一."[22]

'중유주(中有主 : 가운데에 주장이 있다)'에 대해, 경원 보씨(慶源輔氏 : 輔廣)가 말하였다. "하나를 근본으로 한다."[23]

---

21) 『주자어류(朱子語類)』 권30, 「논어12(論語十二)」, 8조목에는 다음과 같이 되어 있다. "問: '注言: '自處以敬, 則中有所主, 而自治嚴.' 程子曰: '居敬則心中無物, 故所行自簡.' 二說不相礙否?' 先生問: '如何?' 曰: '看集注是就本文說, 伊川就居簡處發意.' 曰: '伊川說有未盡.' (서우가 물었다. '『논어집주(論語集註)』에서 말하기를 '스스로 공경에 거처한다면 안에 주재함이 있어 스스로 다스리는 것이 엄격해질 것이다'고 했습니다. 정자가 말하기를 '공경함에 거처하면 마음 안에 사물이 없으므로 실천이 저절로 간이해진다.'고 했습니다. 그렇다면 두 가지 말이 서로 모순되는 것인지요?' 주희가 말하였다. '어떤 부분을 말하는가?' 서우가 물었다. '『논어집주(論語集註)』에서는 본문에 나아가 말했고, 이천은 간이함에 거처하는 곳에 나아가 뜻을 펼쳤습니다.' 주희가 말하였다. '이천의 말에는 미진함이 있다.')"

22) 호광 편(胡廣 編), 『논어집주대전(論語集註大全)』「옹야(雍也)」.

23) 하나를 근본으로 한다 : 『논어집주대전』「옹야(雍也)」에는 "가운데 근본으로 하는 것이 있으면 전일하고, 스스로 다스리는 것이 엄격하면 수렴하는 것이 견고하며, 일이 번거롭지 않으면 구멍 뚫려 나가는 일이 없고, 백성들이 어지럽지 않으면 제 있을 곳을 얻지 못한 이들이 없을 것이다. 가운데 근본으로 하는 것이 없으면, 둘로 셋으로 나눠지고, 스스로 다스리는 것이 거칠면, 새어나가는 것이 많을 것이며, 너무 간략하면 경솔하고, 지킬 법도가 없으면, 간혹 미친 것처럼 함부로 하게 될 수 있다.(中有主, 則一, 自治嚴, 則收斂固, 事不煩, 則無鑿出之事, 民不擾, 則無不得所之民. 中無主, 則二三, 自治疎, 則滲漏多, 大簡, 則率易, 無法度之可守, 則或不免於猖狂妄行矣.)"라고 되어 있다. 아래에서 경원 보씨(慶源輔氏 : 輔廣)가 언급한 "수렴하는 것이 견고하다." "둘로 셋으로 나눠진다." "새어나가는 것이 많다." "미친 것처럼 함부로 하게 될 수

○ 慶源輔氏曰 : "收斂固."[24)]

'자치엄(自治嚴 : 스스로를 다스림이 엄격하다)에 대해 경원 보씨(慶源輔氏 : 輔廣)가 말하였다. "수렴하는 것이 견고하다."

朱註

如是, 而行簡以臨民, 則事不煩, 而民不擾.

이와 같이 하고서 간략함을 행하여 백성들을 대한다면, 일이 번거롭지 않아 백성들이 소요되지 않을 것이다.[25)]

詳說

○ 書大禹謨曰 : "臨下以簡."

'행간이임민(行簡以臨民 : 간략함을 행하여 백성들을 대한다)'에 대해, 『서경(書經)』「대우모」에서 말하였다. "아랫사람을 간략함으로 대한다."[26)]

○ 臨民照南面.

백성들을 대할 때[臨民]는 남면으로 비춘다.

○ 朱子曰 : "明燭事幾, 而無私意之擾."[27)]

'사불번(事不煩 ; 일이 번거롭지 않다)'에 대해, 주자(朱子 : 朱熹)가 말하였다. "일

있다." 등의 의미는 모두 이 구절에 의존한다.

24) 호광 편(胡廣 編), 『논어집주대전(論語集註大全)』「옹야(雍也)」.

25) 간략함을 행하여 백성들을 대한다면, 일이 번거롭지 않아 백성들이 소요되지 않을 것이다 : 『주자어류(朱子語類)』 권30, 「논어12(論語十二)」, 11조목에서는 "'경(敬)으로 처신하면서 간략함을 행하여 인민을 대한다.'고 했는데, 그 말에서 '~하되 간략함을 행함으로써 인민을 대한다.'고 한 것이라면 간략함을 실천하는 것이 본래 하나의 항목이어서 이 '이(而)'자를 따로 불러오게 된다. 이제 진실로 공경함에 거처하는 사람이 있으나 거듭 어긋나게 된다면 도리어 번쇄하게 행한다. 이제 '공경함에 거처하면 실천이 저절로 간략해진다.'고 말한 것은 아마도 이러한 뜻은 없을 것이다. '아랫사람에게 간략함으로 임하고 대중을 너그러움으로 통솔한다.' 간략함은 본래 따로 하나의 항목이니, 긴요한 것을 추려서 실천할 뿐이다.('居敬而行簡, 以臨其民', 它說'而行簡以臨民', 則行簡自是一項, 這'而'字是別喚起. 今固有居敬底人, 把得忒重, 卻反行得煩碎底. 今說道'居敬則所行自簡', 恐卻無此意. '臨下以簡, 御衆以寬'. 簡自別是一項, 只是揀那緊要底來行.)"라고 하였다.

26) 아랫사람을 간략함으로 대한다 : 『서경(書經)』「대우모(大禹謨)」에 "임금님의 덕에는 잘못된 것이 없으니, 아랫사람들을 대함에는 간략하게 하고, 대중들을 부림에는 관대하게 한다.(帝德罔愆, 臨下以簡, 御衆以寬.)"라는 말이 있다.

27) 호광 편(胡廣 編), 『논어집주대전(論語集註大全)』「옹야(雍也)」.

의 기미를 밝히면서 사사로운 의도의 어지러움이 없다."[28]

○ 不煩故不擾.

백성들의 경우, 번거롭지 않기 때문에 소요하지 않는다.

朱註

所以爲可, 若先自處以簡, 則中無主, 而自治疎矣.

그러므로 괜찮다고 할 수 있거니와, 만약 먼저 간략함으로써 스스로 처신한다면 마음에 주장이 없어 스스로를 다스림이 소홀해질 것이다.

詳說

○ 此可字, 作是字義.

여기에서 '괜찮다'는 말은 '옳다고 인정한다'는 말의 의미이다.

○ 慶源輔氏曰: "二三."[29]

'중무주(中無主: 마음에 주장이 없어)'에 대해, 경원 보씨(慶源輔氏 : 輔廣)가 말하였다. "둘로 셋으로 나눠진다."

○ 慶源輔氏曰: "滲漏多."[30]

'자치소(自治疎 : 스스로를 다스림이 소홀해진다)에 대해, 경원 보씨(慶源輔氏 : 輔廣)가 말하였다. "새어나가는 것이 많다."

朱註

而所行又簡, 豈不失之大簡, 而無法度之可守乎?

---

28) 일의 기미를 밝히면서 사사로운 의도의 어지러움이 없다 : 『논어집주대전』「옹야(雍也)」에는 "물었다. '간략함으로 처신하면서 간략함을 행하면, 뜻이 작은 것을 너무 간략하게 여기는 우환이 있고, 그것으로 일을 하면 반드시 소홀하게 여겨 거행하지 않는 곳이 있습니다. 경으로 자처하면서 간략함을 행하면, 마음이 경에 전일함은 일의 크고 작은 것으로 하지 않고, 이 경에 덜어내고 더함이 있는 것은 그것으로 일을 함에 반드시 간략하면서 극진하게 하는 것입니다.' 답하였다. '경으로 자처하면, 일의 기미를 밝히면서 사사로운 의도의 어지러움이 없기 때문에 그 행위가 반드시 간략합니다.'(問 : '居簡而行簡, 則有志大略小之患, 以之臨事, 必有怠忽不擧之處. 居敬而行簡, 則心一於敬, 不以事之大小, 而此敬有所損益也, 以之臨事, 必簡而盡.' 曰 : '居敬, 則明燭事幾, 而無私意之擾, 故其行必簡.')"라고 되어 있다.

29) 호광 편(胡廣 編), 『논어집주대전(論語集註大全)』「옹야(雍也)」.

30) 호광 편(胡廣 編), 『논어집주대전(論語集註大全)』「옹야(雍也)」.

그런데 행동을 또 간략하게 한다면, 어찌 너무 간략함에 잘못되어 지킬 만한 법도가 없는 것이 아니겠는가?

詳說

○ 失於.

'실지태간(失之大簡)'에서 '실지(失之 : 잘못되다)'는 '실어(失於 : ~에 잘못되다)'의 의미이다.

○ 添此句.

이 구절을 더하였다.31)

○ 慶源輔氏曰 : "猖狂妄行."32)

경원 보씨(慶源輔氏 : 輔廣)가 말하였다. "미친 것처럼 함부로 하게 될 수 있다."

○ '失'字, 釋於'守'.

실지태간(失之大簡)'에서 '잘못된다[失]'는 말은 '지킨다'는 말에서 풀이하였다.

○ 朱子曰 : "徒務行簡, 老子是也."33)

주자(朱子 : 朱熹)가 말하였다. "한갓 간략함만 힘쓰는 것은 노자가 여기에 해당하다."34)

○ 雙峯饒氏曰 : "簡, 於行事上, 用得, 於治己上, 用不得, 故行簡, 則可, 居簡則不可."35)

쌍봉 요씨(雙峰饒氏 : 饒魯)가 말하였다. "간략함이 일을 행함에서 쓰임을 얻고, 자신을 다스림에서 쓰임을 얻기 못했기 때문에 간략함을 행함에는 괜찮고 간략함을 자처

---

31) 위에서 언급한 문장[中無主, 則二三, 自治疎, 則滲漏多, 大簡, 則率易, 無法度之可守]으로 볼 때, 주자의 주[而所行又簡, 豈不失之大簡, 而無法度之可守乎?]에 보완이나 보충이 있다는 표현인 듯하다.

32) 호광 편(胡廣 編), 『논어집주대전(論語集註大全)』「옹야(雍也)」.

33) 『주자어류(朱子語類)』 권 30, 15조목 : "徒務行簡, 老子是也, 乃所以爲不簡. 子桑伯子, 或以爲子桑戶.(한갓 간략함만 힘쓰는 것은 노자가 여기에 해당한다. 그렇기 때문에 간이하지 않게 된다. 자상백자에 대해 혹자는 자상호(子桑戶)라고 생각한다."라고 되어 있다.

34) 한갓 간략함만 힘쓰는 것은 노자가 여기에 해당하다 : 『논어집주대전』「옹야(雍也)」에는 "경으로 처신하고 간략함을 행하는 것은 두 가지 공부이다. 경으로 처신하면 행하는 것이 저절로 간략해진다고 하면, 경으로 자처하는 의미에 치우친 것이다. 한갓 간략함만 힘쓰는 것은 노자가 여기에 해당하니, 바로 간략하지 않게 되는 까닭이다.(居敬行簡, 是兩件工夫. 若謂居敬, 則所行自簡, 則有偏於居敬之意. 徒務行簡, 老子是也, 乃所以爲不簡.)"라고 되어 있다.

35) 호광 편(胡廣 編), 『논어집주대전(論語集註大全)』「옹야(雍也)」.

함에는 괜찮지 않다."

○ 須看'自治'二字, 豈有不能自治, 而能治民者乎?

반드시 '스스로 다스림'이라는 두 글자를 보면, 어찌 스스로 다스릴 수 없으면서 백성들을 다스릴 수 있는 경우가 있겠는가?

○ 有釋無訓.

경문의 풀이는 있으나 훈고는 없다.

○ 此下, 又證以其事而申論之.

이 아래에서는 또 그 일로 증명하면서 거듭 설명하였다.

朱註

『家語』, 記伯子不衣冠而處, 夫子譏其欲同人道於牛馬. 然則伯子蓋大簡者.

『공자가어(孔子家語)』에 '백자(伯子)가 의관을 하지 않고 거처하자, 공자께서 그가 사람의 도리를 소나 말과 동일시하려 한다고 비판하셨다.'라고 하였다. 그렇다면 백자는 아마도 너무 간략한 사람일 것이다.

詳說

○ 張氏存中曰: "『說苑』."[36]

'『가어(『家語』)』'라고 한 것에 대해, 장존중(張存中)이 말하였다. "『설원(說苑)』이다."[37]

---

36) 호광 편(胡廣 編), 『논어집주대전(論語集註大全)』「옹야(雍也)」.

37) 『설원(說苑)』이다: 『논어집주대전』「옹야(雍也)」에는 "유향의 『설원』에서 말하였다. '공자가 자상백자를 찾아갔다. 그런데 그가 의관을 갖추지 않고 거처하고 있으니, 제자가 물었다. '선생님께서는 무엇 때문에 이런 사람을 찾아왔습니까?' 답하였다. '그 바탕은 아름다운데 꾸밈이 없어 내가 그를 설득해서 꾸며주려고 하기 때문이다.' 공자가 떠나가자 자상백자의 제자가 불쾌해서 말하였다. '선생님께서는 무엇 때문에 이런 사람을 만나주셨습니까?' 답하였다. '그 바탕이 아름다운데 꾸밈이 번다해 내가 설득해서 꾸밈을 없애려고 했기 때문이다.' 그러므로 '꾸밈과 바탕이 닦인 자를 군자라고 하고, 바탕이 있는데 꾸밈이 없는 자를 간략하고 촌스럽다고 한다. 자상백자가 간략하고 촌스러운 것은 사람의 도리를 소나 말과 동일시하고자 했기 때문에 중궁이 너무 간략하다고 하였던 것이다.'라고 하였다.'(劉向『說苑』云: '孔子見子桑伯子. 子桑伯子不衣冠而處, 弟子曰 '夫子何爲見此人乎?' 曰: '其質美而無文, 吾欲說而文之.' 孔子去, 子桑伯子門人不說曰: '何爲見孔子乎.' 曰: '其質美而文繁, 吾欲說而去其文. 故曰文質修者, 謂之君子, 有質而無文, 謂之易野, 子桑伯子易野, 欲同人道於牛馬, 故仲弓曰大簡.')"라고 되어 있다. 박문호(朴文鎬)가 핵심 단어만 인용한 것으로 보인다.

○ 此等小誤, 只是偶失照檢, 非文義所關, 如後篇伯玉註『淮南子』之類, 是也.

'『가어』(『家語』)'라고 한 것에 대해, 이런 작은 잘못은 우연히 잘못 비춰 조사한 것일 뿐인 것으로 문맥에 관계된 것은 아니다. 예컨대 뒤편에서 『회남자(淮南子)』라고 주석한 것과 같은 종류가 여기에 해당한다.

○ 簡靜而至於簡傲, 實啓魏晉間風氣

'개대간자(蓋大簡者 : 너무 간략한 사람일 것이다'라고 한 것은 간략하게 가만히 있으면 간략하면서 오만하게 되니, 실로 위진(魏晉) 시대의 풍기를 열어주는 것이다.

朱註

而仲弓疑夫子之過許與.

그런데 중궁은 공자가 지나치게 인정한 것으로 의심하였다.

詳說

○ '與'亦'許'也. 或曰 : "平聲."

'허여(許與)'에서 '여(與)'자도 '인정한다[許]'는 것이다. 어떤 사람은 "평성이다." 라고 하였다.

○ 仲弓, 蓋以夫子所言'可'字, 認作是字義.

자궁은 공자가 말한 '괜찮다'는 말을 '옳다고 인정한다[是]'말의 의미로 여겼던 것이다.

○ 雙峰胡氏曰 : "敬一心之主宰, 萬事之本根. 仲弓非特天資美, 亦學力之至. '出門如賓, 「使民如承大祭」'[38], 居敬也, '先有司擧賢才', 行簡也. 其得於平日所講者如此. 仲弓敬而簡者也. 伯子簡而簡者也."[39]

쌍봉 요씨(雙峰饒氏 : 饒魯)가 말하였다. "경(敬)은 모든 마음의 주재이고 모든 일의 근본이다. 중궁은 하늘에서 받은 자질뿐만 아니라 또한 배우고 힘써 도달한 것이다. '문을 나갔을 때에는 큰손님을 뵙듯이 하고, 백성에게 일을 시킬 때에는 큰 제사를 받들 듯이 한다.'[40]라고 하였으니, 이것은 경으로 처신하는 것이다. '유사

---

38) 使民如承大祭 : 원문에는 '承事如祭'인데, 『논어(論語)』와 『논어집주대전』 쌍봉 요씨의 말에 근거하여 '使民如承大祭'로 수정하였다.

39) 호광 편(胡廣 編), 『논어집주대전(論語集註大全)』「옹야(雍也)」.

40) 문을 나갔을 때에는 큰손님을 뵙듯이 하고, 백성에게 일을 시킬 때에는 큰 제사를 받들듯이 한다 : 『논어(論語)』「안연(顔淵)」에 "중궁이 인(仁)을 묻자, 공자가 말하였다. '문을 나갔을 때에

(有司)에게 먼저 시키고, 어진 이와 유능한 이를 등용해야 한다.'[41]라고 하였으니, 이것은 간략함을 행하는 일이다. 그가 평소 강학에서 이처럼 얻었다. 중궁의 간략함은 경하면서 간략함이고, 백자의 간략함은 간략하면서 간략한 것이다."[42]

는 큰손님을 뵙듯이 하며, 백성에게 일을 시킬 때에는 큰 제사를 받들듯이 하고, 자신이 하고자 하지 않는 것을 남에게 베풀지 말아야 하니, 이렇게 하면 나라에 있어서도 원망함이 없으며, 집안에 있어서도 원망함이 없을 것이다.'(仲弓問仁, 子曰 : '出門如見大賓, 使民如承大祭, 己所不欲, 勿施於人, 在邦無怨, 在家無怨.')"라는 말이 있다.

41) 유사(有司)에게 먼저 시키고, 어진 이와 유능한 이를 등용해야 한다 : 『논어(論語)』「자로(子路)」에 "중궁이 계씨(季氏)의 가신이 되어 정사를 묻자, 공자가 말하였다. '유사(有司)에게 먼저 시키고 작은 허물을 용서해 주며, 어진 이와 유능한 이를 등용해야 한다.'(仲弓爲季氏宰, 問政, 子曰 : '先有司, 赦小過, 擧賢才.')"라는 말이 있다.

42) 경(敬)은 모든 마음의 주재이고 …… 백자의 간략함은 간략하면서 간략한 것이다 : 『논어집주대전』「옹야(雍也)」에는 "경(敬)은 모든 마음의 주재이고 모든 일의 근본이다. 중궁은 성인의 문하에서 덕행으로 칭찬받는 자인데, 공자가 남면할 수 있다고 인정했으니, 임금의 덕이 있어 그랬던 것이다. 중궁은 공자가 자신을 인정한 것에 대해서는 들었으나 그 의도가 어디에 있는지 알지 못하였다. 이때 자신의 기상의 부류 중에서 자상백자와 같은 것을 가지고 질문을 하니, 공자가 간략함은 괜찮다고 인정한 것이다. 그런데 또 '간략함으로 처신하면서 간략함을 행한다면 너무 간략한 것이 아니겠습니까?'라고 하였다. 그의 생각은 '간략함이 경에서 나오면, 간략함이 근본이 있는 것이 되어 일마다 이치를 따라서 긴요하고 바르면 괜찮다고 해야 하고, 진실로 간략함에서 간략함이 나오면 그 간략함이 근본이 없는 것이 되어 하는 일에 경솔하고 거칠어서 너무 간략한 것이 아닌가?'라고 여긴 것이다. 중궁의 간략함은 경하면서 간략함이고, 백자의 간략함은 간략하면서 간략한 것이니, 중궁의 간략함은 진실로 백자의 간략함과 다르다. 그런데 그가 이런 경지에 이른 것은 하늘에서 받은 자질 뿐만 아니라 배우고 힘써 도달한 것이다. 어느 날 공자에게 인(仁)에 대해 물으니, 공자가 '문을 나갔을 때에는 큰손님을 뵙듯이 하고, 백성에게 일을 시킬 때에는 큰 제사를 받들듯이 한다.'라고 하였으니, 이것은 경으로 처신하는 것을 말한다. 또 어느 날 정사에 대해 물으니, 공자가 '유사(有司)에게 먼저 시키고 작은 허물을 용서해 주며, 어진 이와 유능한 이를 등용해야 한다.'라고 하였으니, 이것은 간략함을 행하는 것을 말한다. 경으로 처신하고 간략함을 행하는 것은 그가 이처럼 평소 스승과 친구가 강학하고 연마한 것에서 얻었으니, 남면할 만하다는 것은 진실로 스스로 불러온 것이다. 백자가 의관을 갖추지 않고 처신한 것은 중궁의 자질은 있지만 중궁의 배움은 없는 것이니, 너무 간략하게 한 잘못이 또한 당연하지 않겠는가!(敬者, 一心之主宰, 而萬事之本根也. 仲弓之在聖門, 以德行稱者也, 夫子許之以可使南面, 是以其有人君之德而然也. 仲弓聞夫子之許己, 而未知其所以許之之意安在. 於是即其氣象之類, 己如子桑伯子者以爲問, 夫子以其可也簡許之. 而又曰 : '居簡而行簡無乃大簡乎.' 其意以爲簡出於敬, 則其簡爲有本, 而每事順理而要直, 謂之可也, 固宜簡出於簡, 則其簡爲無本, 而遇事不免率意而疎略, 無乃簡之過乎. 仲弓之簡敬而簡者也. 伯子之簡, 簡而簡者也, 仲弓之簡, 固與伯子之簡異矣. 然其所以致是者, 非特天資之美, 亦其學力之至爾. 蓋他日嘗問仁於夫子矣, 夫子告之曰 : '出門如見大賓, 使民如承大祭.' 此居敬之謂也. 又嘗問政於

○ 居敬二字, 始見於此, 遂爲千萬世心學宗旨, 仲弓之以德行稱有以哉.

여기[경문(經文)의 '거경이행간(居敬而行簡)']에서 거경(居敬 : 경으로 처신한다) 두 글자가 비로소 보임으로 영원히 심학(心學)의 종지가 되었으니, 중궁이 덕행으로 일컬어짐에는 까닭이 있는 것이다.

[6-1-4]

子曰 : "雍之言然."

공자가 말하였다. "옹(雍)의 말이 옳다."

朱註

仲弓蓋未喩夫子可字之意, 而其所言之理, 有黙契焉者, 故夫子然之.

중궁은 공자가 괜찮다고 한 말의 뜻을 깨닫지 못하였으나 그가 말한 이치는 묵묵히 합함이 있었기 때문에 공자가 옳다고 한 것이다.

詳說

○ 指仲弓.

'이기(而其)'에서 '기(其)'자는 중궁을 가리킨다.

○ 合也.

'유묵계언자(有黙契焉者)'에서 '계(契)'자는 '합한다[合]'는 의미이다.

○ 朱子曰 : "黙契其微旨, 分別出居敬居簡之不同."[43)]

'기소언지리, 유묵계언자(其所言之理, 有黙契焉者 : 그가 말한 이치는 묵묵히 합함이 있었기 때문)에 대해, 주자(朱子 : 朱熹)가 말하였다. "미묘한 뜻에 묵묵히 합해 경으로 처신하고 간략함으로 처신하는 것의 같지 않음을 분별하였다."[44)]

夫子矣, 夫子告之曰 : '先有司, 赦小過, 擧賢才.' 此行簡之謂也. 居敬行簡, 其得於平日師友之所講磨者如此, 則可使南面, 固有所自來矣. 若伯子之不衣冠而處, 則有仲弓之資, 而無仲弓之學者也, 大簡之失, 不亦宜乎.)"라고 되어 있다.

43) 호광 편(胡廣 編), 『논어집주대전(論語集註大全)』「옹야(雍也)」.

44) 미묘한 뜻에 묵묵히 합해 …… 같지 않음을 분별했다 : 『논어집주대전』「옹야(雍也)」에는 "공자가 간략함으로 처신하는 것의 잘못을 말하지 않았을지라도 '괜찮다.'라는 말에는 이미 훌륭함

○ 以上申論上節之意.

이 위에서는 거듭 앞의 절에서 의미를 설명하였다.

○ 有釋無訓.

경문의 풀이는 있으나, 훈고는 없다.

朱註

程子曰: "子桑伯子之簡, 雖可取而未盡善, 故夫子云可也. 仲弓因言內主於敬而簡, 則爲要直, 內存乎簡而簡, 則爲疏略, 可謂得其旨矣."

정자가 말하였다. "자상백자의 간략함은 취할 만할지라도 훌륭함을 다하지는 못하였기 때문에 공자가 괜찮다고 한 것이다. 중궁은 그 때문에 '마음에 경(敬)을 근본으로 하면서 간략하면 긴요하고 바름이 되지만, 속에 간략함을 두면서 간략하면 거칠게 된다.'라고 하였으니, 그 뜻을 알았다고 할 만하다."

詳說

○ 叔子.

'정자왈(程子曰)'에서 '정자(程子)'는 동생 정이(程頤)이다.

○ 雙峰饒氏曰: "順理而要直."45)

'내주어경이간, 즉위요직(內主於敬而簡, 則爲要直: 마음에 경(敬)을 근본으로 하면서 간략하면 긴요하고 바름이 되지만)에 대해, 쌍봉 요씨(雙峰饒氏: 饒魯)가 말하였다. "이치에 따라 긴요하고 바른 것이다."46)

을 다하지 못한다는 의미가 있다. 그러니 중궁이 '괜찮다.'라는 것이 '겨우 괜찮다.'라는 것임을 깨닫지 못했을지라도 바로 그 미묘한 뜻에 묵묵히 합해 경으로 처신하고 간략함으로 천신하는 것의 같지 않음을 분별했기 때문에 공자가 깊이 인정했던 것이다.(夫子雖不言其居簡之失, 而可字已寓未盡善之意. 仲弓雖未喻可爲僅可, 乃能黙契其微旨, 分別出居敬居簡之不同, 夫子所以深許之.)"라고 되어 있다.

45) 호광 편(胡廣 編), 『논어집주대전(論語集註大全)』「옹야(雍也)」.

46) 이치에 따라 긴요하고 바른 것이다: 『논어집주대전』「옹야(雍也)」에는 "그의 생각은 '간략함이 경에서 나오면, 간략함이 근본이 있는 것이 되어 일마다 이치를 따라서 긴요하고 바르면 괜찮다고 해야 하고, 진실로 간략함에서 간략함이 나오면 그 간략함이 근본이 없는 것이 되어 하는 일에 경솔하고 거칠어서 너무 간략한 것이 아닌가?'라고 여긴 것이다. 중궁의 간략함은 경하면서 간략함이고, 백자의 간략함은 간략하면서 간략한 것이니, 중궁의 간략함은 진실로 백자의 간략함과 다르다.(其意以爲簡出於敬, 則其簡爲有本, 而每事順理而要直, 謂之可也, 固宜簡出於

○ 要約而正直.

'위요직(爲要直)'은 긴요하고 요약되어 바르고 곧은 것이다.

○ '可'字之旨.

'가위득기지의(可謂得其旨矣)'는 '괜찮다'는 말의 뜻이다.

朱註

又曰:"居敬, 則心中無物, 故所行自簡.

또 말하였다. "경(敬)으로 처신하면 마음속에 아무런 일이 없기 때문에 행하는 것이 저절로 간략해진다.[47]

簡, 則其簡爲無本, 而遇事不免率意而疎略, 無乃簡之過乎. 仲弓之簡敬而簡者也. 伯子之簡, 簡而簡者也, 仲弓之簡, 固與伯子之簡異矣.)"라고 되어 있다.

47) 행하는 것이 저절로 간략해진다:『주자어류(朱子語類)』 권30의 몇 조목에서는 이에 대해 다음과 같이 설명한다. 9조목에서는 "호(胡)가 물었다. '무엇을 간이함을 실천한다고 말합니까?' 주희가 말하였다. '실천한 것이 간략하여 번쇄하지 않은 것이다. 윗자리에 거처하여 번쇄하면 아랫자리의 사람들이 어떻게 받들어 일하겠는가? 그러므로 말하기를 '간략함으로써 아랫자리에 임한다'고 했으니, 반드시 간략해야 한다. 정자가 말한 공경이란 저절로 간략한 것으로, 단지 공경함 안에 간략함이 있는 사람을 말하였다. 또한 어떤 사람은 공경함으로 자처하지만 실천이 간략하지 않아 도리어 말이 실천에 미치지 못한다. 그러므로 성인 '공경함에 거처하는 것'과 '간략함을 실천하는 것'을 말했으니, 이 두 가지는 반드시 함께 다 해야 한다.'(胡問: '何謂行簡?' 曰: '所行處簡要, 不恁煩碎, 居上煩碎, 則在下者如何奉承得! 故曰'臨下以簡', 須是簡. 程子謂敬則自然簡, 只說得敬中有簡底人. 亦有人自處以敬, 而所行不簡, 卻說不及. 聖人所以曰居敬, 曰行簡, 二者須要周盡.')"라고 하였고, 10조목에는 "공경함에 거처하고 간략함을 실천하는 것은 본령이 있는 간략함이고, 간략함에 거처하여 간략함을 실천하는 것은 본령이 없는 간략함이다. 정자가 말하기를 '공경함에 거처하면 실천이 저절로 간략해진다.'고 했으니, 이는 정자의 뜻이지 중궁의 본의가 아니다.(居敬行簡, 是有本領底簡; 居簡行簡, 是無本領底簡. 程子曰: '居敬則所行自簡.' 此是程子之意, 非仲弓本意也.)"라고 하였다. 그리고 12조목에는 "호숙기가 물었다. '『논어집주(論語集註)』에서는 왜 정(程)선생의 설을 사용하지 않았습니까?' 주희가 말하였다. '정자(程子)는 단지 한 쪽을 얻었을 뿐으로 공경함 중에 간략함이 있다는 뜻을 말했을 뿐이다. 다만 또한 공경하되 간략하지 않은 사람이 있으므로, 내가 그의 설에 완전히 의지하지 못하는 것이다. 간략하지 못함은 본래 번쇄한 것으로 아랫사람들이 받들어 계승하기에 어렵다. '대중을 너그러움으로 통솔하고 아랫사람에게 간략함으로 대한다.' 간략하면 아랫사람들이 쉽게 받들어 계승할 수 있어 저절로 번거롭지 않다. 그러므로 성인이 '공경함에 거처하여 간략함을 실천한다'고 말했으니, 두 가지를 모두 실천해야 한다.' 황의강이 물었다. '공경함은 마음의 측면에서 말한 것이고 간략함은 일의 측면에서 말한 것입니까?' 주희가 말하였다. '간략함은 마음에 나아가 실천하는 것이다. 이제 간략함을 실천한다는 것은 반드시 마음 안에 안배한 뒤에 실

詳說

○ 叔子.

'우왈(又曰)'의 주체는 동생 정이(程頤)이다.

○ 雙峰饒氏曰 : "無私意."48)

'심중무물(心中無物 : 마음속에 아무런 일이 없다)'에 대해, 쌍봉 요씨(雙峰饒氏 : 饒魯)가 말하였다. "사사로운 의도가 없다."49)

○ 朱子曰 : "仲弓言自是兩事. 程子作一事看了, 自不相害, 果能居敬, 則理明心定自是簡."50)

주자(朱子 : 朱熹)가 말하였다. "중궁은 본래 두 가지 일이라고 말하였다. 정자는 하나의 일로 보았고, 본래 서로 방해하지 않는 것이니, 과연 경으로 처신할 수 있으면 이치가 밝아지고 마음이 안정되어 저절로 간략해지는 것이다."51)

朱註

居簡, 則先有心於簡, 而多一簡字矣. 故曰大簡."

그런데 간략함으로 처신하면 먼저 간략함에 마음이 있어, 한 번 더 간략함이 많게 된다. 그러므로 너무 간략하다고 말한 것이다."

천하는 것이니, 어찌 마음으로 실천하지 않음이 있겠는가!'(叔器問: '『集注』何不全用程說?' 曰: '程子只說得一邊, 只是說得敬中有簡底意思, 也是如此. 但亦有敬而不簡者, 某所以不敢全依它說. 不簡底自是煩碎, 下面人難爲奉承. '御衆以寬, 臨下以簡.' 便是簡時, 下面人也易爲奉承, 自不煩擾. 聖人所以說'居敬行簡', 二者須是兩盡.' 義剛問: '敬是就心上說, 簡是就事上說否?' 曰: '簡也是就心上做出來. 而今行簡, 須是心裏安排後去行, 豈有不是心做出來!'"라고 하였다.

48) 호광 편(胡廣 編), 『논어집주대전(論語集註大全)』「옹야(雍也)」.

49) 사사로운 의도가 없다 : 『논어집주대전』「옹야(雍也)」에는 "일이 없어 이것으로 사사로운 의도가 없다. 사사로운 의도가 없으면 이치를 따를 수 있기 때문에 행하는 것이 저절로 간략할 수 있다.(無物以是無私意. 無私意, 則能循理, 所以所行自簡.)"라고 되어 있다.

50) 호광 편(胡廣 編), 『논어집주대전(論語集註大全)』「옹야(雍也)」.

51) 중궁은 본래 두 가지 일이라고 말하였다 …… 마음이 안정되어 저절로 간략해지는 것이다 : 『논어집주대전』「옹야(雍也)」에는 "또 말하였다. '정자의 설명은 본래 서로 방해하지 않으니, 과연 경으로 처신할 수 있으면 이치가 밝아지고 마음이 안정되어 저절로 간략해지는 것이다.' 또 말하였다. '…… 중궁은 본래 두 가지 일이라고 말하였다. 정자는 하나의 일로 보았다.'(又曰 : '程子說自不相害, 果能居敬, 則理明心定, 自是簡.' 又曰 : '…… 仲弓言自是兩事, 程子作一事看了.')"라고 되어 있다.

詳說

○ 心中有物.

'선유심어간(先有心於簡 : 먼저 간략함에 마음이 있어)'은 마음 가운데 일이 있는 것이다.

○ 退溪曰 : "即行簡之簡."[52]

'다일간자의(多一簡字矣 : 한 번 더 간략함이 많게 된다)'에 대해, 퇴계(退溪 : 李滉)가 말하였다. "곧 간략함으로 처신한다고 할 때의 간략함이다."

○ 恐指居簡之簡.

'다일간자의(多一簡字矣 : 한 번 더 간략함이 많게 된다)'는 간략함으로 처신한다고 할 때의 간략함을 가리키는 듯하다.

○ 尤菴曰 : "一箇簡字太多."[53]

'다일간자의(多一簡字矣 : 한 번 더 간략함이 많게 된다)'에 대해, 우암이 말하였다. "간략함이라는 하나의 말이 너무 많다는 것이다."

○ 朱子曰 : "大簡之弊, 將有不可勝言者."[54]

'고왈대간(故曰大簡 : 그러므로 너무 간략하다고 말한 것이다)'에 대해, 주자(朱子 : 朱熹)가 말하였다. "너무 간략한 폐단은 말로 다할 수 없는 것이 있다."[55]

---

52) 송시열(宋時烈), 『송자대전(宋子大全)』 권133 「잡저(雜著) · 퇴계사서질의의의일(退溪四書質疑疑義一)」.

53) 송시열(宋時烈), 『송자대전(宋子大全)』 권133 「잡저(雜著) · 퇴계사서질의의의일(退溪四書質疑疑義一)」.

54) 호광 편(胡廣 編), 『논어집주대전(論語集註大全)』「옹야(雍也)」.

55) 너무 간략한 폐단은 말로 다할 수 없는 것이 있다 : 『논어집주대전』「옹야(雍也)」에는 "물었다. '경으로 처신하고 간략함으로 처신하는 것이 같지 않다는 것은 무엇 때문입니까?' 대답하였다. '경으로 자신을 지키면 마음이 방일하게 되지 않고, 의리가 환하게 밝아지기 때문에 일로 드러나는 것들이 저절로 그 핵심을 잡아서 얻고, 번거롭고 어지러운 우환은 없어집니다. 처신하는 것이 이미 간략함에 힘쓰면서 행하는 까닭까지 또 일절 간략함을 일삼음으로 하면, 백성들이 표준으로 의지하는 것은 이미 안에서 밝음을 바탕으로 하지 않아 강기와 법도가 또 밖으로 유지해서 따를 곳이 없으니, 너무 간략한 폐단은 말로 다할 수 없는 것이 있습니다.'(問 : '居敬居簡之不同, 何也.' 曰 : '持身以敬, 則心不放逸, 而義理著明, 故其所以見於事者, 自然操得其要, 而無煩擾之患. 若所以處身者, 旣務於簡, 而所以行之者, 又一切以簡爲事, 則是民理準, 則旣不素明於內, 而綱紀法度, 又無所持循於外也, 太簡之弊, 將有不可勝言者矣.')"라고 되어 있다.

○ 尤菴曰 : "一轉而爲嵇阮."

'고왈대간(故曰大簡 : 그러므로 너무 간략하다고 말한 것이다)'에 대해, 우암(尤菴 : 宋時烈)이 말하였다. "한 번 돌면 혜강(嵇康)[56]과 완적(阮籍)[57]이 된다."

○ '居敬', 此章之綱領.

거경(居敬: '경으로 처신한다)'는 것이 이 장의 강령이다.

---

56) 혜강(嵇康, 223~262 추정) : 삼국 시대 위(魏)나라 초군(譙郡) 질현(銍縣) 사람으로, 죽림칠현(竹林七賢)의 한 사람이다. 자는 숙야(叔夜)다. 선조는 해씨(奚氏)이고, 회계(會稽) 상우(上虞) 사람인데, 원한을 피해 이주하였다. 위나라 장락정주(長樂亭主)를 아내로 삼았는데, 조조(曹操)의 증손녀였다. 제왕(齊王) 조방(曹芳) 정시(正始) 연간에 낭중(郎中)으로 옮겼다가 중산대부(中散大夫)로 승진하여 세칭 '혜중산(嵇中散)'으로 불린다. 나중에 은둔하여 벼슬을 하지 않았고, 완적(阮籍) 등과 교유하였다. 부정을 용서하지 않는 성격과 노장(老莊)을 숭상하며 반유교적 사상으로 당시 권력층의 미움을 받았다. "탕왕과 무왕을 비난하고 주공과 공자를 가볍게 본다.(非湯武而薄周孔.)"라고 말하면서 "명교를 넘어서 자연에 맡기라.(越名教而任自然.)"라고 주장하였다. 산도(山濤)의 추천을 거절하고 관료가 되려고 하지 않았다. 음률(音律)에 정통했고, 고슬(鼓瑟)을 잘 연주하였다. 친구 여안(呂安)이 무고를 당하자 이를 변론하다가 종회(鍾會)의 음모에 빠져 사마소(司馬昭)에게 살해당하였다. 시를 잘 지었고, 문장도 뛰어났다. 「양생론(養生論)」과 「여산거원절교서(與山巨源絶交書)」 등 수많은 철학적, 정치적 논문과 서간문을 남겼다. 또 거문고의 명수로 「금부(琴賦)」가 있는 것 이외에도, 시인으로서는 당시 주류를 이루어가던 오언시가 아니라 『시경(詩經)』 이래의 사언시를 애호하여 철학적 사색을 노래하는 것으로 일관하여 완적과 함께 이름이 높았다. 저서에 『고사전(高士傳)』과 『성무애악론(聲無哀樂論)』, 『석사론(釋私論)』, 『혜강집(嵇康集)』 등이 있다.

57) 완적(阮籍, 생몰년 미상) : 진(晉)나라 때 죽림칠현(竹林七賢)의 한 사람으로, 자가 사종(嗣宗)이고 진류(陳留) 사람이다. 보병교위(步兵校尉)를 지내어 완보병이라 별칭하였다. 박학하고 노장(老莊)을 즐겼으며 휘파람을 잘 불고 거문고에 능하였다. 소문산(蘇門山)에서 손등(孫登)을 만나 몇 가지를 물었으나 손등이 대답이 없어 물러나오며 길게 휘파람을 불면서 산 중턱에 이르자, 난봉(鸞鳳)의 울음소리 같은 것이 골짜기를 울리니 그것은 손등의 휘파람 소리였다고 한다. 태도가 거만한 사람을 만나면 눈의 흰자위로만 보아 '백안시(白眼視, 냉대하여 봄)'란 말이 그 때문에 생겼고, 술 마시며 말하기를 '가슴에 불덩어리가 있어서 술을 부어야 한다.' 했으며, 또 술에 취하여 길 뚫린 대로 따라가다가 길이 다 되면 통곡하며 되돌아왔다 한다. 광무성(廣武城)에 올라 옛날 초한(楚漢)의 전쟁터를 보고 탄식하기를 '때에 영웅이 없어서 더벅머리 자식들로 하여금 이름을 이루게 했구나!' 했는데, 이백(李白)은 이 말을 '초한 시절에 영웅이 없어 항우와 패공(沛公, 유방) 같은 더벅머리 자식들이 이름을 이루었다.'라고 해석했고, 소식(蘇軾)은 '완적 자신이 살던 당시에 패공과 항우 같은 영웅이 없어서 조조(曹操)나 사마의(司馬懿) 같은 더벅머리 자식이 이름을 이루었다는 뜻이다.' 하였다.

[6-2-1]

哀公問 : "弟子, 孰爲好學." 孔子對曰 : "有顔回者, 好學, 不遷怒, 不貳過, 不幸短命死矣. 今也則亡, 未聞好學者也."
애공(哀公)이 물었다. "제자 중에 누가 학문을 좋아합니까?" 공자가 대답하였다. "안회라는 사람이 배우기를 좋아하여 노여움을 남에게 옮기지 않고 잘못을 다시 저지르지 않았는데, 불행하게도 명이 짧아 죽었습니다. 지금은 아무도 없어 배우기를 좋아한다는 사람에 대해 아직 듣지를 못하였습니다."

詳說

○ '好', 去聲. 亡與無同.

'호학(好學)'에서 '호(好 : 좋아하다)'자는 거성이다. '금야즉무(今也則亡)'에서 '무(亡 : 없다)'는 '무(無 : 없다)'와 같다.

○ 朱子曰 : "亡訓無字, 則與下句重, 若作死亡之亡, 則與上句重, 未知孰是."[58)]

'금야즉무(今也則亡)에 대해, 주자(朱子 : 朱熹)가 말하였다. "'무(亡 : 없다)'를 '무(無 : 없다)'자로 풀이한 것은 아래의 구절에서 거듭되고, '죽었다[死亡]'고 할 때의 '망(亡 : 죽다)'이라고 한다면 위의 구절과 거듭되니, 어느 것이 옳은지는 모르겠다."[59)]

○ 當以音訓爲正.

음과 훈고로 바름을 삼아야 한다.

---

58) 『주자어류(朱子語類)』 권30, 「논어12(論語十二)」, 45조목.

59) '무(亡 : 없다)'자는 '무(無 : 없다)'로 풀이한 것은 …… 어느 것이 옳은지는 모르겠다 : 『주자어류(朱子語類)』 권30, 「논어12(論語十二)」, 45조목에는 "사씨가 말하였다. '이제는 없다[亡]는 한 구절에 대해 설명했습니다. '없다[無]'로 설명하면, '없다[無]'로 풀어야 할지 '죽었다[死亡]'고 할 때의 '죽었다[亡]'로 풀어야 할지 모르겠습니다. '없다'로 풀이하면 아래의 구절과 거듭되고, '죽었다'로 풀이하면 위의 구절과 거듭됩니다. 어느 것이 옳은지 모르겠습니다. 윤씨(尹氏)는 이천의 말을 사용했으므로 기록하지 않았습니다.'("謝氏曰 : 說''今也則亡'一句. 作'無'字說, 不知合訓'無'字, 合作死亡之亡. 若訓無字, 則與下句重, 若作死亡之亡, 則與上句重, 未知孰是. 尹氏用伊川說, 故不錄.')"라고 되어 있고, 이어서 "선생이 말하였다. ''없다[亡]'는 것은 '없다[無]'는 것입니다. 혹 없다'[無]'로 읽고 해 놓아야 할 듯도 합니다.(先生曰: '亡, 卽無也, 或當讀作無.')"라고 되어 있다. 박문호(朴文鎬)가 축약해서 인용하면서 다소 착오가 생긴 듯하다.

○ 厚齋馮氏曰："師有父兄之尊, 故稱受教者爲弟子."[60]

후재 풍씨(厚齋馮氏 : 馮椅)가 말하였다. "스승에게는 부모와 형제의 존경이 있기 때문에 가르침을 받는 자들을 제자라고 하는 것이다."[61]

朱註

遷, 移也, 貳, 復也. 怒於甲者, 不移於乙, 過於前者, 不復於後.

'옮기다[遷]'는 것은 딴 데로 간다는 뜻이고, '다시 저지르다[貳]'는 것은 반복한다는 말이다. 갑(甲)에게 화낸 것을 을(乙)에게 옮기지 않고, 앞에 잘못한 일을 뒤에 반복하지 않는 것이다.[62]

詳說

○ 去聲, 下幷同.

'복야(復也)'에서 '복(復 : 반복한다)'자는 거성으로, 아래에서도 모두 같다.

○ 甲乙, 猶言此人彼人.

'노어갑자, 불이어을(怒於甲者, 不移於乙 : 갑(甲)에게 화낸 것을 을(乙)에게 옮기지

60) 호광 편(胡廣 編), 『논어집주대전(論語集註大全)』「옹야(雍也)」.

61) 스승에게는 부모와 형제의 존경이 있기 때문에 가르침을 받는 자들을 제자라고 하는 것이다 : 『논어집주대전』「옹야(雍也)」에는 "스승에게는 부모와 형제의 도리가 있기 때문에 가르침을 받는 자들을 제자라고 하는 것이다. 이때에 증자는 아직 어리면서 배우기를 좋아해 도를 전수해 줄 만한 제자로는 안자 한 사람뿐이었다.(師有父兄之道, 故稱受教者爲弟子. 當是時曾子尙少好學, 而可以傳道者, 唯顔子一人而已.)"라고 되어 있다.

62) 『주자어류(朱子語類)』 권30, 「논어12(論語十二)」, 23조목에는 다음과 같이 설명한다. "임사가 '성냄을 옮기지 않고 허물을 두 번 저지르지 않은 것'에 대해 묻자, 주희가 말하였다. '거듭 하지 않은 것이 성냄과 허물 위에 있지 않고, 단지 옮기지 않고 두 번 저지르지 않은 것에 달려있을 뿐이다. 이제 허물의 크고 작음과 성냄의 얕고 깊음에 대해 물을 필요가 없다. 단지 옮기지 않고 두 번 저지르지 않은 것에 힘을 쏟는 것에서 공부할 뿐이다. 불교에서 말하는 '백정이 칼을 도마 위에 놓고는 땅에 서서 부처가 되었다.'는 것처럼 허물을 두 번 저지르지 않은 것이야말로 어렵다. '이(貳)'자는 '이관(貳官)'이라고 할 때의 '이'자이니, 이미 한 개가 있는데 거기에 한 개를 더한 것이다. 또 임사가 '지킨 것이지 변화한 것은 아니다.'는 것에 대해 묻자, 주희가 말하였다. '성인에게는 전혀 이러한 것이 없다. 안자라면 옮고 다시 저지르는 것, 그리고 옮기지 않고 다시 저지르지 않은 것 사이에서 의심하였다.'(問: '不遷怒, 不貳過.' 曰: '重處不在怒與過上, 只在不遷不貳上. 今不必問過之大小, 怒之深淺. 只不遷, 不貳, 是甚力量! 便見工夫. 佛家所謂'放下屠刀, 立地成佛', 若有過能不貳, 直是難. 貳, 如貳官之'貳', 已有一箇, 又添一箇也.' 又問'守之也, 非化之也.' 曰: '聖人則都無這箇. 顔子則疑於遷貳與不遷貳之間.')"

않고)'에서, 갑과 을은 이 사람 저 사람이라고 말하는 것과 같다.

○ 前後, 以時言.

과어전자, 불부어후(過於前者, 不復於後 : 앞에 잘못한 것을 뒤에 반복하지 않는 것이다)에서, 앞과 뒤는 시간으로 말한 것이다.

○ 訓.

훈고이다.

朱註

顔子克己之功, 至於如此, 可謂眞好學矣.

안자의 극기(克己) 공부가 이와 같음에 이르렀으니, 참으로 배우기를 좋아한다고 말할 만하다.

詳說

○ 見「顔淵」.

『논어(論語)』「안연(顔淵)」에 보인다.

○ 慶源輔氏曰 : "顔子不遷不貳, 乃終身學力之所就."[63]

'안자극기지공(顔子克己之功 : 안자의 극기(克己) 공부'에 대해, 경원 보씨(慶源輔氏 : 輔廣)가 말하였다. "안자가 옮기지 않고 다시 저지르지 않은 것은 평생 배우고 힘써 성취한 것이다."

○ 指不遷怒, 不貳過.

'지어여차(至於如此 : 이와 같음에 이르렀으니)'는 노여움을 남에게 옮기지 않고 잘못을 다시 저지르지 않았다는 것을 가리킨다.

○ 慶源輔氏曰 : "眞字須仔細看."[64]

'가위진호학의(可謂眞好學矣 : 참으로 배우기를 좋아한다고 말할 만하다)'에 대해, 경원 보씨(慶源輔氏 : 輔廣)가 말하였다. "'참으로'라는 말을 반드시 자세히 봐야 한다."[65]

---

63) 호광 편(胡廣 編), 『논어집주대전(論語集註大全)』「옹야(雍也)」.

64) 호광 편(胡廣 編), 『논어집주대전(論語集註大全)』「옹야(雍也)」.

65) '참으로'라는 말을 반드시 자세히 봐야 한다 : 『논어집주대전』「옹야(雍也)」에 '참으로 배우기를 좋아한다.'라는 말에서 '참으로'라는 말을 자세히 봐야 한다.(眞好學, 眞字須子細看.)"라고 되어 있다.

○ 論兼釋.

경문의 의미 설명에 풀이를 겸하였다.

○ 上蔡謝氏曰: "顔子所好, 乃克己之學."[66)]

상채 사씨(上蔡謝氏 : 謝良佐)[67)]가 말하였다. "안자가 좋아한 것은 바로 극기의 배움이었다."[68)]

○ 朱子曰 : "其學全在非禮勿視聽言動上做工夫, '不遷不貳', 是成效處, 是好學之符驗."[69)]

주자(朱子 : 朱熹)가 말하였다. "그의 배움은 온전히 예가 아니면 보지 않고 듣지 않으며 말하지 않으며 움직이지 않는 측면에서 공부하는 것이니, '노여움을 남에게 옮기지 않고 잘못을 다시 저지르지 않는다.'라는 말은 효험을 이룬 것으로 배우기를 좋아하는 것이 증험과 딱 맞은 것이다."[70)]

○ 又曰 : "喜怒哀樂, 皆當克. 但怒是粗而易見者耳."[71)]

주자(朱子 : 朱熹)가 또 말하였다. "기쁨·노여움·슬픔·즐거움은 모두 극복해야 되는 것이다. 다만 노여움은 거칠어서 쉽게 드러나는 것일 뿐이다."[72)]

---

66) 호광 편(胡廣 編), 『논어집주대전(論語集註大全)』「옹야(雍也)」.

67) 사량좌(謝良佐, 1050~1103) : 북송 시대의 성리학자로 하남성 사람이며, 자는 현도(顯道)이고, 호는 상채(上蔡)이다. 유초(游酢)·여대림(呂大臨)·양시(楊時)와 함께 정문(程門)사대제자로 꼽힌다. 북송말 채경 등에 의해 행해진 구법당에 대한 대규모 탄압사건에 연좌되어 하옥되고 평민으로 폐해지는 불우한 생애를 보냈다. 그는 인이 곧 마음이고 천리이며 선천적인 양심이라고 하여 사상의 근본을 인으로 놓았다. 그의 학문은 정호의 학문에다 선의(禪意)를 더한 것으로 평가되는바 육구연의 철학체계에 영향을 끼쳤다. 저서로는 『논어설』, 『상채어록(上蔡語錄)』 등이 있다.

68) 안자가 좋아한 것은 바로 극기의 배움이었다 : 『논어집주대전』「옹야(雍也)」에는 "안자가 노여움을 남에게 옮기지 않고 잘못을 다시 저지르지 않은 것은 그가 좋아한 것이 바로 극기의 배움이었기 때문이다.(顔子不遷怒不貳過, 則其所好乃克己之學也.)"라고 되어 있다.

69) 호광 편(胡廣 編), 『논어집주대전(論語集註大全)』「옹야(雍也)」.

70) 그의 배움은 온전히 예가 아니면 보지 않고 …… 증험과 딱 맞은 것이다 : 『논어집주대전』「옹야(雍也)」에는 "'노여움을 남에게 옮기지 않고 잘못을 다시 저지르지 않는다.'라는 말은 효험을 이룬 것이 이와 같다는 것이지, 단지 이 두 가지 일을 배웠다는 것은 아니다. 그의 배움은 온전히 예가 아니면 보지 않고 듣지 않으며 말하지 않으며 움직이지 않는 것에서 그야말로 공부하는 것이니, '노여움을 남에게 옮기지 않고 잘못을 다시 저지르지 않는다.'라는 말은 효험을 이룬 것이다.('不遷怒貳過', 是顔子好學之符驗如此, 却不是只學此二事. 其學全在非禮勿視聽言動上, 乃是做工夫處, 不遷不貳是成效處.)"라고 되어 있다.

71) 호광 편(胡廣 編), 『논어집주대전(論語集註大全)』「옹야(雍也)」.

○ 魯齋許氏曰："不遷怒, 自忿思難爲始."[73]

노재 허씨(魯齋許氏：許衡)가 말하였다. "'노여움을 남에게 옮기지 않는 것'은 화가 날 때 어려워질 것을 생각하는 것에서 시작한다."[74]

朱註

短命者, 顔子三十二而卒也. 旣云今也則亡, 又言未聞好學者, 蓋深惜之, 又以見眞好學者之難得也.

명이 짧다는 것은 안자가 32세에 죽었기 때문이다. 지금은 없다고 말한 다음에 또 학문을 좋아한다는 사람을 아직 듣지 못했다고 말씀하였으니, 이는 깊이 애석히 여긴 것이고, 또한 참으로 배우기를 좋아하는 사람을 얻기 어려운 사안에 대해 나타낸 것이다.

詳說

○ 『家語』曰："年二十九而髮白, 三十二早死."[75]

'안자삼십이이졸야(顔子三十二而卒也：안자가 32세에 죽었기 때문이다)'에 대해, 『공자가어(孔子家語)』에서 말하였다. "29살에 백발이 되었고, 32살에 일찍 죽었다."[76]

---

72) 기쁨·노여움·슬픔·즐거움은 모두 극복해야 …… 쉽게 드러나는 것일 뿐이다：『논어집주대전』「옹야(雍也)」에는 "물었다. '안자가 노여움을 남에게 옮기지 않은 것도 극기 공부를 터득한 것입니까?' 답하였다. '진실로 그렇게 된 것입니다. 극기는 한 부분이 아니니, 이를테면 기쁨·노여움·슬픔·즐거움을 모두 극복해야 되는 것입니다. 다만 노여움은 거칠어서 쉽게 드러나는 것일 뿐입니다.'(問：'顔子不遷怒, 亦見得克己工夫否.' 曰：'固是然, 克己亦非一端, 如喜怒哀樂, 皆當克. 但怒是粗而易見者爾.')"라고 되어 있다.

73) 호광 편(胡廣 編), 『논어집주대전(論語集註大全)』「옹야(雍也)」.

74) '노여움을 남에게 옮기지 않는 것'은 화가 날 때 어려워질 것을 생각하는 것에서 시작한다：『논어집주대전』「옹야(雍也)」에는 "물었다. '노여움을 남에게 옮기지 않는 것은 어떻게 하는 것입니까?' 노재 허씨(魯齋許氏：許衡)가 답하였다. '이것은 성인의 경지에서 일입니다. 어떻게 그런 경지에 이르느냐 하면 화가 날 때 어려워질 것을 생각하는 것에서 시작합니다.'(問：'不遷怒.' 魯齋許氏曰：'是聖人境界之事也. 如何便到得, 且自忿思難爲始.')"라고 되어 있다.

75) 호광 편(胡廣 編), 『논어집주대전(論語集註大全)』「옹야(雍也)」.

76) 29살에 백발이 되었고, 32살에 일찍 죽었다：『논어집주대전』「옹야(雍也)」에는 "안자는 공자보다 30살이 적었는데, 29살에 백발이 되었고, 32살에 죽었다.(顔子少孔子三十歲, 年二十九而髮白, 三十二而早卒.)"라고 되어 있다.

○ 厚齋馮氏曰 : "好學者, 無在也."[77)]

'기운금야즉무(旣云今也則亡 : 지금은 없다고 말한 다음)에 대해, 후재 풍씨(厚齋馮氏 : 馮椅)가 말하였다. "배우기를 좋아하는 자가 없는 것이다."[78)]

○ 厚齋馮氏曰 : "不曰不聞, 而曰未聞, 不敢以一人之聞見厚, 誣天下之無人, 又焉知來者之不如今也."[79)]

'우언미문호학자(又言未聞好學者 : 또 학문을 좋아한다는 자를 아직 듣지 못했다고 말씀하였으니)'에 대해, 후재 풍씨(厚齋馮氏 : 馮椅)가 말하였다. "'듣지 못하였다.' 라고 하지 않고 '아직 듣지를 못하였다.'라고 한 것은 감히 자신이 들은 사안이 많다는 뜻으로 천하에 사람이 없다고 깔보지 않은 차원이니, 또 어찌 후세대가 오늘날의 사람들만 못하다는 것을 알겠는가?"[80)]

○ 釋今也則亡之意, 此又於死亡之意重.

'개심석지(蓋深惜之 : 이는 깊이 애석히 여긴 것이고)'는 지금은 아무도 없다는 의미를 풀이했으니, 이는 또 죽었다는 뜻에서 반복되는 것이다.

○ 音現.

'이현(以見)'에서 '현(見)'자는 음이 '현(現)'이다.

○ 釋'未聞好學者'之意.

'우이견진호학자지난득야(又以見眞好學者之難得也 : 또한 참으로 배우기를 좋아하는 사람을 얻기 어려운 사안에 대해 나타낸 것이다)'는 '배우기를 좋아한다는 사람에 대해 아직 듣지를 못하였습니다.'라는 의미에 대해 풀이한 것이다.

○ 訓兼釋.

훈고에 경문의 풀이를 겸하였다.

---

77) 호광 편(胡廣 編), 『논어집주대전(論語集註大全)』「옹야(雍也)」.

78) 배우기를 좋아하는 자가 없는 것이다 : 『논어집주대전』「옹야(雍也)」에는 "'지금은 아무도 없다.'라고 한 것은 배우기를 좋아하는 자가 없다는 것이다. '듣지 못하였다.'라고 하지 않고(今也則亡, 言好學者, 無存也. 不曰不聞)"라고 되어 있다.

79) 호광 편(胡廣 編), 『논어집주대전(論語集註大全)』「옹야(雍也)」.

80) '아직 듣지를 못하였다.'라고 한 것은 …… 오늘날의 사람들만 못하다는 것을 알겠는가 : 『논어집주대전』「옹야(雍也)」에는 "'지금은 아무도 없다.'라고 한 것은 배우기를 좋아하는 사람이 없다는 말이다. '듣지 못하였다.'라고 하지 않고 '아직 듣지를 못하였다.'라고 한 것은 감히 자신이 들은 사안이 많다는 뜻으로 천하에 사람이 없다고 깔보지 않은 것이니, 또 어찌 후세대가 오늘날의 사람들만도 못하다는 것을 알겠는가?(曰今也則亡, 言好學者, 無存也. 不曰不聞, 而曰未聞, 不敢以一己之聞見厚, 誣天下之無人, 又焉知來者之不如今也.)"라고 되어 있다.

○ **厚齋馮氏曰 : “是時曾子尚少, 可傳道者, 惟顔子一人.”**[81]

후재 풍씨(厚齋馮氏 : 馮椅)가 말하였다. “이때 증자는 아직 어리면서 배우기를 좋아해 도를 전수해 줄 만한 제자로는 안자 한 사람뿐이었다.”[82]

朱註

程子曰 : “顔子之怒, 在物不在己, 故不遷. 有不善, 未嘗不知, 知之, 未嘗復行, 不貳過也.”

정자가 말하였다. “안자의 노여움은 상대방에 있었고, 자신에게 있지 않았기 때문에 옮기지 않은 것이다. 선하지 않은 것이 있으면 일찍이 알지 못한 적이 없고, 알면 일찍이 다시 행한 적이 없었으니, 잘못을 다시 저지르지 않는 것이다.”

詳說

○ 叔子.

‘정자왈(程子曰)’에서 ‘정자(程子)’는 동생 정이(程頤)이다.

○ 在物公, 在己私.

‘재물부재기(在物不在己 : 상대방에 있었고 자신에게 있지 않았다)는 사물에게 있는 것은 공평하고, 자신에게 있는 것은 사사롭다는 말이다.

○ 此以在物不在己五字, 解不遷怒.

이것[故不遷 : 때문에 옮기지 않은 것이다]은 ‘상대방에 있고, 자신에게 있지 않다.’라는 말로 ‘노여움을 남에게 옮기지 않는다.’라는 구절을 풀이한 것이다.

○ 見『易』「繫辭」.

‘미상부지, 지지, 미상부행, 불이과야(未嘗不知, 知之, 未嘗復行, 不貳過也 : 일찍이 알지 못한 적이 없고, 알면 일찍이 다시 행한 적이 없었으니, 잘못을 다시 저지르지 않는 것이다)’라는 말은 『주역(周易)』「계사전상(繫辭傳上)」에 있다.[83]

---

81) 호광 편(胡廣 編), 『논어집주대전(論語集註大全)』「옹야(雍也)」.

82) 이때에 증자는 아직 어리면서 배우기를 좋아해 도를 전수해 줄 만한 제자로는 안자 한 사람뿐이었다 : 『논어집주대전』「옹야(雍也)」에는 “스승에게는 부모와 형제의 도리가 있기 때문에 가르침을 받는 자들을 제자라고 한다. 이때 증자는 아직 어리면서 배우기를 좋아해 도를 전수해 줄 만한 제자로는 안자 한 사람뿐이었다.(師有父兄之道, 故稱受教者爲弟子. 當是時曾子尚少好學, 而可以傳道者, 唯顔子一人而已.)”라고 되어 있다.

83) 『주역(周易)』「계사전상(繫辭傳上)」에 있다 : 『주역(周易)』「계사전상(繫辭傳上)」에 “잘못을 다

○ 此引「繫辭」鮮不貳過, 言「繫辭」所云, 卽此之不貳過也.

이것[未嘗不知, 知之, 未嘗復行, 不貳過也]은 「계사전」의 '잘못을 다시 저지르지 않는다.'라는 말을 인용한 것이니, 「계사전」에서 말한 것이 바로 여기에서 '잘못을 다시 저지르지 않는다.'라는 말이다.

朱註

又曰 : "喜怒在事, 則理之當喜怒者也, 不在血氣, 則不遷. 若舜之誅四凶也, 可怒在彼, 己何與焉! 如鑑之照物, 姸媸, 在彼, 隨物應之而已, 何遷之有."

정자가 또 말하였다. "기뻐하고 노여워할 일에 있다면, 이것은 이치적으로 기뻐하고 노여워해야 하는 것들이니, 혈기에 있지 않다면 옮기지 않는 것이다. 예를 들면 순(舜)임금이 사흉(四凶)을 처벌할 때 화낼 만한 것이 저들에게 있었으니, 자신이 어찌 관여하였겠는가! 마치 거울이 물건을 비춤에, 아름다움과 추함이 저쪽에 달려 있는 것과 같아서 사물에 따라 대응할 따름이니, 어찌 화를 옮김이 있겠는가."

詳說

○ 與焉以上叔子, 如鑑以下伯子.

'자신이 어찌 관여하였겠는가![與焉]'라는 말 위로는 동생 정이(程頤)의 말이고, '마치 거울이 물건을 비춤에[如鑑]'라는 말 아래로는 형 정호(程顥)의 말이다.

○ 變物言事, 事亦物也.

'희노재사(喜怒在事 : 기뻐하고 노여워할 일에 있다면)에서 볼 때, 사물을 변화시키는 것을 일이라고 하니, 일도 사물이다.

○ 喜字, 帶過說, 下姸字同.

'리지당희노자야(理之當喜怒者也)'에서 '기뻐하다[喜]'는 말은 두르고 따라가는 말로 아래에서 '아름다움[姸]'이라는 말도 같다.

○ 血氣, 己也.

부재혈기(不在血氣)에서 혈기는 자신 때문이다.

○ 雲峰胡氏曰 : "在理."[84]

시 저지르지 않고 후회함에 이르지 않는 사람이 지극하다.(夫不貳過, 而無祇悔者, 至也.)"라는 말이 있다.

부재혈기(不在血氣)에 대해, 운봉 호씨(雲峯胡氏 : 胡炳文)가 말하였다. "이치에 있는 것이다."

◯ 流共工, 放驩兜, 竄三苗, 殛鯀, 見『書』「舜典」.

'순지주사흉야(舜之誅四凶也 : 순(舜)임금이 사흉(四凶)을 처벌할 때)'에 관한 이야기인, 공공(共工)을 유배하고, 환도(驩兜)를 유치하며, 삼묘(三苗)를 몰아내고, 곤(鯀)을 가둔 것은 『서경(書經)』「순전」에 있다.[85]

◯ 去聲.

'기하여언(己何與焉)'에서 '여(與)'자는 거성이다.

◯ 此所謂在物不在己.

이것[可怒在彼, 己何與焉 : 화낼 만한 것이 저들에게 있었으니, 자신이 어찌 관여하였겠는가]이 이른바 '상대방에 있었고, 자신에게 있지 않다.'라는 말이다.

◯ 赤之反.

'연치(姸媸)'에서 '치(媸 : 추함)'는 '적(赤)'자와 '지(之)'자의 반절(反切)이다.

◯ 此引事譬物, 申在物不在己之說, 而一理字最切.

여기에서 사건을 인용하고 사물로 비유한 것은 '상대방에 있었고, 자신에게 있지 않다.'라는 말을 거듭한 것으로 이치라는 하나의 말에 가장 적절하다.

朱註

又曰 : "如顔子地位, 豈有不善? 所謂不善, 只是, 微有差失, 纔差失便能知之, 纔知之便更不萌作."

정자가 또 말하였다. "안자의 경지와 같으면, 어찌 선하지 않음이 있겠는가? 이른바 선하지 않다는 것은 다만 약간의 잘못이 있는 것이니, 잠시라도 잘못이 있으면 곧 알았고, 알기만 하면 곧 다시는 싹터 나오지 않게 한 것이다."

---

84) 호광 편(胡廣 編), 『논어집주대전(論語集註大全)』「옹야(雍也)」.

85) 공공(共工)을 유배하고, 환도(驩兜)를 유치하며 …… 곤(鯀)을 가둔 것은 『서경(書經)』「순전」에 있다 : 『서경(書經)』「순전」에 "공공을 유주에 유배하고 환도를 숭산에 유치하고 삼묘를 삼위에 몰아내고 곤을 우산에 가두어 네 사람을 벌주었다.(流共工于幽洲, 放驩兜于崇山, 竄三苗于三危, 殛鯀于羽山, 四罪.)"라는 말이 있다.

詳說

○ 當考
"'우왈(又曰)'은 말한 자가 동생 정이(程頤)인지 형 정호(程顥)인지 마땅히 살펴봐야 한다.

○ 亞聖地位.
'안자지위(顏子地位 : 안자의 경지와 같으면)'은, 성인에 버금가는 경지이다.

○ 指「繫辭」.
'유불선(有不善)'은 『주역(周易)』「계사전하(繫辭傳下)」의 말을 가리킨다.[86]

○ 一作不過.
'지시(只是)'는 어떤 판본에는 '~에 지나지 않는다[不過]'로 되어 있다.

○ 萌起於心.
'재지지편경불맹작(纔知之便更不萌作 : 알기만 하면 곧 다시는 싹터 나오지 않게 한 것이다)'는 마음에서 싹터 나온다는 말이다.

○ 此申「繫辭」之說, 先駁之以回護顏子, 又依其說以歸本文. 用微纔便三字, 而不遠, 復之義益明.
여기에서는 「계사전」의 말을 거듭하면서 먼저 공박해서 안자에게 되돌려 비호하고, 또 그 설명에 의지해서 본문으로 돌아갔다. '약간[微]'·'잠시[纔]'·'~하면[便]'이라는 말을 사용하면서 멀리 떨어지지 않게 했으니, 되돌리는 의미가 더욱 분명하다.

朱註

張子曰 : "慊於己者, 不使萌於再."
장자(張子)가 말하였다. "자신에게 부족하다고 느껴진 것을 두 번 다시 싹트지 않게 한 것이다."[87]

86) 「계사전하(繫辭傳下)」의 말을 가리킨다 : 『주역』「계사전하(繫辭傳下)」에 "공자가 말하였다. '안씨의 아들[顏回]은 거의 도에 가까울 것이다! 선하지 않은 것이 있으면 일찍이 알지 못한 것 없었고, 알면 일찍이 다시 행한 적이 없었다.'(子曰 : '顏氏之子, 其殆庶幾乎. 有不善, 未嘗不知, 知之, 未嘗復行也.')"라는 말이 있다.

87) 『주자어류(朱子語類)』 권30, 「논어12(論語十二)」, 45조목에는 다음과 같이 설명되어 있다. "보광이 물었다. '선생님은 장자(張子: 張載)가 '자신에게 부족하다고 느껴진 것을 두 번 다시 싹

詳說

○ 口簞反.

'겸어기자겸(慊於己者)'에서 '겸(慊)'은 '구(口)'와 '단(簞)'의 반절(反切)이다.

○ 朱子曰 : "些子不足於心."[88]

주자(朱子 : 朱熹)가 말하였다. "마음에 약간 부족한 것이다."[89]

○ 許氏曰 : "制之於心."[90]

허씨(許氏)가 말하였다. "마음에서 제재하는 것이다."[91]

○ 此只解不貳過.

이는 잘못을 다시 저지르지 않는다는 것을 해석하였을 뿐이다.

朱註

或曰 : "詩書六藝, 七十子非不習而通也, 而夫子獨稱顏子爲好學, 顏子之所好

트지 않게 한 것이다.'고 말한 것을 의심하면서, '공자는 단지 '허물을 알면 다시 행하지 않은 것'이지 그 과실이 다시 마음에서 싹트지 않은 것을 말한 것이 아니다.'라고 했습니다. 저는 장자의 말이 더욱 정밀하다고 생각합니다. 정자가 '다시 싹트지 않았다'고 말한 것은 '행함[行]'을 겸하여 말한 것입니다.' 주희가 말하였다. '싹튼다는 것은 단지 싹터 움직이는 것일 뿐이다. 대개 공자는 대체를 이와 같이 말하였다. 정자와 장자에 이르면 사람들에게 분명하게 이해하게 하려고 했으므로 다시 이와 같이 정밀하게 말하였다. 단지 이와 같이 분별하는 것은 그가 이해하지 못하고 힘을 소비하는 것이다. …… 정자와 장자는 나중 사람들이 조금만 보므로 다시 정밀하게 말했으나 그 실제는 하나이다.'(問: '黎兄疑張子謂'慊於己者, 不使萌於再', 云: '夫子只說'知之, 未嘗復行', 不是說其過再萌於心.' 廣疑張子之言尤加精密. 至程子說'更不萌作', 則兼說'行'字矣.' 曰: '萌作亦只是萌動. 蓋孔子且恁大體說. 至程子張子又要人會得分曉, 故復如此說到精極處. 只管如此分別, 便是他不會看, 枉了心力. …… 程子張子怕後人小看了, 故復說到精極處, 其實則一.)"

88) 호광 편(胡廣 編), 『논어집주대전(論語集註大全)』「옹야(雍也)」.

89) 마음에 약간 부족한 것이다 : 『논어집주대전』「옹야(雍也)」에는 "자신에게 부족하다고 느껴진 것은 단지 마음에 약간 부족한 것이니, 곧 그것을 스스로 알면 바로 당장 제거해서 다시 싹트지 않게 한다.(慊於己, 只是略有些子不足於心. 便自知之, 即隨手消除, 不復萌作.)"라고 되어 있다.

90) 호광 편(胡廣 編), 『논어집주대전(論語集註大全)』「옹야(雍也)」.

91) 마음에서 제재하는 것이다 : 『논어집주대전』「옹야(雍也)」에는 "마음의 잘못은 항상 적고, 몸의 잘못은 항상 큰데, 안자는 마음의 잘못은 있을지라도 몸의 잘못은 없었다. 몸의 잘못이 없는 것은 쉽고, 마음의 잘못이 없는 것은 어려우니, 요점은 마음에서 제재해야 할 뿐이다.(心過常小, 身過常大, 顏子雖有心過, 無身過. 無身過易, 無心過難, 要當制之於心而已.)"라고 되어 있다.

果何學歟?"

어떤 이가 말하였다. "시(詩)・서(書)와 육예(六藝)를 70제자가 익혀 통하지 않은 것이 아니지만, 공자가 유독 안자만이 배우기를 좋아했다고 칭찬하였으니, 안자가 좋아한 것은 과연 어떤 학문입니까?"

詳說

○ 即胡安定也. 蓋歸重答語, 而略其問者耳.

'혹왈(或曰: 어떤 이)'은 곧 호안정(胡安定)이다. 귀중에게 답하는 말로 그 질문을 간략하게 했을 뿐이다.

○ 似宜曰弟子皆好學.

'시서육예, 칠십자비불습이통야(詩書六藝, 七十子非不習而通也 : 시(詩)・서(書)와 육예(六藝)를 70제자가 익혀 통하지 않은 것이 아니지만)'의 의미는 제자들이 모두 배우기를 좋아하였다.'라고 말해야 할 것 같다.

○ 『史記』「伯夷傳」曰 : "七十子之徒, 仲尼獨薦顔淵爲好學."[92]

'부자독칭안자위호학(夫子獨稱顔子爲好學 : 공자가 유독 안자만이 배우기를 좋아했다고 칭찬하였으니)'에 대해, 사기』「백이열전」에서 말하였다. "70제자들 가운데 중니는 유독 안연만이 배우기를 좋아한다고 천거하였다."

○ 朱子曰 : "伊川先生, 年十八遊太學時, 胡翼之方主教導, 嘗以顔子所好何學, 論試諸生, 得先生所試大驚, 卽延見處以學職."

'안자지소호과하학여(顔子之所好果何學歟 : 안자가 좋아한 것은 과연 어떤 학문입니까)'에 대해, 주자(朱子 : 朱熹)가 말하였다. "이천 선생이 열여덟 살에 태학에 취학했을 때, 호익지(胡翼之) 교도를 주관해서 안자가 좋아했던 것이 어떤 배움인지 학생들에게 시험 삼아 논의하게 한 적이 있었는데, 선생이 쓴 것을 얻고는 크게 놀라 바로 불러 만나보고는 학자의 직분으로 처우하였다."

○ 下文程子曰以下, 卽好學論也, 於本文略有節省檃栝處.

아래의 글에서 '정자가 말하였다'라는 말 아래로는 배우기를 좋아한다는 말로 본문에는 구절이 생략되어 개괄한 것이 있다.

92) 사마천, 『사기(史記)』「백이열전」.

朱註

程子曰 : "學以至乎聖人之道也."

정자가 말하였다. "배워서 성인(聖人)에 이르는 도였다."

詳說

○ 叔子.

'정자왈(程子曰)'에서 '정자(程子)'는 동생 정이(程頤)이다.

○ 孔子.

'성인(聖人)'은 공자이다.

○ 雙峰饒氏曰 : "道者, 方法之謂, 言學以至乎聖人底方法也. 下文言學之道, 與學之得其道, 皆此意."[93]

쌍봉 요씨(雙峰饒氏 : 饒魯)가 말하였다. "'도(道)'는 방법을 말하니, 배워서 성인에 이르는 방법을 말한다. 아래의 글에서 '배우는 도'와 '배움에 그 도를 얻은 것이다.'라는 것은 모두 이러한 뜻이다."

○ 先總提大意, 以荅所好何學之語.

먼저 총괄해서 큰 의미를 제시하고 무엇에 관해 배우기를 좋아했는지에 대해 답하는 말이다.

朱註

"學之道柰何." 曰 : "天地儲精, 得五行之秀者爲人, 其本也, 眞而靜.

"배우는 도는 어떻게 하는 것입니까?" 말하였다. "천지가 정기를 쌓아 오행의 빼어난 정기를 얻은 것이 사람이니, 그 근본은 참되고 고요하다.

詳說

○ 此一句, 乃程子自設問也, 此下乃詳論學以至聖之事.

이 한 구절[學之道柰何]은 바로 정자가 스스로 물은 것이고, 이 아래는 바로 배워서 성인에 이르는 일에 대해 자세히 설명한 것이다.

○ 朱子曰 : "二氣之精聚, 故能生出人物."[94]

93) 호광 편(胡廣 編), 『논어집주대전(論語集註大全)』「옹야(雍也)」.

94) 호광 편(胡廣 編), 『논어집주대전(論語集註大全)』「옹야(雍也)」.

'천지저정(天地儲精 : 천지가 정기를 쌓아)'에 대해, 주자(朱子 : 朱熹)가 말하였다. "두 기운의 정기가 모이기 때문에 사람과 사물을 낳아서 내놓을 수 있다."95)

○ 『禮記』「禮運」曰 : "人者, 五行之秀氣."96)'

오행지수자위인(五行之秀者爲人 : 오행의 빼어난 정기를 얻은 것이 사람이니)에 대해, 예기』「예운(禮運)」에서 말하였다. "사람은 오행의 빼어난 정기이다."97)

○ 此本有生而言.

이[五行之秀者爲人]는 생명이 있는 것을 근본으로 해서 말하였다.

○ 朱子曰: "本是本體, 眞是不雜人僞, 靜言其初未感物時. 五性便是眞, 未發便是靜."98)

'기본야, 진이정(其本也, 眞而靜 : 그 근본은 참되고 고요하다)'에 대해, 주자(朱子 : 朱熹)가 말하였다. "'근본'은 본체이고, '참된 것'은 인위가 섞이지 않은 것이며, '고요한 것'은 그 초기에 아직 사물에 감동하지 않았을 때이다. 오성(五性)은 바로 참된 것으로 아직 발하지 않았을 때가 바로 고요한 것이다."

朱註

其未發也, 五性具焉, 曰仁義禮智信. 形旣生矣, 外物觸其形, 而動於中矣.

이것이 아직 발하지 않았을 때 오성(五性)이 구비되어 있으니, '인(仁) · 의(義) · 예(禮) · 지(智) · 신(信)'이라고 한다. 형체가 이미 생기고 나면 바깥 사물이 그 형체에 접촉되어 마음이 움직인다.

詳說

○ 退溪曰 : "其本也, 眞而靜, 未發也, 五性具, 此非兩截事. 朱子謂之疊說是也."99)

'기미발야, 오성구언(其未發也, 五性具焉 : 이것이 아직 발하지 않았을 때 오성(五性)

95) 두 기운의 정기가 모이기 때문에 사람과 사물을 낳아서 내놓을 수 있다 : 『논어집주대전』「옹야(雍也)」에는 "물었다. '정기를 어떻게 쌓는지요?' 주자(朱子 : 朱熹)가 말하였다. '정기는 흘러가고 통하며 쌓이니, 두 기운의 정기가 모이는 것을 얻기 때문에 사람과 사물을 낳아서 내놓을 수 있다.'(問 : '儲精.' 朱子曰 : '精氣流通儲蓄, 得二氣之精聚, 故能生出人物.')"라고 하였다.

96) 『예기』「예운(禮運)」.

97) 사람은 오행의 빼어난 정기이다 : 『예기』「예운(禮運)」에는 "사람이라는 것은 천지의 덕이고 음과 양의 사귐이며, 귀신이 모인 것이고 오행의 빼어난 기운이다.(故人者, 其天地之德, 陰陽之交, 鬼神之會, 五行之秀氣也.)"라고 되어 있다.

98) 호광 편(胡廣 編), 『논어집주대전(論語集註大全)』「옹야(雍也)」.

99) 이황(李滉), 『퇴계집(退溪集)』 권20, 「서(書) · 답황중거문목(答黃仲擧問目)」.

이 구비되어 있으니)'에 대해, 퇴계(退溪 : 李滉)가 말하였다. "근본체는 참되고 고요하며, 아직 발하지 않은 것에는 오성이 갖추어져 있으니, 이는 같은 일이 아니다. 주자(朱子 : 朱熹)가 거듭 말한 것이라고 한 표현이 여기에 해당한다."

○ 物自外入內.

'외물촉기형, 이동어중의(外物觸其形, 而動於中矣 : 바깥 사물이 그 형체에 접촉되어 마음이 움직인다)'는 사물이 밖에서 안으로 들어온 것이다.

朱註

其中動, 而七情出焉, 曰喜怒哀懼愛惡欲. 情旣熾, 而益蕩, 其性鑿矣.

그 마음이 움직여 칠정(七情)이 나오니, '희(喜) · 노(怒) · 애(哀) · 구(懼) · 애(愛) · 오(惡) · 욕(欲)'이라고 한다. 감정이 성해진 다음에 더욱 방탕해지면, 그 본성을 잃게 된다.

詳說

○ 去聲.

'애오욕(愛惡欲)'에서 '오(惡)'자는 거성이다.

○ 昌志反.

'정기치(情旣熾)'에서 '치(熾)'는 '창(昌)'과 '지(志)'의 반절(反切)이다.

○ 句.

'정기치, 이익탕(情旣熾, 而益蕩)'에서 구절이 끊어진다.

○ 朱子曰 : "人不循此理去傷了他."[100]

'其性鑿矣(기성착의 : 그 본성을 잃게 된다)'에 대해, 주자(朱子 : 朱熹)가 말하였다. "사람들은 이 이치를 따르지 않아 그것을 해치는 것이다."[101]

○ 又曰 : "顏子之學見得此理分明."[102]

주자(朱子 : 朱熹)가 또 말하였다. "안자의 배움은 이 이치를 분명하게 깨달은 것이다."[103]

---

100) 호광 편(胡廣 編), 『논어집주대전(論語集註大全)』「옹야(雍也)」.

101) 사람들은 이 이치를 따르지 않아 그것을 해친다 : 『논어집주대전』「옹야(雍也)」에는 "본성은 진실로 잃어서는 안 된다. 다만 사람들은 이 이치를 따르지 않아 그것을 해치는 것이다.(性固不可鑿. 但人不循此理去傷了他.)"라고 되어 있다.

102) 『주자어류(朱子語類)』 권30, 「논어12(論語十二)」, 38조목.

○ 此論性情. 蓋言以性, 則似乎無所事學, 而以情, 則又不可不學也.

여기에서는 본성과 감정에 대해 논의하였다. 대개 본성으로 말한다면 일삼고 배울 것이 없을 것 같은데, 감정으로 말한다면 또 배우지 않을 수 없다.

朱註

故覺者, 約其情, 使合於中, 正其心, 養其性而已.

그러므로 선각자는 감정을 단속하여 중도(中道)에 합하게 하고, 그 마음을 바루어 본성을 기를 뿐이다.

詳說

○ 一作學.

'각자(覺者)'에서 '각(覺)'자는 어떤 판본에는 '학(學)'자로 되어 있다.

○ 建安丘氏曰: "明覺之士."

'각자(覺者 : 선각자)'에 대해, 건안 구씨(建安丘氏 : 丘富國)104)가 말하였다. "분명하게 깨달은 선비이다."

○ 檢束也.

'약기정(約其情)에서 약(約 : 단속한다)'은 봉해서 묶어 놓는 것이다.

---

103) 안자의 배움은 이 이치를 분명하게 깨달은 것이다 : 『주자어류(朱子語類)』 권30, 「논어12(論語十二)」, 38조목에는 "물었다. '안자가 배운 것은 사람이 태어남에 오상(五常)의 본성이 혼연하게 한마음에 가운데 갖추어졌다는 것입니다. 아직 사물을 감하지 않았을 적에는 고요하게 움직이지 않을 뿐이지만, 사물을 감하지 않을 수 없어서 이에 기뻐하고 성내고 슬퍼하고 즐거워하는 일곱 가지 감정이 나옵니다. 이미 감정이 발생하여 펼쳐지면 본성이 비로소 뚫립니다. 그러므로 안자의 배움은 이러한 이치를 분명하게 깨달아 반드시 감정을 요약하여 중도에 맞게 하고 강하게 결단하여 자기의 사사로움을 극복하려는 것입니다.' 말하였다. '배움이라는 것은 단지 이것을 배울 뿐입니다.'(問 : '顔子之所學者, 蓋人之有生, 五常之性, 渾然一心之中. 未感物之時, 寂然不動而已, 而不能不感於物, 於是喜怒哀樂七情出焉. 旣發而易縱, 其性始鑿. 故顔子之學見得此理分明, 必欲約其情以合於中, 剛決以克其私.' 曰 : '所謂學者, 只是學此而已.')" 라고 되어 있다.

104) 구부국(丘富國, 생몰년 미상) : 자(字)는 행가(行加)이고, 남송 시대 건안(建安 : 현 복건성 건구(建甌) 사람이다. 주자의 문인으로 주자의 역학사상을 주로 계승 발전시켰다. 이종(理宗) 순우(淳祐) 7년(1247)에 진사에 급제하여 벼슬은 단주첨판(端州僉判)을 역임하였다. 남송이 망하자 은거하고 벼슬하지 않았다. 저서에는 『주역집해(周易輯解)』, 『역학설약(易學說約)』, 『경세보유(經世補遺)』가 있다.

○ 雙峰饒氏曰:"用工緊要處, 在約情合中, 四勿是約的工夫, 禮是中的準則."[105)]

'사합어중(使合於中 : 중도(中道)에 합하게 하고)'에 대해, 쌍봉 요씨(雙峰饒氏 : 饒魯)가 말하였다. "공부하는 핵심은 감정을 단속해서 중도에 합하는 것이고, '네 가지를 하지 말라.'[106)]라는 것은 단속하는 공부이며, 예는 중도의 준칙이다."[107)]

○ 雲峰胡氏曰:"此段論儲精眞靜, 五性七情合中, 皆自周子太極圖說來."[108)]

운봉 호씨(雲峯胡氏 : 胡炳文)가 말하였다. "이 단락에서 논의한 '정기를 쌓는 것'과 '참되고 고요한 것'과 '오성'과 '칠정'과 '중도에 합하는 것'은 모두 주렴계의 「태극도설(太極圖說)」에서 나온 것이다."[109)]

○ 始說出心字, 蓋爲學全在於心.

'정기심(正其心 : 그 마음을 바루어)'이라는 구절을 볼 때, 처음의 설명에서 마음이라는 말이 나온 것은 학문의 온전함이 마음에 있기 때문이다.

---

105) 호광 편(胡廣 編), 『논어집주대전(論語集註大全)』「옹야(雍也)」.

106) 네 가지를 하지 말라 : 『논어(論語)』「안연(顔淵)」에 "안연이 인(仁)을 묻자, 공자가 말하였다. '자기의 사욕을 이겨 예에 돌아감이 인(仁)을 하는 것이니, 하루 동안이라도 사욕을 이겨 예에 돌아가면 천하가 인을 허여하는 것이다. 인을 하는 것은 자기 몸에 달려 있으니, 남에게 달려 있는 것이겠는가?' 안연이 말하였다. '그 조목을 묻겠습니다.' 공자가 말하였다. '예가 아니면 보지 말며, 예가 아니면 듣지 말며, 예가 아니면 말하지 말며, 예가 아니면 움직이지 않는 것이다.' 안연이 말하였다. '제가 불민하지만 이 말씀을 따르겠습니다.'(顔淵問仁, 子曰:'克己復禮爲仁, 一日克己復禮, 天下歸仁焉. 爲仁由己, 而由人乎哉?' 顔淵曰:'請問其目.' 子曰:'非禮勿視, 非禮勿聽, 非禮勿言, 非禮勿動.' 顔淵曰:'回雖不敏, 請事斯語矣.')"라는 말이 있다.

107) 공부하는 핵심은 감정을 단속해서 …… 단속하는 공부이며, 예는 중도의 준칙이다 : 『논어집주대전』「옹야(雍也)」에는 "공부하는 핵심은 감정을 단속해서 중도에 합하게 하는 것이니, 단속하는 것은 공부 가운데 준칙이다. '네 가지를 하지 말라.'라는 것은 단속하는 공부이고, 예는 중도의 준칙이다. 그 감정을 단속해서 중도에 합하게 할 수 있으면, 마음이 바름을 얻어 방탕하게 되지 않고, 본성이 기름을 얻어 잃지 않는다.(用工最緊要處, 在約其情, 使合於中, 約是工夫中是準則. 四勿, 便是約的工夫, 禮便是中的準則. 能約其情使合於中, 則心得其正而不蕩, 性得其養而不鑿.)"라고 되어 있다.

108) 호광 편(胡廣 編), 『논어집주대전(論語集註大全)』「옹야(雍也)」.

109) 이 단락에서 논의한 …… 주렴계의 「태극도설(太極圖說)」에서 나온 것이다 : 『논어집주대전』「옹야(雍也)」에는 "정자의 이 단락에서 논의는 모두 주렴계의 「태극도설」에서 나온 것이다. '천지가 정기를 쌓는다'라는 것에서 '정기'는 곧 '음양[二]'과 '오행[五]'의 정기이다. '그 근본은 참되고 고요하다.'에서 '참된 것'은 무극의 참됨이니, 오직 주렴계의 태극설에서 나온 것이다.(程子此段議論, 皆自周子太極圖說來. 天地儲精, 此精字即是二五之精, 其本也, 真而靜. 真字, 即是無極之真, 特周子自太極說來.)"라고 되어 있다.

○ 子思之中, 曾子之正心, 孟子之養性, 顔子蓋兼之.

'양기성이이(養其性而已 : 본성을 기를 뿐이다)'라는 구절은 자사의 중도, 증자의 바름을 바르게 함, 맹자의 본성을 기름은 안자가 대개 겸비하고 있었던 것이다.

朱註

然必先明諸心, 知所往, 然後力行以求至焉.

그러나 반드시 먼저 마음을 밝혀서 갈 곳을 안 뒤에야 힘써 행하여 도에 이르기를 구할 수 있는 것이다.

詳說

○ 朱子曰 : "一段緊要, 只在明諸心上. 明諸心, 知所往, 窮理之事, 如識路."[110] '연필선명저심, 지소왕(然必先明諸心, 知所往 : 그러나 반드시 먼저 마음을 밝혀서 갈 곳을 안 뒤에야)'에 대해, 주자(朱子 : 朱熹)가 말하였다. "일반적으로 그 첫 단계는 오직 마음을 밝히는 것에 있다. 마음을 밝히는 일은 갈 곳을 아는 것으로 이치를 궁구하는 일이니, 길을 아는 것과 같다."[111]

○ 卽上至聖之至字, 一篇中凡用四至字.

'역행이구지언(力行以求至焉 : 도에 이르기를 구할 수 있는 것이다)'이라는 말은 곧 앞에서 '성인에 이른다.'라고 할 때의 '이른다'는 말이 한 편에서 모두 네 번의 '이른다'는 의미로 사용되었다.

○ 朱子曰 : "力行求至, 踐履之事, 如行路."[112]

'역행이구지언(力行以求至焉 : 도에 이르기를 구할 수 있는 것이다)'에 대해, 주자(朱子 : 朱熹)가 말하였다. "힘써 가서 지극함을 구하는 것은 실천하는 일로 길을 아는 것과 같다."[113]

---

110) 호광 편(胡廣 編), 『논어집주대전(論語集註大全)』「옹야(雍也)」.

111) 일반적으로 그 첫 단계는 오직 마음을 …… 이치를 궁구하는 일이니, 길을 아는 것과 같다 : 『논어집주대전』「옹야(雍也)」에는 "여기에서 일반적으로 그 첫 단계는 오직 마음을 밝히는 일에 있다. 마음을 밝히는 일은 갈 곳을 아는 것으로 이치를 궁구하는 일이다. 힘써 가서 지극함을 구하는 것은 실천하는 일로 길을 아는 것과 같다.(這一段緊要處, 只在先明諸心上. 明諸心, 知所往, 窮理之事. 力行求至, 踐履之事. 知所往, 如識路, 力行求至, 如行路.)"라고 되어 있다.

112) 호광 편(胡廣 編), 『논어집주대전(論語集註大全)』「옹야(雍也)」.

113) 힘써 가서 지극함을 구하는 일은 실천하는 일로 길을 아는 것과 같다 : 『논어집주대전』「옹야(雍也)」에는 "여기에서 일반적으로 그 첫 단계는 오직 마음을 밝히는 일에 있다. 마음을 밝히

○ 此正說學之道, 而上一半, 其事也, 下一半, 其序也.

여기에서는 바로 배우는 도를 곧바로 설명하였는데, 앞의 것은 그 일이고, 뒤의 것은 그 순서이다.

朱註

若顔子之非禮勿視聽言動, 不遷怒貳過者, 則其好之篤, 而學之得其道也.

예를 들면 안자의 예가 아니면, 보지 말고 듣지 말며 말하지 말고 움직이지 말라는 것과 화를 남에게 옮기거나 잘못을 반복하지 않음과 같은 것이니, 그 좋아함이 독실하고 배움에 그 도를 얻은 것이다.

詳說

○ 見「顔淵」.

「안연(顔淵)」에 보인다.114)

○ 本文只言不遷不貳, 而程子幷取四勿冠之者, 蓋顔子之學, 四勿是其喫緊用工處故也.

'안자지비례물시청언동(顔子之非禮勿視聽言動)'이라는 구절을 볼 때, 경문에서는 노여움을 남에게 옮기지 않고 잘못을 다시 저지르지 않는다는 것을 말했을 뿐인데, 정자가 '네 가지를 하지 말라.'라는 말을 앞에 둔 것은 안자의 배움이 네 가지를 하지 말라는 것을 핵심 공부로 했기 때문이다.

○ 此正說顔子之好學, 所謂眞好學也.

여기[其好之篤, 而學之得其道也]에서는 바로 안자가 배우기를 좋아하는 일이 이른바 진실로 배우기를 좋아한다고 설명한 것이다.

는 일은 갈 곳을 아는 것으로 이치를 궁구하는 일이다. 힘써 가서 지극함을 구하는 것은 실천하는 일로 길을 아는 것과 같다.(這一段緊要處, 只在先明諸心上. 明諸心, 知所往, 窮理之事. 力行求至, 踐履之事. 知所往, 如識路, 力行求至, 如行路.)"라고 되어 있다.

114) 「안연(顔淵)」에 보인다 : 『논어(論語)』「안연(顔淵)」에 "안연이 인(仁)을 묻자, 공자가 말하였다. '자기의 사욕을 이겨 예에 돌아감이 인(仁)을 하는 것이니, 하루 동안이라도 사욕을 이겨 예에 돌아가면 천하가 인을 허여하는 것이다. 인을 하는 것은 자기 몸에 달려 있으니, 남에게 달려 있는 것이겠는가?' 안연이 말하였다. '그 조목을 묻겠습니다.' 공자가 말하였다. '예가 아니면 보지 말며, 예가 아니면 듣지 말며, 예가 아니면 말하지 말며, 예가 아니면 움직이지 않는 것이다.' 안연이 말하였다. '제가 불민하지만 이 말씀을 따르겠습니다.'(顔淵問仁, 子曰 : '克己復禮爲仁, 一日克己復禮, 天下歸仁焉. 爲仁由己, 而由人乎哉?' 顔淵曰 : '請問其目.' 子曰 : '非禮勿視, 非禮勿聽, 非禮勿言, 非禮勿動.' 顔淵曰 : '回雖不敏, 請事斯語矣.')"라는 말이 있다.

朱註

然其未至於聖人者, 守之也, 非化之也, 假之以年, 則不日而化矣.

그러나 그 성인의 경지에 이르지 못한 것은 지키는 일이고 저절로 화(化: 탈바꿈)한 것이 아니기 때문이니, 수명을 몇 년 연장해 주었다면 멀지 않은 시간에 저절로 화(化)하였을 것이다.

詳說

○ 朱子曰: "聖人分上, 著不遷字不得. 不遷怒尚在夾界處, 如曰不改其樂然."[115]

'기미지어성인자, 수지야, 비화지야(其未至於聖人者, 守之也, 非化之也: 그 성인의 경지에 이르지 못한 것은 지키는 것이고 저절로 화(化)한 것이 아니기 때문)'에 대해, 주자(朱子: 朱熹)가 말하였다. "성인에게서는 옮기지 않는다는 말을 할 수 없다. 노여움을 옮기지 않는 것은 여전히 좁은 경지에 있는 것이니, '그 즐거움을 고치지 않는다.'[116]라고 말하는 것과 같다."[117]

○ 守者用力. 化則不勉, 化是聖人事.

지키는 것은 힘을 쓰는 일이다. 화[탈바꿈]했으면 힘쓰지 않으니, 화한 것은 성인의 일이다.

○ 此以顏子所至之地位而言.

여기[其未至於聖人者, 守之也, 非化之也]에서는 안자도 도달한 경지로 말하였다.

○ 建安葉氏曰: "使非短命而死, 不淹時日而化."[118]

'가지이년, 즉불일이화의(假之以年, 則不日而化矣: 수명을 몇 년 연장해 주었다면 멀

---

115) 『주자어류(朱子語類)』 권30, 「논어12(論語十二)」, 28조목.

116) 그 즐거움을 고치지 않는다: 『논어(論語)』「옹야(雍也)」에 "공자가 말하였다. '어질다, 안회여! 한 그릇의 밥과 한 표주박의 음료로 누추한 시골에 있는 것을 다른 사람들은 그 근심을 견뎌내지 못하는데, 안회는 그 즐거움을 변치 않으니, 어질다, 안회여!'(子曰: '賢哉. 回也. 一簞食, 一瓢飲, 在陋巷, 人不堪其憂, 回也不改其樂, 賢哉. 回也.')"라는 말이 있다.

117) 성인에게서는 옮기지 않는다는 말을 할 수 없다 …… 하는 것과 같다: 『주자어류(朱子語類)』 권30, 「논어12(論語十二)」, 28조목에는 "기쁨·성냄·슬픔·즐거움이 발하여 모두 절도에 맞는 것과 천하에 통하는 도리는 성내지 않은 성인에게 있다. 성인에게서만은 옮기지 않는다는 말을 할 수 없다. 안자가 노여움을 옮기지 않는 것은 곧 여전히 좁은 경지에 있는 것이니, '그 즐거움을 고치지 않는다.'라고 말하는 것과 같다.(喜怒哀樂發而皆中節, 天下之達道, 那裏有無怒底聖人. 只聖人分上著不遷字不得. 顏子不遷怒, 便尚在夾界處, 如曰'不改其樂'然.)"라고 되어 있다.

118) 섭채(葉采) 집해(集解), 『근사록(近思錄)』「위학(爲學)」.

지 않은 시간에 저절로 화(化)하였을 것이다)'에 대해, 건안 섭씨(建安葉氏 : 葉采)가 말하였다. "명이 짧아 죽지 않았다면 오래지 않아 화하였을 것이다."[119]

○ 此以顔子方進之地位而言.

여기[假之以年, 則不日而化矣]에서는 안자가 나아간 경지로 말하였다.

朱註

今人乃謂, 聖本生知, 非學可至, 而所以爲學者, 不過記誦文辭之間, 其亦異乎顔子之學矣."

지금 사람들은 마침내 생각하기를 '성인은 본래 태어나면서부터 아는 것이니, 배워서 이를 수 있는 것이 아니다.'라고 여겨, 배우는 것이 단지 글을 기억하거나 외우며 문장을 짓는 데 지나지 않으니, 그 또한 안자의 배움과는 다른 일이다."

詳說

○ 記誦與文辭.

'위학자, 불과기송문사지문(爲學者, 不過記誦文辭之問 : 배우는 것이 단지 글을 기억하거나 외우며 문장을 짓는 데 지나지 않으니)'라는 말은, 암기하고 외우는 일과 글을 짓는 일이다.

○ 此譏切今人之不好學, 蓋餘意也, 而其以學自任之意, 亦溢於言外矣.

여기에서 요즘 사람들이 배우기를 좋아하지 않는 것에 대해 나무라고 바로잡은 것은 나머지 의미이고, 배우기를 스스로 자신하는 의미는 또한 말 밖에 넘친다.

○ '好學', 此章之題目.

'호학(好學 : 배우기를 좋아한다)'는 것이 이 장의 제목이다.

---

119) 명이 짧아 죽지 않았다면 오래지 않아 화하였을 것이다 : 『근사록』「위학」에는 "성인은 태어나면서부터 알기 때문에 생각하지 않아도 알고, 편안히 행하기 때문에 힘쓰지 않아도 중도에 맞는다. 안자는 여전히 반드시 선을 택해 굳게 지키지만 학문을 널리 하고 예를 지키는 공부는 모두 이루었다. 단지 성인의 경지에 아직 이르지 못한 것은 극히 조금일 뿐이었으니, 명이 짧아 죽지 않았다면 오래지 않아 지키는 것이 화해 성인과 동일하게 되었을 것이다.(聖人生知, 故不思而得, 安行, 故不勉而中. 顔子猶必擇善而固執之, 然其博文約禮工力俱到. 其未至於聖人者, 特一息之間耳. 使非短命而死, 則不淹時日, 所守者化, 而與聖人一矣.)"라고 되어 있다.

[6-3-1]

子華使於齊, 冉子爲其母請粟, 子曰 : "與之釜." 請益, 曰 : "與之庾." 冉子與之粟五秉

자화(子華)가 제나라에 심부름을 가자, 염자가 그의 어머니를 위해 곡식을 줄 것을 요청하니, 공자가 "부(釜)를 주어라."라고 하였다. 더 줄 것을 요청하자, "유(庾)를 주어라."라고 하였다. 그런데 오병(秉)을 주었다.

朱註

使爲, 幷去聲. 子華, 公西赤也. 使爲孔子使也.

'시(使 : 심부름하다)'자와 '위(爲 : 위하여)'자는 모두 거성이다. 자화(子華)는 공서적(公西赤)이다. 심부름을 간 것은 공자를 위하여 심부름을 간 것이다.

詳說

○ 去聲.

'시위(使爲)'에서 '위(爲 : 위하여)'자는 거성이다.

○ 慶源輔氏曰 : "大夫無私交, 此必未爲大夫時事. 又如伯玉使人於孔子. 若此類, 雖大夫無害也."120)

경원 보씨(慶源輔氏 : 輔廣)가 말하였다. "대부는 사사롭게 교제함이 없으니, 이것은 반드시 아직 대부가 되지 않았을 때의 일로 또 백옥이 공자에게 사람을 심부름시킨 것과 같다. 이런 것들은 대부일지라도 해로울 것이 없다."121)

○ 夫子嘗居齊累年, 旣反魯, 容有使人通問之事.

공자가 제나라에 몇 년 있었던 적이 있는데, 노나라로 돌아간 다음에 사람을 시켜

---

120) 호광 편(胡廣 編), 『논어집주대전(論語集註大全)』「옹야(雍也)」.

121) 대부는 사사롭게 교제함이 없으니 …… 이런 것들은 대부일지라도 해로울 것이 없다 : 『논어집주대전』「옹야(雍也)」에 "다른 읍에 심부름시킨 것인지 또는 다른 나라에 심부름시킨 것이지 알 수 없다. 대부는 사사롭게 교제함이 없으니, 이것은 반드시 아직 대부가 되지 않았을 때의 일이다. 또 공자가 형 땅에 가려할 때 먼저 자하를 보냈고, 염유를 재차 보냈으니, 모두 심부름시킨 것들이다. 또 거백옥이 공자에게 사람을 심부름시킨 것과 같다. 대부는 사사롭게 교제하는 것은 없지만 이런 것들은 해로움이 없다.(或使於他邑, 或使於外國, 不可知也. 大夫無私交, 此必未爲大夫時事. 又孔子將之荊, 先之以子夏, 申之以冉有, 皆使之類也. 又如蘧伯玉使人於孔子. 大夫雖無私交, 若此類則無害也.)"라고 되어 있다.

안부를 묻는 일이 혹 있었다.

○ 冉子, 求也.

염자는 구이다.

朱註

釜, 六斗四升, 庾, 十六斗, 秉, 十六斛.

부(釜)는 6두(斗) 4승(升)이고, 유(庾)는 16두이며, 병(秉)은 16섬이다.

詳說

○ 五秉, 八十斛.

5병은 80섬이다.

○ 有訓無釋.

훈고는 있으나 경문의 풀이는 없다.

[6-3-2]

子曰 : "赤之適齊也, 乘肥馬, 衣輕裘. 吾聞之也, 君子周急 不繼富."

공자가 말하였다. "적(赤 : 子華)이 제나라에 갈 때에 살찐 말을 타고 가벼운 갖옷을 입었다. 내가 듣기로는 '군자는 곤란한 자를 돌봐주고 부유한 자에게 계속 대주지 않는다.'라고 하였다.

朱註

'衣', 去聲. 乘肥馬, 衣輕裘, 言其富也. 急, 窮迫也. 周者, 補不足. 繼者, 續有餘.

'의경구(衣輕裘)'에서 '의(衣 : 입다)'자는 거성이다. 살찐 말을 타고 가벼운 갖옷을 입었다는 것은 부유하다는 말이다. '곤란한 자[急]'는 궁핍한 사람이다. '돌봐준다[周]'는 부족한 이를 도와주는 것이다. '계속 대준다[繼]'는 것은 여유가 있는 이에게 계속 이어주는 일이다.

詳說

○ 赤家本富.

'승비마, 의경구, 언기부야(乘肥馬, 衣輕裘, 言其富也 : 살찐 말을 타고 가벼운 갖옷을 입었다는 것은 부유하다는 말이다)'라는 구절로 볼 때, 적의 집안은 본래 부유하였다.

○ 有訓無釋.

훈고는 있으나 경문의 풀이는 없다.

[6-3-3]

原思爲之宰, 與之粟九百, 辭.
원사(原思)가 가신이 되었는데, 곡식 구백을 주자, 사양하였다.

朱註

原思, 孔子弟子, 名憲. 孔子爲魯司寇時, 以思爲宰.
원사(原思)는 공자의 제자로 이름은 헌(憲)이다. 공자가 노(魯)나라 사구(司寇)가 되었을 때 원사를 가신으로 삼았다.

詳說

○『家語』曰 : "宋人."

'원사, 공자제자, 명헌(原思, 孔子弟子, 名憲 : 원사는 공자의 제자로 이름은 헌이다)'에 대해,『공자가어(孔子家語)』에서 말하였다. "송나라 사람이다."

○『史記』「索隱」曰 : "少孔子三十六歲."

'원사, 공자제자, 명헌(原思, 孔子弟子, 名憲 : 원사는 공자의 제자로 이름은 헌이다)'에 대해,『사기색은(史記索隱)』에서 말하였다. "공자보다 36살이 어렸다."

○ 趙氏曰 : "司寇有采邑, 思爲邑宰."[122]

'공자위노사구시, 이사위재(孔子爲魯司寇時, 以思爲宰 : 공자가 노(魯)나라 사구(司

---

122) 호광 편(胡廣 編),『논어집주대전(論語集註大全)』「옹야(雍也)」.

寇)가 되었을 때 원사를 가신으로 삼았다)'에 대해, 조씨(趙氏)가 말하였다. "사구에게는 채읍이 있으니, 원사가 읍재가 되었다."

○ 大夫有家臣, 未可必其爲邑宰耳.

'공자위노사구시, 이사위재(孔子爲魯司寇時, 以思爲宰 : 공자가 노(魯)나라 사구(司寇)가 되었을 때 원사를 가신으로 삼았다)'라고 하였지만, 대부에게 가신이 있다고 반드시 그가 읍재가 되어야 하는 것은 아니다.

朱註

粟, 宰之祿也. 九百不言其量, 不可考.

곡식은 가신(家臣)의 녹봉이다. 구백은 그 분량을 말하지 않았으니, 상고할 수 없다.

詳說

○ 去聲.

'구백불언기량(九百不言其量)'에서 '량(量 : 분량)'자는 거성이다.

○ 如斗斛之類.

'구백불언기량(九百不言其量)'에서 '량(量 : 분량)'은 두나 섬과 같은 것이다.

○ 有訓無釋.

훈고는 있으나 경문의 풀이는 없다.

[6-3-4]

子曰 : "毋. 以與爾隣里鄕黨乎."

공자가 말하였다. "그러지 말고 너의 이웃과 마을과 고을과 향리에 주거라."

朱註

'毋', 禁止辭. 五家爲隣, 二十五家爲里, 萬二千五百家爲鄕, 五百家爲黨.

'그러지 말라[毋]'라는 것은 금지하는 말이다. 5가(家)를 이웃[隣]이라 하고, 25가(家)를 마을[里]이라 하며, 12,500가(家)를 고을[鄕]이라고 하고, 500 가(家)를 향리[黨]라고 한다.

詳說

○ 百家亦謂之鄉.

100가도 또한 고을이라고 한다.

○ 訓畢.

훈고가 끝났다.

朱註

言常祿不當辭, 有餘 自可推之以周貧乏. 蓋隣里鄕黨有相周之義.

떳떳한 녹봉은 사양할 것이 없으니, 남으면 스스로 미루어 가난한 사람을 구휼하라고 말한 것이다. 이웃과 마을과 고을과 향리에는 서로 구휼해 주는 의리가 있기 때문이다.

詳說

○ 使其家業有饒.

'언상록부당사, 유여(言常祿不當辭, 有餘 : 떳떳한 녹봉은 사양할 것이 없으니, 남으면)'라는 구절은 가업에 넉넉하다면을 의미한다.

○ 照上節'周'字.

앞 절의 '돌봐준다[君子周急의 '周']'는 말과 대조해서 보라.

○ 釋兼論.

경문 풀이에 의미 설명을 겸하였다.

朱註

程子曰 : "夫子之使子華, 子華之爲夫子使, 義也, 而冉有, 乃爲之請, 聖人寬容, 不欲直拒人, 故與之少, 所以示不當與也. 請益而與之亦少, 所以示不當益也.

정자(程子)가 말하였다. "공자가 자화(子華)를 심부름 보낸 것과 자화가 공자를 위해 심부름 간 것은 의(義)인데, 염유(冉有)가 그를 위해 곡식을 줄 것을 요청하니, 성인은 너그럽게 용납하여 남의 말을 거절하려고 하지 않기 때문에 조금 주라고 하였으니, 주지 않아야 함을 보여주기 위한 것이다. 더 줄 것을 요청하자,

또한 조금 주라고 하였으니, 더 주어서는 안 됨을 보여주기 위한 것이다.

詳說

○ 叔子.

'정자왈(程子曰)'에서 '정자(程子)'는 동생 정이(程頤)이다.

○ 如字.

'시자화(使子華)'에서 '시(使)'는 음이 심부름 보낸다는 본래의 음으로 읽는다.

○ 去聲, 下'爲'之同.

'자화지위(子華之爲)'에서 '위(爲 : 위하여)'자는 거성으로, 아래의 '위지(爲之)'에서 '위(爲)'자도 같다.

○ 去聲.

'위부자시(爲夫子使)'에서 '시(使 : 심부름가다)'자는 거성이다.

○ 服勤之義.

'자화지위부자사, 의야(子華之爲夫子使, 義也 : 자화가 공자를 위해 심부름 간 것은 의(義)인데)'는 성실하게 복무하는 의이다.

○ 一作'子'

'염유(冉有)'에서 '유(有)'자는 어떤 판본에는 '자(子)'자로 되어 있다.

○ 爲母而請欲夫子之必施也.

'염유, 내위지청(冉有, 乃爲之請 : 염유(冉有)가 그를 위해 곡식을 줄 것을 요청하니)'는 어머니를 위해 공자가 반드시 베풀어주기를 청하며 바란 것이다.

○ 善言得夫子意出.

'소이시부당익야(所以示不當益也 : 더 주어서는 안 됨을 보여주기 위한 것이다)는 공자의 의도에 벗어났음을 잘 말하였다.

朱註

求未達, 而自, 與之多, 則已, 過矣. 故夫子非之.

염구가 이를 깨닫지 못하고서 스스로 주기를 많이 하였으니, 이것은 너무 지나친 것이다. 그러므로 공자가 그르다고 한 것이다.

詳說

○ 未喩.

'미달(未達)'은 깨우치지 못했던 것이다.

○ 私也.

'자(自)는 개인적으로이다.

○ 以夫子之粟, 市恩歸己, 其失大矣.

여지다(與之多 : 주기를 많이 하였으니)'는 공자의 곡식을 가지고 사적으로 은혜를 팔아 자신에게 돌렸으니, 그 잘못이 크다.

○ 太也.

'이(已)'는 매우[지나침]이다.

○ 朱子曰 : "亦不大段責他."

'부자비지(夫子非之 : 공자가 그르다고 한 것이다)에 대해, 주자(朱子 : 朱熹)가 말하였다. "또한 크게 그를 꾸짖은 것은 아니다."

○ 此亦聖人寬容處.

이 또한 성인이 베푼 곳이다.

朱註

蓋赤苟至乏, 則夫子必自周之, 不待請矣. 原思爲宰, 則有常祿, 思辭其多. 故又教以分諸鄰里之貧者, 蓋亦莫非義也."

만일 공서적(公西赤)이 지극히 궁핍하였다면 공자가 반드시 스스로 구휼해 주었을 것이니, 요청할 필요가 없었을 것이다. 원사(原思)가 가신이 된 것에는 일정한 녹봉이 있는데, 그것이 많다고 사양하였던 것이다. 그러므로 또 이웃과 마을의 가난한 자에게 나누어 주도록 가르쳐 주셨으니, 또한 의리 아닌 것이 없다."

詳說

○ 善言得夫子言外意出.

'개적구지핍, 즉부자필자주지, 부대청의(蓋赤苟至乏, 則夫子必自周之, 不待請矣 : 만일 공서적(公西赤)이 지극히 궁핍하였다면 공자가 반드시 스스로 구휼해 주었을 것이니, 요청할 필요가 없었을 것이다)'로 볼 때, 공자가 말한 이외의 의도에 벗어났음을 잘 말하였다.

○ 思素號貧而辭祿, 不無矯情之失.

'원사위재, 즉유상록, 사사기다(原思爲宰, 則有常祿, 思辭其多 : 원사(原思)가 가신이 된 것에는 일정한 녹봉이 있는데, 그것이 많다고 사양하였던 것이다)'는 언급으로 볼 때, 원사는 평소 가난을 한탄하면서 녹봉을 사양하였으니, 마음을 속인 잘못이 없지 않다.

○ 照上'義'字而著'亦'字, 幷包與之少以下.

'개역막비의야(蓋亦莫非義也 : 또한 의리 아닌 것이 없다.)'에서 위의 '의리'라는 말에 비춰 '또한' 이라는 말을 썼으니, '조금 주라'라는 말 아래를 함께 포괄한다.

○ 新安陳氏曰 : "一義字可斷盡此章. 求自與以爲惠, 憲辭祿以爲廉, 皆察義未精."123)

신안 진씨(新安陳氏 : 陳櫟)가 말하였다. "의리라는 하나의 말로 이 장을 단정하여 극진히 하였다. 염구는 스스로 주는 것을 은혜로 삼았고, 원사는 녹봉을 사양하는 일을 청렴한 것으로 삼았으니 모두 의리를 살피는 것이 정밀하지 않다."124)

○ 赤之受, 亦不無不察之失.

적[자화]이 받은 것에도 살피지 못한 잘못이 없지 않다.

○ 於求, 則婉然曉其不當與, 於思則截然禁其不當辭, 聖人好施不吝之本意, 亦可見.

염구에게서는 그가 주지 않아야 됨을 은근히 깨달을 수 있고, 원사에게서는 사양하지 않아야 됨을 단연코 막았으니, 성인이 베풀기를 좋아하고 아끼지 않는 본심을 또한 알 수 있다.

○ 他日, 求爲季氏聚斂, 憲不厭糟糠, 意其傷惠傷廉之病, 終未去耳. 然寧爲憲之傷廉, 不爲求之傷惠, 此又不可不知也.

다른 때에 염구가 계씨를 위해 세금을 걷고125) 원사가 변변치 못한 음식을 싫어하지 않았으니, 은혜를 잘못 베풀고 청렴함을 잘못 아는 병은 끝내 없애지 못한 것으로 여겨진다. 그런데 차라리 원사가 청렴함을 잘못 아는 것을 할지라도 염구가 은혜를 잘못 베푸는 것은 하지 않겠으니, 이것을 또한 알지 않아서는 안 된다.

---

123) 호광 편(胡廣 編), 『논어집주대전(論語集註大全)』「옹야(雍也)」.

124) 의리라는 하나의 말로 이 장을 단정하여 …… 의리를 살피는 것이 정밀하지 않다 : 『논어집주대전』「옹야(雍也)」에는 "의리라는 하나의 말로 이 장을 단정하여 극진히 하였다. 제자가 스승을 위해 심부름을 가는 것은 의리이다. 본래 부유한데 곡식을 더 주기를 요청하는 것은 의리가 아니다. 부유함을 이어주지 않고 조금 주는 것도 의리이다. 가신에게 일정한 녹봉이 있어야 하는 것은 의리이다. 여유가 있어 고을과 이웃을 구휼하는 것도 의리이다. 공자가 자화에게 인색한 것이 아니고,(一義字可斷盡此章. 弟子爲師使, 義也. 自富而請粟請益, 非義也. 不繼富而與之少, 亦義也. 宰常祿當與, 義也. 有餘以周鄕鄰, 亦義也. 夫子於赤非吝,)"라고 되어 있다.

125) 염구가 계씨를 위해 세금을 걷고 : 『논어(論語)』「선진(先進)」에 "계씨가 주공보다 부유하였는데도 염구가 그를 위해 세금을 걷어 재산을 더 늘려 주었다.(季氏富於周公, 而求也爲之聚斂而附益之.)"라는 말이 있다.

朱註

張子曰："於斯二者, 可見聖人之用財矣."[126)]

장자(張子: 張載)가 말하였다. "이 두 가지로 성인의 재물을 쓰는 것에 대해 볼 수 있다."

詳說

○ **新安陳氏曰：於赤非吝, 於思非奢, 惟視義之當否耳.**[127)]

신안 진씨(新安陳氏：陳櫟)가 말하였다. "자화에게 인색한 것이 아니고, 원사에게 사치한 것이 아니니, 오직 의리에 합당한지 않은지만 볼 뿐이다."[128)]

○ **厚齋馮氏曰："子華之使, 原思之宰, 非必同時, 記者以其辭受, 可互相發明, 故係之於此."**[129)]

후재 풍씨(厚齋馮氏：馮椅)가 말하였다. "자화가 심부름가고 원사가 가신이 된 것은 반드시 같은 때는 아닌데, 기록하는 자가 그 받아들임에 서로 드러내 밝혀 주기 때문에 여기에 넣었던 것이다."

---

126) 『주자어류(朱子語類)』 권31, 「논어13(論語十三)」, 3조목. "張子曰: '於斯二者, 可見聖人之用財.' 雖是小處, 也莫不恰好, 便是'一以貫之. …… 聖人於小處也區處得恁地盡, 便是一以貫之處. 聖人做事著地頭.'(장자가 말하기를 '이 두 가지로 성인의 재물을 쓰는 것에 대해 볼 수 있다.' 고 하였다. 비록 작은 일이지만 정당하지 않은 경우가 없으니, 바로 '일이관지의 경우이다. …… 성인께서는 작은 일을 처리하는데 있어서도 이렇게 도리를 다했으니 바로 일이관지로 처리하신 것이다. 성인께서 하시는 일은 모두 이런 측면에서 한 것이다.')"라고 하였다.

127) 호광 편(胡廣 編), 『논어집주대전(論語集註大全)』「옹야(雍也)」.

128) 자화에게 인색한 것이 아니고 …… 오직 의리에 합당한지 않은지만 볼 뿐이다 : 『논어집주대전』「옹야(雍也)」에는 "공자가 자화에게 인색한 것이 아니고, 원사에게 사치한 것이 아니니, 사양하고 받으며 취하고 주는 것에는 오직 의리에 합당한지 않은지만 볼 뿐이다. 염구는 스스로 많이 주는 것을 요청하는 것으로 은혜를 삼았고, 원사는 가난함을 달게 여겨 일정한 녹봉을 사양하는 것으로 청렴한 것을 삼았으니 모두 의리를 살피는 것이 정밀하지 않았기 때문이다.(夫子於赤非吝, 於思非奢, 辭受取予, 惟視義之當否爾. 冉求爲請自多與以爲惠, 原憲甘貧辭常祿以爲廉, 皆察義未精故也.)"라고 되어 있다.

129) 호광 편(胡廣 編), 『논어집주대전(論語集註大全)』「옹야(雍也)」에 풍의(馮椅)의 말로, "子華之使, 原思之宰, 非必同一時也. 記者以其辭受, 可互相發明, 故係於此爾."라고 실려 있다.

[6-4-1]

子謂仲弓曰 : "犁牛之子, 騂且角, 雖欲勿用, 山川其舍諸?"
공자가 중궁(仲弓)에 대해 평가하였다. "얼룩소 새끼가 색깔이 붉고 또 뿔이 제대로 났다면 비록 쓰지 않고자 하나 산천의 신(神)이 어찌 그것을 버려두겠는가?"

朱註

'犂', '利''之'反. '騂', '息''營'反. '舍'上聲. '犂', 雜文. '騂', 赤色, 周人尚赤牲用騂. 角, 角周正, 中犧牲也.

'리우(犁牛)'에서 '리(犁)'는 '리(利)'와 '지(之)'의 반절(反切)이다. '성차각(騂且角)'에서 '성(騂)'은 '식(息)'과 '영(營)'의 반절(反切)이다. '기사저(其舍諸)'에서 '사(舍 : 버리다)'자는 거성이다. '얼룩[犁]'이라는 말은 여러 가지 무늬가 섞인 것이다. '붉다[騂]'는 것은 붉은 색이니, 주(周)나라 사람은 적색을 숭상하여 희생(犧牲)에 붉은 것을 썼다. '뿔이 제대로 났다[角]'는 말은 뿔이 고루 갖추어서, 희생의 규격에 알맞은 것이다.

詳說

○ 見『禮記』「明堂位」.
『예기』「명당위」에 보인다.

○ 角者.
'각(角)'은 뿔이 제대로 났다는 것이다.

○ 其角.
'각주정(角周正)의 각(角)'은 그 뿔이다.

○ 『大全』曰 : "完全端正."130)
각주정(角周正)에 대해, 『논어집주대전(論語集註大全)』에서 말하였다. "완전하고 단정하다."

○ 去聲.
'중희생야(中犧牲也)'에서 '중(中 : 알맞다)'자는 거성이다.

---

130) 호광 편(胡廣 編), 『논어집주대전(論語集註大全)』「옹야(雍也)」.

○ 潛室陳氏曰 : "中程度."

'중희생야(中犧牲也 : 희생의 규격에 알맞은 것이다)에 대해, 잠실 진씨가 말하였다. "수준에 알맞은 것이다."131)

○ 『禮記』「王制」曰 : "祭天地之牛角繭栗, 宗廟之牛角握, 賓客之牛角尺."

『예기』「왕제」에서 말하였다. "천지에 제사 지내는 소의 뿔은 누에고치나 밤톨 크기이고, 종묘에 제사 지내는 소의 뿔은 주먹 크기이며, 빈객을 접대하는 소의 뿔은 한 자이다."

○ 山川之牛未聞, 豈亦角尺歟?

산천(山川)의 소에 대해서는 들은 적이 없으니, 어찌 또한 뿔이 한 자이겠는가?

朱註

'用', 用以祭也. 山川, 山川之神也, 言人雖不用, 神必不舍也.

'쓴다[用]'는 것은 써서 제사 지내는 일이다. 산천은 산천의 신이니, 사람이 제사에 쓰지 않으려 할지라도 신은 반드시 버리지 않음을 말한 것이다.

詳說

○ 訓畢.

'산천지신야(山川之神也)'에서 훈고가 끝났다.

○ 先釋本文.

'인수불용, 신필불사야(人雖不用, 神必不舍也 : 사람이 제사에 쓰지 않으려 할지라도 신은 반드시 버리지 않음)'는 먼저 본문을 풀이하였다.

朱註

仲弓父賤而行惡. 故夫子以此譬之, 言'父之惡, 不能廢其子之善, 如仲弓之賢, 自當見用於世也.'

중궁은 아버지가 미천하고 행실이 악하였다. 그러므로 공자가 이것으로 비유하

131) 정도에 알맞다 : 『논어집주대전』「옹야(雍也)」에는 "천지에 제사 지내는 소의 뿔은 누에고치나 밤톨 크기이고, 종묘에 제사지내는 소의 뿔은 주먹 크기이며, 빈객을 접대하는 소의 뿔은 한 자이다. 그 색이 이미 붉은 것은 또 수준에 알맞은 것이다.(祭天地之牛角繭栗, 宗廟之牛角握, 賓客之牛角尺. 以其色旣赤, 又且角中程度也.)"라고 되어 있다.

여 '아버지의 악함이 그 자식의 선함을 버릴 수 없으니, 중궁처럼 어진 인물은 본래 세상에 쓰여야 한다.'라고 말한 것이다.

詳說

○ 去聲.

'행악(行惡)'에서 '행(行 : 행실)'자는 거성이다.

○『家語』曰 : "仲弓生於不肖之父."132)

'중궁부천이행악(仲弓父賤而行惡 : 중궁은 아버지가 미천하고 행실이 악하였다)'에 대해,『공자가어(孔子家語)』에서 말하였다. "중궁은 못난 아버지에게서 태어났다."133)

○『史記』「仲尼弟子傳」曰 : "仲弓父賤人."134)

'중궁부천이행악(仲弓父賤而行惡 : 중궁은 아버지가 미천하고 행실이 악하였다)'에 대해,『사기(史記)』「중니제자열전」에서 말하였다. "중궁의 아버지는 미천한 사람이다."

○『集註』, 雖幷取兩說賤字, 終是帶過說.

'중궁부천이행악(仲弓父賤而行惡 : 중궁은 아버지가 미천하고 행실이 악하였다)'은,『논어집주(論語集註)』에서 미천하다는 말을 겸하여 이야기한 것을 함께 취했을지라도 끝내 두르고 따라 가는 말이다.

○ '犂牛'以下.

'공자가 이것으로[夫子以此]'는 앞에 나온 '얼룩소 아래'에 대한 말이다.

○ 乃釋本意. 此下又特明'謂曰'二字之義.'

'아버지의 악함이 그 자식의 선함을 버릴 수 없으니, 중궁처럼 어진 인물은 본래

---

132)『공자가어(孔子家語)』「칠십이제자해(七十二弟子解)」.

133) 중궁은 못난 아버지에게서 태어났다 :『공자가어(孔子家語)』「칠십이제자해(七十二弟子解)」에 "중궁은 백우의 친척으로 못난 아비에게서 태어나 덕행으로 이름을 드러냈다.(仲弓, 伯牛之宗族, 生於不肖之父, 以德行著名.)"라는 말이 있다.『주자어류(朱子語類)』권31,「논어13(論語十三)」, 5조목에서는 다음과 같이 설명한다. "주모가 물었다. '공자께서 중궁에게 말씀하시기를 '얼룩소의 새끼가 털색이 붉고 뿔이 바르다면'이라고 한 것에 대하여 이천 선생이 '왈(曰)'자가 하나 더 많다고 한 것은 중궁을 얼룩소의 새끼로 여긴 것입니다.『공자가어』를 살펴보니, 중궁은 천한 아버지에게서 태어났다고 하는데, 그 설명을 믿을 수 있습니까?' 주희가 말하였다. '성인께서는 반드시 남의 자식에게 그의 아버지의 잘못을 말씀하지 않는다.'(問: '子謂仲弓曰: '犂牛之子, 騂且角.' 伊川謂多一'曰'字, 意以仲弓爲犂牛子也. 考之『家語』, 仲弓生於不肖之父. 其說可信否?' 曰: '聖人必不肯對人子說人父不善.')"

134) 사마천,『사기(史記)』「중니제자열전(仲尼弟子列傳)」.

세상에 쓰여야 한다.[父之惡, 不能廢其子之善, 如仲弓之賢, 自當見用於世也.]'라는 구절은 바로 본래의 의미를 해석한 것이다. 이 아래는 또 단지 '~에 대해 평가하였다[謂曰]'는 말에 대한 의미를 밝혔을 뿐이다.

朱註

然此論仲弓云爾, 非與仲弓言也.

그러나 이것은 중궁에 대해 평가한 것이지, 중궁에게 직접 말해 주신 것은 아니다.

詳說

○ 云如此.

'차론중궁운이(此論仲弓云爾 : 이것은 중궁에 대해 평가한 것이지)'라는 표현으로 볼 때, 이와 같다고 한 것이다.

○ 『語』中以'論'謂'謂'者多, 而於此特發其例.

'차론중궁운이(此論仲弓云爾 : 이것은 중궁에 대해 평가한 것이지)'는 구절은 『논어(論語)』에는 '평가하다[論]'라는 것을 가지고 '말하다[謂]'라고 한 경우가 많아 여기서 특별히 그 사례를 드러낸 것이다.

○ 程子曰 : "疑多'曰'字."[135)]

'비여중궁언야(非與仲弓言也 : 중궁에게 직접 말해 주신 것은 아니다)'에 대해, 정자가 말하였다. '말하였다[曰]'라는 말이 많다고 의심하였다.

○ 朱子曰 : "聖人必不對人子說人父不善."[136)]

'비여중궁언야(非與仲弓言也 : 중궁에게 직접 말해 주신 것은 아니다)'에 대해, 주자(朱子 : 朱熹)가 말하였다. "성인은 자식을 대하면서 굳이 아비가 선하지 않다고 하시려고 하지 않았던 것이다."[137)]

---

135) 『정씨경설(程氏經說)』 권7 「논어설(論語說)」.

136) 호광 편(胡廣 編), 『논어집주대전(論語集註大全)』「옹야(雍也)」.

137) 『논어집주대전』「옹야(雍也)」에는 "물었다. '공자가 중궁에 대해 '얼룩소 새끼가 색깔이 붉고 또 뿔이 제대로 났다.'라고 평가하였다고 한 것에서 이천은 '말하였다[曰]'라는 말이 많다고 하였습니다. 중궁을 얼룩소 새끼로 여긴 것으로 생각되는데, 『공자가어(孔子家語)』에서 상고해 보면, 중궁은 못난 아버지에게서 태어났으니, 그 설명을 믿을 수 있습니까?' 주자(朱子 : 朱熹)가 말하였다. '성인은 자식을 대하면서 굳이 아버지가 선하지 않다고 하시려고 하지 않았던 것입니다.'(問 : '子謂仲弓曰'犂牛之子, 騂且角', 伊川謂多一'曰'字. 意以仲弓爲犂牛子也, 考之『家語』, 仲弓生於不肖之父, 其說可信否.' 朱子曰 : '聖人必不肯對人子說人父不善.')"라고 되어 있다.

○ 又曰 : "此'曰'字留, 亦何害. 如'子謂顔淵曰, '吾見其進'', 不成是與顔淵說."138)

주자(朱子 : 朱熹)가 또 말하였다. "여기서 '왈(曰)'자를 남겨 둔 것이 또한 어찌 방해가 되겠는가? 이를테면 '공자가 안연에 대해 '나는 그가 진전하는 것을 보았다.'라고 평가하였다.'139)와 같은 것은 안연에게 말한 것은 아니겠는가!"140)

朱註

范氏曰 : "以瞽瞍爲父而有舜, 以鯀爲父而有禹, 古之聖賢不係於世類, 尙矣. 子能改父之過變惡以爲美, 則可謂孝矣."

범씨(范氏)가 말하였다. "고수를 아버지로 했으면서 순(舜) 임금이 있었고, 곤(鯀)을 아버지로 했으면서 우(禹) 임금이 있었으니, 옛날 성현들이 가문과 겨레붙이들에 관계시키지 않은 것은 오래되었다. 자식이 아버지의 허물을 고치고 악을 변화시켜 아름답게 만든다면 효라고 말해야 한다."

詳說

○ 此句出『漢書』「樊噲傳」.

이 구절[以瞽瞍爲父而有舜, 以鯀爲父而有禹, 古之聖賢不係於世類]은 『한서(漢書)』「번쾌전(樊噲傳)」이 출처이다.

○ '尙', 猶'古'也, 言不關於父祖者, 自古然矣.

'상의(尙矣)'에서 '오래되었다'라는 것은 '옛날부터이다'라는 말과 같은데, 아버지와 조상과 관련시키지 않은 것은 옛날부터 그랬다는 말이다.

○ 此, 汎論也.

이 구절[子能改父之過變惡以爲美, 則可謂孝矣]은 일반적인 말이다.

---

138) 호광 편(胡廣 編), 『논어집주대전(論語集註大全)』「옹야(雍也)」.

139) 공자가 안연에 대해 '나는 그가 진전하는 것을 보았다.'라고 평가하였다 : 공자가 안연(顔淵)을 평가하였다. "애석하구나! 나는 그가 진보하는 것만을 보았고 중지하는 것을 보지 못하였다.(子謂顔淵曰 : '惜乎. 吾見其進也, 未見其止也.)"라는 말이 있다.

140) 여기서 '왈(曰)'자를 남겨 둔 것이 또한 …… 안연에게 말한 것은 아니겠는가 : 『논어집주대전』「옹야(雍也)」에는 "여기서 '왈(曰)'자를 남겨 둔 것이 또한 어찌 방해가 되겠는가? 이를테면 '공자가 안연에 대해 '나는 그가 진전하는 것을 보았다.'라고 평가하였다.'와 같은 것은 안연에게 말한 것은 아니겠는가! 하물며 이편의 문장은 대개가 타인을 논평한 것이지 굳이 중궁에게 말한 것은 아니다.(此'曰'字留, 亦何害. 如子謂顔淵曰 : '吾見其進也', 不成是與顔淵說! 況此一篇, 大率是論他人, 不必是與仲弓說也.)"라고 되어 있다.

[6-5-1]

子曰:"回也, 其心, 三月不違仁, 其餘則日月至焉而已矣."
공자가 말하였다. "안회는 그 마음이 3개월 동안 인(仁)을 떠나지 않았고, 그 나머지 사람들은 하루나 한 달에 한 번 인(仁)에 이를 뿐이다."

詳說

○ '心'字, 幷貫'日月至'句.
'마음'이라는 말은 '하루나 한 달에 한 번 이를 뿐이다.'라는 말까지 함께 걸린다.

朱註

三月言其久.
3개월은 그 오래됨을 말한다.

詳說

○ 朱子曰:"三月無君則弔, 三月不知肉味, 皆久之意."[141]
주자(朱子:朱熹)가 말하였다. "3개월 동안 임금이 없으면 조문하고,[142] 3개월 동안 고기 맛을 몰랐으니,[143] 모두 오래라는 의미이다."[144]

---

141) 호광 편(胡廣 編), 『논어집주대전(論語集註大全)』「옹야(雍也)」.

142) 3개월 동안 임금이 없으면 조문하고:『맹자(孟子)』「등문공하」에 "주소(周霄)가 물었다. '옛 군자가 벼슬을 하였습니까?' 맹자(孟子)께서 대답하였다. '벼슬을 하였다. 「전(傳)」에서 '공자는 3개월 동안 섬길 군주가 없으면 황공한 듯이 하여 국경을 나갈 적에 반드시 폐백을 싣고 갔다.'라고 하였고, 공명의(公明儀)는 '옛사람은 3개월 동안 군주가 없으면 위문하였다.'라고 하였다.(周霄問曰:'古之君子仕乎.' 孟子曰:'仕. 「傳」曰:'孔子三月無君, 則皇皇如也, 出疆, 必載質.' 公明儀曰:'古之人, 三月無君則弔.')"라는 말이 있다.

143) 3개월 동안 고기 맛을 몰랐으니:『논어(論語)』「술이(述而)」에 "공자가 제(齊)나라에 있을 때 순임금의 음악을 듣고 3개월 동안 고기 맛을 모르시며, '음악을 하는 것이 이러한 경지에 이르게 될 줄은 생각하지 못하였다.'라고 하였다.(子在齊聞韶, 三月不知肉味, 曰:'不圖爲樂之至於斯也.')"라는 말이 있다.

144) 3개월 동안 임금이 없으면 조문하고, 3개월 동안 고기 맛을 몰랐으니, 모두 오래라는 의미이다:『논어집주대전』「옹야(雍也)」에는 "3개월은 단지 오래라는 것일 뿐이라는 말이지 그 후에 반드시 어기게 될 것이라는 말이 아니다. 옛사람들은 3개월 동안 임금이 없으면 조문하고, 나라를 떠나 3개월이면 돌아왔으며,『시경(詩經)』에서 사람이 '하루 동안 못 본 것을 가지고 3

朱註

仁者心之德, 心不違仁者, 無私欲而有其德也.

인(仁)은 마음의 덕이니, 마음이 인을 떠나지 않는다는 말은 사사로운 욕심이 없어 그 덕(德)을 간직한 것이다.

詳說

○ 指心.

'기덕야(其德也)'에서 '기(其 : 그)'자는 마음을 가리킨다.

○ 朱子曰 : "心與仁不相違, 合成一物."145)

주자(朱子 : 朱熹)가 말하였다. "마음과 인(仁)은 서로 어기지 않으니, 합하여 하나의 것이 된다."146)

朱註

日月至焉者, 或日一至焉, 或月一至焉, 能造其域, 而不能久也.

하루나 한 달에 한 번 이른다는 말은 하루에 한 번 인(仁)에 이르기도 하고, 혹은 한 달에 한 번 인에 이르는 것이니, 그 경지에 도달하지만 오래 할 수 없다는 뜻이다.

개월과 같구나!'라고 하였고, 공자가 순임금의 음악을 듣고 3개월 동안 고기 맛을 몰랐으니, 모두 오래라는 의미이다.(三月只是言其久爾, 非謂三月後, 必違也. 古人三月無君則弔, 去國三月則復. 詩人以一日不見, 如三月兮. 夫子聞韶三月不知肉味, 皆久之意.)"라고 되어 있다.

145) 호광 편(胡廣 編), 『논어집주대전(論語集註大全)』「옹야(雍也)」에 주자의 말로 실려 있다.

146) 마음과 인(仁)은 서로 어기지 않으니, 합하여 하나의 것이 된다 : 『논어집주대전』「옹야(雍也)」에는 "인과 마음은 본래 하나의 것인데, 사사로운 욕심 때문에 한 번이라도 마음과 멀어지게 되면, 인과 어긋나게 되어 두 가지 것이 된다. 사사로운 욕심이 없어지고 나면, 마음과 인이 바로 서로 어긋나지 않아 합하여 하나의 사물이 된다. 마음은 거울과 같고, 인은 거울의 밝음과 같다. 거울은 본래 밝지만 먼지 때문에 한 번 가려지면 마침내 밝지 않게 되지만, 먼지가 한 번 제거되면 거울은 밝아진다. 안자는 3개월 동안 오래도록 먼지가 없게 되고, 그 밖의 사람들은 혹 하루에 한 번 먼지가 없어지는데 조금 있다가 또 어두워지고, 혹 한 달 동안 한 번 먼지가 없어지는데 29일 동안은 어두워져서 또 알지 못한다.(仁與心, 本是一物. 被私欲一隔心, 便違仁去却爲二物. 若私欲旣無, 則心與仁, 便不相違, 合成一物. 心猶鏡, 仁猶鏡之明, 鏡本來明, 被塵垢一蔽, 遂不明, 若塵垢一去, 則鏡明矣. 顔子三箇月之久無塵垢, 其餘人或日一次無塵垢, 少間又暗, 或月一次無塵垢, 二十九日暗, 亦不可知.)"라고 되어 있다.

詳說

○ 程子曰："'至', 謂心存於仁, 非能至仁也."

정자가 말하였다. "'이른다'는 말은 마음이 인을 보존하는 것이지 인에 이른다는 뜻이 아니다."

○ 一日.

'혹일(或日)'은 하루 동안이다.

○ 如冉閔之徒.

'혹일일지언(或日一至焉)'은 이를테면 염구나 민자건 같은 사람들이다.

○ 一月.

'혹월(或月)'은 한 달 동안이다.

○ 如游夏之徒.

'혹월일지언(或月一至焉)'은 이를테면 자유나 자하와 같은 사람들이다.

○ 趙氏曰："日月, 亦借以言其暫."[147]

조씨가 말하였다. "하루나 한 달도 그것이 잠깐임을 말하였다."[148]

○ 音糙.

'능조(能造)'에서 '조(造 : 이를 조)'자는 음이 '조(糙)'이다.

○ 指仁.

'기역(其域)'에서 '기(其)'자는 인(仁)을 가리킨다.

○ 照三月.

'능조기역, 이불능구야(能造其域, 而不能久也 : 그 경지에 도달하지만 오래 할 수 없는 것이다)'는 3개월 동안과 비교한 것이다.

○ 訓兼釋.

훈고에 경문의 풀이를 겸하였다.

---

147) 호광 편(胡廣 編), 『논어집주대전(論語集註大全)』「옹야(雍也)」.

148) 하루나 한 달도 그것이 잠깐임을 말하였다 : 『논어집주대전』「옹야(雍也)」에는 "3개월 동안은 잠시 그것이 오래임을 말한 것이고, 하루나 한 달도 그것이 잠깐임을 말한 것이다.(三月, 姑借以言其久, 日月亦借以言其暫.)"라고 되어 있다.

朱註

程子曰 : "三月, 天道小變之節, 言其久也. 過此則聖人矣. 不違仁, 只是無纖毫私欲, 少有私欲, 便是不仁."

정자가 말하였다. "3개월은 천도가 조금 변하는 절기이니, 그 오래됨을 말한다. 이 경지를 지나면 성인(聖人)이다. 인(仁)을 떠나지 않는다는 것은 다만 털끝만한 사욕(私慾)도 없음이니, 조금이라도 사욕이 있다면 곧 이는 인이 아니다."

詳說

◯ 叔子.

'정자왈(程子曰)'에서 '정자(程子)'는 동생 정이(程頤)이다.

◯ 四時推遷.

'천도소변지절(天道小變之節 : 천도가 조금 변하는 절기)'은 '사계절이 옮겨 간다'는 말이다.

◯ 新安陳氏曰 : "使過此而能渾然無間斷."[149]

'과차(過此 : 이 경지를 지나면)'에 대해, 신안 진씨(新安陳氏 : 陳櫟)가 말하였다. "이런 경지에 더 나아가면 혼연히 끼어들어 끊어 놓음이 없게 된다."[150]

朱註

尹氏曰 : "此顏子於聖人, 未達一間者也. 若聖人則渾然無間斷矣."

윤씨(尹氏)가 말하였다. "이것은 안자가 성인에 비하여 한 칸을 도달하지 못한 것이다. 성인이라면 완전히 한 덩어리가 되어 끊어질 틈이 없을 것이다."

---

149) 호광 편(胡廣 編), 『논어집주대전(論語集註大全)』「옹야(雍也)」.

150) 이런 경지에 더 나아가면 혼연히 끼어들어 끊어 놓음이 없게 된다 : 『논어집주대전』「옹야(雍也)」에는 "마음은 본래 인(仁)하다. 마음이 인을 떠나는 것은 사사로운 욕심이 끼어들어 끊어 놓은 것이다. 하루나 한 달에 한 번 이른다는 것은 사사로운 욕심이 끼어들어 끊어 놓는 때가 많기 때문이고, 천리가 순수하고 완전한 때가 적기 때문이다. 안자가 자신의 사사로움을 극복하고 없애 인을 하는 것이 점차로 무르익었기 때문에 3개월 동안 오래도록 마음이 인을 떠나지 않는 것이다. 그러나 3개월 후에는 간혹 인을 떠나는 것을 면할 수 없다. 이런 경지에 더 나아가 혼연히 끼어들어 끊어 놓음이 없게 되면 성인의 순수함이 그치지 않는 것과 하나가 된다.(心, 本仁也. 心而違仁, 私欲間斷之耳. 日月至焉者, 私欲間斷之時多, 天理純全之時少. 顏子克去己私爲仁, 漸熟, 故能三月之久, 心不違仁. 然猶未免三月之後, 或至於違仁也. 使過此而能渾然無間斷, 則與聖人之純亦不已者, 一矣.)"라고 되어 있다.

詳說

○ 指三月不違仁

'차안자어성인(此顔子於聖人)'에서 '차(此)'는 3개월 동안 인을 떠나지 않는 것을 가리킨다.

○ 『揚子』「問神」篇曰 : "顔淵亦潛心, 於仲尼矣未達一間耳."[151)]

'미달일간자야(未達一間者也 : 한 칸을 도달하지 못한 것이다.)'에 대해, 『양자(揚子)』「문신(問神)」에서 말하였다. "안연도 전심전력해서 중니에 비해 한 칸을 도달하지 못한 것뿐이다."

○ 新安陳氏曰 : "間, 平聲, 際也. 如『孟子』其間不能以寸."[152)]

'미달일간자야(未達一間者也 : 한 칸을 도달하지 못한 것이다.)'에 대해, 신안 진씨(新安陳氏 : 陳櫟)가 말하였다. "간은 평성으로 틈이 있는 것이다. 이를테면 『맹자(孟子)』에서 '그 사이가 한 치도 못 된다.'[153)]라는 말이다."[154)]

○ 朱子曰 : "三月後, 未免有毫髮私意, 在念慮間, 却能知之, 未嘗復行也."[155)]

'미달일간자야(未達一間者也 : 한 칸을 도달하지 못한 것이다.)'에 대해, 주자(朱子 : 朱熹)가 말하였다. "3개월 후에는 사사로운 욕심이 있게 되지만, 생각하는 틈에 그것을 알게 되면 다시 행하는 것은 없었다."[156)]

---

151) 양웅(揚雄), 『양자법언(揚子法言)』「문신(問神)」.

152) 호광 편(胡廣 編), 『논어집주대전(論語集註大全)』「옹야(雍也)」.

153) 그 사이가 한 치도 못 된다 : 『맹자(孟子)』「이루 하」에 "맹자가 말하였다. '도에 맞는 자가 그렇지 못한 자를 길러 주고, 재주 있는 자가 그렇지 못한 자를 길러 준다. 그러므로 사람들은 어진 부형(父兄)이 있는 것을 좋아하는 것이다. 만일 도에 맞는 자가 그렇지 못한 자를 버리며, 재주 있는 자가 그렇지 못한 자를 버린다면, 현자와 불초한 자의 거리는 그 사이가 한 치도 못 된다.'(孟子曰 : '中也養不中, 才也養不才. 故人樂有賢父兄也, 如中也棄不中, 才也棄不才, 則賢不肖之相去, 其間, 不能以寸.')"

154) 칸은 평성으로 틈이 있는 것이다. 이를테면 『맹자(孟子)』에서 '그 틈이 한 치도 못된다.'라는 말이다 : 『논어집주대전』「옹야(雍也)」에는 "칸은 평성으로 틈이 있는 것이다. 이를테면 『맹자(孟子)』에서 '그 틈이 한 치도 못 된다.'라는 말이다. 이 말은 『양자(揚子)』「문신(問神)」의 '안연도 전심전력해서 중니에 비해 한 칸을 도달하지 못한 것뿐이다.'라는 것에 근거한다.(間, 平聲, 際也. 如孟子其間不能以寸. 此語本揚子問神篇, 顔淵亦潛心, 於仲尼矣未達一間爾.)"라고 되어 있다.

155) 호광 편(胡廣 編), 『논어집주대전(論語集註大全)』「옹야(雍也)」.

156) 3개월 후에는 사사로운 욕심이 있게 되지만 …… 그것을 알게 되면 다시 행하는 것은 없었다 : 『논어집주대전』「옹야(雍也)」에는 "안자가 3개월 동안은 떠나지 않았다는 것은 단지 이 마

○ 上聲.

'혼연무간단(渾然無間斷)'에서 '혼(渾 : 온전하다)'자는 거성이다.

○ 去聲.

'혼연무간단(渾然無間斷)'에서 '간(間 : 틈)'자는 거성이다.

○ '徒''玩'反.

'혼연무간단(渾然無間斷)'에서 '단(斷 : 끊어지다)'은 '도(徒)'와 '완(玩)'의 반절(反切)이다.

○ 程尹二說以孔顔相方而言.

정자와 윤씨의 두 설명은 공자와 안자를 서로 비교해서 말한 것이다.

朱註

張子曰 : "始學之要, 當知三月不違, 與日月至焉, 內外賓主之辨. 使心意勉勉循循, 而不能已過此, 幾非在我者."

장자(張子 : 張載)가 말하였다. "처음 배우는 자의 요점은 마땅히 3개월 동안 인(仁)을 떠나지 않음과 하루나 한 달에 한 번 인(仁)에 이름의 안팎과 손님·주인의 구별을 알아야 한다. 마음으로 차근차근 순서대로 그치지 말게 해야 할 것이니, 이 경지를 지나면 거의 자신에게 있는 것이 아니다."

詳說

○ 此間有'之'字意.

'일월지언(日月至焉)'의 여기[焉] 사이에 '지(之 : 목적어)'자의 의미가 있다.

○ 勉齋黃氏曰 : "三月不違, 則心爲主, 在仁之內, 日月至, 則心爲賓, 在仁之外."157)

'내외빈주지변(內外賓主之辨 : 안팎과 손님·주인의 구별을 알아야 한다)'에 대해, 면재 황씨가 말하였다. "3개월 동안 인을 떠나지 않는 것은 마음이 주인이 되어 인의 속에 있는 것이고, 하루나 한 달에 이르는 것은 마음이 손님이 되어 인의 밖에

음이 항상 있어 조금이라도 끊어질 틈이 없었다는 것이다. 3개월 후부터 약간의 사사로운 욕심이 있게 되어 안자가 생각하는 틈틈이 선하지 않은 것이 있게 되면, 바로 그것을 알아 다시 행하는 것은 없었다.(顔子三月不違, 只是此心常存無少間斷. 自三月後, 却未免有毫髮私意間斷, 在顔子念慮之間間有不善處, 却能知之, 而未嘗復行也.)"라고 되어 있다.

157) 호광 편(胡廣 編), 『논어집주대전(論語集註大全)』「옹야(雍也)」.

있는 것이다."[158]

○ **北溪陳氏曰 : "'內外賓主', 起於'至'之一辭."**[159]

북계 진씨가 말하였다. "'안팎과 손님 · 주인'이라는 말은 '이른다[至]'는 말에서 나왔다."[160]

○ **'不違'二字, 亦有此意. '不違', 猶言守也.**

'떠나지 않는다.'라는 두 글자에는 또한 이런 의미가 있다. '떠나지 않는다.'라는 것은 지킨다는 말과 같다.

○ **朱子曰 : "循循, 有次序貌."**

'사심의면면순순(使心意勉勉循循 : 마음으로 차근차근 순서대로)'에 대해, 주자(朱子 : 朱熹)가 말하였다. "차근차근 순서에 따라 하는 모양이다."[161]

○ **指辨賓主, 勉勉不已.**

'불능이과차(不能已過此 : 그치지 말게 해야 할 것이니)'는 손님과 주인을 구별하여 힘쓰고 힘쓰며 그치지 말게 하는 것을 가리킨다.

○ **朱子曰 : "如水漲船行, 更無著力處,**[162] **如推車才轉了, 便滔滔自去."**[163]

---

158) 3개월 동안 인을 떠나지 않는 것은 …… 손님이 되어 인의 밖에 있는 것이다 : 『논어집주대전』「옹야(雍也)」에는 "인(仁)은 사람의 편안한 집이니, 집으로 비유하면, 3개월 동안 떠나지 않는 것은 마음이 주인이 되어 인의 속에 있는 것으로 자신이 주인이 되어 집안에 있는 것과 같고, 하루나 한 달에 이르는 것은 마음이 손님이 되어 인의 밖에 있는 것으로 자신이 손님이 되어 집밖에 있는 것과 같다.(仁, 人之安宅也, 以宅譬之, 三月不違, 則心爲主, 在仁之內, 如身爲主, 而在宅之內也, 日月至焉, 則心爲賓, 在仁之外, 如身爲賓, 在宅之外也.)"라고 되어 있다.

159) 호광 편(胡廣 編), 『논어집주대전(論語集註大全)』「옹야(雍也)」.

160) '안팎과 손님 · 주인'이라는 말은 '이른다[至]'는 말에서 나왔다 : "장자의 '안팎과 손님 · 주인'이라는 말은 공자의 '이른다[至]'는 말에서 나왔다. 안팎과 손님 · 주인의 구분을 알면 항상 천리의 속에서 주인이 되어 밖으로 사람의 욕심을 따라 손님이 되지 않는다.(張子內外賓主之辨, 蓋起於夫子至之一辭. 知內外賓主之辨, 常在天理內而爲主, 不逐人欲於外而爲賓.)"라고 되어 있다.

161) 차근차근 순서에 따라 하는 모양이다 : 『논어(論語)』「자한(子罕)」에 "공자가 차근차근히 사람을 잘 이끄시어 문(文)으로써 나의 지식을 넓혀 주시고 예(禮)로써 나의 행동을 요약하게 해 주셨다.(夫子循循然善誘人, 博我以文, 約我以禮.)"라는 말이 있는데, 주자(朱子 : 朱熹)가 "힘쓰고 힘쓰는 것은 순서에 따라 하는 모양이다.(循循, 有次序貌.)"라고 하고 있다.

162) 호광 편(胡廣 編), 『논어집주대전(論語集註大全)』「옹야(雍也)」.

163) 『주자어류(朱子語類)』 권31, 「논어13(論語十三)」, 30조목에서는 "학자는 차근차근 부지런히 하며 그만 두지 못할 뿐이다. 이와 같이 할 수 있어야 후에는 비록 큰 힘을 들이지 않더라도 저절로 해 갈 수 있다. 이것은 마치 수레바퀴를 밀고 가는 것과 비슷한데, 밀어 굴리기만 하면 그것은 멈추지 않고 저절로 굴러간다. 이른바 '배우고 때때로 익히면 또한 기쁘지 않은가'는

'기비재아자(幾非在我者 : 이 경지를 지나면 거의 자신에게 있는 것이 아니다)'에 대해, 주자(朱子 : 朱熹)가 말하였다. "물이 불어 배가 가는 것처럼 다시 힘쓸 것이 없으니, 수레를 밀어 굴러가면 멈추지 않고 저절로 가는 것과 같다."164)

○ 張子說主學者而言.

장자의 말은 배우는 자들을 근본으로 해서 말한 것이다.165)

기쁨 뒤에는 힘쓰기를 기다리지 않아도 저절로 그만 둘 수 없음을 말한 것이다.(學者只要勉勉循循而不能已. 才能如此, 便後面雖不用大段著力, 也自做去. 如推箇輪車相似, 才推得轉了, 他便滔滔自去. 所謂'學而時習之, 不亦說乎'者, 正謂說後不待著力, 而自不能已也."라고 하였다.

164) 물이 불어 배가 가는 것처럼 …… 멈추지 않고 저절로 가는 것과 같다 : 『논어집주대전』「옹야(雍也)」에는 "이른바 그만둘 수 없는 것이니, 물이 불어 배가 가는 것처럼 다시 힘쓸 것이 없다.(所謂欲罷不能. 如水漲船行, 更無着力處.)"라고 되어 있고, 『주자어류(朱子語類)』 권31, 「논어13(論語十三)」, 30조목에는 "배우는 자들이 차근차근 순서에 따라 그치지 말게 하는 것일 뿐이다. 이와 같이 할 수 있으면 후에는 비록 큰 힘을 들이지 않더라도 저절로 해 나갈 수 있다. 이를테면 수레바퀴를 밀고 가는 것과 비슷하니, 밀어 굴려 놓으면 멈추지 않고 저절로 굴러가는 것이다.(學者只要勉勉循循而不能已. 才能如此, 便後面雖不用大段著力, 也自做去. 如推箇輪車相似, 才推得轉了, 他便滔滔自去.)"라고 되어 있다. 박문호(朴文鎬)가 두 곳에서 축약해서 인용한 것으로 보인다.

165) 『주자어류(朱子語類)』 권31, 「논어13(論語十三)」, 22조목에는 다음과 같이 정돈되어 있다. "횡거의 안과 밖 손님과 주인의 학설에 대하여 물었다. 주희가 말하였다. '주인은 인이고 손님은 오히려 자신이다. 인을 어기지 않는다는 이미 이 방 안에 거주하는 것이다. '하루에 한번 한 달에 한번 도달한다'는 것은 잠시 이곳에 도달했다 또 다시 나가는 것이니 이것은 손님이다.' 몇일 후에, 한 학자가 이 단락을 들어 질문하니 이렇게 대답하였다. '인은 비유하면 이 집과 같다. 안자는 이 안에 거주하지만 간간이 나가는 때가 있음을 면하지 못하였다. 다른 사람은 혹 들어와 하루 머무르고 혹은 들어와 한 달 머무르며 이곳에 오래 머무를 수 없다는 것인데 이것이 바로 안과 밖 손님과 주인의 구별이다. '이것을 넘어서면 기미는 나에게 있지 않다'라는 말은 학자는 단지 차근차근 부지런히 공부할 뿐이지, 이것을 버리고 다른 것을 일삼을 것이 없다는 말이다.'(問橫渠內外賓主之說. 曰: '主是仁, 賓卻是己身. 不違仁者, 己住在此屋子內了. '日月至焉'者, 時暫到此又出去, 是乃賓也.' 後數日, 又因一學者擧此段爲問, 而曰: '仁, 譬如此屋子. 顔子在此裏面住, 但未免間有出去時. 他人則或入來住得一日, 或入來住得一月, 不能久處此, 此卽內外賓主之辨. '過此幾非在我者', 謂學者但當勉勉循循做工夫而已, 舍是則他無所事也.')"

[6-6-1]

季康子問:“仲由, 可使從政也與?” 子曰:“由也果 於從政乎何有.” 曰:“賜也 可使從政也與?” 曰:“賜也, 達, 於從政乎何有.” 曰:“求也, 可使從政也與?” 曰:“求也, 藝, 於從政乎何有.”
계강자(季康子)가 물었다. “중유(仲由)는 정사에 종사하게 할 만합니까?” 공자가 말하였다. “유(由)는 과단성이 있으니 정사에 종사함에 무슨 일이 있겠습니까!” 물었다. “사(賜)는 정사에 종사하게 할 만합니까?” 말하였다. “사(賜)는 사리에 통달했으니 정사에 종사함에 무슨 일이 있겠는가!” 물었다. “구(求)는 정사에 종사하게 할 만합니까?” 말하였다. “구(求)는 다재다능하니 정사에 종사함에 무슨 일이 있겠는가!”

詳說

○ ‘與’, 平聲.
‘야여(也與)’에서 ‘여(與 : 의문 조사)’자는 평성이다.

○ 始問稱仲由者, 謹而姓之也. 再三直稱賜也求也者, 承夫子之答辭也.
처음 물을 때 중유라고 한 것은 삼가서 성을 말한 것이고, 두 번째 세 번째에 바로 사와 구로 이름을 부른 것은 공자의 답변에 맞춘 것이다.

○ ‘何有’, 猶言‘何難之有’.
‘무슨 일이 있겠습니까’라고 하는 것은 ‘무슨 어려움이 있겠습니까?’라고 하는 말과 같다.

朱註

‘從政’, 謂爲大夫. ‘果’, 有決斷. ‘達’, 通事理. ‘藝’, 多才能.
‘정사에 종사한다’는 것은 대부(大夫)가 됨을 말한다.[166] ‘과단성이 있다.’라는

166) 『주자어류(朱子語類)』 권31, 「논어13(論語十三)」, 47조목에는 다음과 같이 되어 있다. “물었다. ‘『논어집주』에서는 정사에 종사함을 대부분 대부라고 했는데 무엇에 근거한 것입니까? 그렇다면 자유가 무성의 읍재가 되고, 중궁이 계씨의 가신이 되는 것과 같은 일은 모두 정사라고 말할 수 없습니까?’ 주희가 말하였다. ‘염자가 계씨의 조정에서 물러나니 공자께서 ‘그것은 대부의 일이다. 만약 조정의 일이었다면 비록 나를 등용하고 있지는 않지만 나도 그곳에 참석

말은 결단성이 있다는 뜻이다. '통달하였다.'라는 말은 사리에 통달했다는 것이다. '다재다능하다.'라는 말은 재능이 많다는 것이다.

詳說

○ 胡氏曰 : "由求爲季氏宰久矣. 蓋宰有家事而已, 大夫則與聞國政."[167]

'종정, 위위대부('從政', 謂爲大夫 : '정사에 종사한다'는 것은 대부(大夫)가 됨을 말한다)'에 대해, 호씨가 말하였다. "유와 구는 계씨의 가신이 된 지 오래되었다. 가신은 집안일만 있을 뿐이지만 대부는 국정에 참여해서 들을 수 있다."[168]

○ '都''玩'反.

'결단(決斷)'에서 '단(斷)'은 '도(都)'와 '완(玩)'의 반절(反切)이다.

○ 雙峰饒氏曰 : "唯子貢占得地步濶."[169]

'달, 통사리('達, 通事理 : 통달했다라는 것은 사리에 통달했다는 것이다)'에 대해, 쌍봉 요씨(雙峰饒氏 : 饒魯)가 말하였다. "자공만 사리에 통달해서 지위를 얻고 멀리 나아갔다."[170]

○ 有訓無釋.

훈고는 있으나 경문의 풀이는 없다.

하여 들었을 것이다.'라고 말씀하시니, 또한 그것을 자연스럽게 알 수 있다.'(問: '『集注』以從政例爲大夫, 果何所據? 然則子游爲武城宰, 仲弓爲季氏宰之類, 皆不可言政歟?' 曰: '冉子退於季氏之朝, 夫子曰: '其事也. 如有政, 雖不吾以, 吾其與聞之.' 亦自可見.')"

167) 호광 편(胡廣 編), 『논어집주대전(論語集註大全)』「옹야(雍也)」.

168) 유와 구는 계씨의 가신이 된 지 …… 대부는 국정에 참여해서 들을 수 있다 : 『논어집주대전』「옹야(雍也)」에는 "유와 구는 계씨의 가신이 된 지 오래되었으니, 여기에서 정사에 종사할 수 있냐고 물은 것은 대부를 시킬 수 있는지 말한 것이다. 가신은 집안일만 있을 뿐이지만 대부는 국정에 참여해서 들을 수 있다. 그런데 계강자가 끝내 세 사람과 함께 조정으로 공에게 나아가지 못했으니, 이것이 노나라가 발전하지 못한 까닭이다.(由求爲季氏宰久矣, 此問從政, 謂可使爲大夫否也. 蓋宰有家事而已, 大夫則與聞國政. 然康子卒不能與三子同升諸公, 此魯之所以不競也.)"라고 되어 있다.

169) 호광 편(胡廣 編), 『논어집주대전(論語集註大全)』「옹야(雍也)」.

170) 자공만 사리에 통달해서 지위를 얻고 멀리 나아갔다 : 『논어집주대전』「옹야(雍也)」에는 "자공만 사리에 통달해서 지위를 얻고 멀리 나아갔다. 그를 정사에 참여시켰다면, 반드시 염구가 계씨를 위해 세금을 많이 걷게 하지 못하게 하고, 자로가 위나라에서 갑자기 전란에서 죽게 하지 않았을 것이다.(唯子貢達於事理, 占得地步却闊. 使其從政, 必不肯爲季氏聚斂, 爲衛輒死難.)"라고 되어 있다.

朱註

程子曰 : "季康子, 問'三子之才, 可以從政乎'. 夫子答, '以各有所長', 非惟三子人, 各有所長, 能取其長皆可用也."

정자(程子)가 말하였다. "계강자(季康子)가 '세 사람의 재능이 정사에 종사할 만합니까?'라고 묻자, 공자가 '각기 장점이 있다'라고 대답했으니, 단지 세 사람뿐만이 아니라, 사람마다 각기 장점이 있으면 그것을 취해 모두 쓸 수 있다는 뜻이다."

詳說

○ 叔子.

'정자왈(程子曰)'에서 '정자(程子)'는 동생 정이(程頤)이다.

○ 齊氏曰 : "季桓子遺言召孔子, 而康子止召冉求, 其先問由賜也, 意在求而假之以發端耳."171)

제씨(齊氏 : 齊夢龍)가 말하였다. "계환자가 죽음에 임박해서 공자를 부르라고 유언했는데, 계강자가 염구만 불렀으니, 그가 먼저 유와 사에 대해 물은 것은 염구에게 뜻을 두고 그들을 빌려 말을 꺼냈던 것이다."172)

○ 勉齋黃氏曰 : "程子言意則大矣. 然從政, 恐非凡人所可能."173)

면재 황씨가 말하였다. "정자가 말한 의도는 크다. 그러나 정사에 종사하는 것은 아마도 일반 사람들이 가능한 것은 아닌 것 같다."174)

○ '非惟'以下, 汎論用人. 廣本文言外意, 未必指從政耳.

'비유삼자인(非惟三子人)'에서 '~뿐만이 아니다.[非惟]'라는 말은 사람을 등용하는

---

171) 호광 편(胡廣 編), 『논어집주대전(論語集註大全)』「옹야(雍也)」.

172) 계환자가 죽음에 임박해서 공자를 부르라고 …… 그들을 빌려 말을 꺼냈던 것이다 : 『논어집주대전』「옹야(雍也)」에는 "계환자가 죽음에 임박해서 공자를 부르라고 유언했는데, 계강자가 염구만 불렀다. 그렇다면 그가 먼저 유와 사에 대해 물은 것은 염구에게 의도적으로 뜻을 두고 그들을 빌어 말을 꺼냈던 것이다.(季桓子垂歿有遺言召孔子, 而康子止召冉求. 然則其先問由賜也, 意故在求, 而假之以發端爾.)"라고 되어 있다.

173) 호광 편(胡廣 編), 『논어집주대전(論語集註大全)』「옹야(雍也)」.

174) 정자가 말한 의도는 크다 …… 아마도 일반 사람들이 가능한 것은 아닌 것 같다 : 『논어집주대전』「옹야(雍也)」에는 "정자가 사람들에게 각기 장점이 있다고 한 것은 의도가 크다. 그러나 세 사람처럼 통달하고 과단성이 있으며 다재다능해서 정사에 종사할 수 있다는 것은 또한 일반 사람들이 가능한 것은 아닌 것 같다.(程子言人各有所長, 意則大矣. 然如三子之達果藝, 而可以從政, 則恐亦非凡人之所可能也.)"라고 되어 있다.

것에 대한 일반적인 말이다. 본문에서 말 밖의 의미를 넓히면, 반드시 정사에 종사하는 것을 가리키지는 않는다.

[6-7-1]

季氏使閔子騫爲費宰, 閔子騫曰:"善爲我辭焉. 如有復我者, 則吾必在汶上矣."

계씨(季氏)가 민자건을 비읍(費邑)의 읍재(邑宰)로 삼으려 하자, 민자건이 말하였다. "나를 위해 잘 말해 주시오. 만일 다시 나에게 또 온다면 나는 반드시 제(齊)나라 문수(汶水)가에 가 있을 것이요."

朱註

'費', 音'秘'. '爲', 去聲. '復', '扶'又'反'. '汶'音'問'. 閔子騫, 孔子弟子, 名損. 費, 季氏邑. 汶, 水名, 在齊南魯北境上.

'비재(費宰)'에서 '비(費)'자는 음이 '비(秘)'이다. '선위아사언(善爲我辭焉)'에서 '위(爲:위해)'자는 거성이다. '부아자(復我者)'에서 '부(復)'는 '부(扶)'와 '우(又)'의 반절(反切)이다. '재문상(在汶上)'에서 '문(汶)'자의 음은 '문(問)'이다. 민자건은 공자의 제자로 이름은 손(損)이다. 비(費)는 계씨(季氏)의 식읍(食邑)이다. 문(汶)은 물 이름이니, 제(齊)나라 남쪽과 노(魯)나라 북쪽의 경계에 있다.

詳說

○『家語』曰:"魯人."

'민자건, 공자제자, 명손(閔子騫, 孔子弟子, 名損:민자건은 공자의 제자로 이름은 손(損)이다)'에 대해,『공자가어(孔子家語)』에서 말하였다. "노나라 사람이다."

○『史記』「仲尼弟子傳」曰:"少孔子十五歲."

'민자건, 공자제자, 명손(閔子騫, 孔子弟子, 名損:민자건은 공자의 제자로 이름은 손(損)이다)'에 대해,『사기(史記)』「중니제자열전」에서 말하였다. "공자보다 15살이 어렸다."

○ 汶上, 猶言汶北.

'문, 수명, 재제남로북경상(汶, 水名, 在齊南魯北境上)'에서 문수가[汶上]는 문수의 북쪽이라는 말과 같다.

○ 訓畢.

훈고가 끝났다.

朱註

閔子不欲臣季氏, 令使者, 善爲己辭.

민자는 계씨의 신하가 되고 싶지 않아 심부름 온 사람이 자신을 위해 잘 말하도록 당부한 것이다.

詳說

○ 其邑之宰, 亦其家臣.

그 읍의 재도 또한 그 가신이다.

○ 平聲.

'영시자(令使者)'에서 '令(영 : ~하게 하다)'자는 평성이다.

○ 去聲.

영시자(令使者)'에서 '시(使 : 심부름 하다)'자는 거성이다.

○ 以子騫言求之, 可見其對使者而言.

민자건의 말로 보면 그가 심부름 온 자에게 말한 것임을 알 수 있다.

○ 句.

'선위기사(善爲己辭)'에서 구절이 끊어진다.

○ 釋言作事, 故以'己'易'我'.

말을 풀이하는 것이기 때문에 '자기[己]'라는 말로 '나[我]'라는 말을 바꾸었다.

朱註

言若再來召我, 則當去之齊.

만일 다시 나를 부르러 온다면, 노나라를 떠나 제나라로 가야 할 것이라고 말한 것이다.

詳說

○ 往也.

'거지(去之)'에서 '지(之 : 가다)'자는 간다는 말이다.

○ 汶北, 卽齊地.

문수의 북쪽은 바로 제나라이다.

○ 釋畢.

경문의 풀이가 끝났다.

○ 新安陳氏曰:"始'言善爲我'辭, 辭之之言, 雖婉, 終言'去之汶上', 絶之之意, 甚決, 眞有德行者, 審於進退之言也."175)

신안 진씨(新安陳氏 : 陳櫟)가 말하였다. "처음에 '나를 위해 잘 말해 주시오.'라고 한 것은 사양하는 말이 완곡하지만 끝에 '문수가로 간다.'라고 한 것은 거절하는 뜻이 아주 결연한 것으로 진실로 덕행이 있는 자가 진퇴를 살피는 말이다.

朱註

程子曰:"仲尼之門, 能不仕大夫之家者, 閔子曾子數人而已."

정자가 말하였다. "공자 문하의 제자 가운데 대부의 집안에 벼슬하지 않은 자는 민자와 증자 몇 사람뿐이었다."

詳說

○ 叔子.

'정자왈(程子曰)'에서 '정자(程子)'는 동생 정이(程頤)이다.

○ 朱子曰:"家臣不與大夫, 齒上等人不肯做."176)

주자(朱子 : 朱熹)가 말하였다. "가신은 대부와 지위를 함께 하지 못하니, 뛰어난 사람들은 하려고 하지 않았다."177)

○ 南軒張氏曰:"門人記此於由賜求之後, 其相去可見矣."178)

남헌 장씨(南軒張氏 : 張栻)가 말하였다. "문인들이 이 내용을 중유·자공·염구의 뒤에 기록했으니, 그 차이를 알 수 있다."179)

---

175) 호광 편(胡廣 編), 『논어집주대전(論語集註大全)』「옹야(雍也)」.

176) 호광 편(胡廣 編), 『논어집주대전(論語集註大全)』「옹야(雍也)」.

177) 가신은 대부와 지위를 함께 하지 못하니, 뛰어난 사람들은 하려고 하지 않았다 : 『논어집주대전』「옹야(雍也)」에는 "대부의 집안에 벼슬하면 종이 되어 대부와 지위를 함께 하지 못하니, 뛰어난 사람들은 하려고 하지 않았다. 당시에 제후들이 대대로 내려오던 신하를 등용했던 것을 헤아려 보면, 본래 할 만한 관직이 없었다. 대부에게 벼슬하지 않고 깨끗이 종신토록 출사하지 않은 것은 이를테면 증자와 민자건이라고 할 수 있다.(仕於大夫家爲僕家人, 不與大夫, 齒那上等人自是不肯做. 若論當時侯國, 皆用世臣, 自是無官可做. 不仕於大夫, 除是終身不出, 如曾閔方得.)"라고 되어 있다.

178) 호광 편(胡廣 編), 『논어집주대전(論語集註大全)』「옹야(雍也)」.

179) 문인들이 이것을 중유·자공·염구의 뒤에 기록했으니, 그 차이를 알 수 있다 : 『논어집주대전』「옹야(雍也)」에는 "문인들이 민자건의 이 일을 중유·자공·염구에 대해 물은 것 뒤에 기록했

○ 此幷論曾閔.

여기에서는 증자와 민자건을 함께 말하였다.

朱註

謝氏曰 : "學者, 能少知內外之分, 皆可以樂道, 而忘人之勢. 況閔子, 得聖人爲之依歸彼, 其視季氏不義之富貴, 不啻犬彘.

사씨(謝氏)가 말하였다. "학자(學者)가 안팎의 구분을 조금만 알아도 모두 도를 즐겨 남들의 권세를 잊을 수 있다. 하물며 민자는 성인을 의지할 분으로 삼았으니, 그 계씨의 의롭지 못한 부귀를 개·돼지쯤으로 여길 뿐만이 아니었다.

詳說

○ 己之道內也, 人之勢外也.

'능소지내외지분(能少知內外之分 : 안팎의 구분을 조금만 알아도)'에서 볼 때, 자신의 도는 안이고, 남들의 권세는 밖이다.

○ 音洛.

'락도(樂道)'에서 '락(樂)'자는 음이 '락(洛)'이다.

○ 以上, 汎論.

이 위로는 일반적인 말이다.

○ 鄙之, 甚於犬彘.

'기시계씨불의지부귀, 불시견체(其視季氏不義之富貴, 不啻犬彘 : 그 계씨의 의롭지 못한 부귀를 개·돼지쯤으로 여길 뿐만이 아니었다)'에서 볼 때, 천하게 여기는 것이 개·돼지보다 심하였다.

朱註

又從而臣之, 豈其心哉?

그런데 또 따라서 신하가 되는 것이 어찌 그의 마음이었겠는가?

으니, 그 차이를 알 수 있다.(門人記閔子此事於問由賜求之後, 其相去可見矣.)"라고 되어 있다.

詳說

○ 臣之於季氏者.

계씨의 신하가 되는 것이다.

○ 朱子曰 : "謝氏說得麁, 若不近聖賢氣象. 也可以警懦底人."[180]

주자(朱子 : 朱熹)가 말하였다. "사씨의 설명은 거칠어 성현의 기상에 거의 가깝지 않은 것 같지만 또한 유약한 사람들에게 경종을 울릴 수 있다."[181]

○ 使聖人言之, 亦惟曰"不義而富貴, 如浮雲"而已.

공자가 말했을지라도 "의롭지 않으면서 부귀한 것은 뜬 구름과 같다."[182]라고 했을 뿐이다.

○ 以上說本文.

이 위로는 경문을 설명하였다.

朱註

在聖人, 則有不然者, 蓋居亂邦見惡人, 在聖人則可, 自聖人以下, 剛則必取禍,

---

180) 호광 편(胡廣 編), 『논어집주대전(論語集註大全)』「옹야(雍也)」.

181) 사씨의 설명은 거칠어 성현의 기상에 …… 유약한 사람들에게 경종을 울릴 수 있다 : 『논어집주대전』「옹야(雍也)」에는 "사씨의 설명은 거칠어 성현의 기상에 가깝지 않은 것 같지만 또한 유약한 사람들에게 경종을 울릴 수 있다. 항상 이렇게 마음에 기억할 수 있다면 완고한 사람을 청렴하게 하고 유약한 사람을 세울 수 있다.(謝氏說得麁, 若不近聖賢氣象, 也可以警那懦底人. 若常記得這樣在心下, 則可以廉頑立懦.)"라고 되어 있다. 『주자어류(朱子語類)』 권31, 「논어13(論語十三)」, 52조목에는 다음과 같이 설명한다. "'지금은 사씨의 해설을 취했습니다. 이천, 범씨, 양씨, 윤씨 등 네 사람의 해설은 모두 같은데, 단지 그 대강만을 설명했을 뿐입니다.' 주희가 말하였다. '사씨의 해설은 사실 좋다. 하지만 말의 기운에 또한 화평치 못한 부분이 있다.'('今取謝氏之說. 伊川范楊尹氏四說大率皆同, 只略說大綱.' 曰: '謝氏固好, 然辭氣亦有不平和處.')" 53조목에는 "사씨의 해설은 소략하다. 내가 여기에 써 넣은 까닭은 나약한 사람에게 경종을 울릴 수 있기 때문이다. 만약 항상 이렇게 마음에 기억할 수 있다면 완고한 사람을 청렴하게 하고 나약한 사람의 의지를 확립하여 넘어지지 않게 할 수 있을 것이다. 그런데 지금은 넘어진 사람이 많다.(謝氏說得也粗. 某所以寫放這裏, 也是可以警那懦底人. 若是常常記得這樣在心下, 則可以廉頑立懦不至倒了. 今倒了底也多.)"라고 하였다.

182) 의롭지 않으면서 부귀한 것은 뜬 구름과 같다 : 『논어(論語)』「술이(述而)」에 "공자가 말하였다. '거친 밥을 먹고 물을 마시며 팔을 굽혀 베더라도 즐거움이 또한 그 가운데 있으니, 의롭지 않으면서 부유하고 또 귀한 것은 나에게 뜬구름과 같다.'(子曰 : '飯疏食飲水, 曲肱而枕之, 樂亦在其中矣, 不義而富且貴, 於我如浮雲.')"라는 말이 있다.

柔則必取辱,

성인에게서는 그렇지 않다. 어지러운 나라에 살면서 나쁜 사람을 만난 것은 성인에게서는 괜찮지만, 성인 이하는 강직하면 반드시 화를 취하고, 유약하면 반드시 욕을 취하니,

詳說

○ 如孔子居衛見南子之類.

'재성인, 즉유불연자, 개거란방견악인(在聖人, 則有不然者, 蓋居亂邦見惡人 : 성인에게서는 그렇지 않다. 어지러운 나라에 살면서 나쁜 사람을 만난 것은 성인에게서는 괜찮지만)'은 공자가 위나라에 있으면서 남자를 만난 것과 같은 일들이다.

○ 以上論聖人.

'재성인즉가(在聖人則可: 성인에게서는 괜찮지만)'라는 구절 위로는 성인에 대해 말하였다.

○ 慶源輔氏曰 : "謂子路."[183]

'자성인이하, 강즉필취화(自聖人以下, 剛則必取禍 : 성인 이하는 강직하면 반드시 화를 취하고)에 대해, 경원 보씨(慶源輔氏 : 輔廣)가 말하였다. "자로를 말한다."[184]

○ 慶源輔氏曰 : "謂冉求."[185]

'유즉필취욕(柔則必取辱 : 유약하면 반드시 욕을 취하니)에 대해, 경원 보씨(慶源輔氏 : 輔廣)가 말하였다. "염구를 말한다."[186]

朱註

閔子, 豈不能蚤見, 而豫待之乎. 如由也, 不得其死, 求也爲季氏附益, 夫豈其本心哉?

민자가 어찌 일찍 알아차리고 미리 대비하지 않겠는가? 중유는 제대로 죽음을 얻지 못할 것 같고,[187] 염구는 계씨를 위해 재산을 더욱 늘려 주었는데,[188] 이

---

183) 호광 편(胡廣 編), 『논어집주대전(論語集註大全)』「옹야(雍也)」.

184) 자로를 말한다 : 『논어집주대전』「옹야(雍也)」에는 "강직한 자는 반드시 화를 취한다는 것은 자로를 말한 것이다.(剛者必取禍, 謂子路.)"라고 되어 있다.

185) 호광 편(胡廣 編), 『논어집주대전(論語集註大全)』「옹야(雍也)」.

186) 염구를 말한다 : 『논어집주대전』「옹야(雍也)」에는 "유약한 자는 반드시 욕을 취한다는 것은 연구를 말한 것이다.(柔者必取辱, 謂冉求.)"라고 되어 있다.

것이 어찌 그들의 본심이었겠는가?

詳說

○ 去聲.

'위계씨(爲季氏)'에서 '위(爲 : 위해)'자는 거성이다.

○ 幷見「先進」.

모두 「선진(先進)」에 보인다.

○ 音, 扶.

'부기(夫豈)'에서 '부(夫 : 발어사)'자는 음이 '부(扶 : 돕다)'이다.

○ 照上豈其心哉, 而添本字.

앞의 「집주」[又從而臣之, 豈其心哉?]에 나온 '어찌 그의 마음 이었겠는가[豈其心哉]?'라는 말과 비교해 보면 '본(本)'이라는 글자가 더해졌다.

朱註

蓋旣無先見之知, 又無克亂之才故也.

이미 앞을 내다보는 지혜가 없고, 또 혼란을 극복할 재능이 없었기 때문이다.

詳說

○ 去聲.

'지(知 : 지혜)'자는 거성이다.

○ 『大全』曰 : "未仕時."[189]

'기무선견지지(旣無先見之知 : 이미 앞을 내다보는 지혜가 없고)'에 대해, 『논어집주대전(論語集註大全)』에서 말하였다. "아직 벼슬하지 않을 때이다."

○ 『大全』曰 : "旣仕時."[190]

187) 중유는 제대로 죽음을 얻지 못할 것 같고 : 『논어(論語)』「선진(先進)」에 "중유는 제대로 죽음을 얻지 못할 것 같다.(若由也, 不得其死然.)"라는 말이 있다.

188) 염구는 계씨를 위해 재산을 더욱 늘려 주었는데 : 『논어(論語)』『선진』에 "계씨가 주공보다 부유하였는데도 염구가 그를 위해 세금을 걷어 재산을 더 늘려 주었다.(季氏富於周公, 而求也爲之聚斂而附益之.)"라는 말이 있다.

189) 호광 편(胡廣 編), 『논어집주대전(論語集註大全)』「옹야(雍也)」.

190) 호광 편(胡廣 編), 『논어집주대전(論語集註大全)』「옹야(雍也)」.

'무극란지재(無克亂之才 : 난을 극복할 재능이 없었다)'에 대해, 『논어집주대전(論語集註大全)』에서 말하였다. "이미 벼슬하던 때이다."

○ 以上幷論由求騫三子

이 위에서는 중유·염구·민자건 세 사람을 함께 말하였다.

朱註

然則閔子其賢乎."

그렇다면 민자는 그 어질다 할 것이다."

詳說

○ 又歸之於本文.

또 경문으로 돌아갔다.

[6-8-1]

伯牛有疾, 子問之, 自牖執其手曰 : "亡之, 命矣夫. 斯人也, 而有斯疾也. 斯人也, 而有斯疾也."
백우(伯牛)가 병을 앓자, 공자가 문병할 때 남쪽 창문에서 그의 손을 잡고 말하였다. "이런 병에 걸릴 리가 없는데, 운명인가보다. 이런 사람이 이런 병에 걸리다니! 이런 사람이 이런 병에 걸리다니!"

朱註

'夫', 音'扶'.
'명의부(命矣夫)'에서 '부(夫 : 어조사)'자는 음이 '부(扶)'이다.

詳說

○ 退溪曰 : "'亡', 即'有亡'之'亡', 非'死亡'之'亡'. 『註』'不應有此疾', 正解'亡之'兩字. 『漢書』, 宣帝與楚王書引此文, 曰 : '蔑之, 命矣夫.'"
퇴계(退溪 : 李滉)가 말하였다. "경문에서 '이번 병에 걸릴 리가 없다[亡]'는 것은 '있다 없다[有亡]'라고 할 때의 '없다[亡]'는 것이지 '죽었다[死亡]'라고 할 때의 '죽었다[亡]'라는 말이 아니다. 『논어집주(論語集註)』의 '이런 병에 걸릴 리가 없다[不應有此疾]'라는 것은 바로 '이런 병에 걸릴 리가 없다[亡之]'라는 말을 해석한 것이다. 『한서(漢書)』에서는 선제와 초왕이 글에 이 말을 인용해서 '이런 병에 걸릴 리가 없는데 운명인가보다.[蔑之, 命矣夫.]'라고 하였다."

○ 沙溪曰 : "'亡', 乃'死亡'之亡. 若如上說, 則『集註』必有'亡''無'通之訓矣. 蓋'此人不應有此疾', 是解'命矣夫'之文, 非解'亡之'兩字也. 栗谷先生, 亦以'存亡'之'亡'看."
사계(沙溪 : 金長生)가 말하였다. "경문의 '망[亡]'자는 '사망(死亡)'의 망(亡)이다. 앞의 설명처럼 할 것 같으면, 『논어집주(論語集註)』에서 반드시 '무(亡)'는 '무(無)'와 통한다는 풀이가 있었을 것이다. 대개 '이 사람은 이런 병에 걸릴 리가 없다.[此人不應有此疾]'라는 『논어집주(論語集註)』의 말은 '운명인가보다.'라는 경문의 말을 해석한 것이지 '망지[亡之]'라는 두 글자를 해석한 것이 아니다. 율곡 선생도 '존망(存亡)'의 '망(亡)'으로 보았다."

○ 按, 『集註』於音訓, 往往有遺闕, 且'好學'章, 旣著與'無'同之訓, 而『語類』又有'未知孰是'之說, 豈朱子於此章'亡'字, 亦嘗兩可歟! 然以不著音訓之例斷之, 則從'死亡'之'亡'爲是. 『漢書』所引容有失誤耳. 雖然後篇闕文, 「陽貨」'三疾'章, 亦不著音訓, 更詳之.

살펴보건대 『논어집주(論語集註)』는 음훈에 대해 종종 그냥 빼놓는 것이 있는데, 호학장(好學章)[191]에서 '무(無 : 없다)'[192]와 같다는 풀이를 해 놓고, 『주자어류(朱子語類)』에 또 '어느 것이 옳은지 모르겠다.'라는 말이 있지만, 어찌 주자(朱子 : 朱熹)가 이 장의 '무(亡)'에 대해 또한 양쪽으로 옳다고 한 것이겠는가?[193] 그런데 음훈의 사례를 드러내지 않고 결단하면 '사망(死亡)'의 '망(亡)'이 옳은 것으로 따르게 된다. 『한서(漢書)』에서 인용한 것은 잘못된 것을 받아들인 것일 뿐이다. 그럴지라도 뒤의 편에서 그냥 빼놓아 「양화(陽貨)」의 삼질장(三疾章)[194]에서도 음훈을 드러내지 않았으니, 다시 자세히 살펴야 한다.

朱註

伯牛, 孔子弟子, 姓冉名耕. 有疾, 先儒以爲癩也.

백우는 공자의 제자로 성은 염(冉)이고 이름은 경(耕)이다. 병에 걸린 것에 대해 선대의 학자는 문둥병이라고 하였다.

詳說

○『家語』曰 : "魯人."

'백우, 공자제자, 성염명경(伯牛, 孔子弟子, 姓冉名耕 : 백우는 공자의 제자로 성은

191) 호학장(好學章) : 『논어(論語)』「옹야(雍也)」에 "애공(哀公)이 물었다. '제자 가운데 누가 학문을 좋아합니까?' 공자가 대답하였다. '안회라는 사람이 배우기를 좋아하여 노여움을 남에게 옮기지 않고 잘못을 다시 저지르지 않았는데, 불행하게도 명이 짧아 죽었습니다. 지금은 아무도 없어 배우기를 좋아한다는 사람에 대해 아직 듣지를 못하였습니다.'(哀公問 : '弟子孰爲好學.' 孔子對曰 : '有顔回者, 好學, 不遷怒, 不貳過, 不幸短命死矣. 今也則亡, 未聞好學者也.')"라는 말이 있다.

192) 무(無 : 없다) : 『논어집주대전』「옹야(雍也)」에 "무(亡)는 무와 같다.(亡, 與無同.)"라고 되어 있다.

193) 『주자어류(朱子語類)』에 또 '어느 것이 옳은지 모르겠다.'라는 …… 양쪽으로 옳다고 한 것이겠는가 : 『주자어류(朱子語類)』 권30, 「논어12(論語十二)」, 45조목에는 황간이 "어느 것이 옳은지 모르겠다.(未知孰是)"라고 질문을 하자, 주자는 "무(亡)는 바로 무(無)이다.(亡, 卽無也.)"라고 대답한 것이 있다.

194) 「양화(陽貨)」의 삼질장(三疾章) : 『논어(論語)』「양화(陽貨)」에 "공자가 말하였다. '옛날에는 백성들에게 세 가지 병폐가 있었는데, 지금에는 그것들마저도 없어졌구나!'(子曰 : '古者, 民有三疾, 今也, 或是之亡也.')"라는 말이 있다.

염(冉)이고 이름은 경(耕)이다)'에 대해, 『공자가어(孔子家語)』에서 말하였다. "노나라 사람이다."195)

○ 淮南子.

'선유(先儒 : 선대의 학자)'는 회남자이다.

○ 音'賴'.

'라(癩 : 문둥병)'자는 음이 '뢰(賴)'이다.

○ 『史記』「仲尼弟子傳」曰 : "有惡疾."

'선유이위라야(先儒以爲癩也)'에 대해, 『사기(史記)』「중니제자전」에서 말하였다. "문둥병이 있었다."

朱註

'牖', 南牖也.

'남쪽 창문[牖]'은 남쪽으로 난 창문이다.

詳說

○ 訓.

훈고이다.

朱註

禮病者, 居北牖下, 君視之, 則遷於南牖下, 使君得以南面視己".

예(禮)에 "병자(病者)는 북쪽 창문 아래에 있는데, 임금이 문병(問病)하러 오면 남쪽 창 아래로 옮겨, 임금께서 남쪽을 향하여 자신을 볼 수 있게 한다."라고 하였다.

詳說

○ 見『禮記』「喪大記」.

『예기』「상대기」에 있다.196)

---

195) 노나라 사람이다 : 호광 편(胡廣 編), 『논어집주대전(論語集註大全)』「옹야(雍也)」에 "魯人"이라는 말이 있다.

196) 『예기『「상대기」에 "병자는 언제나 북쪽 창문 아래에 있다(病者, 恒居北牖下.)"라는 말이 있다.

○ 皆東首.

'임금이 문병(問病)하러 오면 남쪽 창 아래로 옮기고', 모두 머리를 동쪽으로 한다.

○ 見「喪大記」疏.

「상대기」 소(疏)에 보인다.

朱註

時伯牛家, 以此禮尊孔子, 孔子不敢當, 故不入其室, 而自牖執其手, 蓋與之永訣也.

당시 백우의 집에서 이 예로 공자를 높이자, 공자가 감히 감당할 수 없었기 때문에 그 방에 들어가지 않고, 창문에서 그의 손을 잡았으니, 아마도 그와 영결한 것인 듯하다.

詳說

○ 尊師如君.

'시백우가, 이차례존공자(時伯牛家, 以此禮尊孔子 : 당시 백우의 집에서 이 예로 공자를 높이자)'는 스승 높이기를 임금과 같이 했다는 말이다.

○ 不敢受君禮.

'공자불감당(孔子不敢當 : 공자가 감히 감당할 수 없었기 때문에)'는 임금으로 높이는 예를 감히 받아들이지 못하였다는 의미이다.

○ 牖外.

'불입기실, 이자유(不入其室, 而自牖 : 그 방에 들어가지 않고, 창문에서)'는 창문 밖을 말한다.

○ 引禮以釋.

'자유집기수, 개여지영결야(自牖執其手, 蓋與之永訣也 : 창문에서 그의 손을 잡았으니, 아마도 그와 영결한 것인 듯하다)'는, 예를 끌어들여 풀이한 것이다.

朱註

'命', 謂天命.

'운명[命]'은 천명(天命)을 말한다.

詳說

○ 朱子曰："有生之初, 氣稟一定, 而不可易者."[197]

주자(朱子 : 朱熹)가 말하였다. "태어날 때 기운을 받은 것이 일정해서 바꿀 수 없는 것이 있다."[198]

○ 訓.

훈고이다.

朱註

言此人不應有此疾, 而今乃有之, 是乃天之所命也. 然則非其不能謹疾, 而有以致之, 亦可見矣.

이 사람은 이런 병에 걸릴 리가 없는데 지금 곧 걸렸으니, 이것을 곧 하늘이 명한 것이라고 말한 것이다. 그렇다면 그가 병을 삼가지 않아 병에 걸린 것이 아님을 또한 알 수 있다.

詳說

○ 平聲.

'불응(不應)'에서 '응(應 : ~하여야 한다)'자는 평성이다.

○ 再言之, 痛之深.

두 번 말한 것은 가슴 아픔이 심한 것이다.

○ 倒文以釋.

'시내천지소명야(是乃天之所命也 : 이것을 곧 하늘이 명한 것이라고 말한 것이다)'는 글을 도치시켜 해석하였다.

○ '非'字, 釋於此.

'연즉비기불능근질, 이유이치지, 역가견의(然則非其不能謹疾, 而有以致之, 亦可見矣

197) 호광 편(胡廣 編), 『논어집주대전(論語集註大全)』「옹야(雍也)」.

198) 태어날 때 기운을 받은 것이 일정해서 바꿀 수 없는 것이 있다 : 『논어집주대전』「옹야(雍也)」에는 "물었다. '운명은 무엇입니까?' 주자(朱子 : 朱熹)가 답하였다. '태어날 때 기운을 받은 것이 일정해서 바꿀 수 없는 것이 있으니, 『맹자(孟子)』에서 이른바 '오게 하지 않았는데도 오는 것이다.'라는 것이다.'(問 : '命者, 何也.' 朱子曰 : '有生之初, 氣禀有一定, 而不可易者, 孟子所謂'莫之致而至者'也.')"라고 되어 있다.

: 그렇다면 그가 병을 삼가지 않아 병에 걸린 것이 아님을 또한 알 수 있다)'에서 '아님[非]'이라는 말이 여기까지 걸려서 해석된다.

○ 然則以下, 又論命字, 言外意.

그렇다면[然則非其不能謹疾에서 '然則'] 아래에서 또 운명이라고 한 말을 설명한 것은 말 밖의 의미이다.

朱註

侯氏曰:"伯牛以德行稱,

후씨(侯氏)가 말하였다. "백우는 덕행으로 알려졌으니,

詳說

○ 『大全』曰:"名仲良, 字師聖, 河東人."

『논어집주대전(論語集註大全)』에서 말하였다. "백우는 이름이 중량(仲良)이고, 자는 사성(師聖)으로 하동 사람이다."

○ 去聲.

'덕행(德行)'에서 '행(行:행동)'자는 거성이다.

○ 句.

'백우이덕행칭(伯牛以德行稱)'은 문장이 끊어지는 곳이다.

朱註

亞於顏閔. 故其將死也, 孔子尤痛惜之."

안자(顏子)와 민자(閔子) 다음이었다. 그러므로 그가 죽을 무렵에 공자가 더욱 마음 아파하며 애석하게 여겼다."

詳說

○ 見「先進」.

「선진(先進)」에 보인다.[199]

199) 「선진(先進)」에 보인다:『논어(論語)』「선진(先進)」에 "덕행(德行)에는 안연(顏淵)·민자건(閔子騫)·염백우(冉伯牛)·중궁(仲弓)이었고, 언어(言語)에는 재아(宰我)·자공(子貢)이었고, 정사(政事)에는 염유(冉有)·계로(季路)였고, 문학(文學)에는 자유(子游)·자하(子夏)였다.(德行, 顏淵閔子騫冉伯牛仲弓, 言語, 宰我子貢, 政事, 冉有季路, 文學, 子游子夏.)"라는 말이 있다.

○ 異之於諸弟子.

'공자우통석지(孔子尤痛惜之 : 공자가 더욱 마음 아파하며 애석하게 여겼다)'는 제자들보다 특별하게 여겼다는 말이다.

[6-9-1]

子曰："賢哉, 回也. 一簞食, 一瓢飮, 在陋巷, 人不堪其憂, 回也, 不改其樂, 賢哉, 回也."
공자가 말하였다. "어질구나, 안회는! 밥 한 소쿠리와 음료 한 바가지로 누추한 시골에 사는 것을 남들은 그 근심을 견뎌내지 못하는데, 안회는 그 즐거움을 변치 않으니, 어질구나, 안회는!"

朱註

'食', 音'嗣', '樂', 音'洛'. '簞', 竹器. '食', 飯也. '瓢', 瓠也.
'단사(簞食)'에서 '사(食 : 밥)'자는 음이 '사(嗣)'이고, '불개기락(不改其樂)'에서 '락(樂 : 즐기다)'자는 음이 '락(洛)'이다. '소쿠리[簞]'는 대나무로 만든 그릇이다. '밥[食]'은 끼니이다. '바가지[瓢]'는 표주박이다.

詳說

○ 音胡.
'호(瓠 : 표주박)'는 음이 호(胡)이다.

○ '飮', 飮水. '人', 通中人以下而言.
'음료[飮]'는 음료수이다. '남들[人]'은 중인(中人) 이하를 모두 말한 것이다.

○ 訓畢.
훈고가 끝났다.

朱註

顔子之貧如此, 而處之泰然, 不以害其樂, 夫子再言賢哉回也, 以深歎美之.
안자의 가난함이 이와 같았으나, 처신하기를 태연히 하여, 그 즐거움을 해치지 않았으므로, 공자가 "어질구나, 회는!"이라고 거듭 말하여 깊이 감탄하고 아름답게 여긴 것이다.

詳說

○ 指簞瓢陋巷.
'안자지빈여차(顔子之貧如此 : 안자의 가난함이 이와 같았으나)는 밥 한 소쿠리와 음료 한 바가지와 누추한 시골을 가리킨다.

○ 上聲.

'처지(處之)'의 '처(處 : 처신하다)'자는 상성이다.

○ 安也.

'처지태연(處之泰然 : 처신하기를 태연히 하여)'은 편안하게 여긴다는 말이다.

○ 蒙上'貧'字.

'불이(不以)'의 '이(以)'자는 앞의 '가난함[貧]'이라는 말을 이어받은 것이다.

○ 釋畢.

경문의 풀이가 끝났다.

朱註

程子曰 : "顔子之樂, 非樂簞瓢陋巷也, 不以貧窶累其心, 而改其所樂也, 夫子稱其賢."

정자가 말하였다. "안자의 즐거움은 밥 한 소쿠리와 한 바가지 음료 및 누추한 시골을 즐거워한 것이 아니라, 가난에 그 마음이 얽매어도 그 즐거움을 변치 않은 것이다. 그러므로 공자가 그의 어짊을 칭찬하신 것이다."

詳說

○ 叔子.

'정자왈(程子曰)'에서 '정자(程子)'는 동생 정이(程頤)이다.

○ 恐讀者認作樂貧, 故特發明之.

'안자지락, 비락단표누항야(顔子之樂, 非樂簞瓢陋巷也 : 안자의 즐거움은 밥 한 소쿠리와 한 바가지 음료 및 누추한 시골을 즐거워한 것이 아니라)'라고 한 것은 독자들이 가난함을 즐겼다고 생각할까 염려되었기 때문에 드러내어 밝혔을 뿐이다.

○ '郡''羽'反.

'빈구(貧窶)'에서 '구(窶 : 가난하다)'는 '군(郡)'과 '우(羽)'의 반절(反切)이다.

○ 七字有力.

'불이빈구루기심(不以貧窶累其心)' 이 일곱 자에는 힘이 있다.

朱註

又曰："簞瓢陋巷非可樂,

정자가 또 말하였다. "한 그릇의 밥과 한 표주박의 음료 및 누추한 시골이 즐거워할 만한 것이 아니요,

詳說

○ 伯子.

'우왈(又曰)'의 주체는 형 정호(程顥)이다.

○ 聖凡之同情.

성인이나 범인의 같은 마음이다.

朱註

蓋自有其樂爾, '其'字當玩味. 自有深意."

별도로 그 즐거움이 있는 것이니, '그[其]'라는 말을 제대로 음미해야 한다. 그러면 저절로 깊은 뜻이 있다."

詳說

○ 朱子曰："'自'字, 對簞瓢陋巷言."200)

주자(朱子：朱熹)가 말하였다. "'별도로[自]'라는 말은 한 그릇의 밥과 한 표주박의 음료와 누추한 시골을 대조해서 말한 것이다."201)

○ 此間有玩味, 則三字之意.

이 사이에서 제대로 음미함이 있는 것이 제대로 음미해야 한다는 의미이다.

---

200) 호광 편(胡廣 編), 『논어집주대전(論語集註大全)』「옹야(雍也)」.

201) '별도로[自]'라는 말은 한 그릇의 밥과 한 표주박의 음료와 누추한 시골을 대조해서 말한 것이다：『논어집주대전』「옹야(雍也)」에는 "'별도로 그 즐거움이 있다.'라는 것에서 '별도로[自]'라는 말은 한 그릇의 밥과 한 표주박의 음료와 누추한 시골을 대조해서 말한 것이다. '그[其]'라는 말은 제대로 맛보아야 하니, 원래 이런 즐거움이 있었다는 것이다.(自有其樂, 自字對簞瓢陋巷言. 其字當玩味, 是元有此樂.)"라고 되어 있다.

朱註

又曰 : "昔受學於周茂叔,

정자가 또 말하였다. "옛날 주무숙(周茂叔)에게 가르침을 받을 때에,

詳說

○ 伯子.

'우왈(又曰)'의 주체는 형 정호(程顥)이다.

○ 周子.

'주무숙(周茂叔)'은 주자(周子 : 周敦頤)이다.

○ 按, 程子之稱茂叔, 亦猶子貢之稱仲尼, 古人不諱字.

생각하건대, 정자가 스승을 무숙이라고 부른 것은 또한 자공이 스승을 중니라고 한 것과 같으니, 옛사람들은 자를 휘하지 않은 것이다.

朱註

每令尋仲尼顏子樂處,

매번 공자와 안자의 즐거워한 것을 찾게 하셨으니,

詳說

○ 平聲.

'매령(每令)'의 '령(令 : ~에게 ~하게 하다)'자는 평성이다.

○ 茂叔令二程.

무숙이 두 정자에게 ~하게 한 것이다.

○ '樂亦在其中', 見下篇.

'즐거움이 또한 그 가운데 있다.'라는 말은 아래 편에 있다.[202)]

○ 此間有'曰'字意.

이 사이에는 '~라고 말하였다.'라는 말의 의미가 있다.

---

202) '즐거움이 또한 그 가운데 있다.'라는 말은 아래 편에 있다 : 『논어(論語)』「술이(述而)」에 "공자가 말하였다. '거친 밥을 먹고 물을 마시며 팔을 굽혀 베더라도 즐거움이 또한 그 가운데 있으니, 의롭지 않으면서 부유하고 또 귀한 것은 나에게 뜬구름과 같다.'(子曰 : '飯疏食飲水, 曲肱而枕之, 樂亦在其中矣, 不義而富且貴, 於我如浮雲.')"라는 말이 있다.

朱註

所樂何事?”

그 즐거워함은 어떤 일이었겠는가?”

詳說

○ 處與事, 非二件事.

'즐거워한 것'과 '어떤 일'은 두 건의 별도 사안이 아니다.

○ 此幷及孔子之樂.

여기에서는 공자의 즐거움까지 함께 언급하였다.

○ 朱子曰 : “孔顔之樂, 大綱相似. 唯'不改'字, 與聖人略爭些子.”[203]

주자(朱子 : 朱熹)가 말하였다. “공자와 안자의 즐거움은 대강 서로 비슷하지만 오직 '변치 않았다.'라는 말에서 성인과 다소 약간 분변할 수 있다.”[204]

朱註

愚按, 程子之言引而不發, 蓋欲學者, 深思而自得之. 今亦不敢妄爲之說. 學者, 但當從事於博文約禮之誨, 以至於欲罷不能而竭其才, 則庶乎有以得之矣.

내가 생각하건대, 정자의 말씀은 활시위를 당기기만 하고 발사하지 않았으니, 배우는 자들이 깊이 생각하여 스스로 터득하게 하도록 하는 것이다. 지금 나 또한 감히 그것에 대해 함부로 설명할 수 없다. 배우는 자들이 다만 글을 널리 배워 예로 단속하는 가르침에 종사하여, 그만두고자 하여도 그만둘 수 없어 자신

203) 호광 편(胡廣 編), 『논어집주대전(論語集註大全)』「옹야(雍也)」.

204) 공자와 안자의 즐거움은 대강 서로 비슷하지만 …… 성인과 다소 약간 분변할 수 있다 : 『논어집주대전』「옹야(雍也)」에는 “어떤 이가 물었다. '공자의 즐거움은 거친 음식을 먹고 물을 마시는 가운데 있을지라도 그 즐거움을 잊어버리는 것에 있는데, 안자는 밥 한 소쿠리와 음료 한 바가지와 누추한 시골에 사는 것으로 그 즐거움을 변치 않았으니, 그것들을 외적인 것으로 여긴 것입니다.' 말하였다. '공자와 안자의 즐거움은 대강 서로 비슷하여 여기서 낮고 깊음을 구분하기는 어렵습니다. 다만 안자는 그 즐거움을 변치 않았다고 하는 것이고, 성인은 그 즐거움이 그 안에 있었다고 하는데, 변치 않았다는 말이 성인과 거의 서로 비슷한 것 같지는 않으니 또한 분별할 수 있습니다. 성인은 저절로 즐거운 것이고, 안자는 거의 변치 않았을 뿐입니다.'(或謂 : '夫子之樂, 雖在飯疏食飮水之中, 而忘其樂, 顔子不以簞瓢陋巷改其樂, 是外其簞瓢陋巷.' 曰 : '孔顔之樂, 大綱相似, 難就此分淺深. 唯是顔子止說不改其樂, 聖人却云樂亦在其中, 不改字上, 恐與聖人略不相似, 亦只爭些子. 聖人自然是樂, 顔子僅能不改.')”라고 되어 있다.

의 재능을 다하는 데 이른다면, 거의 터득함이 있을 것이다.

詳說

○ 四字出『孟子』「盡心」, 言其有問而無其說, 如射者之引弓而不發矣.
'인이불발(引而不發 : 활시위를 당기기만 하고 발사하지 않다)'라는 말은 『맹자(孟子)』「진심상」이 출처로[205] 질문만하고 설명해 주지 않는 것이 활 쏘는 자가 활시위를 당기기만 하고 화살을 발사하지 않는 것과 같다는 말이다.

○ 見「子罕」.
「자한(子罕)」에 보인다.[206]

○ 西山眞氏曰 : "朱子又恐人無下手處, 特說出."[207]
서산 진씨가 말하였다. "주자는 또 사람들이 어떻게 해야 할지 모를까 염려되어 특별히 말하였다."[208]

○ 言能爲顔子所學, 至顔子地位, 則知顔子之樂也, 孔子之樂, 亦當如是求之.
안자가 배운 것을 해서 그의 경지에 도달할 수 있으면 그의 즐거움을 아니, 공자의 즐거움도 이와 같이 해서 구해야 한다는 말이다.

○ 朱子曰 : "伊川以爲若以道爲樂, 不足爲顔子, 蓋道與我非爲二物. 要之說樂道亦無害."[209]

---

205) '활시위를 당기기만 하고 발사하지 않다.'라는 말은 『맹자(孟子)』「진심상」이 출처로 : 『맹자(孟子)』「진심상」에 "군자는 활을 당기고 쏘지 않으나, 드러나게 중도(中道)에 서 있으니, 능한 자가 따르는 것이다.(君子引而不發, 躍如也, 中道而立, 能者從之.)"라는 말이 있다.

206) 「자한(子罕)」에 있다 : 『논어(論語)』「자한(子罕)」에 "선생님께서 차근차근히 사람을 잘 이끄시어 글로써 나의 지식을 넓혀 주시고 예로써 나의 행동을 단속하게 해 주셨다. 그만두고자 해도 그럴 수 없어 이미 나의 재주를 다하지만, 내 앞에 우뚝 서 있는 듯하니, 선생님을 따르고자 하나 어디로부터 시작해야 할지 모르겠다.(夫子循循然善誘人, 博我以文, 約我以禮. 欲罷不能, 旣竭吾才, 如有所立卓爾. 雖欲從之, 末由也已.)"라는 말이 있다.

207) 호광 편(胡廣 編), 『논어집주대전(論語集註大全)』「옹야(雍也)」.

208) 주자는 또 사람들이 어떻게 해야 할지 모를까 염려되어 특별히 말하였다 : 『논어집주대전』「옹야(雍也)」에는 "주선행은 또 사람들이 어떻게 해야 할지 모를까 염려되어 특별히 글을 널리 배워 예로 단속한다는 말을 하였다. 이제 배우는 자들이 이것을 따라 힘써 진실로 노력하고 저절로 되도록 오래도록 해서 그만두고자 해도 그럴 수 없는 경지에 도달하면, 안자의 즐거움에 거의 가까워질 것이다.(朱先生又恐人無下手處, 特說出博文約禮四字. 今學者從此用力, 眞積力久自然, 有得至於欲罷不能之地, 則顔子之樂, 可以庶幾矣.)"라고 되어 있다.

209) 『주자어류(朱子語類)』 권31, 「논어13(論語十三)」, 82조목에는 "問: '程子謂: '使顔子以道爲樂,

주자(朱子 : 朱熹)가 말하였다. "이천은 도를 즐거움으로 삼으면 안자가 되기에 부족하다고 여겼으니, 도와 나는 둘이 아니라는 것이다. 요약한다면 도를 즐기는 것도 무방하다고 한 것이다."

○ 又曰 : "雖是人, 其實一塊天理, 又焉得不樂."[210]

주자(朱子 : 朱熹)가 또 말하였다. "사람일지라도 실로 천리와 한 덩어리이니, 또 어찌 즐거워하지 않을 수 있겠는가?"[211]

則非顏子.' 通書'顏子'章又卻似言以道爲樂.' 曰: '顏子之樂, 非是自家有箇道, 至富至貴, 只管把來弄後樂. 見得這道理後, 自然樂. 故曰'見其大, 則心泰; 心泰, 則無不足; 無不足, 則富貴貧賤處之一也.''(물었다. '정자가 말하기를 '만약 안자께서 도를 즐거움으로 삼았다면 안자가 아닐 것이다.'고 했고, 또 『통서 · 안자장』에서는 오히려 도를 즐거움을 삼는다고 말한 것 같았습니다.' 주희가 말하였다. '안자의 즐거움은 자신이 도를 갖고 있기 때문이 아니라, 지극한 부와 지극한 귀함을 계속해서 희롱한 후에 즐길 수 있었다. 이러한 도리를 알고 난 후에는 자연히 즐겁다. 그러므로 '큰 것을 보면 마음이 태연해지고 마음이 태연해지면 부족함이 없으며, 부족함이 없으면 부귀와 빈천에 처하는 것이 한결같다.'고 하였다.')"라고 되어 있다.

210) 『주자어류(朱子語類)』 권31, 「논어13(論語十三)」, 67조목에는 "성인의 즐거움은 조악하게 말한다면 사람은 태어나면서부터 각각 이러한 이치를 갖는다. 하지만 사람들은 이 이치를 보지 못하고 여기에 모두 캄캄하다. 마치 고양이와 강아지처럼 배고프면 먹을 것을 구하고 피곤하면 잠잘 생각이나 한다. 일단 부귀를 얻으면 음악과 여색의 오락을 지극히 하고 몸뚱이 봉양하기를 지극히 한다. 일단 빈천하게 되면 근심하고 걱정하며 어찌할 수가 없다. 이른바 즐거움이란 그가 즐길 수 있는 것이 아니고, 근심거리란 그가 근심할 수 있는 것이 아니다. 성인의 마음은 겉과 속, 정밀한 것과 조악한 것이 환하게 비추지 않음이 없으니, 바야흐로 그가 생각하는 것은 모두 여기에서 흘러나온 것이다. 이른바 덕은 성대하고 인은 성숙하다, '마음이 하고 싶은 대로 해도 법도를 넘지 않는다'와 장자가 말한 '사람의 모양은 하늘을 닮았다'라고 하는 것이 그것이다. 형체와 뼈대는 비록 사람이지만 사실은 천리이니 또 어찌 즐겁지 않을 수 있겠는가! 성인은 바로 한 조각의 붉은 뼈를 세우고 있는 천리이다. 안자는 일찍이 어떤 것을 싸두었지만 그 껍질을 벗겨내기는 매우 쉽다. 성인께서 일단 이것은 천리이고 이것은 인욕이다고 지적하자 바로 환하게 모두 얻었다.(聖人之樂, 且粗言之, 人之生, 各具此理. 但是人不見此理, 這裏都黑窣窣地. 如貓子狗兒相似, 飢便求食, 困便思睡. 一得富貴, 便極聲色之娛, 窮四體之奉; 一遇貧賤, 則憂戚無聊. 所謂樂者, 非其所可樂; 所謂憂者, 非其所可憂也. 聖人之心, 直是表裏精粗, 無不昭徹, 方其有所思, 都是這裏流出, 所謂德盛仁熟, '從心所欲, 不踰矩', 莊子所謂'人貌而天'. 蓋形骸雖是人, 其實是一塊天理, 又焉得而不樂! 又曰: "聖人便是一片赤骨立底天理. 顏子早是有箇物包裹了, 但其皮薄, 剝去容易. 聖人一爲指出這是天理, 這是人欲, 他便洞然都得了.)"라고 하였다.

211) 사람일지라도 실로 천리와 한 덩어리이니, 또 어찌 즐거워하지 않을 수 있겠는가 : 『주자어류(朱子語類)』 권31, 「논어13(論語十三)」, 67조목에는 "형체와 골격을 사람일지라도 실로 천리와 한 덩어리이니, 또 어찌 즐거워하지 않을 수 있겠는가?(蓋形骸雖是人, 其實是一塊天理, 又

○ 西山眞氏曰 : "游泳於天理之中, 乃顔子之樂."[212]

서산 진씨가 말하였다. "천리의 가운데에서 헤엄쳐야 안자의 즐거움이다."[213]

○ 南塘曰 : "以樂道言, 固未盡顔子分上, 離道言樂, 其弊反趨於異學之空虛, 故朱子又直以樂道言之. 屢空, 註曰'安貧樂道'."[214]

남당(南唐 : 韓元震)이 말하였다. "도를 즐기는 것으로 말하면, 진실로 안자의 경지에 미진하고, 도와 분리시켜 즐거움을 말하면, 그 폐단이 이단의 공허한 것으로 되돌아가게 되기 때문에 주자(朱子 : 朱熹)가 또 바로 도를 즐거워하는 것으로 말하였다. 자주 굶은 것에 대해 『논어집주(論語集註)』에서 '가난함을 편안히 여기고 도를 즐거워하였다.'라고 하였다."[215]

○ 按, 此與下章, 是一時相承之言, 而其云說子之道, 實從此樂字來, 則謂之樂道有何不可.

살펴보건대, 여기는 아래의 장과 한 때에 서로 이어지는 말로 아래의 장에서 '선생님의 도를 좋아한다.'라는 것은 실로 여기의 즐거워한다는 말에서 왔으니, '도를 즐거워함에 어찌 불가한 것이 있겠는가?'라고 말한 것이다.

焉得而不樂.)"라고 되어 있다.

212) 호광 편(胡廣 編), 『논어집주대전(論語集註大全)』「옹야(雍也)」.

213) 천리의 가운데에서 헤엄쳐야 안자의 즐거움이다 : 『논어집주대전』「옹야(雍也)」에는 "글을 널리 배운다는 것은 사물에 이르러 앎을 이루는 일이고, 예로 단속한다는 것은 자신의 사욕을 극복하여 예로 돌아가는 일이다. 내외로 자세히 하고 크게 하는 것 두 가지가 함께 나아가면 이 마음과 이 몸이 모두 천리와 하나가 되니, 자유자재로 그 가운데에서 헤엄치게 되면 한 소쿠리의 밥과 한 바가지의 음료와 누추한 시골일지라도 자신이 가난한 것도 모르고, 만종의 봉록과 큰 권세일지라도 부귀한 것도 모른다. 이것이 바로 안자의 즐거움이다.(博文者, 格物致知之事也, 約禮者, 克己復禮之事也. 內外精粗二者並進, 則此心此身, 皆與理爲一, 從容游泳於天理之中, 雖簞瓢陋巷, 不知其爲貧, 萬鍾九鼎, 不知其爲富. 此乃顔子之樂也.)"라고 되어 있다.

214) 『남당집(南塘集)』 권36 「내편하(內篇下)」.

215) 자주 굶은 것에 대해 『논어집주(論語集註)』에서 '가난함을 편안히 여기고 도를 즐거워하였다.'라고 하였다 : 『논어(論語)』「선진(先進)」에 "공자가 말하였다. '안회는 도에 가까웠고 자주 끼니를 굶었다.'(子曰 : '回也, 其庶乎, 屢空.')"라는 말이 있고, 『논어집주(論語集註)』에 "'자주 끼니를 굶었다.'라는 것은 자주 궁핍하게 되었다는 것이다. 가난 때문에 마음을 움직여 부귀함을 구하지 않았기 때문에 자주 궁핍하게 되었던 것이다. 그 도에 가까웠고 또 가난함을 편안히 여겼음을 말한 것이다.(屢空, 數至空匱也. 不以貧窶動心而求富, 故屢至於空匱也. 言其近道, 又能安貧也.)"라고 되어 있다.

[6-10-1]

冉求曰："非不說子之道, 力不足也." 子曰："力不足者, 中道而廢, 今女畫."
염구가 말하였다. "저는 선생님의 도를 좋아하지 않는 것은 아니나, 힘이 부족합니다." 공자가 말하였다. "힘이 부족하다는 말은 중도에 그만두는 일이니, 지금 너는 한계를 긋는 것이다."

朱註

'說', 音'悅'. '女', 音'汝'. 力不足者, 欲進而不能, '畫'者, 能進而不欲. 謂之畫者, 如畫地以自限也.

'불열(不說)'에서 '열(說 : 좋아하다)'자는 음이 '열(悅)'이다. '금녀획(今女畫)'에서 '여(女 : 너)'자는 음이 '여(汝)'이다. 힘이 부족하다는 말은 나아가려고 해도 할 수 없는 것이고, '한계를 긋는다[畫]'라는 말은 나아갈 수 있는데도 하려고 하지 않는 것이다. 한계를 긋는다고 말한 것은 땅에 줄을 그어 놓고 스스로 제한하는 것과 같기 때문이다.

詳說

○ 慶源輔氏曰："心欲進, 而力不及."216)

'역부족자, 욕진이불능(力不足者, 欲進而不能 : 힘이 부족하다는 것은 나아가려고 해도 할 수 없는 것이고)'에 대해, 경원 보씨(慶源輔氏 : 輔廣)가 말하였다. "마음은 나아가려고 하는데도 힘이 부족한 것이다."217)

○ '中道', 半道也. '廢', 猶止也.

'중도(中道)'는 길을 반쯤 간 것이다.218) '그만둔다[廢]'는 말은 멈춘다는 것과 같다.

○ 慶源輔氏曰："力能進, 而心不肯."219)

---

216) 호광 편(胡廣 編), 『논어집주대전(論語集註大全)』「옹야(雍也)」.

217) 마음은 나아가려고 하는데도 힘이 부족한 것이다 : 『논어집주대전』「옹야(雍也)」에는 "마음은 나아가려고 하는데도 힘에 부족함이 있는 것이다.(心欲進, 而力有所不及也.)"라고 되어 있다.

218) 『주자어류(朱子語類)』 권32, 「논어14(論語十四)」, 3조목에는 "중도에 그만 두는 것은 길의 중간에서 그만 둔다는 말과는 다르다. 길의 중간이라는 것은 게을러서 나아가지 않는다는 뜻이 있고, 중도라는 것은 앞으로 가기는 하나 중도에서 힘이 부족하여 그만두는 것이다.(中道而廢, 與半途而廢不同. 半途是有那懶而不進之意;中道是那只管前去, 中道力不足而止.)"라고 하였다.

'화자, 능진이불욕(畫者, 能進而不欲 : '한계를 긋는다[畫]'라는 말은 나아갈 수 있는데도 하려고 하지 않는 것이다)'에 대해, 경원 보씨(慶源輔氏 : 輔廣)가 말하였다. "힘은 나아갈 수 있는데도 마음은 하지 않으려는 것이다."220)

○ 訓兼釋.

훈고에 경문의 풀이를 겸하였다.

朱註

胡氏曰 : "夫子稱顏回不改其樂, 冉求聞之, 故有是言. 然使求說夫子之道, 誠如口之說芻豢,

호씨가 말하였다. "공자가 안회는 그 즐거움을 변치 않는다고 칭찬했고, 염구가 그 말을 들었기 때문에 이런 말을 한 것이다. 그러나 가령 염구가 공자의 도를 좋아하기를 진실로 입이 고기를 좋아하듯이 하였다면,

詳說

○ 承上章.

앞의 장을 이은 것이다.

○ 指悅道, 力不足.

'부자칭안회불개기악, 염구문지, 고유시언(夫子稱顏回不改其樂, 冉求聞之, 故有是言 : 공자가 안회는 그 즐거움을 변치 않는다고 칭찬했고, 염구가 그 말을 들었기 때문에 이런 말을 한 것이다)'라는 말은 도를 좋아하지만 힘이 부족함을 가리킨다.

○ 音'患'.

'추환(芻豢)'에서 '환(豢)'자는 음이 '환(患)'이다.

○ 見『孟子』「告子」.

'성여구지열추환(誠如口之說芻豢)의 의미가 『맹자(孟子)』「고자상」에 보인다.221)

---

219) 호광 편(胡廣 編), 『논어집주대전(論語集註大全)』「옹야(雍也)」.

220) 힘은 나아갈 수 있는데도 마음은 하지 않으려는 것이다 : 『논어집주대전』「옹야(雍也)」에는 "신안 진씨(新安陳氏 : 陳櫟)가 말하였다. '힘은 나아갈 수 있는데도 마음은 하지 않으려고 함이 있는 것이다.'(新安陳氏曰 : '力能進, 而心有所不肯也.')"라고 되어 있다. 박문호(朴文鎬)가 신안 진씨의 말을 경원 보씨의 말로 착각하고 축약해서 인용한 것으로 보인다.

221) 『맹자(孟子)』「고자상」에 있다 : 『맹자(孟子)』「고자상」에 "성인은 우리 마음에 똑같이 옳게 여기는 것을 먼저 알았기 때문에 이(理)·의(義)가 우리 마음에 즐거운 것은 고기가 우리 입에

朱註

則必將盡力以求之, 何患力之不足哉? 晝而不進, 則日退而已矣.

반드시 힘을 다해 구했을 것이니, 어찌 힘이 부족함을 근심하겠는가? 한계를 긋고 나아가지 않으면 날로 퇴보할 따름이다.[222]

詳說

○ 新安陳氏曰 : "盡而不進, 悅之不深故也."[223]

신안 진씨(新安陳氏 : 陳櫟)가 말하였다. "힘을 다했는데도 나아가지 않는 것은 좋아하는 것이 깊지 않기 때문이다."[224]

○ 一定不進, 是亦退也.

일정하게 해서 나아가지 않음이 또한 퇴보하는 것이다.

○ 以上論本文, 此下論其弊原.

이 위에서는 본문을 말하였고, 이 아래에서는 그 폐단의 근원을 말하였다.

즐거운 것과 같은 것이다.(聖人先得我心之所同然耳, 故理義之悅我心, 猶芻豢之悅我口.)"라는 말이 있다."

222) 『주자어류(朱子語類)』 권32, 「논어14(論語十四)」, 4조목에는 "염구가 스스로 한계를 그었다는 것에 대해 물었다. 그러자 주희가 말하였다. '둔한 말 같은 것은 실로 천리마를 따라잡을 수 없지만, 또한 앞으로 가는데 가서 죽지 않으니 어찌할 수 없다. 오히려 가지 않으면서 가도 어쩔 수 없다고 달갑게 말하는데 지금은 이런 사람들이 많다.' 물었다. '스스로 한계를 지어 금을 긋는 것과 스스로 포기하는 것은 어떻습니까?' 주희가 말하였다. '또한 마찬가지일 뿐이다. 스스로 금을 긋는 것은 앞으로 나아가다가 중간에 이르러 스스로 멈추는 것을 가지고 말하였고, 스스로 포기하는 것은 전혀 하지 않는 것이다.'(問冉求自畫. 曰: '如駑駘之馬, 固不可便及得騏驥, 然且行向前去, 行不得死了, 沒柰何. 卻不行, 便甘心說行不得, 如今如此者多.' 問: '自畫與自棄如何?' 曰: '也只是一般. 只自畫是就進上說, 到中間自住了;自棄是全不做.')"라고 하였다.

223) 호광 편(胡廣 編), 『논어집주대전(論語集註大全)』「옹야(雍也)」.

224) 힘을 다했는데도 나아가지 않는 것은 좋아하는 것이 깊지 않기 때문이다 : 『논어집주대전』「옹야(雍也)」에는 "『논어(論語)』「학이(學而)」의 『집주(集註)』에 '즐거워하기를 깊이 하여 그치지 않을 뿐이다.'라고 하였으니, 즐거워함은 깊음을 귀하게 여긴다. 즐거워함이 진실로 깊으면 반드시 그만두고자 해도 그럴 수 없으니, 어찌 스스로 한계를 긋는 우환이 있겠는가? 한계를 긋고 나아가지 않는 것은 즐거워함이 깊지 않기 때문이다.(語首章『集註』云, '說之深而不已焉耳,' 說貴乎深. 說苟深, 必欲罷不能, 豈有自畫之患. 晝而不進, 說之不深故也.)"라고 되어 있다.

朱註

此冉求之所以局於藝也."

이것이 염구가 재예(才藝)에 국한되고 만 이유이다."

詳說

○ **新安陳氏曰:"局定於藝, 而不能充招."**[225]

신안 진씨(新安陳氏:陳櫟)가 말하였다. "염구는 재예에 국한되고 더 나아갈 수 없었던 것이다."[226]

225) 호광 편(胡廣 編), 『논어집주대전(論語集註大全)』「옹야(雍也)」.

226) 염구는 재예에 국한되고 더 나아갈 수 없었던 것이다:『논어집주대전』「옹야(雍也)」에는 "한계를 긋고 나아가지 않는 것은 즐거워함이 깊지 않기 때문이다. 염구가 재예에 국한되고 더 나아갈 수 없었던 것은 그 폐단이 근본적으로 한계를 그어 스스로 국한한 것에 있다.(畫而不進, 說之不深故也. 求局定於藝, 而不能充拓, 其弊原於畫以自限耳.)"라고 되어 있다.

[6-11-1]

子謂子夏曰 : "女爲君子儒, 無爲小人儒."
공자가 자하에게 말하였다. "너는 군자다운 유자가 되고 소인 같은 유자가 되지 말라."

詳說

○ 女音, 蒙上下章.
'여(女)'의 음은 위아래의 장으로 이어진다.

朱註

'儒', 學者之稱.
'유자[儒]'는 배우는 사람들의 칭호이다.

詳說

○ 學吾道者.
우리의 도[儒學]를 배우는 사람들이다.

朱註

程子曰 : "君子儒爲己, 小人儒爲人."
정자가 말하였다. "군자다운 유자는 자신을 위하여 공부하고, 소인 같은 유자는 남을 위하여 공부한다."

詳說

○ 叔子.
'정자왈(程子曰)'에서 '정자(程子)'는 동생 정이(程頤)이다.

○ 去聲, 下同.
'위기(爲己)'에서 '위(爲 : 위하여)'자는 거성으로, 아래에서도 같다.

○ 爲己爲人, 見憲問.
자신을 위하여 공부하고 남을 위하여 공부하는 것은 「헌문(憲問)」에 있다.[227]

227) 자신을 위하여 공부하고 남을 위하여 공부하는 것은 「헌문(憲問)」에 있다 : 『논어(論語)』「헌

○ 訓兼釋

훈고에 경문의 풀이를 겸하였다.

朱註

謝氏曰："君子小人之分, 義與利之間而已. 然所謂利者, 豈必殖貨財之謂?

사씨가 말하였다.[228] "군자와 소인의 구분은 의로움과 이익의 차이일 뿐이다. 그러나 이른바 이익이라는 것이 어찌 반드시 재화를 증식하는 것만을 말하겠는가?

詳說

○ 幷言義利.

의로움과 이익을 함께 말하였다.

문(憲問)」에 "공자가 말하였다. '옛날에 배우는 자들은 자신을 위하여 공부하였는데, 지금에 배우는 자들은 남을 위하여 공부한다.'(子曰 : '古之學者, 爲己, 今之學者, 爲人.')"라는 말이 있다.

228) 『주자어류(朱子語類)』 권32, 「논어14(論語十四)」, 9조목에는 다음과 같이 설명하고 있다. "다섯 개의 설이 있는데 지금은 사씨의 설을 따릅니다. 이천과 윤씨는 위인지학과 위기지학이라 생각하였으며, 범씨는 안을 들어 바깥을 주창하여 본말을 다스리고 힘쓰는 것으로 생각하였고, 양씨는 의리를 군자와 소인의 구별로 생각하였는데 그 설은 모두 통합니다. 그리고 얕고 깊은 사이에서 구별을 하지 않을 수 없을 것 같습니다. 내가 생각하건대 소인이 명성을 얻는 것은 세 가지가 있으니 남을 경영함과 이익을 행함, 외적인 것을 주창하고 지엽적인 것에 힘쓰는 것으로 그 허물 또한 얕음과 깊음이 있습니다. 대체로 곧장 소인이라 가리키는 사람이 있으니 이런 사람은 그 빠짐이 반드시 깊습니다. 대인 군자에 대하여 말하는 사람이 있으니 특히 그가 군자 대인에 비하여 작은 것으로 이 명성을 얻었을 따름이며 빠지는 자와는 다릅니다. 남을 경영하고 이익을 행하는데 같고, 외적인 것을 주창하고 지엽적인 것에 힘쓰는 것은 같으나 허물에는 얕고 깊음이 있습니다. 공자께서 자하에게 '소인배다운 학자는 되지 말라'고 이른 것은 곧 군자 대인에 대하여 작은 것을 말한 것일 따름입니다. 다만 통괄하여 말한다면 세속의 진짜 소인과는 다름이 없으니 어찌 선비라 하겠습니까? 주희가 말하였다. '이천의 뜻은 여러 설을 포괄할 수 있다. 소인은 실로 등급이 있지만 이장의 뜻은 분별이 없다.(凡五說, 今從謝氏之說. 伊川尹氏以爲爲人爲己, 范氏以爲擧內徇外, 治本務末, 楊氏以義利爲君子小人之別, 其說皆通. 而於淺深之間, 似不可不別. 竊謂小人之得名有三, 而爲人, 爲利, 徇外務末, 其過亦有淺深. 蓋有直指其爲小人者, 此人也, 其陷溺必深. 有對大人君子而言者, 則特以其小於君子大人, 而得是名耳, 與陷溺者不同. 雖均於爲人爲利, 均於徇外務末, 而過則有淺深也. 夫子告子夏以'毋爲小人儒', 乃對君子大人而小者耳. 若只統說, 則與世俗之眞小人者無異, 而何以儒爲哉?' 曰: '伊川意可包衆說. 小人固有等第, 然此章之意卻無分別.')"

○ 利之麁而易知者.

이익은 크게 여겨져서 알기 쉬운 것이다.

朱註

以私滅公, 適己自便, 凡可以害天理者, 皆利也.

사욕으로 공정함을 없애버리고, 자신에게만 맞게 하여 스스로만 편하게 해서, 천리를 해칠 수 있는 것은 모두 이익이다.

詳說

○ 一.

'이사멸공(以私滅公 : 사욕으로 공정함을 없애버리고)'라는 말은 '하나'라는 뜻이다.

○ 二.

'적기자편(適己自便 : 자신에게만 맞게 하여 스스로만 편하게 해서)'라는 말은 '둘'이라는 뜻이다.

○ 利之微而難見者.

'범가이해천리자(凡可以害天理者 : 천리를 해칠 수 있는 것)'은 이익이 미세해서 알기 어려운 것이다.

○ 此單言利.

'개리야(皆利也 : 모두 이익이다)'라는 말은 여기에서는 단순하게 이익을 말하였다.

朱註

子夏文學雖有餘, 然意其遠者大者, 或昧焉. 故夫子語之以此."

자하의 문학은 넉넉함이 있었으나, 생각하건대 그 원대(遠大)한 것은 간혹 모르는 듯하다. 그러므로 공자가 이것으로 말해주었다."

詳說

○ 見「先進」.

'자하의 문학은 넉넉함이 있다'는 내용은 『논어(論語)』「선진(先進)」에 보인다.[229)]

---

229) 「선진(先進)」에 있다 : 『논어(論語)』「선진(先進)」에 "덕행(德行)에는 안연(顔淵) · 민자건(閔子騫) · 염백우(冉伯牛) · 중궁(仲弓)이었고, 언어(言語)에는 재아(宰我) · 자공(子貢)이었고, 정사

○ '其於'.

'기원자대자(其遠者大者 : 그 원대한 것)'에서, '그(其)'는 '그 ~에서는[其於]'과 같은 의미이다.

○ '義理'.

'기원자대자(其遠者大者)'는 '의리'이다.

○ 回護之辭.

'혹매언(或昧焉)'에서 '혹(或)'은 돌려서 변호하는 말이다.

○ 去聲.

'어지이차(語之以此)'에서 '어(語 : 말해 주다)'자는 거성이다.

○ 慶源輔氏曰 : "此必子夏始見時事."230)

'부자어지이차(夫子語之以此 : 공자가 이것으로 말해준 것이다)'에서 '이것(此)에 대해, 경원 보씨(慶源輔氏 : 輔廣)가 말하였다. "이것은 반드시 자하가 처음 찾아뵐 때의 일이다."231)

(政事)에는 염유(冉有)·계로(季路)였고, 문학(文學)에는 자유(子游)·자하(子夏)였다.(德行, 顔淵閔子騫冉伯牛仲弓, 言語, 宰我子貢, 政事, 冉有季路, 文學, 子游子夏.)"라는 말이 있다.

230) 호광 편(胡廣 編), 『논어집주대전(論語集註大全)』「옹야(雍也)」.

231) 이것은 반드시 자하가 처음 찾아뵐 때의 일이다 : 『논어집주대전』「옹야(雍也)」에는 "자하는 자질이 순수하고 견고하지만 단지 원대한 견해가 부족하여 작은 것을 가까이하는 폐단이 있으니, 혹 사사로움과 이익에 빠질까 염려하였기 때문에 이것을 말해 주었던 것이다. 그러나 이것은 반드시 자하가 처음 찾아뵐 때의 일이다.(子夏資質純固, 但欠遠大之見, 而有近小之蔽, 恐或溺於私與利也, 故以是告之. 然此必子夏始見時事.)"라고 되어 있다.

[6-12-1]

子游爲武城宰. 子曰:"女得人焉爾乎." 曰:"有澹臺滅明者, 行不由徑, 非公事, 未嘗至於偃之室也."

자유가 무성(武城)의 읍재(邑宰)가 되었다. 공자가 물었다. "너는 사람을 얻었느냐?"자유(子游)는 대답하였다. "담대멸명(澹臺滅明)이라는 자가 있는데, 길을 다닐 적에 지름길로 가고 않고, 공적인 일이 아니면 일찍이 저의 집에 온 적이 없습니다."

朱註

'女', 音'汝'. '澹', '都''甘'反. 武城, 魯下邑.

'여득인언(女得人焉)'에서 '여(女 : 너)'자는 음이 '여(汝)'이다. '담대멸명(澹臺滅明)'에서 '담(澹)'은 '도(都)'와 '감(甘)'의 반절(反切)이다. 무성은 노나라에서 도성 밑에 있는 읍이다.

詳說

○ 胡氏曰:"非大夫之采邑."[232]

호씨(胡氏 : 胡泳)가 말하였다. "대부의 채읍이 아니다."[233]

○ 下邑, 猶屬邑.

도성 밑에 있는 읍은 부속된 읍과 같다.

○ 卽曾子所居邑.

곧 증자가 거주한 읍이다.

○ 朱子曰:"'焉爾乎', 語辭. 聖人之言, 寬緩不急迫."[234]

주자(朱子 : 朱熹)가 말하였다. "'언이호(焉爾乎)'라는 말은 어조사이다. 성인의 말은 너그럽고 느슨해서 급박하지 않다."[235]

---

232) 호광 편(胡廣 編), 『논어집주대전(論語集註大全)』「옹야(雍也)」.

233) 대부의 채읍이 아니다 : 『논어집주대전』「옹야(雍也)」에는 "'노나라에서 도성 밑에 있는 읍이라는 것은 대부의 채읍이 아니라는 말이다.(言魯下邑, 非大夫之采邑也.)"라고 되어 있다.

234) 호광 편(胡廣 編), 『논어집주대전(論語集註大全)』「옹야(雍也)」.

235) '언이호(焉爾乎)'라는 말은 어조사이다. 성인의 말은 너그럽고 느슨해서 급박하지 않다 : 『논어집주대전』「옹야(雍也)」에는 "'언이호(焉爾乎)'라는 말은 어조사이다. 성인의 말은 너그럽고

朱註

澹臺, 姓, 滅明, 名, 字, 子羽.
담대(澹臺)는 성(姓)이고, 멸명(滅明)은 이름이며, 자(字)는 자우(子羽)이다.

詳說

○『史記』「仲尼弟子傳」曰 : "少孔子三十九歲."
『사기(史記)』「중니제자열전」에서 말하였다. "공자보다 39살이 젊다."

○ 蓋子游以子羽薦於孔子, 後遂爲弟子. 故此『註』不言孔子弟子.
자유가 자우를 공자에게 추천해서 뒤에 마침내 공자의 제자가 되었다. 그러므로 이 『논어집주(論語集註)』에서는 공자의 제자라고 말하지 않았다.

朱註

'徑'路之小而捷者.
'지름길[徑]'은 길이 좁지만 빨리 갈 수 있는 곳이다.

詳說

○ 程子曰 : "如履田疇之類."[236]
정자가 말하였다. "밭을 밟고 지나간다는 것과 같다."[237]

朱註

公事, 如飮射讀法之類.
공적인 일은 향음주(鄕飮酒) · 향사례(鄕射禮)와 독법(讀法) 따위와 같은 것이다.

詳說

○ 鄕飮酒, 見『周禮』鄕大夫州長黨正, 鄕射, 見鄕大夫州長. 讀法, 見州長黨正族師

느슨해서 급박하지 않다.(焉爾乎三字, 是語助. 聖人之言, 寬緩不急迫.)"라고 되어 있다.

236)『이정유서(二程遺書)』 권18, 「류원승수편(劉元承手編)」.

237) 밭을 밟고 지나간다는 것과 같다 :『이정유서(二程遺書)』 권18에는 "물었다. '길을 다닐 적에 지름길로 가고 않는다는 것에서 지름길은 작은 길입니까?' 말하였다. '단지 정당하지 않은 곳들로 밭을 밟고 지나간다는 것과 같은 말이니, 굳이 작은 길이라고 할 필요는 없습니다.'(問 : '行不由徑, 徑是小路否.' 曰 : '只是不正當處, 如履田疇之類, 不必不由小路.')"라고 되어 있다.

閭胥.

향음주는 『주례』의 향대부 · 주장 · 당정에 있고, 향사는 향대부 · 주장에 있으며, 독법은 주장 · 당정 · 족사 · 여서에 있다.

○ 胡氏曰 : "其他凡涉公家者."

호씨가 말하였다. "기타 일반적으로 공경의 집[公家]에 이르는 것들이다.

○ 訓畢.

훈고가 끝났다.

朱註

不由徑, 則動必以正, 而無見小欲速之意, 可知, 非公事不見邑宰,

지름길을 따르지 않는다면 행동을 반드시 바르게 해서, 작은 것을 보고 빨리 하려고 하는 뜻이 없음을 알 수 있으며, 공적인 일이 아닐 경우에는 읍재(邑宰)를 만나보지 않는다면,

詳說

○ 見「子路」.

「자로(子路)」에 보인다.[238]

○ 未至偃室.

'비공사불견읍재(非公事不見邑宰 : 공적인 일이 아닐 경우에는 읍재(邑宰)를 만나보지 않는다면)은, 언(偃 : 자유)의 집에 오지 않았다는 말이다.

朱註

則其有以自守, 而無枉己徇人之私, 可見矣.

그 스스로 지킴이 있어, 자기를 굽혀 남을 따르려는 사사로움이 없음을 볼 수 있다.

---

238) 「자로(子路)」에 보인다 : 『논어(論語)』「자로(子路)」에 "자하(子夏)가 거보(莒父)의 읍재(邑宰)가 되어 정사를 묻자, 공자가 말하였다. '속히 하려고 하지 말고, 작은 이익을 보지 말아야 한다. 속히 하려고 하면 제대로 하지 못하고, 작은 이익을 보면 큰일을 이루지 못한다.'(子夏爲莒父宰, 問政, 子曰 : '無欲速, 無見小利. 欲速則不達, 見小利則大事不成.')"라는 말이 있다.

詳說

○ 見『孟子』「滕文公」及「盡心」.

『맹자(孟子)』「등문공」과 「진심」에 보인다.[239]

○ 胡氏曰 : "以可知可見總言之, 因小以明大, 因兩端以見全體."[240]

호씨(胡氏 : 胡泳) 가 말하였다. "'알 수 있다.'라는 말과 '볼 수 있다.'라는 말로 합쳐서 말했으니, 작은 것으로 큰 것을 밝히고, 양단으로 전체를 드러낸 것이다."[241]

○ 釋兼論.

경문의 풀이에 의미 설명을 겸하였다.

○ '得人'之釋在圈下.

'사람을 얻었느냐?'라는 것에 대한 해석은 '양씨가 말하였다[楊氏曰]'[242] 아래에 있다.

朱註

楊氏曰 : "爲政, 以人才爲先, 故孔子以得人爲問. 如滅明者, 觀其二事之小, 而其正大之情, 可見矣.

양씨(楊氏)가 말하였다. "정치를 하는 데는 인재가 최우선이기 때문에[243] 공자

239) 『맹자(孟子)』「등문공」과 「진심」에 보인다 : 『맹자(孟子)』「등문공하」에 "자기를 굽힌 자가 남을 곧게 할 수 있는 경우는 없다.(枉己者, 未有能直人者也.)"라는 말이 있고, 「진심」이 아니라 「만장상」에 "나는 자기를 굽혀 남을 곧게 하였다는 경우에 대해 들어보지 못하였다.(吾未聞枉己而正人者也.)"라는 말이 있다.

240) 호광 편(胡廣 編), 『논어집주대전(論語集註大全)』「옹야(雍也)」.

241) '알 수 있다.'라는 말과 '볼 수 있다.'라는 …… 양단으로 전체를 드러낸 것이다 : 『논어집주대전』「옹야(雍也)」에는 "행동을 바르게 하는 것은 길을 다닐 때뿐만이 아니고, 스스로 지킴이 있는 것은 사사롭게 아뢰지 않는 것뿐만이 아니다. 그러므로 또 '알 수 있다'라는 말과 '볼 수 있다'라는 말로 합쳐서 말했으니, 작은 것으로 큰 것을 밝히고, 양단으로 전체를 드러낸 것이다.(動必以正, 則非但於行路而已, 有以自守, 則非但不私謁而已. 故又以可知可見總言之, 因小以明大, 因兩端以見全體.)"라고 되어 있다.

242) 양씨가 말하였다[楊氏曰] : 원문 '권(圈 : 동그라미○)'을 '양씨가 말하였다'로 해석한 것은 아래 주석의 원문에 '○양씨가 말하였다[○楊氏曰]'라고 되어 있기 때문이다.

243) 정치를 하는 데에는 인재가 최우선이기 때문에 : 『주자어류(朱子語類)』 권32, 「논어14(論語十四)」, 12조목에는 "물었다. '양씨가 말하기를 '정치를 하는 것은 인재가 우선인데 자유가 무성재가 된 것처럼 멋대로 사람을 얻는다면 장차 어찌 쓰겠는가!'라 하였으니 말이 통하지 않는

가 인물을 얻었느냐고 물은 것이다. 멸명(滅明)과 같은 자는 이 두 가지 일의 소소한 것을 보고서도 그의 공명정대한 마음을 알 수 있다.

詳說

○ 朱子曰:"古者, 士人爲吏, 更得人講論, 此亦爲政之助."[244)]

'위정, 이인재위선, 고공자이득인위문(爲政, 以人才爲先, 故孔子以得人爲問 : 정치를 하는 데는 인재가 최우선이기 때문에 공자가 인물을 얻었느냐고 물은 것이다)'에 대해, 주자(朱子 : 朱熹)가 말하였다. "유생이 관리가 되어 다시 사람을 얻어 강론하면, 이것이 또한 정치를 하는 도움이었다."[245)]

○ 以上, 本文意.

이 위로는 경문의 뜻이다.

朱註

後世有不由徑者, 人必以爲迂, 不至其室人, 必以爲簡, 非孔氏之徒, 其孰能知而取之."

후세에서는 지름길을 따르지 않는 자가 있으면 사람들은 반드시 물정에 어둡다고 할 것이고, 그의 집에 가지 않으면 반드시 무례하다고 여길 것이니, 공씨의 문도가 아니라면 그 누가 이것을 알아 취했겠는가?"

詳說

○ 簡, 傲.

것 같습니다.' 주희가 말하였다. '옛날에 사인이 관리가 되어 이렇게 말하면 또한 통한다. 더욱이 정치를 하여 사람을 얻어 강론하면 이 또한 정치를 하는데 도움이 되었다. 그렇게 말하면 또한 통한다.'(問: '楊氏曰: '爲政以人才爲先. 如子游爲武城宰, 縱得人, 將焉用之!' 似說不通.' 曰: '古者士人爲吏, 恁地說, 也說得通. 更爲政而得人講論, 此亦爲政之助. 恁地說, 也說得通.')"라고 하였다.

244) 호광 편(胡廣 編), 『논어집주대전(論語集註大全)』「옹야(雍也)」.

245) 유생이 관리가 되어 다시 사람을 얻어 강론하면, 이것이 또한 정치에 도움이 되었다 : 『논어집주대전』「옹야(雍也)」에는 "옛날에 유생이 관리가 되어 이렇게 말하였다면 또한 통할 수 있다. 다시 정치를 하면서 사람을 얻어 강론하면 이 또한 정치에 도움이 되었고, 이렇게 말하였다면 또한 통할 수 있다.(古者士人爲吏, 恁地說, 也說得通. 更爲政而得人講論, 此亦爲政之助. 恁地說, 也說得通.)"라고 되어 있다.

무례하다는 것은 거만하다는 말이다.

○ 此美子游.

여기에서는 자유를 아름답게 본 것이다.

○ 朱子曰 : "子游識得大體."[246]

주자(朱子 : 朱熹)가 말하였다. "자유는 대체를 알았던 것이다."[247]

朱註

愚謂持身以滅明爲法, 則無茍賤之羞, 取人以子游爲法, 則無邪媚之惑.

내가 생각하건대, 몸가짐에 멸명(滅明)을 모범으로 삼는다면 구차하거나 천한 부끄러움이 없을 것이고, 사람을 취함에 자유로 모범으로 삼는다면 간사하거나 아첨하는 자에게 헷갈림이 없을 것이다.

詳說

○ 雲峰胡氏曰 : "茍賤邪媚, 與正大相反."[248]

운봉 호씨(雲峯胡氏 : 胡炳文)가 말하였다. "구차하거나 부끄러움은 공명정대함과 서로 반대이다."[249]

○ 此戒學者.

이는 배우는 자들에게 경계한 것이다.

○ '得人', 此章之題目.

'득인(得人 : 사람을 얻는 것)'이 이 장의 제목이다.

---

246) 호광 편(胡廣 編), 『논어집주대전(論語集註大全)』「옹야(雍也)」.

247) 자유는 대체를 알았던 것이다 : 『논어집주대전』「옹야(雍也)」에는 "자유는 뜻이 높고 멀어 대체를 알았던 것이다.(子游意思高遠, 識得大體.)"라고 되어 있다.

248) 호광 편(胡廣 編), 『논어집주대전(論語集註大全)』「옹야(雍也)」.

249) 구차하거나 부끄러움은 공명정대함과 서로 반대이다 : 『논어집주대전』「옹야(雍也)」에는 "'구차하거나 천한 부끄러움'이라는 말과 '간사하거나 아첨하는 자에게 헷갈림'이라는 말은 공명정대한 마음과 서로 반대이다. 그런데 자유처럼 자신을 공명정대하게 지키는 것이 아니라면 멸명처럼 공명정대한 사람을 반드시 취하지는 못한다.(茍賤之羞邪媚之惑八字, 與正大之情四字相反. 然非子游自持身正大者, 未必取人如滅明之正大也.)"라고 되어 있다.

[6-13-1]

子曰:“孟之反, 不伐. 奔而殿, 將入門, 策其馬, 曰:‘非敢後也, 馬不進也.’”
공자가 말하였다. “맹지반(孟之反)은 공을 자랑하지 않았다. 달아나면서 뒤처져 있다가, 문으로 들어가려 할 적에 말을 후려갈기며 ‘내 감히 용감하여 뒤에 있는 것이 아니라, 말이 전진하지 못했을 뿐이다.’라고 하였다.”

朱註

‘殿’, 去聲.
‘전(殿 : 뒤로 하다)’자는 거성이다.

詳說

○ ‘殿’音, 當與『詩』「采菽」‘多’‘見’反, 叅看.
‘전(殿)’의 음은 『시경(詩經)』「채숙(采菽)」에서 ‘다(多)’와 ‘견(見)’의 반절을 참고해서 봐야 한다.

朱註

孟之反, 魯大夫, 名側. 胡氏曰:“反, 卽莊周所稱孟之反者, 是也.”
맹지반(孟之反)은 노(魯)나라 대부(大夫)이니, 이름은 측(側)이다. 호씨(胡氏)는 “반(反)은 곧 장주(莊周)가 말한 맹자반(孟子反)이라는 자가 그이다.”라고 하였다.

詳說

○ 見「大宗師」篇.
‘장주소칭맹지반자(莊周所稱孟之反者 : 장주(莊周)가 말한 맹자반(孟子反)이라는 자)’는 『장자』「대종사」에 보인다.

○ 朱子曰:“蓋悅老氏懦弱謙下之風者.”250)
‘장주소칭맹지반자(莊周所稱孟之反者 : 장주(莊周)가 말한 맹자반(孟子反)이라는 자)’에 대해, 주자(朱子 : 朱熹)가 말하였다. “노자의 부드럽고 겸손히 낮추는 기풍을 듣고 기뻐했다는 자이다.”251)

250) 호광 편(胡廣 編), 『논어집주대전(論語集註大全)』「옹야(雍也)」.
251) 노자의 부드럽고 겸손히 낮추는 기풍을 듣고 기뻐했다는 자이다 : 『논어집주대전』「옹야(雍

朱註

'伐', 誇功也. '奔', 敗走也. 軍後曰'殿'. '策', 鞭也.

'자랑했다[伐]'는 말은 공적을 자랑했다는 것이다. '달아났다[奔]'는 말은 패주했다는 것이다. 군대의 후미에 있는 것을 '뒤처져 있다[殿]'고 한다. '후려갈기다[策]'는 것은 채찍질한다는 뜻이다.

詳說

○ 門, 蓋城門也.

'군후왈전(軍後曰殿 : 군대의 후미에 있는 것을 '뒤처져 있다[殿]'고 한다)'에서 볼 때, 군대가 들어오는 문은 도성의 문이다.

○ 訓畢.

훈고가 끝났다.

朱註

戰敗而還, 以後爲功.

싸움에 패해 돌아올 때는 후미에 있는 것을 공으로 삼는다.

詳說

○ 音'旋'.

'환(還 : 돌아오다)'자는 음이 '선(旋 : 돌아오다)'이다.

○ 敗而後, 如勝而前, 故均爲功.

패주하면서 후미에 있는 것은 승리하면서 앞에 있는 것과 같기 때문에 동일하게 공으로 삼는다.

朱註

反奔而殿, 故以此言, 自揜其功也.

맹지반이 패주하면서 뒤에 있었기 때문에 이렇게 말함으로써 스스로 그의 공(功)을 덮어버린 것이다.

也)」에 "『장자』에서 이른바 매자반이 노자의 부드럽고 겸손히 낮추는 기풍을 듣고 기뻐했다는 것이다.(莊子所謂孟子反, 蓋聞老氏懦弱謙下之風, 而悅之者也.)"라는 말이 있다.

詳說

○ 有功.

'반분이전(反奔而殿 : 맹지반이 패주하면서 뒤에 있었다)'의 의미는 공이 있는 것이다.

○ 指'非敢後, 馬不進'.

'고이차언(故以此言 : 때문에 이렇게 말함으로써)는 '감히 뒤에 있는 것이 아니라 말이 전진하지 못했을 뿐이다.'라는 말을 가리킨다.

○ 不曰'欲', 而曰'敢', 尤見其謙卑.

경문에서 '비감후야(非敢後也)'라고 하여, '~하려고 했다[欲]'라고 하지 않고, '감히'라고 했으니, 자신을 낮추는 것을 더욱 드러냈다.

○ '掩'同.

'자엄(自揜)'에서 '엄(揜)'자는 '가리다[掩]'는 말과 같다.

○ 此釋'不伐'二字.

여기에서는 '불벌(不伐 : 공을 자랑하지 않았다)'이라는 두 글자를 풀이하였다.

○ 釋畢.

경문의 풀이가 끝났다.

朱註

事在哀公十一年.

이 일은 애공(哀公) 11년조에 있다.

詳說

○ 『左傳』.

애공 11년조는 『춘추좌전(春秋左傳)』이다.

朱註

謝氏曰 : "人能操無欲上人之心, 則人欲日消, 天理日明, 而凡可以矜己誇人者,

사씨(謝氏)가 말하였다. "사람이 남보다 앞서려 하지 않는 마음을 갖는다면, 사람의 욕심이 날로 사라지고 하늘의 이치가 날로 밝아지니, 자신을 자랑하여 남들에게 뽐낼 수 있는 것들은

詳說

○ 平聲.

'능조(能操)'에서 '조(操 : 갖다)'자는 평성이다.

○ 矜己以誇於人.

자신을 자랑함으로써 남들에게 뽐내는 일이다.

朱註

皆無足道矣. 然不知學者, 欲上人之心, 無時而忘也,

모두 굳이 말할 필요가 없다. 그러나 배움을 알지 못하는 자들은 남보다 앞서려는 마음을 한시도 잊은 적이 없으니,

詳說

○ 不知學之人.

'부지학자(不知學者 : 배움을 알지 못하는 자)'들은 배울 줄 모르는 사람들이다.

○ 雙峰饒氏曰 : "好勝之心."

'욕상인지심(欲上人之心 : 남보다 앞서려는 마음)'에 대해, 쌍봉 요씨(雙峰饒氏 : 饒魯)가 말하였다. "이기기를 좋아하는 마음이다."

○ 以上, 汎論.

이 위로는 일반적인 말이다.

朱註

若孟之反, 可以爲法矣."

맹지반과 같은 사람을 모범으로 해야 한다."

詳說

○ 朱子曰 : "反他事不可知, 只此一事, 便可爲法."[252]

주자(朱子 : 朱熹)가 말하였다. "맹지반의 다른 일을 알 수 없지만 이 한 가지 일만은 바로 모범으로 해야 한다."[253]

---

252) 호광 편(胡廣 編), 『논어집주대전(論語集註大全)』「옹야(雍也)」.

253) 맹지반의 다른 일을 알 수 없지만 이 한 가지 일만은 바로 모범으로 해야 한다 : 『논어집주대

○ 南軒張氏曰 : "爲學之害, 矜伐居多, 聖人取之, 以教門人."[254]

남헌 장씨가 말하였다. "학문하는 데 방해가 되는 것은 자랑하고 뽐내며 많은 것을 차지하는 것이니, 성인이 그것으로 문인들을 가르쳤던 것이다."[255]

○ 農巖曰 : "'可以爲法'一句, 本范說, 而今取以點化謝說, 上章註'正大之情可見'六字, 本謝說, 而取以點化楊說. 此『集註』之精切."[256]

농암(農巖 : 金昌協)이 말하였다. "'모범으로 해야 한다.'라는 한 구절은 본래 범씨의 말인데, 이제 그것을 가지고 사씨의 설명을 수정하였다. 앞 장에서 '공명정대한 마음을 알 수 있다.'라고 주석한 것은 본래 사씨의 말인데, 그것을 가지고 양씨의 말을 수정하였다. 이는 『논어집주(論語集註)』의 정밀하고 적절한 것이다."

○ '不伐', 此章之題目.

'불벌(不伐 : 자랑하지 않았다)'이라는 것이 이 장의 제목이다.

전』「옹야(雍也)」에는 "남들보다 앞서려고 하는 마음은 바로 사사로운 욕심이다. 성인이 사방팔방으로 사람들에게 제기하여 말하는 것은 사사로운 욕심을 제거하는 것일 뿐이다. 맹지반의 다른 일을 알 수 없지만 이 한 가지 일만은 바로 모범으로 해야 한다.(欲上人之心, 便是私欲. 聖人四方八面, 提起向人說, 只要去得私欲. 孟之反他事, 不可知, 只此一事, 便可爲法.)"라고 되어 있다. 『주자어류(朱子語類)』 권32, 「논어14(論語十四)」, 16조목에도 "입지가 이 장에 대하여 묻자, 주희가 말하기를 '사람이 자랑하는 것은 모두 사적인 뜻에서 나온다. 사적인 뜻이 있기만 하면 아주 좋은 일이 있어도 또한 해내지 못한다. 맹지반이 자랑을 하지 않은 것은 곧 이겨내고 자랑하여 행하지 않은 것으로 안자가 잘하는 것을 자랑하고 공로를 과시함이 없었다는 뜻과 서로 비슷하다. 비록 맹지반의 다른 일은 어떠한지 몰라도 다만 이 한 구절은 법도로 삼을 만하다. 사람의 사적인 뜻은 갈래가 여럿이다. 성인이 이 말을 하신 것은 바로 제기하여 사람들에게 보여줌으로써 사람들에게 스스로 이길 것을 알게 함이다.'(立之問此章. 曰: '人之矜伐, 都從私意上來. 才有私意, 便有甚好事, 也做不得. 孟之反不伐, 便是克·伐不行, 與顏子無伐善施勞底意思相似. 雖孟之反別事未知如何, 只此一節, 便可爲法. 人之私意多端. 聖人所以言此者, 正提起與人看, 使人知所自克也.')"라고 하였다.

254) 호광 편(胡廣 編), 『논어집주대전(論語集註大全)』「옹야(雍也)」.

255) 학문하는 데 방해가 되는 것은 자랑하고 …… 문인들을 가르쳤던 것이다 : 『논어집주대전』「옹야(雍也)」에는 "달아나면서 뒤처져 있는 것은 진실로 이미 미치기 어려운 것이다. 문으로 들어가려 할 때는 나라 사람들이 쳐다보고 있는 때인데, 도리어 스스로 그 공을 차지하지 않고 또 덮어버린 것은 깊이 스스로 억제하여 이처럼 덜어내는 것이기 때문에 성인이 취했던 것이다. 학문하는 데 방해가 되는 것은 자랑하고 뽐내며 많은 것을 차지하는 것이니, 성인이 그것으로 문인들을 가르쳤던 것이다.(奔而爲殿, 固已難能及. 將入門, 是國人屬耳目時也, 反非惟不自有其功, 又自揜其功, 深自抑損如此, 故聖人有取焉. 爲學之害, 矜伐居多, 聖人取之, 以教門人也.)"라고 되어 있다.

256) 『농암집(農巖集)』 권33, 「잡식(雜識)」.

[6-14-1]

子曰："不有祝鮀之佞, 而有宋朝之美, 難乎免於今之世矣."
공자가 말하였다. "축관(祝官)인 타(鮀)의 말재주와 송(宋)나라의 조(朝)와 같은 미모를 갖고 있지 않으면, 지금 세상에서는 어렵다."

朱註

'鮀', '徒''何'反. 祝, 宗廟之官. 鮀, 衛大夫, 字子魚, 有口才. 朝, 宋公子, 有美色.
'타(鮀)'는 '도(徒)'와 '하(何)'의 반절(反切)이다. 축(祝)은 종묘(宗廟)의 관원(官員)이다. 타(鮀)는 위(衛)나라 대부(大夫)이니, 자(字)는 자어(子魚)로 말재주가 있었다. 조(朝)는 송(宋)나라 공자(公子)로 미모가 있었다.

詳說

○ 以官爲氏.
축타(祝鮀)에서 축(祝)은 관(官)으로 씨(氏)를 삼았다.

○ 佞.
말재주[口才]는 아첨하는 것이다.

○ 皆當時人.
축타와 조(朝)는 모두 당시의 사람들이다.

○ 訓畢.
훈고가 끝났다.

朱註

言衰世, 好諛悅色, 非此難免, 蓋傷之也.
이는 쇠미한 세상에서는 아첨을 좋아하고 미모를 좋아하니, 이것이 아니면 환난(患難)을 면하기 어렵다는 말로 마음이 아프다는 것이다.

詳說

○ 今之世.
쇠미한 세상[衰世]은 지금의 세상이다.

○ **去聲.**

'호유(好諛)'에서 '호(好 : 좋아하다)'자는 거성이다.

○ **以言貌取人.**

'호유열색(好諛悅色 : 아첨을 좋아하고 미모를 좋아하니)'은 말과 미모로 사람들을 취한다는 뜻이다.

○ **佞美.**

'비차(非此 : 이것이 아니면)'에서 이것은 말재주와 미모이다.

○ **憂歎.**

'개상(蓋傷)'에서 '상(傷 : 마음이 아프다)'자는 근심하여 한탄하는 것이다.

○ **釋畢.**

경문의 풀이가 끝났다.

○ **朱子曰 : "謝氏疑而字爲不字, 當從伊川說. 謂無鮀之巧言與朝之美色, 必見憎疾."**[257]

주자(朱子 : 朱熹)가 말하였다. "사씨는 '이(而)'자를 '불(不)'자로 생각했는데, 이천의 설명을 따라야 한다.[258] 타(鮀)의 교묘한 말재주와 조(朝)의 미색이 없으면 반드시 미움을 받는다는 것이다."[259]

---

257) 호광 편(胡廣 編), 『논어집주대전(論語集註大全)』「옹야(雍也)」.

258) 이천의 설명을 따라야 한다 : 『주자어류(朱子語類)』 권32, 「논어14(論語十四)」, 22조목에는 "모두 일곱 설 가운데 이천의 설이 셋입니다. 지금은 이천의 이 설을 따릅니다. 이천의 둘째 설과 셋째 설, 여범윤의 설은 모두 한 가지 뜻으로 이천의 첫째 설과 같습니다. 범씨가 말하기를 '조(朝)의 잘 꾸미는 기색이 있고 타(鮀)의 말재주가 없어도 오히려 당세에서 환난을 면하기가 어렵다.'라고 하였습니다. 범씨가 주장한 뜻에 의하면 곧 병들어 있을 때의 좋은 말재주이므로 오히려 '당세에서 환난을 면하기가 어렵다.'라고 하였습니다. '오히려 유(猶)'자 한 글자를 더하지 않으면 말이 통하지 않아 문장의 뜻이 이와 같지 않을 것입니다. 사씨가 말하기를 '세상의 치란을 잘 살피는 사람이 이와 같다.'라 하였으니 곧 미루어 말한 것입니다. 후씨는 말하기를 '말이을 이(而)'자는 '아니 불(不)'자가 되어야 할 것 같다.'라 하였는데, 반드시 문장의 착오는 아닐 것이며 간혹 문장의 기세가 이러한 것 같습니다.' 그러자 주희는 '이천의 설을 따라야 한다.'라고 하였다.(凡七說. 伊川三說. 今從伊川此說. 伊川第二第三說, 呂范尹之說, 皆一意, 與伊川第一說同. 范氏曰: '有朝之令色, 無鮀之巧言, 猶難免於當世.' 據范氏主意, 乃在疾時之好佞, 故曰'猶難免於當世'. 非加一'猶'字, 則其說不通, 文意恐不如此. 謝氏曰: '善觀世之治亂者如此.' 乃推說. 侯氏曰: '而字', 疑爲'不'字說.' 恐未必是文錯, 或文勢如此.' 曰: '當從伊川說.')"라고 되어 있다.

259) 사씨는 '이(而)'자를 '불(不)'자로 생각했는데 …… 미색이 없으면 반드시 미움을 받는다는 것이다 : 『논어집주대전』「옹야(雍也)」에는 "물었다. '사씨는 '이(而)'자를 '불(不)'자로 생각했습

○ 按, 朱子旣不取謝氏說, 以本文有無佞, 而只有美之嫌, 故特發明'而'字作'與'字義, 當以此爲定論. 然下'有'字終覺剩贅, 謝氏意蓋爲是耳. 『諺』釋似得之.

살펴보건대, 주자는 이미 사씨의 설명을 취하지 않았지만 본문이 말재주가 없고 단지 미색만 있다는 의심이 들기 때문에 '이(而)'자를 '여(與 : ~와)'자의 의미라고 드러내 밝혔으니, 이것을 정론으로 해야 한다. 그렇지만 뒤의 '유(有)'자는 끝내 쓸데없이 덧붙여진 것으로 여겨지니, 사씨의 의도는 옳다. 『언해』에서 비슷하게 한 것은 옳다.260)

니다.' 주자(朱子 : 朱熹)가 답하였다. '이천의 설명을 따라야 합니다. 타의 교묘한 말재주와 조의 미색이 없으면, 세상에서 환난을 면하기 어려워 반드시 미움을 받는다는 것입니다.'(問 : '謝氏疑而字爲不字.' 朱子曰 : '當從伊川說. 謂無鮀之巧言與朝之美色, 難免於今, 必見憎疾也.')"라고 되어 있다.

260) 『언해』에서 비슷하게 한 것은 옳다 : 『논어언해』「옹야(雍也)」에서 "祝鮀의 佞을 두며 宋朝의 美를 두디 아니면 이젯世에 免홈이 어려우니라"라고 하였다.

[6-15-1]

子曰 : "誰能出不由戶. 何莫由斯道也."
공자가 말하였다. "누구인들 밖으로 나갈 적에 문을 경유하지 않을 수 있겠는가? 그런데 어찌하여 이 도를 따르는 이가 없는가?"

朱註

言人不能出不由戶, 何故, 乃不由此道耶. 恠而歎之之辭.
'사람이 밖을 나갈 적에 문을 경유하지 않는 이가 없는데, 무슨 까닭으로 마침내 이 도를 따르지 않는가?'라는 뜻이니, 괴이하게 여겨 한탄하는 말이다.

詳說

○ 雙峯饒氏曰 : "'何'字中有深意."[261]

'언인불능출불유호, 하고(言人不能出不由戶, 何故 : 사람이 밖을 나갈 적에 문을 경유하지 않는 이가 없는데, 무슨 까닭으로)'에 대해, 쌍봉 요씨(雙峰饒氏 : 饒魯)가 말하였다. "'어찌하여'라는 말에는 깊은 의미가 있다."

○ 厚齋馮氏曰 : "莫, 不肯也."[262]

경문의 하막유사도야(何莫由斯道也)에 대해, 후재 풍씨(厚齋馮氏 : 馮椅)가 말하였다. "'막(莫)'은 '~하려 하지 않다[不肯]'이다."

○ 以'耶'易'也'.

'내불유차도야(乃不由此道耶)'에서 볼 때, '야(耶 : 어조사)'자로 '야(也 : 어조사)'자를 바꾸었다.

○ 朱子曰 : "纔不合理, 便是不由道."[263]

'불유차도야(不由此道耶 : 마침내 이 도를 따르지 않는가?)'에 대해, 주자(朱子 : 朱熹)가 말하였다. "이치에 맞지 않으면 바로 도를 따르지 않는 것이다."[264]

---

261) 호광 편(胡廣 編), 『논어집주대전(論語集註大全)』「옹야(雍也)」.

262) 호광 편(胡廣 編), 『논어집주대전(論語集註大全)』「옹야(雍也)」.

263) 호광 편(胡廣 編), 『논어집주대전(論語集註大全)』「옹야(雍也)」.

264) 이치에 맞지 않으면 바로 도를 따르지 않는 것이다 : 『논어집주대전』「옹야(雍也)」에는 "오직 이치에 맞지 않는 것이 바로 도를 따르지 않는 것이다.(但纔不合理處, 便是不由道.)"라고 되어 있다.

○ 有釋無訓.

경문의 풀이는 있으나 훈고는 없다.

朱註

洪氏曰："人知出必由戶, 而不知行必由道,

홍씨가 말하였다. "사람이 나갈 적에 반드시 문을 경유해야 할 줄은 아는데, 행동에서 반드시 도를 따라야 함은 알지 못하니,

詳說

○ 二知字, 本文無此意.

'두 번의 지(知)라는 글자는 경문에 이런[안다] 의미가 없다.

○ 朱子曰："若直以出不能不由戶, 譬行之不能不由道, 則世之悖理犯義, 而不由於道者, 不少矣."[265]

주자(朱子 : 朱熹)가 말하였다. "곧바로 밖으로 나갈 때 문을 경유하지 않을 수 없다는 뜻으로 행동에서 도를 따르지 않을 수 없는 것을 비유하였으니, 세상에서 이치를 어그러뜨리고 의를 범하면서 도를 따르지 않는 자들이 적지 않다는 것이다."[266]

朱註

非道遠人, 人自遠爾."

도가 사람을 멀리 하는 것이 아니라, 사람이 스스로 멀리할 뿐이다."

---

265) 호광 편(胡廣 編), 『논어집주대전(論語集註大全)』「옹야(雍也)」. 『주자어류(朱子語類)』 권31, 「논어13(論語十三)」, 24조목에는 "물었다. '어찌하여 이 도를 거치지 않습니까?' 주희가 말하였다. '다만 재능이 이치에 부합하지 않는 곳에서는 곧 도를 따르지 않는다.'(問: '何莫由斯道也?' 曰: '但才不合理處, 便是不由道.')"라고 하였다.

266) 곧바로 밖으로 나갈 때 문을 경유하지 …… 도를 따르지 않는 자들이 적지 않다는 것이다 : 『논어집주대전』「옹야(雍也)」에는 "'어찌하여 ~이가 없는가?'라고 말하는 것은 '어찌하여 시를 배우지 않는가?'라고 하는 것과 같다. 곧바로 밖으로 나갈 때에 문을 경유하지 않을 수 없는 것으로 행동에서 도를 따르지 않을 수 없는 것을 비유한 것은 세상에서 이치를 어그러뜨리고 의를 범하면서 도를 따르지 않는 자들이 적지 않다는 것이니, 또 어떻게 말해 그것을 겸하게 하겠는가?(何莫之云, 猶何莫學夫詩耳. 若直以出不能不由戶, 譬夫行之不能不由道, 則世之悖理犯義, 而不由於道者, 爲不少矣, 又何說以該之邪.)"라고 되어 있다.

詳說

○ 此方說當行之道.

여기에서 행해야 할 도를 설명하였다.

○ 與『中庸』"道不遠人之義", 微不同.

『중용(中庸)』의 "도가 사람에게 멀리 있지 않다."[267]는 말과는 조금 다르다.

○ 遠道.

'멀리한다.'라는 말은 도를 멀리한다는 것이다.

○ 道字, 此章之題目.

도(道)라는 글자가 이 장의 제목이다.

267) 도가 사람에게 멀리 있지 않다 : 『중용장구(中庸章句)』 13장에 "공자가 말하였다. '도가 사람에게 멀리 있지 않으니, 사람이 도를 행하면서 사람을 멀리한다면 도라 할 수 없다.'(子曰 : '道不遠人, 人之爲道而遠人, 不可以爲道.')"라는 말이 있다.

[6-16-1]

子曰："質勝文則野，文勝質則史，文質彬彬，然後君子."
공자가 말하였다. "바탕이 꾸밈보다 뛰어나면 촌스럽고, 꾸밈이 바탕보다 뛰어나면 관리와 같으니, 꾸밈과 바탕이 잘 어울린 뒤에야 군자답다."

朱註

'野', 野人, 言鄙略也.
'촌스러운 것[野]'은 촌사람이니, 촌스럽고 거침을 말한다.

詳說

○ 無文.
꾸밈이 없는 것이다.

朱註

史掌文書, 多聞習事, 而誠或不足也.
관리는 문서를 맡은 사람이니,[268] 견문이 많아 일에는 익숙하나 성실성이 간혹 부족하다.

詳說

○ 史官.
사관이다.

○ 質實.
'성혹부족야(誠或不足也)'에서 '성실성[誠]'은 실질이다.

○ 慶源輔氏曰："世衰道微, 誠有不足, 故下或字."[269]

---

268) 관리는 문서를 맡은 사람이니 : 『주자어류(朱子語類)』 권32, 「논어14(論語十四)」, 26조목에는 "사는 문서를 맡은 관리이다. 이를테면 '두 공 및 왕이 이에 여러 사관에게 물었다'는 말이 있고, 아울러 『주례』의 여러 속관에는 각기 사관이 몇 사람 있었다. 이를테면 내사·어사는 모두 문서를 맡은 관리이다. 진나라에는 어사대부가 있었는데, 또한 제도 문물을 맡은 사람이다.(史, 掌文籍之官. 如'二公及王乃問諸史', 并周禮諸屬, 各有史幾人. 如內史·御史, 皆掌文籍之官. 秦有御史大夫, 亦掌制度文物者也.)"라고 하였다.

269) 호광 편(胡廣 編), 『논어집주대전(論語集註大全)』「옹야(雍也)」.

경원 보씨(慶源輔氏 : 輔廣)가 말하였다. "세상이 쇠미하여 도가 숨겨지면 성실성이 부족하기 때문에 혹(或)자로 이었다."270)

朱註

'彬彬', 猶班班, 物相雜, 而適均之貌.

'잘 어울린다[彬彬]'는 말은 '바탕과 외관이 조화를 이루었다[班班]'는 뜻과 같으니, 물건이 서로 섞여 적당한 모양이다.

詳說

○ '斑'同.

'반반(班班)'의 '반(班)'자는 '반(斑)'자와 같다.

○ 訓畢.

훈고가 끝났다.

朱註

言學者, 當損有餘補不足, 至於成德, 則不期然而然矣.

배우는 사람들은 마땅히 넘치는 것은 덜어내고 부족한 것은 보태주어야 하니, 덕을 이룸에 이른다면, 그렇게 되기를 기약하지 않아도 그렇게 됨을 말한 것이다.

詳說

○ 新安陳氏曰 : "始學."

'언학자(言學者 : 배우는 사람들)'에 대해, 신안 진씨(新安陳氏 : 陳櫟)가 말하였다. "처음 배우는 자들이다."

---

270) 세상이 쇠미하여 도가 숨겨지면 성실성이 부족하기 때문에 혹(或)자로 이었다 : 『논어집주대전』「옹야(雍也)」에는 "관리는 주관의 태사나 소사 같은 것이다. 태사는 나라의 대전을 담당하고, 소사는 나라의 기록을 담당하니, 이른바 견문이 많다는 것이다. …… 성왕의 성대한 때는 관리가 견문이 많고 일에 익숙할지라도 진실함에 진실로 부족할 것이 없었다. 세상이 쇠미하여 도가 숨으니, 밖으로 익숙한 자들이 많아져 안을 잃어버리기 때문에 견문이 많고 일에 익숙한 관리가 성실성에 간혹 부족함이 있는 것이다. '혹'이라는 말로 이어 그 의미가 갖추어졌다. (史, 如周官太史小史之屬, 太史掌邦之六典, 小史掌邦國之志, 所謂多聞也. …… 先王盛時, 史雖多聞習事, 而誠實固無不足者. 世衰道微, 習於外者多, 遺其內, 故多聞習事之史, 或有誠實不足者. 下一或字, 其義備矣.)"라고 되어 있다.

○ 新安陳氏曰 : "損史補野."[271]

'손유여보부족(損有餘補不足 : 넘치는 것은 덜어내고 부족한 것은 보태주어야)'에 대해, 신안 진씨(新安陳氏 : 陳櫟)가 말하였다. "관리에게서 덜어내어 촌스러운 것에 보탠다."[272]

○ 君子.

'지어성덕(至於成德 : 덕을 이룸에 이른다면)'은 군자이다.

○ 新安陳氏曰 : "自然純熟, 不待損補, 而文質相稱."[273]

'불기연이연(不期然而然 : 그렇게 되기를 기약하지 않아도 그렇게 됨)'에 대해, 신안 진씨(新安陳氏 : 陳櫟)가 말하였다. "저절로 순수하게 무르익어 덜어내고 보탤 필요가 없어져 꾸밈과 바탕이 서로 걸맞게 된다."[274]

○ 以論釋之.

경문의 의미 설명으로 풀이하였다.

---

271) 호광 편(胡廣 編), 『논어집주대전(論語集註大全)』「옹야(雍也)」.

272) 관리에게서 덜어내어 촌스러운 것에 보탠다 : 『논어집주대전』「옹야(雍也)」에는 "바탕이 있는 것이 먼저이고 꾸밈이 있는 것은 뒤이니, 꾸밈은 그 바탕을 꾸미는 것이다. 꾸밈이 그 알맞음을 얻으면 바탕에 걸맞게 된다. 꾸밈이 미치지 못하면 촌스럽고 꾸밈이 지나치면 관리와 같기 때문에 꾸밈은 덜어내고 보태도 되지만 바탕은 그렇게 하지 않는다. 배우는 사람들은 관리와 같이 넘치는 것에서 덜어내어 촌스러워 부족한 것에 보태 꾸밈과 바탕이 서로 걸맞게 하면 잘 어울리는 기상이 있다.(先有質而後有文, 文所以文其質也. 文得其中方與質稱. 文不及, 則爲野, 文太過則爲史, 故文可損益而質無損益. 學者, 損史之有餘, 補野之不足, 使文質相稱, 則有彬彬之氣象矣.)"라고 되어 있다.

273) 호광 편(胡廣 編), 『논어집주대전(論語集註大全)』「옹야(雍也)」.

274) 저절로 순수하게 무르익어 덜어내고 보탤 필요가 없어져 꾸밈과 바탕이 서로 걸맞게 된다 : 『논어집주대전』「옹야(雍也)」에는 "배우는 사람들은 관리와 같이 넘치는 것에서 덜어내어 촌스러워 부족한 것에 보태 꾸밈과 바탕이 서로 걸맞게 하면 잘 어울리는 기상이 있다. 『논어집주(論語集註)』에서는 배우는 사람과 덕을 이룬 것을 나눠 말하였다. 처음에는 넘치는 것에서 덜어내어 부족한 것에 보태주고, 이에 힘써 그것을 해서 덕을 이루는 경지에 이르게 되면, 저절로 순수하게 무르익어 덜어내고 보탤 필요가 없어진 다음에 꾸밈과 바탕이 비로소 서로 걸맞게 된다.(學者, 損史之有餘, 補野之不足, 使文質相稱, 則有彬彬之氣象矣. 『集註』分學者與成德而言. 蓋始焉損有餘, 補不足, 乃勉而爲之, 到成德之境, 則自然純熟, 不待損之補之, 而後文質始相稱也.)"라고 되어 있다. 박문호(朴文鎬)가 핵심 구절을 축약해서 인용한 것으로 보인다.

朱註

楊氏曰："文質不可以相勝. 然質之勝文, 猶之甘可以受和, 白可以受采也,

양씨(楊氏)가 말하였다. "꾸밈과 바탕이 서로 이겨서는 안 된다.[275] 그러나 바탕이 꾸밈을 이김은 단맛이 다른 맛의 합침을 받아들일 수 있고, 흰색이 채색(采色)을 받을 수 있는 것과 같지만,

詳說

○ '猶之', 可也, 與末篇'猶之', 不同.

'같다[猶之]'는 것은 가하다는 것이니, 끝 편에서 '똑같이 ~에게 해준다[猶之]'라는 것[276]과는 같지 않다.

○ 去聲.

'수화(受和)'에서 '화(和 : 합침)'자는 거성이다.

○ 見'素絢'章『註』.

'백가이수채야(白可以受采也 : 흰색이 채색(采色)을 받을 수 있는 것과 같다)'라는 말은 소현장(素絢章)[277]의 『집주(集註)』에 보인다.

---

275) 『주자어류(朱子語類)』 권32, 「논어14(論語十四)」, 29조목에서 "양씨의 설은 미루어 오히려 공이 있다. '무늬가 이기면 리가 부족해진다'는 것 또한 병통이 없다. 촌스럽다는 것은 실로 리가 이겨서 무늬가 부족한 것이다.(楊說推得卻有功. '文勝則理不足', 亦未有病. 野, 固理勝而文不足也.)"라고 하였다.

276) '똑같이 ~에게 해준다[猶之]'라는 것 : 『논어(論語)』「요왈(堯曰)」에 "똑같이 남에게 주면서도 출납할 때 인색하게 하는 것을 유사(有司)라고 한다.(猶之與人也, 出納之吝, 謂之有司.)"라는 말이 있고, 그 『집주(集註)』에서 "똑같이 ~에게 해준다[猶之]'라는 것은 균등하게 해준다는 말과 같다.(猶之, 猶言均之也.)"라고 하였다.

277) 소현장(素絢章) : 『논어(論語)』「팔일(八佾)」에 "자하가 물었다. ''아름다운 웃음에 예쁜 보조개여. 아름다운 눈에 선명한 눈동자여! 흰 비단으로 채색을 한다.'라고 하였으니, 무엇을 말하는 것입니까?'(子夏問曰 : ''巧笑倩兮, 美目盼兮. 素以爲絢兮,' 何謂也.')"라는 말이 있고, 그 『집주(集註)』에서 "사람이 이렇게 예쁜 보조개와 선명한 눈동자의 아름다운 바탕을 가지고 있고 또 화려한 채색의 꾸밈을 더하는 것이니, 마치 흰 바탕이 있고 채색을 더하는 것과 같음을 말씀한 것이다. 자하는 그 도리어 '흰 비단으로 채색을 한다.'라고 말한 것으로 생각하였기 때문에 물은 것이다.(言人有此倩盼之美質, 而又加以華采之飾, 如有素地而加采色也. 子夏疑其反謂以素爲飾, 故問之.)"라고 하였다.

朱註

文勝, 而至於滅質, 則其本亡矣, 雖有文, 將安施乎. 然則與其史也寧野."
꾸밈이 이겨 바탕을 없애는 데 이른다면 그 근본이 없어지는 것이니, 비록 꾸밈이 있을지라도 어디에다가 베풀겠는가? 그렇다면 관리와 같기보다는 차라리 촌스러움이 나은 것이다."

詳說

○ 用, 與奢寧儉之意.
쓸씀이는 사치하기보다는 차라리 검소하여야 한다는 의미이다.[278]

○ '然'字以下, 歸重於質字, 是言外意. 蓋不得已而求時之論也.
'연(然 : 그러나)'라는 글자 아래에서는 무게를 바탕으로 돌렸으니 말 밖의 의미이다. 어쩔 수 없이 때를 구하는 말이다.

278) 쓸씀이는 사치하기보다는 차라리 검소하여야 한다는 의미이다 : 『논어(論語)』「팔일(八佾)」에 "예는 사치하기보다는 차라리 검소하여야 하고, 상은 형식적으로 잘 치르기보다는 차라리 슬퍼하여야 한다.(禮, 與其奢也, 寧儉, 喪, 與其易也, 寧戚.)"라는 말이 있다.

[6-17-1]

子曰 : "人之生也直, 罔之生也, 幸而免."
공자가 말하였다. "사람이 살아가는 이치는 곧으니, 곧지 않으면서 사는 것은 죽음을 요행히 벗어난 것이다."

朱註

程子曰 : "生理本直,[279]

279) 生理本直 : 『주자어류(朱子語類)』 권32, 「논어14(論語十四)」, 30조목~40조목에 걸쳐 이어서 나온다. "生理本直. 人不爲直, 便有死之道, 而卻生者, 是幸而免也."(30조목) "問'人之生也直.' 曰: '生理本直.' 順理而行, 便是合得生 ; 若不直, 便是不合得生, 特幸而免於死耳.' 亞夫問: '如何是'生理本直?' 曰: '如父子, 便本有親 ; 君臣, 便本有義.'"(34조목) "'人之生也直', 如飢食渴飮, 是是非非, 本是曰直, 自無許多周遮. 如'敬以直內', 只是要直. 又曰: 只看'生理本直'四字. 時擧錄云: '只玩味此四字, 便自有味.' 如見孺子入井, 便自有怵惕之心. 時擧錄云: '卽便是直.' 見不義底事, 便自有羞惡之心. 是本有那箇當爲之理. 若是內交要譽, 便是不直.' 時擧錄云: '才有內交要譽之意, 便是曲了.'"(35조목) "林恭甫說 '生理本直'未透. 曰: '如水有源便流, 這只是流出來, 無阻滯處. 如見孺子將入井, 便有箇惻隱之心. 見一件可羞惡底事, 便有箇羞惡之心. 這都是本心自然恁地發出來, 都遏不住. 而今若順這箇行, 便是. 若是見入井後不惻隱, 見可羞惡而不羞惡, 便是拗了這箇道理, 這便是罔.'"(36조목) "罔, 只是脫空作僞, 做人不誠實, 以非爲是, 以黑爲白. 如不孝於父, 卻與人說我孝 ; 不弟於兄, 卻與人說我弟, 此便是罔. 據此等人, 合當用死, 卻生於世, 是幸而免耳. 生理本直, 如耳之聽, 目之視, 鼻之臭, 口之言, 心之思, 是自然用如此. 若纔去這裏著些屈曲支離, 便是不直矣."(37조목) 특히, 40조목에서는 "물었다. '이천이 말하기를 '인류가 사는 것은 정직한 도리 때문이며, 속이고 정직하지 않은데도 죽음을 면하는 것은 요행일 따름이다.'라 하였습니다. …… 명도는 말하기를 '사람이 태어난 도리는 본래 정직하다.'라고 하였고, 범씨는 '사람의 성이 선하기 때문에 태어난 것이 정직하다.'라고 하였으며, 윤씨는 '정직한 것은 성이다.'라고 하였습니다. 이 세 가지 설은 모두 '생(生)'자를 비로소 태어나다의 '생(生)'자로 보아서 편안치 않습니다. 이 장에 의하면 바로 『예기』에서 이른바 '(예를) 잃은 자는 죽을 것이고 알고 있는 사람은 살아갈 것이다'라는 뜻이니 곧 생존하다는 뜻의 '생(生)'자입니다. 만약 태어남이 본래 정직하고 성이 본래 정직하다고 한다면 이는 사람이 비로소 태어남을 가리켜 말한 것입니다. 사람이 비로소 태어남이 실로 정직하다고 할 수 있기 때문에 다음 문장에는 또한 비로소 태어난 사람이 정직하지 않음이 있어서는 안 됩니다. 다음 구절에서 만약 생존하다의 '생(生)'자로 본다면 윗 구절은 비로소 태어나다의 '생(生)'자로 보아서는 안 됩니다.' 주희가 말하였다. '이 두 '생(生)'자 가운데 위의 자는 비로소 태어나다의 '생(生)'자이고, 아래의 자는 생존하다의 '생(生)'자이다. 마땅히 명도의 설에서 뜻을 구해야 제대로 이해할 수 있다.(問: '伊川曰: '人類之生, 以直道也 ; 欺罔而免者, 幸耳.' …… 明道曰: '生理本直.' 范氏曰: '人之性善, 故其生直.' 尹氏曰: '直, 性也.' 此三說者, 皆以生字作始生之生,

정자가 말하였다. "살아가는 이치는 본래 곧으니,

詳說

○ 伯子.

'정자왈(程子曰)'에서 '정자(程子)'는 형 정호(程顥)이다.

○ 偶不擧'人之'二字.

우연히 '사람의[人之]'라는 두 글자를 들지 않았다.

○ 朱子曰 : "天地生生之實理."

주자(朱子 : 朱熹)가 말하였다. "천지가 낳고 낳는 실제의 이치이다."[280)]

○ 添理本二字. 蓋也字, 含此二字義.

경문의 '생야직(生也直)'에서 '이치[理]'와 '본래[本]'라는 말을 더하였다. '야(也)' 자에 이 두 가지의 말이 포함되어 있다.

○ 朱子曰 : "如耳之聽, 目之視, 心之思, 是自然如此."

주자(朱子 : 朱熹)가 말하였다. "귀로 듣고 눈으로 보며 마음으로 생각하는 일은 저절로 그렇게 하는 것이다."[281)]

未安. 據此章, 正如『禮』所謂'失之者死, 得之者生', 乃生存之生. 若以爲生本直, 性本直, 則是指人之始生言之. 人之始生, 固可謂之直, 下文又不當有始生而罔者. 下句若作生存之生, 則上句不應作始生之生.' 曰: '此兩'生'字, 上一字是始生之'生', 下一字是生存之'生'. 當以明道之說求之, 則得之矣.')"라고 하였다.

280) 천지가 낳고 낳는 실제의 이치이다 : 『논어집주대전』「옹야(雍也)」에는 "천지가 낳고 낳는 이치는 곧을 뿐이다. 곧기만 하면 낳고 낳는 이치는 있다. 곧지 않으면 천리를 굽히는 것으로 스스로 굽게 되어 꺾이는데도, 또한 살아가게 된다면 죽음을 요행이 벗어난 것일 뿐이다.(天地生生之理, 只是直. 纔直, 便是有生生之理. 不直, 則是枉天理, 宜自屈折也, 而亦得生, 是幸而免耳.)"라고 되어 있다. 『주자어류(朱子語類)』 권32, 「논어14(論語十四)」, 33조목에는 "천지가 낳고 낳는 실제의 이치는 곧을 뿐이다. 곧기만 하면 이에 낳고 낳는 이치가 있다. 정작하지 않으면 이는 하늘의 이치를 굽힌 것이며 의당 스스로 굽어서 꺾이게 된다. 그런데도 또한 살게 된다면 이는 요행히 면한 것일 따름이다. 나무 같은 것은 바야흐로 나면서 모름지기 꺾이면 곧지 않게 되며 거의 마땅히 죽는다. 죽지 않게 된다면 요행히 그러한 것이다.(天地生生之理, 只是直. 纔直, 便是有生生之理. 不直, 則是枉天理, 宜自屈折也, 而亦得生, 是幸而免耳. 如木方生, 須被折了, 便不直, 多應是死. 到得不死, 幸然如此.)"라고 하였다.

281) 귀로 듣고 눈으로 보며 마음으로 생각하는 것은 저절로 그렇게 하는 것이다 : 『논어집주대전』「옹야(雍也)」에는 "'살아가는 이치가 본래 곧다.'라는 것은 이를테면 귀로 듣고 눈으로 보며, 귀로 냄새 맡고 입으로 말하며, 마음으로 생각하는 것으로 저절로 그렇게 하는 것이다.(生理本直, 如耳之聽, 目之視, 鼻之齅, 口之言, 心之思, 是自然用如此.)"라고 되어 있다.

朱註

罔, 不直也.

'곧지 않다[罔]'는 말은 정직(正直)하지 않은 것이다.

詳說

○ 此四字, 訓也. 當訓不也, 而蒙上直字義, 敢曰不直也.

이 네 글자[罔不直也]는 훈고이다. 당연히 '~하지 않다.[不也]'라고 훈고한 것은 앞에서 '곧다[直]'말의 의미를 이어 감히 '곧지 않다.'라고 한 것이다.

○ 雙峰饒氏曰 : "罔, 無也, 謂滅盡此直道."282)

쌍봉 요씨(雙峰饒氏 : 饒魯)가 말하였다. "'망(罔)'자는 '없다[無]'는 의미로 이 곧은 도를 없어지게 한다는 것이다."

朱註

而亦生者,

그런데도 살아가는 것은

詳說

○ 以而易之.

'이(而)'자로 바꾸었다.

○ 而字上有不直二字之義.

'이(而)'자의 위에 '곧지 않다[不直]'라는 말의 의미가 있다.

○ 朱子曰 : "此生存之生, 兩生字微有不同, 而義實相足."

주자(朱子 : 朱熹)가 말하였다. "이것은 '생존한다[生存]'라고 할 때의 '생(生 : 살아간다)'으로 두 개의 '생(生 : 살아간다)'자에는 미미하게 같지 않은 것이 있지만, 의미가 실로 서로 보충해 주는 것이다."

○ 以者易也. 二也字, 義各有指.

'자(者)'자로 '야(也)'자를 바꾸었다. 두 개의 '야(也)'자에는 의미가 각기 가리키는 것이 있다.

282) 호광 편(胡廣 編), 『논어집주대전(論語集註大全)』「옹야(雍也)」.

朱註

幸而免爾."

요행히 벗어난 것일 뿐이다."

詳說

○ 一作耳.

어떤 판본에는 '이(爾)'자가 '이(耳)'자로 되어 있다.

○ 朱子曰: "合死而不死, 幸免也."

주자(朱子 : 朱熹)가 말하였다. "죽어야 합당한데 죽지 않은 것은 요행히 면한 것이다."283)

○ 釋間訓. 以『集註』訓釋之例, 若曰罔不也, 生理本直, 不直而亦生者, 幸而免耳.

경문의 풀이 사이에 훈고가 있다. 『논어집주(論語集註)』의 훈고로 풀이한 사례는 '곧지 않다[罔]'는 것은 '~하지 않다.[不也]'라고 한 것과 같으니, 살아가는 이치는 본래 곧으니, 정직하지 않은데도 살아가는 것은 요행히 벗어난 것일 뿐이라는 것이다.

○ 直字, 此章之題目. 孟子浩然之養, 朱子臨卒之託, 皆本於此.

'직(直 : 곧다)'자가 이 장의 제목이다. 맹자가 호연지기를 기르는 것과 주자(朱子 : 朱熹)가 임종시에 부탁한 것은 모두 여기에 근본한다.

---

283) 죽어야 합당한데 죽지 않은 것은 요행히 면한 것이다 : 『논어집주대전』「옹야(雍也)」에는 "곧지 않은 것은 허황하고 작위적인 것으로, 사람이 불성실하여 그른 것을 옳다하고 검은 것을 희다고 하는 것이다. 이를테면 아버지에게 효도하지 않으면서 오히려 남에게는 내가 효성스럽다 하고, 형과 우애가 있지 않으면서 오히려 남에게는 나는 우애가 있다고 말하는 것으로 이것은 곧 곧지 않은 것이다. 이런 사람들은 죽는 것이 합당한데 도리어 세상에 살아가는 것은 요행히 벗어난 것일 뿐이다.(罔, 只是脫空作僞, 做人不誠實, 以非爲是, 以黑爲白. 如不孝於父, 却與人說我孝, 不弟於兄, 却與人說我弟, 此便是罔. 據此等人, 合當用死, 却生於世, 是幸而免耳.)"라고 되어 있다.

[6-18-1]

子曰:“知之者, 不如好之者, 好之者, 不如樂之者.”
공자가 말하였다. “도를 아는 것은 좋아하는 것만 못하고, 좋아하는 것은 즐거워하는 것만 못하다.”

朱註

好, 去聲, 樂, 音洛. 尹氏曰:“知之者, 知有此道也,
‘호지(好之)’에서 ‘호(好 : 좋아하다)’자는 거성이다. ‘락지(樂之)’에서 ‘락(樂 : 즐거워하다)’자는 음이 ‘락(洛)’이다. 윤씨가 말하였다. “아는 것은 이 도리가 있음을 아는 것이고,

詳說

○ 朱子曰:“此理.”
‘차도(此道)’에 대해, 주자(朱子 : 朱熹)가 말하였다. “이 이치이다.”[284)]

○ 又曰:“之字, 是指物而言.”
‘지지자(知之者)’에 대해, 주자(朱子 : 朱熹)가 또 말하였다. “‘지(之)’자는 사물을 가리켜서 말한 것이다.”[285)]

---

284) 이 이치이다 : 『논어집주대전』「옹야(雍也)」에는 “아는 것은 좋아하는 것만 못하다. 사람이 살아가는 데는 이 이치가 있지만 사물에 대한 욕심으로 어둡게 가려졌기 때문에 이 이치를 아는 것이 이미 적다. 좋아하는 것은 아는 것이 이미 지극하게 되어 분명하게 이 이치를 깨달아 아낄 수 있고 구할 수 있기 때문에 마음으로 진실로 좋아하는 것이다. 즐거워하는 것은 좋아하는 것이 이미 지극하게 되어 이 이치가 이미 자신에게 터득된 것이다. 천지만물의 이치는 모두 나 자신에게 갖추어져 충분하니, 즐거움이 이보다 큰 것이 없는 것이다.(知之者, 不如好之者. 人之生, 便有此理, 然被物欲昏蔽, 故知此理者, 已少. 好之者, 是知之已至, 分明見得此理, 可愛可求, 故心誠好之. 樂之者, 是好之已至, 而此理已得之於己. 凡天地萬物之理, 皆具足於吾身, 則樂莫大焉.)”라고 되어 있다.

285) ‘지(之)’자는 사물을 가리켜서 말한 것이다 : 『논어집주대전』「옹야(雍也)」에는 “물었다. ‘‘즐거워하는 것만 못하다.’라는 것에서 ‘즐거워한다’라는 말은 안자가 ‘즐거워한다’라는 것과 의미에 차이가 있습니까?’ 말하였다. ‘그 대강을 비교하면 별로 쟁론하지 않겠지만, 다만 여기에서 ‘즐거워한다[樂之]’라고 할 때의 ‘지(之)’자는 사물을 가리켜서 말하였다는 것입니다.’(問 : ‘不如樂之者, 此樂字與顔子之樂, 意思差異否.’ 曰 : ‘較其大槩, 亦不争多. 但此樂之者之字, 是指物而言.’)”라고 되어 있다. 박문호(朴文鎬)가 핵심 구절을 자신의 의도에 맞춰 인용한 것으로 보인다.

○ 三者字, 是三等人.

'지지자, 호지자, 락지자(知之者, 好之者, 樂之者)'에서, 세 번의 '자(者)'라는 말은 세 등급의 사람이다.

朱註

好之者, 好而未得也, 樂之者, 有所得, 而樂之也."

좋아한다는 것은 좋아하면서도 아직 얻지는 못한 것이며, 즐거워한다는 것은 얻음이 있어 즐거워하는 것이다."

詳說

○ 程子曰 : "爲己所有."[286]

정자가 말하였다. "자신이 소유한 것을 행하는 일이다."[287]

○ 訓兼釋.

훈고에 경문의 풀이를 겸하였다.

朱註

張敬夫曰 : "譬之五穀, 知者, 知其可食者也, 好者, 食而嗜之者也, 樂者, 嗜之而飽者也.

장경부가 말하였다. "오곡에 비유한다면 아는 자는 그것이 먹을 수 있는 것임을 아는 것이고, 좋아하는 자는 먹고서 좋아하는 것이고, 즐거워하는 자는 좋아하여 배불리 먹은 것이다.[288]

286) 호광 편(胡廣 編), 『논어집주대전(論語集註大全)』「옹야(雍也)」.

287) 자신이 소유한 것을 행하는 일이다 : 『논어집주대전』「옹야(雍也)」에는 "아는 것은 내가 아는 것이고, 좋아하는 것은 돈독하게 할지라도 그것을 소유하지 못한 것이다. 즐거워하게 되면 자신이 소유한 것을 행하는 일이다.(知之者, 我知之也, 好之者, 雖篤而未能有之. 至於樂之, 則爲己之所有.)"라고 되어 있다.

288) 오곡에 비유한다면 …… 배불리 먹은 말이다. : 『주자어류(朱子語類)』 권32, 「논어14(論語十四)」, 41조목에는 "'도를 아는 자가 좋아하는 자만 못하다.' 사람이 살아가는 데는 곧 이런 이치가 있다. 그러나 물욕에 어두워지고 가리어지기 때문에 이 이치를 아는 사람이 이미 적다. 좋아하는 사람은 그것이 이미 이르렀음을 알고 분명히 이 이치를 사랑하고 구할 만하다는 것을 알므로 마음에서 실로 좋아한다. 즐기는 사람은 좋아함이 이미 이르러 이 이치가 이미 자

詳說

○ 雙峰饒氏曰 : "論地位, 則知不如好, 好不如樂."289)

쌍봉 요씨(雙峰饒氏 : 饒魯)가 말하였다. "경지를 논하면 아는 것은 좋아하는 것만 못하고, 좋아하는 것은 즐거워하는 것만 못하다."

○ 以上, 譬本文義, 此下, 又就本文, 相因而言.

이 위로는 경문의 의미를 비유한 것이고, 이 아래는 또 경문을 가지고 서로 말미암아 말한 것이다.

朱註

知而不能好, 則是知之未至也, 好之而未及於樂, 則是好之未至也.

알기만 하고 좋아할 수 없으면, 이는 앎이 지극하지 못한 것이고, 좋아하기만 하고 즐거워함에 미치지 못한다면, 이는 좋아함이 지극하지 못한 것이다.

詳說

○ 上曰不能, 此曰未及, 蓋難易之辭.

앞에서는 '~할 수 없다.[不能]'라고 하고, 여기서는 '~에 미치지 못한다.[未及]'라고 하였으니, 어렵고 쉽다는 말이다.

○ 雙峰饒氏曰 : "論工夫, 則樂原於好, 好原於知."290)

쌍봉 요씨(雙峰饒氏 : 饒魯)가 말하였다. "공부로 논하면, 즐거워함은 좋아함에 근원하고, 좋아함은 앎에 근원한다."

朱註

此, 古之學者, 所以自彊, 而不息者與."

신에게 갖추어져 있다. 무릇 천지만물의 이치가 모두 나의 몸에 충분히 갖추어져 있으면 즐거움이 그보다 큰 것은 없다. 안다는 것은 오곡이 먹을 만하다는 것과 같은 것이고, 좋아한다는 것은 먹고 그 맛을 아는 것이며, 즐긴다는 것은 먹고 배가 부른 말이다.('知之者不如好之者.' 人之生, 便有此理. 然被物欲昏蔽, 故知此理者已少. 好之者是知之已至, 分明見得此理可愛可求, 故心誠好之. 樂之者是好之已至, 而此理已得之於己. 凡天地萬物之理皆具足於吾身, 則樂莫大焉. 知之者, 如五穀之可食 ; 好之者, 是食而知其味 ; 樂之者, 是食而飽."라고 하였다.

289) 호광 편(胡廣 編), 『논어집주대전(論語集註大全)』「옹야(雍也)」.

290) 호광 편(胡廣 編), 『논어집주대전(論語集註大全)』「옹야(雍也)」.

이는 옛날 학자들이 스스로 힘써 쉬지 않았던 이유일 것이다."

詳說

○ 上聲.

'자강(自彊)'에서 '강(彊 : 힘쓰다)'자는 상성이다.

○ 平聲.

'여(與 : 조사)'자는 평성이다.

○ 見『易』「乾·大象」.

자강불식(自彊不息)은 『주역』「건괘·대상전」에 있다.[291]

○ 慶源輔氏曰 : "期至於樂之地."[292]

자강이불식(自彊而不息)에 대해, 경원 보씨(慶源輔氏 : 輔廣)가 말하였다. "즐거워하는 경지에 이르기를 구하는 것이다."[293]

○ 樂字, 此章之題目.

'락(樂 : 즐거워하다)'자가 이 장의 제목이다.

---

291) 『주역』「건괘·대상전」에 있다 : 『주역』「건괘·대상전」에 "「상전(象傳)」에서 말하였다. '하늘의 운행이 굳세니 군자가 그것을 본받아 스스로 굳세게 해서 쉬지 않는다.'(「象」曰 : '天行, 健, 君子以, 自彊不息.')"라는 말이 있다.

292) 호광 편(胡廣 編), 『논어집주대전(論語集註大全)』「옹야(雍也)」.

293) 즐거워하는 경지에 이르기를 구한다 : 『논어집주대전』「옹야(雍也)」에는 "그렇다면 알지만 좋아할 수 없으면 아직 그 맛을 알 수 없다. 좋아하지만 즐거워할 수 없으면 그것과 하나가 될 수 없다. 즐거워하는 경지에 도달하면 쉼이 없고 둘이 되지 않는다. 배우는 자들이 즐거워하는 것에 이르지 못했으면, 더욱 그 뒤를 채찍질해야 한다. 스스로 굳세게 해서 구하고 반드시 스스로 얻어 즐거워하는 경지에 이르기를 구하면 저절로 그만둘 수 없게 된다.(然則知而不能好, 未能知其味也. 好之而未能樂, 未能與之爲一也. 纔到樂處, 則無息無二. 學者, 苟未至於樂, 則當益鞭其後. 自强不息以求之 必期至於自得而樂之之地, 則不能自已耳.)"라고 되어 있다.

[6-19-1]

子曰 : "中人以上, 可以語上也, 中人以下, 不可以語上也."
공자가 말하였다. "중등 사람 이상은 높은 것을 말해 줄 수 있으나, 중등 사람 이하는 높은 것을 말해 줄 수 없다."

朱註

以上之上, 上聲. 語, 去聲.
'이상(以上)'에서 '상(上 : 위)'자는 상성이다. '어상(語上)'에서 '어(語 : 말하다)'자는 거성이다.

詳說

○ 朱子曰 : "中人上下, 或工夫如此, 或資質如此."294)
주자(朱子 : 朱熹)가 말하였다. "중등 사람 이상과 이하는 간혹 공부가 이와 같고 간혹 자질이 이와 같다는 것이다."295)

○ 以下之下, 去聲.
'이하(以下)'에서 '하(下 : 아래)'자는 거성이다.

---

294) 호광 편(胡廣 編), 『논어집주대전(論語集註大全)』「옹야(雍也)」.

295) 중등 사람 이상과 이하는 간혹 공부가 이와 같고 간혹 자질이 이와 같다는 것이다 : 『논어집주대전』「옹야(雍也)」에는 "어떤 이가 물었다. '중등 사람 이상과 이하는 자질입니까?' 주자(朱子 : 朱熹)가 말하였다. '또 그렇게 꾸며서 정한 것은 아닙니다. 혹은 그의 공부가 이와 같고, 혹은 그의 자질이 이와 같다는 것입니다.'(或問 : '中人上下, 是資質否.' 朱子曰 : '且不裝定恁地, 或是他工夫如此, 或是他資質如此.')"라고 되어 있다. 박문호(朴文鎬)가 핵심 구절을 축약해서 인용한 것으로 보인다. 『주자어류(朱子語類)』 권32, 「논어14(論語十四)」, 44조목에는 "숙기가 물었다. '중인 이상과 이하는 자질입니까?' 주희가 말하였다. '또한 그렇게 꾸며서 정한 것은 아니다. 혹은 그의 공부가 이러할 수도 있고, 혹은 그의 자질이 이러할 수도 있다. 성인이 다만 '중인 이상·중인 이하'라 말할 때는 모두 그 안에 포함되어 있다. 성인이 중인 이하라고 한 것은 그 고원한 것을 가지고 그에게 말해줄 수 없으며 아마 그에게 당장 착수한 곳이 없을 것이다. 그의 지위를 가지고 말하였을 경우, 한 가지를 이해하였으면 한 가지일 것이고, 점점 오래도록 나아가 하루면 억지로 하루 같을 것이고, 1년이면 억지로 1년 같을 것이다. 부지불각 중에 또한 고원한 곳까지 이해될 것이다.'(叔器問: '中人上下是資質否?' 曰: '且不樁定恁地. 或是他工夫如此, 或是他資質如此. 聖人只說'中人以上·中人以下'時, 便都包得在裏面了. 聖人說中人以下, 不可將那高遠底說與他, 怕他時下無討頭處. 若是就他地位說時, 理會得一件, 便是一件, 庶幾漸漸長進, 一日强似一日, 一年强似一年. 不知不覺, 便也解到高遠處.')"라고 하였다.

○ 上中下, 亦三等人.

상등과 중등과 하등은 또한 사람들을 세 등급으로 나눈 것이다.

○ 以上以下, 諺釋欠明.

이상과 이하는 『언해』의 풀이에서 다소 밝게 살피지 못하였다.[296]

朱註

語, 告也.

'말해준다[語]'는 것은 일러준다는 뜻이다.

詳說

○ 訓.

훈고이다.

朱註

言教人者, 當隨其高下, 而告語之. 則其言易, 入而無躐等之弊也.

사람을 가르치는 자는 상대가 높고 낮음에 따라 말해주어야 함을 말한 것이니, 그렇게 한다면, 그 말이 들어가기가 쉬워 등급을 뛰어 넘는 폐단이 없을 것이다.

詳說

○ 此下, 又有隨其高下, 而告語之八字之意.

이 아래에서는 또 사람들의 높고 낮음에 따라 중등 사람 이상과 이하에 대해 말해 준 의미가 있다.

○ 去聲.

'기언이(其言易)'에서 '이(易 : 쉽다)'자는 거성이다.

○ 以論釋之.

경문의 의미 설명으로 풀이하였다.

---

296) 이상과 이하는 『언해』의 풀이에서 다소 밝게 살피지 못하였다 : 『논어언해』「옹야(雍也)」에서 "中人으로써 우흔可히써 우흘니ᄅᆞ려니와 中人으로써 아래ᄂᆞᆫ 可히써 우흘니ᄅᆞ디몯ᄒᆞᆯ꺼시니라"라고 하여, '이상'과 '이하'에 대해서는 '우흔', '아래ᄂᆞᆫ'으로 라고만 해석하고 있다.

朱註

張敬夫曰 : "聖人之道精粗, 雖無二致, 但其施敎, 則必因其材而篤焉.

장경부(張敬夫 : 張栻)가 말하였다. "성인의 도에는 정밀함과 거침에 두 가지로 도달함이 없을지라도, 다만 그 가르침을 베풀 때는 반드시 그 재질에 따라 돈독히 한다.

詳說

○ 先論道無二致, 此下乃入本文.

먼저 도에는 두 가지로 도달함이 없음을 말하고, 이 아래에서야 본문으로 들어갔다.

○ 見『中庸』.

'필인기재이독언(必因其材而篤焉 : 반드시 그 재질에 따라 돈독히 한다)'는 구절은 『중용(中庸)』에 보인다.[297]

朱註

蓋中人以下之質, 驟而語之太高, 非惟不能以入, 且將妄意躐等, 而有不切於身之弊, 亦終於下而已矣. 故就其所及而語之,

대개 중등 이하의 자질을 가진 자에게 갑자기 너무 높은 것을 말해 주면, 그 말이 제대로 들어갈 수 없을 뿐만 아니라, 또한 제멋대로 등급을 뛰어넘어 자신에게 절실하게 하지 못하는 폐단이 있어서 또한 낮은 것에 그치고 말뿐이다. 그러므로 그 따라갈 수 있는 것으로 말해 주어야 하니,

詳說

○ 蓋於.

'대개[蓋]'는 '대개 ~에게'이다.

○ 上人, 語上, 中人語中, 下人語下.

상등의 사람에게는 상등을 말해 주고, 중등의 사람에게는 중등을 말해 주며, 하등의 사람에게는 하등을 말해 준다.

---

297) 『중용(中庸)』에 보인다 : 『중용장구(中庸章句)』 17장에 "하늘이 물건을 낼 적에는 반드시 그 재질에 따라 돈독히 한다. 그러므로 심은 것은 북돋아 주고, 기운 것은 엎어 버리는 것이다. (天之生物, 必因其材而篤焉. 故栽者, 培之, 傾者. 覆之.)"라는 말이 있다.

朱註

是乃所以使之切問近思, 而漸進於高遠也."

이것이 바로 묻기를 간절히 하고 생각을 가까이서 하여 점차 높고 먼 데로 나아가게 하는 일이다."

詳說

○ 見「子張」.

'묻기를 간절히 하고 생각을 가까이서 하여'라는 구절은 「자장(子張)」에 보인다.[298]

○ 雙峰饒氏曰 : "由下而進於中, 漸可以語上."[299]

쌍봉 요씨(雙峰饒氏 : 饒魯)가 말하였다. "하등에서 중등으로 나아가면, 점차로 상등을 말해 줄 수 있다."[300]

○ 語字, 此章之題目.

'어(語 : 말해준다)'자가 이 장의 제목이다.

---

298) 「자장(子張)」에 보인다 : 『논어(論語)』「자장(子張)」에 "자하가 말하였다. '배우기를 널리 하고 뜻을 독실하게 하며, 절실하게 묻고 가까이서 생각하면 인(仁)이 그 가운데 있다.'(子夏曰 : '博學而篤志, 切問而近思, 仁在其中矣.')"라는 말이 있다.

299) 호광 편(胡廣 編), 『논어집주대전(論語集註大全)』「옹야(雍也)」.

300) 하등에서 중등으로 나아가면, 점차로 상등을 말해 줄 수 있다 : 『논어집주대전』「옹야(雍也)」에서 "중등 사람 이하는 끝내 상등을 말해줄 수 없는 것이 아니니, 또 묻기를 간절히 하고 생각을 가까이서 하여 하등에서 중등으로 나아가면, 또한 점차로 상등을 말해줄 수 있다(中人以下, 非是終不可以語上, 且之切問近思, 由下以進於中, 則亦漸可以語上矣.)"라고 하였다.

[6-20-1]

樊遲問知. 子曰 : "務民之義, 敬鬼神而遠之, 可謂知矣." 問仁. 曰 : "仁者, 先難而後獲. 可謂仁矣."
번지(樊遲)가 지혜로운 것에 대하여 묻자, 공자가 말하였다. "백성들이 지켜야 할 도리를 힘쓰고, 귀신을 공경하면서도 멀리한다면 지혜롭다고 말할 수 있다." 다시 어진 것에 대하여 묻자, 또 말씀하셨다. "어진 자는 어려운 일을 먼저 하고 가져올 것을 뒤로 한다. 그렇다면 어질다고 말할 수 있다."

朱註

知遠, 皆去聲. 民, 亦人也. 獲, 謂得也.
'지(知 : 지혜)'자와 '원(遠 : 멀리하다)'자는 모두 거성이다. '백성[民]'도 사람이다. '가져올 것[獲]'은 얻음을 말한다.

詳說

○ 仁者二字, 不必深究, 或曰 : "冠此二字以故難其事耳."
'인자(仁者 : 어진 자)'라는 두 글자는 굳이 깊이 탐구할 필요가 없으니, 어떤 이는 "이 말을 앞에 두어 그 일을 어렵게 한 것일 뿐이다."라고 하였다.

○ 訓畢.
훈고가 끝났다.

朱註

專用力於人道之所宜,
사람의 도리에 마땅한 것을 오로지 힘쓰고,

詳說

○ 務.
'힘쓰다[用力]'라는 말은 '힘을 쓴다[務]'라는 뜻이다.

○ 民.
'사람[人]'은 백성이다.

○ 義.

'마땅한 것[宜]'은 도리이다.

朱註

> 而不惑於鬼神之不可知,
>
> 귀신의 알 수 없는 것에 헷갈리지 않는 것은

詳說

○ 敬而遠之.

'헷갈리지 않는 것[不惑]'은 공경하면서도 멀리하는 것이다.

○ 如字.

'알다[知]'는 본래의 음으로 읽는다.

○ 三字有力.

'불가지(不可知)' 이 세 글자에 힘이 있다.

○ 朱子曰: "聖人所謂鬼神無不正也. 若其非正, 則聖人豈復謂之鬼神哉? 遠者, 以其處幽, 故嚴之而不瀆耳."301)

주자(朱子 : 朱熹)가 말하였다. "성인이 말하는 귀신은 바르지 않음이 없는 것이다. 귀신이 바르지 않다면 성인이 어찌 다시 귀신을 말했겠는가? 멀리한다는 것은 그것이 초현실적인 것이기 때문에 엄하게 하면서도 모독하지 않는 것일 뿐이다."302)

朱註

> 知者之事也.

---

301) 호광 편(胡廣 編), 『논어집주대전(論語集註大全)』「옹야(雍也)」.

302) 성인이 말하는 귀신은 바르지 않음이 없는 …… 엄하게 하면서도 모독하지 않는 것일 뿐이다 : 『논어집주대전』「옹야(雍也)」에는 "어떤 이가 물었다. '이른바 귀신은 제사 전적에서 바른 것이 아닌데, 무엇 때문에 사람들이 공경해서 제사 전적의 바른 것으로 여기게 하고, 또 무엇 때문에 사람들이 멀리하게 합니까?' 답하였다. '성인이 말하는 귀신은 바르지 않음이 없는 것입니다. '멀리한다'라고 한 것은 그것이 초현실적인 것이기 때문에 엄하게 하면서도 모독하지 않는 것일 뿐입니다. 바르지 않다면 성인이 어찌 다시 귀신을 말했겠습니까? …… (或問 : '所謂鬼神非祀典之正, 何以使人敬之以爲祀典之正, 又何以使人遠之.' 曰 : '聖人所謂鬼神無不正也. 曰'遠者', 以其處幽, 故嚴之而不瀆耳. 若其非正, 則聖人豈復謂之鬼神哉. ……')"라고 되어 있다.

지혜로운 자의 일이다.

詳說

○ 朱子曰："知字說, 較近外, 就事上說."303)
주자(朱子 : 朱熹)가 말하였다. "지(知 : 지혜롭다)는 글자의 설명은 비교적 바깥에 가까운 것이니, 일로 말하였다."304)

朱註

先其事之所難, 而後其效之所得, 仁者之心也.
그 일의 어려운 것을 먼저 하고 그 효과로 얻을 것을 뒤로 함은 어진 자의 마음이다.305)

詳說

○ 二其字, 汎指.

---

303) 호광 편(胡廣 編), 『논어집주대전(論語集註大全)』「옹야(雍也)」. 이는 다음 구절에 나오는 인자의 마음과 결부하여 『주자어류(朱子語類)』 권31, 「논어13(論語十三)」, 64조목에서 다음과 같이 논의된다. "『논어집주(論語集註)』의 '인자의 마음과 지자의 일'에 대하여 묻자, 주자(朱子 : 朱熹)가 말하였다. '사람이 지켜야할 도리를 힘쓰고 귀신을 공경하는 것'은 일의 방면을 가지고 말한 것이다. '어려운 일을 먼저하고 얻는 것을 뒤에 한다'는 것은 처한 마음이 쌓인 곳을 가지고 말하였다. '인(仁)'자는 비교적 내부에 가까운 것을 말하였고, '지(知)'자는 비교적 바깥과 가까운 것을 말하였다.'(問『集注』'仁之心, 知之事.' 曰: ''務民之義, 敬鬼神', 是就事上說. '先難後獲', 是就處心積慮處說. '仁'字說較近裏, '知'字說較近外.')"

304) 지(知 : 지혜롭다)는 글자의 설명은 비교적 바깥에 가까운 것이니, 일로 말하였다 : 『논어집주대전』「옹야(雍也)」에는 "물었다. '지혜로운 일과 어진 마음은 무엇입니까?' 말하였다. '도리에 힘쓰고 귀신을 공경하는 것은 일로 설명한 것이고, 어려운 일을 먼저 하고 가져올 것을 뒤로 하는 것은 마음을 쓰면서 생각을 쌓아가는 것으로 말한 것입니다. 일은 마음에 따라 하는 것이지만 어질다는 말의 설명은 비교적 안에 가까운 것으로 말한 것이고, 지혜롭다는 말의 설명은 비교적 바깥에 가까운 것으로 말한 것입니다.'(問 : '知之事, 仁之心.' 曰 : '務義敬神, 是就事上說, 先難後獲, 是就處心積慮上說. 事也, 從心裏做出來, 然仁字說較近裏, 知字說較近外.')"라고 되어 있다.

305) 그 일의 어려운 것을 먼저 하고 그 효과로 얻을 것을 뒤로 함은 : 『주자어류(朱子語類)』 권32, 「논어14(論語十四)」, 58조목에 보면, "'인자는 어려운 일을 먼저하고 얻는 것을 뒤에 한다.'는 것에 대해 물으니 주희가 말하였다. '획이라는 것은 바란다는 뜻이 있는데 배우는 사람들은 인의 방면에서 공부가 가장 어렵다. 다만 사람들이 하기 어려워하는 것을 먼저 하고 반드시 바라는 마음을 갖지 않아야 한다.'(問 '仁者先難而後獲.' 曰: '獲, 有期望之意, 學者之於仁, 工夫最難. 但先爲人所難爲, 不必有期望之心, 可也.')"라고 하였다.

'선기사지소난, 이후기효지소득(先其事之所難, 而後其效之所得)'에서, 두 번의 '其(그)'라는 글자는 일반적으로 가리키는 것이다.

○ **董氏仲舒曰 : "仁人者, 正其義, 不謀其利, 明其道, 不計其功."**[306]

동중서가 말하였다. "어진 사람은 그 의리를 바르게 하고 이익을 도모하지 않으며, 그 도를 밝히고 그 공을 따지지 않는다."[307]

○ **朱子曰 : "仁字說, 較近裏, 就處心說."**[308]

주자(朱子 : 朱熹)가 말하였다. "인(仁 : 어질다)이라는 글자의 설명은 비교적 안에 가까우니, 마음을 쓰는 것으로 설명하였다."[309]

○ **釋畢.**

경문의 풀이가 끝났다.

○ **此下又著其言外之正意.**

이 아래에서는 또 그 말 밖의 바른 의미를 드러냈다.

朱註

此必因樊遲之失而告之.

이는 반드시 번지(樊遲)의 결함에 따라 말해 준 것이다.

---

306) 호광 편(胡廣 編), 『논어집주대전(論語集註大全)』「옹야(雍也)」.

307) 어진 사람은 그 의를 바르게 하고 …… 그 도를 밝히고 그 공을 따지지 않는다 : 『논어집주대전』「옹야(雍也)」에는 "주자(朱子 : 朱熹)가 말하였다. '동자가 말한 「어진 사람은 그 의를 바르게 하고 이익을 도모하지 않으며, 그 도를 밝히고 그 공을 따지지 않는다.」라는 것이 바로 이것을 말한다.'(朱子曰 : '董子所謂, 仁人者, 正其義, 不謀其利, 明其道, 不計其功, 正謂此也.')"라고 되어 있다.

308) 호광 편(胡廣 編), 『논어집주대전(論語集註大全)』「옹야(雍也)」. ; 『주자어류(朱子語類)』 권31, 「논어13(論語十三)」, 64조목.

309) 인(仁 : 어질다)이라는 글자의 설명은 비교적과 안에 가까우니, 마음을 쓰는 것으로 설명하였다 : 『논어집주대전』「옹야(雍也)」에는 "물었다. '지혜로운 일과 어진 마음은 무엇입니까?' 말하였다. '도리에 힘쓰고 귀신을 공경하는 일은 일로 설명한 것이고, 어려운 일을 먼저 하고 가져올 것을 뒤로 하는 것은 마음을 쓰면서 생각을 쌓아가는 뜻으로 말한 것입니다. 일은 마음에 따라 하는 것이지만 인(仁 : 어질다)이라는 글자의 설명은 비교적 안에 가까운 것으로 말한 것이고, "지(知 : 지혜롭다)는 글자의 설명은 비교적 바깥에 가까운 것으로 말한 것입니다.(問 : '知之事, 仁之心.' 曰 : '務義敬神, 是就事上說, 先難後獲, 是就處心積慮上說. 事也, 從心裏做出來, 然仁字說較近裏, 知字說較近外.')"라고 되어 있다.

詳說

○ 朱子曰 : "遲蓋有先獲之病, 故旣告以此, 又以先事後得警之."[310]

주자(朱子 : 朱熹)가 말하였다. "번지에게는 가져올 것을 먼저 하는 병이 있기 때문에 이렇게 말해준 다음에 또 어려운 일을 먼저 하고 얻을 것을 뒤로 하는 것으로 경계하였다."[311]

○ 蓋亦有强知鬼神之病者歟.

아마도 또한 귀신에 대해 억지로 알려는 병이 있었던 것 같다.

朱註

程子曰 : "人多信鬼神, 惑也, 而不信者, 又不能敬, 能敬能遠可謂知矣."

정자가 말하였다. "사람들이 대부분 귀신을 믿는 것은 미혹된 것이고, 믿지 않는 자는 또 공경하지 않으니, 공경하면서도 멀리할 수 있다면 지혜롭다고 말할 수 있다."

詳說

○ 叔子.

'정자왈(程子曰)'에서 '정자(程子)'는 동생 정이(程頤)이다.

○ 汎言常人.

'사람들'은 일반적으로 보통 사람들을 말하였다.

○ 不及者也, 敬之過.

중도에 미치지 못한 자들은 공경하는 것이 지나치다.

○ 過者也, 遠之過.

중도를 지나친 자들은 멀리하는 것이 지나치다.

310) 호광 편(胡廣 編), 『논어집주대전(論語集註大全)』「옹야(雍也)」.

311) 번지에게는 가져올 것을 먼저 하는 병이 있기 때문에 …… 뒤로 하는 것으로 경계하였다 : 『논어집주대전』「옹야(雍也)」에는 "…… 번지에게는 가져올 것을 먼저 하는 병이 있기 때문에 공자가 이렇게 말해 준 다음에 또 어려운 일을 먼저 하고 얻을 것을 뒤로 하는 것으로 말해 주었으니, 경계를 지극하게 한 것이다.(樊遲蓋有先獲之病, 故夫子旣告以此, 又以先事後得告之, 警之至矣.)"라고 되어 있다.

朱註

又曰 : "先難克己也, 以所難爲先, 而不計所獲, 仁也."

또 말하였다. "어려운 일을 먼저 함은 자신을 극복하는 일이니, 어려운 일을 먼저하고 가져올 것을 헤아리지 않음이 어진 것이다."

詳說

○ 己也以上, 伯子, 以所以下, 叔子.

'자신을 극복하는 일이니[克己也]'라는 말 위로는 형 정호(程顥)의 말이고, '어려운 일을 먼저하고[以所難爲先]'라는 말 아래로는 동생 정이(程頤)의 말이다.

○ 朱子曰 : "計效乃私心."[312)]

주자(朱子 : 朱熹)가 말하였다. "공을 헤아리는 것이 바로 사사로운 마음이다."[313)]

○ 新安陳氏曰 : "先難, 所包者濶. 程子擧甚難者言克己, 而求仁之功莫先."[314)]

신안 진씨(新安陳氏 : 陳櫟)가 말하였다. "'어려운 일을 먼저 한다.'라는 표현은 포함하는 것이 넓어 정자가 아주 어려운 것을 들어 자신을 극복하는 것을 말했으니, 어짊을 구하는 일에 이보다 앞서는 것은 없다."[315)]

朱註

呂氏曰 : "當務爲急,

여씨(呂氏)가 말하였다. "힘써야 할 것을 급하게 여기고,

---

312) 호광 편(胡廣 編), 『논어집주대전(論語集註大全)』「옹야(雍也)」.

313) 공을 헤아리는 것이 바로 사사로운 마음이다 : 『논어집주대전』「옹야(雍也)」에는 "어진 자는 자신에게 사사로운 마음이 없을지라도 어떻게 스스로 감히 그렇다고 말하겠는가? 자신을 극복하는 것은 바로 반드시 사사로운 마음을 제거하는 것이다. 만약 또 공으로 얻을 것을 헤아리면 바로 사사로운 마음이다. 오직 이렇게 사사로운 마음이면 어질지 않은 것이다.(仁者, 雖己無私, 然安敢自謂己無私乎. 克己, 正是要克去私心. 若又計其效之所得, 乃私心也, 只此私心便是不仁.)"라고 되어 있다.

314) 호광 편(胡廣 編), 『논어집주대전(論語集註大全)』「옹야(雍也)」.

315) '어려운 일을 먼저 한다.'는 것은 …… 어짊을 구하는 일에 이보다 앞서는 것은 없다 : 『논어집주대전』「옹야(雍也)」에는 "'어려운 일을 먼저한다.'라는 표현은 포함하는 것이 넓어 본래 자신을 극복하는 것만이 아니다. 정자가 말한 자신을 극복한다는 것은 어려운 일 가운데 또 심한 것을 들어 말한 것이니, 어짊을 구하는 일에 이보다 앞서는 것은 없다.(先難, 所包者闊. 本不但言克己. 程子謂克己, 是於所難之中, 又擧甚者言之, 而求仁之功莫先焉.)"라고 되어 있다.

詳說

○ 見『孟子』「盡心」.

『맹자(孟子)』「진심상」에 보인다.[316]

○ 當務之事, 爲急.

힘써야 할 일을 급하게 여기는 뜻이다.

○ 務民之義.

백성들이 지켜야 할 도리를 힘쓴다는 것이다.

朱註

不求所難知, 力行所知, 不憚所難爲.

알기 어려운 것을 구하지 않으며, 아는 바를 힘써 행하고, 하기 어려운 바를 꺼리지 말아야 한다."

詳說

○ 如字下同.

'지(知 : 안다)'는 본래의 음으로 읽고, 아래에서도 같다.

○ 敬鬼神而遠之.

'불구소난지(不求所難知 : 알기 어려운 것을 구하지 않으며)'는 귀신을 공경하면서도 멀리하는 것이다.

○ 承上句知字.

'역행소지(力行所知 : 아는 바를 힘써 행하고)'는 앞의 구절에서 지(知 : 안다)라는 글자를 이어받았다.

○ 朱子曰 : "此五字, 後獲意, 未備."[317]

---

316) 『맹자(孟子)』「진심」에 보인다 : 『맹자(孟子)』「진심상」에 "맹자가 말하였다. '지혜로운 자는 알지 않음이 없으나, 힘써야 할 일을 급선무로 여기고, 어진 자는 사랑하지 않음이 없으나, 어진 이를 친히 함을 급선무로 여긴다. 요·순의 지혜로 물건을 두루 알지 않음은 먼저 해야 할 일을 급히 여겼기 때문이고, 요·순의 어짊으로 사람을 두루 사랑하지 않음은 어진 이를 친히 함을 급히 여겼기 때문이다.'(孟子曰 : '知者, 無不知也, 當務之爲急, 仁者, 無不愛也, 急親賢之爲務. 堯舜之知, 而不徧物, 急先務也, 堯舜之仁, 不徧愛人. 急親賢也.')"라는 말이 있다.

317) 호병문(胡炳文), 『논어통(論語通)』「옹야(雍也)」.

주자(朱子 : 朱熹)가 말하였다. "여기에서 '불탄소난위(不憚所難爲 : 하기 어려운 바를 꺼리지 말아야 한다)'는 다섯 글자는 가져올 것을 뒤로 한다는 의미가 갖추어지지 않았다."318)

○ 用力處在先難. 能先難, 則後獲之意, 自在其中, 故略之歟.

힘을 쓰는 일은 어려운 것을 먼저 하는 데 있다. 어려운 일을 먼저 할 수 있으면 가져올 것을 뒤로 한다는 말의 의미는 저절로 그 가운데 있기 때문에 생략한 것 같다.

318) 가져올 것을 뒤로 한다는 의미가 갖추어지지 않았다 : 호병문(胡炳文), 『논어통(論語通)』「옹야(雍也)」에는 "『문집』에서는 본래 오직 여씨의 말을 쓰려고 했는데, 뒤의 구절에 가져올 것을 뒤로 한다는 의미가 갖추어지지 않았다. 그러므로 별도로 말했으나, 또 그 말이 다른 설명이 미칠 수 있는 것이 아니었기 때문에 뒤에 두었다.(文集, 本欲只用呂說, 後見其後獲意未備. 故別下語, 又惜其語非他說所及, 故存之於後.)"라고 되어 있다.

[6-21-1]

子曰 : "知者樂水, 仁者樂山, 知者動, 仁者靜, 知者樂, 仁者壽."
공자가 말하였다. "지자(智者)는 물을 좋아하고 인자(仁者)는 산을 좋아하며, 지자는 동적이고 인자는 정적이며, 지자는 즐거워하고 인자는 장수한다."

朱註

知, 去聲. 樂上二字, 幷五教反, 下一字, 音洛. 樂, 喜好也.
'지자(知者)'의 '지(知)'자는 거성이다. 앞에 있는 두 '요(樂 : 좋아하다)'는 모두 '오(五)'와 '교(教)'의 반절(反切)이고, 뒤에 하나의 '락(樂 : 즐기다)'자는 음이 '락(洛)'이다. '좋아한다[樂]'는 기뻐하고 좋아하는 것이다.

詳說

○ 上二字.
'좋아한다[樂]'는 것은 앞의 두 글자[知仁]이다.

○ 去聲.
'호(好 : 좋아하다)'자는 거성이다.

○ 訓.
훈고이다.

朱註

知者, 達於事理, 而周流無滯, 有似於水, 故樂水.
지자는 사리에 통달하여 두루 유통하고 막힘이 없어서 물과 비슷하기 때문에 물을 좋아한다.

詳說

○ 雲峰胡氏曰 : "事無定用, 含動意."[319]
운봉 호씨(雲峯胡氏 : 胡炳文)가 말하였다. "사(事)에는 정해진 운용이 없으니 움직이는 의미를 포함하고 있다."[320]

---

319) 호광 편(胡廣 編), 『논어집주대전(論語集註大全)』「옹야(雍也)」.
320) 사(事)에는 정해진 운용이 없으니 움직이는 의미를 포함하고 있다 : 『논어집주대전』「옹야(雍

○ **朱子曰 : "如子貢之徒."**[321]

주자(朱子 : 朱熹)가 말하였다. "자공과 같은 무리이다."[322]

朱註

仁者安於義理, 而厚重不遷, 有似於山, 故樂山.

인자는 의리에 편안하여 중후하고 옮기지 않아서, 산과 비슷하기 때문에 산을 좋아한다.

詳說

○ **雲峰胡氏曰 : "義有定, 則含靜意."**[323]

운봉 호씨(雲峯胡氏 : 胡炳文)가 말하였다. "의(義)에는 정해짐이 있으니 고요한 의미를 포함하고 있다."[324]

○ **朱子曰 : "如顏子之徒."**[325]

也)」에는 "『집주(集註)』의 '사리(事理)'와 '의리(義理)'는 리(理)라는 말 하나일 뿐이다. 하나의 사(事)에는 하나의 이치가 갖추어져 있기 때문에 '사리(事理)'라고 한다. 물(物)에서는 의(義)가 되기 때문에 '의리(義理)'라고 한다. 사(事)에는 정해진 운용이 없으니 움직이는 의미를 포함하고, 의(義)에는 정해짐이 있으니 고요한 의미를 포함하고 있다.(『集註』, 事理義理四字, 理一而已, 一事各具一理, 故曰事理. 在物爲理. 處物爲義, 故曰義理. 事無定用, 含動意, 義有定, 則含靜意.)"라고 되어 있다.

321) 호광 편(胡廣 編), 『논어집주대전(論語集註大全)』「옹야(雍也)」.

322) 자공과 같은 무리이다 : 『논어집주대전』「옹야(雍也)」에는 "이는 인과 지를 겸하여 말한 것이 아니라 각기 그 하나의 몸체로 말하였다. 세상에는 일반적으로 돈후한 사람이 있고 투철한 사람이 있는데, 각기 그 재질에 따라 성취하는 것이 있으니, 안자 같은 무리는 인자이고, 자공 같은 무리는 지자라는 것은 일반적으로 천하에 이런 두 종류의 사람이 있다는 것이다.(此不是兼仁知而言, 是各就其一體而言. 世自有一般渾厚底人, 一般通曉底人, 各隨其材有所成就, 如顏子之徒是仁者, 子貢之徒是知者, 是泛說天下有此兩般人耳.)"라고 되어 있다.

323) 호광 편(胡廣 編), 『논어집주대전(論語集註大全)』「옹야(雍也)」.

324) 의(義)에는 정해짐이 있으니 고요한 의미를 포함하고 있다 : 『논어집주대전』「옹야(雍也)」에는 "『논어집주(論語集註)』의 '사리(事理)'와 '의리(義理)'는 리(理)라는 말 하나일 뿐이다. 하나의 사(事)에는 하나의 이치가 갖추어져 있기 때문에 '사리(事理)'라고 한다. 물(物)에서는 의(義)가 되기 때문에 '의리(義理)'라고 한다. 사(事)에는 정해진 운용이 없으니 움직이는 의미를 포함하고, 의(義)에는 정해짐이 있으니 고요한 의미를 포함하고 있다.(『集註』, 事理義理四字, 理一而已, 一事各具一理, 故曰事理. 在物爲理. 處物爲義, 故曰義理. 事無定用, 含動意, 義有定, 則含靜意.)"라고 되어 있다.

주자(朱子 : 朱熹)가 말하였다. "안자와 같은 무리이다."[326]

○ 所好, 各從其性之所近.

좋아하는 것이 각기 그 성정의 가까운 것을 따른다.

朱註

動靜, 以體言, 樂壽, 以效言也.

움직임과 고요함은 몸체로 말한 것이고,[327] 즐거워함과 장수함은 효과로 말한 것이다.

詳說

○ 朱子曰 : "知者, 動意思常多. 仁者, 靜意思常多. 知仁動靜, 是體段模樣意思如此."[328]

주자(朱子 : 朱熹)가 말하였다. "지자는 움직이려는 생각이 항상 많고, 인자는 고요하게 있으려는 생각이 항상 많다. 지와 인, 움직임과 고요함은 몸의 상태와 생각이 이와 같은 것이다."[329]

---

325) 호광 편(胡廣 編), 『논어집주대전(論語集註大全)』「옹야(雍也)」.

326) 안자와 같은 무리이다 : 『논어집주대전』「옹야(雍也)」에는 "이것은 인과 지를 겸하여 말한 것이 아니라 각기 그 하나의 몸체로 말하였다. 세상에는 일반적으로 돈후한 사람이 있고 투철한 사람이 있는데, 각기 그 재질에 따라 성취하는 것이 있으니, 안자 같은 무리는 인자이고, 자공 같은 무리는 지자라는 것은 일반적으로 천하에 이런 두 종류의 사람이 있다는 것이다.(此不是兼仁知而言, 是各就其一體而言. 世自有一般渾厚底人, 一般通曉底人, 各隨其材有所成就, 如顏子之徒是仁者, 子貢之徒是知者, 是泛說天下有此兩般人耳.)"라고 되어 있다.

327) 움직임과 고요함은 몸체로 말한 것이고 : 『주자어류(朱子語類)』 권32, 「논어14(論語十四)」, 86조목에는 "물었다. ''지자는 동적이다'라는 것을 『논어집주(論語集註)』에서는 동은 지의 체라고 했고, '지자는 물을 좋아한다'는 것에서는 또한 '그 쓰임이 두루 흘러 끝이 없다'라 하여 체와 용이 서로 비슷하다고 했는데 어떻습니까?' 주희가 말하였다. '문자를 보니 모름지기 뜻이 살아 있어 부분적으로 정할 수가 없다. 지를 인에 대하여 말하면 인은 체이고 지는 용이다. 지만을 가지고 말하면 지 또한 그 나름대로 체와 용을 가지고 있다. '건도는 남자가 되고, 곤도는 여자가 된다'와 같은 것은 어찌 남자는 모두 음이 없겠으며, 여자는 모두 양이 없겠느냐? 이렇게 서로 섞어 보아야 한다. 그러나 대체로 인은 체이고 지는 용일 뿐이다.'(問: ''知者動', 集注以動爲知之體 ; '知者樂水', 又曰: '其用周流而不窮' ; 言體 · 用相類, 如何?' 曰: '看文字須活著意思, 不可局定. 知對仁言, 則仁是體, 知是用. 只就知言, 則知又自有體 · 用. 如'乾道成男, 坤道成女', 豈得男便都無陰? 女便都無陽? 這般須相錯看. 然大抵仁都是箇體, 知只是箇用.')"라고 하였다.

328) 호광 편(胡廣 編), 『논어집주대전(論語集註大全)』「옹야(雍也)」.

○ 又曰 : "體字, 若作體用之體, 則不可. 仁之體, 可謂之靜, 則知之體, 亦可謂之靜."330)

또 말하였다. "몸체라는 말은 몸체와 작용이라고 할 때의 몸체와 같이하면 안 되니, 인의 몸체가 고요하다고 하면 지의 몸체도 고요하다고 해야 한다."331)

○ 下一字.

'락수(樂壽 : 즐거워함과 장수함)'은 뒤에 나오는 하나의 '락(樂 : 즐기다)'자이다.

○ 慶源輔氏曰 : "功效."332)

'이효언야(以效言也: 효과로 말한 것)'에 대해, 경원 보씨(慶源輔氏 : 輔廣)가 말하였다. "공효이다."333)

○ 此對擧動靜樂壽作總提, 而此下, 不復釋動靜, 只釋樂壽.

여기에서는 대조하여 움직임과 고요함, 좋아함과 장수함을 들어 총체적으로 제시했고, 이 아래에서는 다시 움직임과 고요함을 풀이하지 않고 좋아함과 장수함만 풀이하였다.

---

329) 지자는 움직이려는 생각이 항상 많고 …… 몸의 상태와 생각이 이와 같은 것이다 : 『논어집주대전』「옹야(雍也)」에는 "지자는 움직이려는 생각이 항상 많기 때문에 움직임을 위주로 하고, 인자는 고요하게 있으려는 생각이 항상 많기 때문에 고요함을 위주로 한다. 지금 물이 연못에 고여 있어 깊어 측량할 수 없는 것은 고요함인데, 힘차게 흘러 주야로 쉬지 않게 되기 때문에 움직임을 주로 한다. 산의 감싸고 발육하는 뜻은 움직임인데, 무거운 것을 편안히 여겨 옮겨가지 않기 때문에 고요함을 주로 한다. 그러므로 지와 인, 움직임과 고요함은 몸의 상태와 생각이 이와 같은 것이다.(知者, 動意思常多, 故以動爲主. 仁者, 靜意思常多, 故以靜爲主. 今夫水淵深不測, 是靜也, 及滔滔而流日夜不息, 故主於動. 山包藏發育之意, 是動也, 而安重不遷, 故主於靜. 故知仁動靜, 是體段模樣意思如此.)"라고 되어 있다.

330) 호광 편(胡廣 編), 『논어집주대전(論語集註大全)』「옹야(雍也)」.

331) 몸체라는 말은 몸체와 작용이라고 …… 지의 몸체도 고요하다고 해야 한다 : 『논어집주대전』「옹야(雍也)」에는 "물었다. '몸체라는 말은 단지 인과 지를 형용하는 몸체라면 괜찮지만 몸체와 작용이라고 할 때의 몸체라면 안 됩니다. 인의 몸체가 고요하다고 하면, 지의 몸체도 고요하다고 해야 하니, 이른바 몸체라는 것은 그 덕을 형용한 것일 뿐입니다.' 대답하였다. '몸체와 작용에 대해 말한 것이 아주 좋습니다.'(問 : '體字, 只作形容仁知之體段, 則可, 若作體用之體, 則不可. 仁之體, 可謂之靜, 則知之體, 亦可謂之靜, 所謂體者, 但形容其德耳.' 曰 : '所論體用, 甚善.')"라고 되어 있다.

332) 호광 편(胡廣 編), 『논어집주대전(論語集註大全)』「옹야(雍也)」.

333) 공효이다 : 『논어집주대전』「옹야(雍也)」에는 "'즐거워함과 장수함은 효과로 말한 것이다.'에서 효과는 공효를 말한다.(樂壽以效言, 效謂功效.)"라고 되어 있다.

朱註

動而不括, 故樂, 靜而有常, 故壽.

움직여서 막히지 않기 때문에 즐거워하는 것이고, 고요하여 일정함이 있기 때문에 장수하는 것이다.

詳說

○ 出『易』「繫辭」. 括, 結也.

'움직여서 막히지 않는다'는 『주역(周易)』「계사전하(繫辭傳下)」가 출처이다.334) '막힌다[括]'는 말은 '묶었다[結]'는 것이다.

○ 朱子曰 : "樂是處得當理, 而不擾之意."335)

'동이불괄, 고락(動而不括, 故樂 : 움직여서 막히지 않기 때문에 즐거워하는 것)'에 대해, 주자(朱子 : 朱熹)가 말하였다. "즐거워한다는 것은 처소에서 이치에 합당함을 얻어 어지럽지 않다는 의미이다."336)

○ 又曰 : "知有箇快活底意思."337)

또 말하였다. "지(知)에는 쾌활하다는 의미가 있다."

○ 朱子曰 : "仁有箇長遠底意思."338)

'정이유상, 고수(靜而有常, 故壽 : 고요하여 일정함이 있기 때문에 장수하는 것)'에 대해, 주자(朱子 : 朱熹)가 말하였다. "인(仁)에는 길고 멀다는 의미가 있다."

○ 又曰 : "仁自有壽之理, 不可以顏子看."339)

---

334) 『주역(周易)』「계사전하(繫辭傳下)」가 출처이다 : 『주역(周易)』「계사전하(繫辭傳下)」에서 "움직여서 막히지 않는다. 이 때문에 나가서 얻음이 있는 것이니, 기물을 이루고 움직임을 말한 것이다.(動而不括. 是以出而有獲, 語成器而動者也.)"라는 말이 있다.

335) 호광 편(胡廣 編), 『논어집주대전(論語集註大全)』「옹야(雍也)」.

336) 즐거워한다는 것은 처소에서 이치에 합당함을 얻어 어지럽지 않다는 의미이다 : 『논어집주대전』「옹야(雍也)」에는 "인은 발생을 주로 하고 지는 사물을 두루 한다. 인자는 일신이 혼연히 전부 천리이기 때문에 정적이어서 산을 좋아하고 장수한다. 장수한다는 것은 유구하다는 의미이다. 지자는 사물의 사이를 두루 흘러가기 때문에 동적이어서 물을 좋아하고 또 즐거워한다. 즐거워한다는 것은 처소에서 이치에 합당함을 얻어 어지럽지 않다는 의미이다.(仁主發生, 知周事物. 仁者, 一身混然全是天理, 故靜而樂山且壽. 壽, 是悠久之意. 知者, 周流事物之間, 故動而樂水且樂. 樂是處得當理, 而不擾之意.)"라고 되어 있다.

337) 호광 편(胡廣 編), 『논어집주대전(論語集註大全)』「옹야(雍也)」.

338) 호광 편(胡廣 編), 『논어집주대전(論語集註大全)』「옹야(雍也)」.

또 말하였다. "인에 본래 장수한다는 이치가 있는 것은 안자를 가지고 봐서는 안 된다."340)

○ **釋畢.**

경문의 풀이가 끝났다.

朱註

程子曰 : "非體仁知之深者, 不能如此形容之."

정자가 말하였다. "인(仁)과 지(智)를 깊이 체득한 자가 아니면 이처럼 형용할 수 없을 것이다."

詳說

○ **叔子.**

'정자왈(程子曰)'에서 '정자(程子)'는 동생 정이(程頤)이다.

○ **朱子曰 : "體, 謂人在那裏做骨子."**341)

주자(朱子 : 朱熹)가 말하였다. "체득한다는 것은 사람이 속에서 뼈대를 만드는 일을 말한다."342)

○ **雙峯饒氏曰 : "以身體之."**343)

쌍봉 요씨(雙峰饒氏 : 饒魯)가 말하였다. "몸으로 체득하는 것이다."344)

---

339) 호광 편(胡廣 編), 『논어집주대전(論語集註大全)』「옹야(雍也)」.

340) 인에 본래 장수한다는 이치가 있는 것은 안자를 가지고 봐서는 안 된다 : 『논어집주대전』「옹야(雍也)」에서 "인에 본래 장수한다는 이치가 있는 것은 안자를 가지고 봐서는 안 되니, 이를테면 곧지 않으면서 사는 것은 죽음을 요행히 벗어난 일과 같은 뜻으로 곧지 않은 것에는 죽는 이치가 있다.(仁自有壽之理, 不可以顏子來插看, 如罔之生幸而免, 罔亦是有死之理.)"라고 하였다.

341) 호광 편(胡廣 編), 『논어집주대전(論語集註大全)』「옹야(雍也)」.

342) 체득한다는 것은 사람이 속에서 뼈대를 만드는 일을 말한다 : 『논어집주대전』「옹야(雍也)」에는 "인을 체득한다는 것은 사람이 속에서 뼈대를 만든다는 것을 말한다.(體仁, 謂人在那仁裏做骨子.)"라고 되어 있다.

343) 호광 편(胡廣 編), 『논어집주대전(論語集註大全)』「옹야(雍也)」.

344) 몸으로 체득하는 것이다 : 『논어집주대전』「옹야(雍也)」에는 "인을 체득한다는 것은 몸으로 체득하는 것이니, 군자가 인을 체득한다고 할 때의 체득한다는 것과 같다. 공자는 인과 지를 깊이 체득한 자이다.(體仁, 是以身體之, 如君子體仁之體. 夫子體仁知之深者.)"라고 되어 있다.

○ 新安陳氏曰 : "指孔子."[345]

신안 진씨(新安陳氏 : 陳櫟)가 말하였다. "'인(仁)과 지(智)를 깊이 체득한 자'는 공자를 가리킨다."[346]

○ 朱子曰 : "惟聖人兼仁知. 故樂水樂山, 皆兼之. 自聖人以下, 成就各有偏處."[347]

주자(朱子 : 朱熹)가 말하였다. "성인만이 인과 지를 겸할 뿐이다. 그러므로 물을 좋아하고 산을 좋아하는 일은 모두 겸한 것이다. 성인의 아래 단계는 성취에 각기 치우친 것이 있다."

---

345) 호광 편(胡廣 編), 『논어집주대전(論語集註大全)』「옹야(雍也)」.

346) 공자를 가리킨다 : 『논어집주대전』「옹야(雍也)」에는 "공자는 지자와 인자로 나눠 말하였다. 정자는 인과 지를 합해 말했으니, 이른바 인과 지를 깊이 체득한 자는 공자를 가리킨다.(夫子以知者仁者分言. 程子以仁知合言, 所謂體仁知之深者, 蓋指孔子也.)"라고 되어 있다.

347) 호광 편(胡廣 編), 『논어집주대전(論語集註大全)』「옹야(雍也)」에 주자의 말로 "惟聖人兼仁知. 故樂山樂水, 皆兼之. 自聖人而下, 成就各有偏處."라고 실려 있다.

[6-22-1]

子曰："齊一變, 至於魯, 魯一變, 至於道."
공자가 말하였다. "제(齊)나라가 한 번 변화하면 노(魯)나라에 이르고, 노나라가 한 번 변화하면 선왕(先王)의 도(道)에 이를 것이다."

朱註

孔子之時, 齊俗急功利, 喜夸詐, 乃霸政之餘習. 魯則重禮教, 崇信義, 猶有先王之遺風焉, 但人亡, 政息, 不能無廢墜爾. 道, 則先王之道也.
공자 당시에 제(齊)나라의 풍속은 공리를 우선으로 여기고 과장과 속임을 좋아했으니, 바로 패도정치의 남은 습속이었다. 노(魯)나라는 예교를 중시하고 신의를 숭상하여 아직까지도 선왕의 유풍이 남아 있었으나, 다만 어진 사람이 죽고 훌륭한 정치가 없어져 폐지됨과 실추됨이 없을 수 없었다. 도는 선왕의 도이다.

詳說

○ 以功利爲急.
'제나라'는 공리를 우선으로 여겼다.

○ 桓公之政.
'패도정치(霸政)'는 환공의 정치이다.

○ 周公之風.
'예교를 중시하고 신의를 숭상하는 일(禮教, 崇信義)'은 주공의 유풍이다.

○ 聖賢旣沒.
'어진 사람이 죽다(人亡)'는 성현이 이미 없어졌다는 말이다.

○ 一作耳.
'이(爾)'자는 어떤 판본에는 '이(耳)'자로 되어 있다.

○ 先論二國之政俗, 因以作齊魯二字之訓.
먼저 두 나라의 정치와 풍속을 말하고, 이어서 제·노(齊·魯) 두 글자의 훈고를 하였다.

○ 訓畢.
훈고가 끝났다.

朱註

言二國之政, 俗有美惡, 故其變而之道有難易.

두 나라의 정치는 풍속에 좋고 나쁜 차이가 있기 때문에 그 변화하여 선왕의 도로 나아감에 어렵고 쉬움이 있다는 말이다.

詳說

○ 往也. 往而後能至也.

'지도(之道)'의 '지(之)'자는 '간다[往]'는 말이다. 나아간 다음에 이를 수 있다.

○ 去聲.

'난이(難易)'에서 '이(易 : 쉽다)'자는 거성이다.

○ 齊惡故難, 魯美故易.

제나라는 나빴기 때문에 어려웠고, 노나라를 좋았기 때문에 쉬웠다.

○ 合釋畢.

경문의 풀이에 대한 종합이 끝났다.

○ 雲峰胡氏曰 : "此章所以辨王伯者, 嚴矣."

운봉 호씨(雲峯胡氏 : 胡炳文)가 말하였다. "이 장에서 왕도와 패도를 변별한 것은 엄격하다."

朱註

程子曰 : "夫子之時, 齊強魯弱, 孰不以爲齊勝魯也?

정자가 말하였다. "공자 당시에 제(齊)나라는 강하고 노(魯)나라는 약했으니, 누구인들 제나라가 노나라보다 낫다고 생각하지 않았겠는가?

詳說

○ 叔子.

'정자왈(程子曰)'에서 '정자(程子)'는 동생 정이(程頤)이다.

○ 先以勢而反說.

먼저 기세를 가지고 반대로 말하였다.

朱註

然魯猶存周公之法制, 齊由桓公之霸, 爲從簡尙功之治,
그러나 노나라는 아직도 주공(周公)의 법제가 남아 있었고, 제나라는 환공(桓公)의 패도로 말미암아 간략함을 따르고 공을 숭상하는 정치를 하여

詳說

○ 去聲.
'상공지치(尙功之治)'에서 '치(治 : 정치)'자는 거성이다.

○ 見『史記』「魯世家」及『呂氏春秋』.
『사기(史記)』「노세가(魯世家)」와 『여씨춘추』에 보인다.

朱註

太公之遺法, 變易盡矣.
태공(太公)의 유법이 모두 없어져 버렸다.

詳說

○ 朱子曰 : "太公合下, 便有這意思, 如擧賢尙功可見."348)
주자(朱子 : 朱熹)가 말하였다. "태공에게는 처음부터 이런 뜻이 있었으니, 이를테면 현자를 천거하고 공을 숭상하는 일과 같은 것으로 알 수 있다."

○ 按, 從簡尙功太公之法, 已如此. 故周公嘗非之, 而此作桓公事, 且回護太公, 蓋太公之從簡尙功, 未至如桓公之甚也.
살펴보건대, 간편함을 따르고 공을 숭상하는 태공의 법이 이와 같다. 그러므로 주공이 일찍이 비난했는데, 여기에서 태공의 일을 일으키고 또 태공으로 돌아가서 비호하고 있으니, 태공의 간편함을 따르고 공을 숭상하는 것은 환공처럼 심하게 되지는 않았기 때문이다.

○ 此上先魯後齊, 寓抑揚之意也. 此下先齊後魯, 依本文之勢也.
이 위에서는 노나라를 먼저 하고 제나라를 뒤로 했으니, 억누르고 치켜 올리는 의미이다. 이 아래에서는 제나라를 먼저 하고 노나라를 뒤로 했으니, 경문의 추세를 따른 것이다.

---

348) 『주자어류(朱子語類)』 권32, 「논어14(論語十四)」, 8조목.

朱註

故一變, 乃能至魯. 魯, 則修擧廢墜而已, 一變, 則至於先王之道也."
그러므로 한 번 변화해야 노(魯)나라에 이를 수 있고, 노나라는 폐지되고 실추된 것을 거행하면 될 뿐이니, 한 번 변화하면 선왕의 도에 이를 수 있는 것이다."

詳說

○ 不著齊字, 蒙於上也.
제(齊 : 제나라)라는 글자를 나타내지 않은 것은 앞의 말을 이어받았기 때문이다.

○ 朱子曰 : "雖太公之盛時, 必一變, 可以至於周公伯禽之道."[349]
'고일변, 내능지노(故一變, 乃能至魯 : 그러므로 한 번 변화해야 노(魯)나라에 이를 수 있고)'에 대해, 주자(朱子 : 朱熹)가 말하였다. "태공의 흥성한 때라도 반드시 한 번 변화하면 주공과 백금의 도에 이를 수 있다."[350]

○ 廢墜者, 修擧之.
'수거폐추이이(修擧廢墜而已 : 폐지되고 실추된 것을 거행하면 될 뿐이니)'는 폐지되고 실추된 것을 거행하는 일이다.

朱註

愚謂二國之俗, 惟夫子爲能變之, 而不得試. 然因其言以考之, 則其施爲, 緩急之序, 亦略可見矣.
내가 생각하건대, 두 나라의 풍속은 공자만이 변화시킬 수 있었는데, 한 번 시험해보지 못하였다. 그러나 이 말을 가지고 살펴본다면, 그 시행함에 완급의 순서를[351] 또한 대략 볼 수 있는 것이다.

---

349) 호광 편(胡廣 編), 『논어집주대전(論語集註大全)』「옹야(雍也)」.

350) 태공의 흥성한 때라도 반드시 한 번 변화하면 주공과 백금의 도에 이를 수 있다 : 『논어집주대전』「옹야(雍也)」에는 "이 때문에 그 근본으로 말하면 태공의 흥성한 때라도 이미 반드시 한 번 변화한 다음에 주공과 백금의 왕도에 이를 수 있다. 그 말단으로 말하면 제나라의 풍속이 더욱 붕괴된 뒤에도 또 반드시 한 번 변화한 다음에 노라의 쇠약한 때에 이를 수 있다. 그러나 이때에 공자가 나라를 얻지 않았다면 또한 누가 이런 변화의 공을 이룰 수 있었겠는가?(是以自其本而言之, 則雖太公之盛時, 已必一變而後, 可以至於周公伯禽之王道. 自其末而言之, 則齊俗益壞之後, 又必一變而後可以及魯之衰也. 然當是時非夫子之得邦家, 亦孰能成此一變之功哉?)"라고 되어 있다.

詳說

○ 不得試, 故不能變.

'이국지속, 유부자위능변지(二國之俗, 惟夫子爲能變之 : 두 나라의 풍속은 공자만이 변화시킬 수 있었는데)'에 대해, 이를 시험할 수 없었기 때문에 변화할 수 없었다.

○ 朱子曰 : "齊功利所當變, 魯紀綱所當振, 見急处, 變齊則至魯急而至道緩."

주자(朱子 : 朱熹)가 말하였다. "제나라의 공리(功利)가 변화되고, 노나라의 기강이 진작되어야 하는 것은 긴급한 사안을 드러낸 뜻이니, 제나라가 변화되면 노나라에 이르는 것은 급한 일이고 도에 이르는 것은 느슨한 일이다."

○ 此又就夫子身上, 說益親切.

이것은 또 공자의 신상에서 취했으니 설명이 더욱 절실하다.

○ 施爲緩急之序, 引而不發, 蓋欲學者, 自求得之耳

시행함에 완급의 순서에 대해 활시위를 당겨놓고 발사하지 않은 것은 배우는 자들이 스스로 구하여 얻게 한 것일 뿐이다.

○ 道字, 此章之題目.

'도(道)'자가 이 장의 제목이다.

---

351) 그 시행함에 완급의 순서를 : 『주자어류(朱子語類)』 권33, 「논어15(論語十五)」, 7조목에는 "물었다. '『논어집주(論語集註)』에서는 '완급의 순서를 시행한다'라 이르셨는데 어떻습니까?' 주희가 말하였다. '제나라는 패주가 되면서부터 정치를 행함에 그 병폐가 많았다. 노나라는 그 일이 폐지되고 실추되어 일어나지 못했을 따름이다. 제나라는 먼저 모름지기 그 많은 병통으로 실패한 것을 이해해야 노나라에 미칠 수 있다. 노나라는 폐지되고 실추한 것을 거행하기만 하면 될 따름이니 주공의 도를 회복할 수 있다.' 물었다. '공자가 제나라를 다스린다면 마땅히 어디서부터 손을 댈까요?' 주희가 말하였다. '반드시 풍속을 좇아서 이해해나가지는 않을 것이다. 그러나 지금은 서로간의 거리가 먼만큼 또한 자세히 고찰할 수가 없다. 다만 선유들은 거의 『사기(史記)』에 수록되어 있는 태공과 백금의 갚는 정사를 믿지 않는다. 자세히 고찰해 보면 또한 대략 이런 뜻이 있는 것 같은데 전한 사람이 지나쳤을 따름이다.'(問: '注謂'施爲緩急之序', 如何?' 曰: '齊自伯政行, 其病多. 魯則其事廢墜不擧耳. 齊則先須理會他許多病敗了, 方可及魯. 魯則修廢擧墜而已, 便可復周公之道.' 問: '孔子治齊, 則當於何處下手?' 曰: '莫須先從風俗上理會去. 然今相去遠, 亦不可細考. 但先儒多不信史記所載太公伯禽報政事. 然細考來, 亦恐略有此意, 但傳者過耳.')"라고 되어 있다.

[6-23-1]

> **子曰："觚不觚, 觚哉觚哉!"**
> 공자가 말하였다. "모난 술잔이 모난 술잔이 아니면, 모난 술잔이겠는가! 모난 술잔이겠는가!"

朱註

觚, 音孤. 觚. 棱也. 或曰酒器, 或曰木簡, 皆器之有棱者也.

'고(觚 : 술잔)'자의 음은 '고(孤)'이다. '모난 술잔[觚]'은 네모가 났다. 어떤 이는 술그릇이라 하고, 어떤 이는 목간(木簡)이라 하는데, 모두 기물(器物)에 모가 있는 것이다.

詳說

○ **厚齋馮氏曰："酒器見於『禮經』, 木簡見於『漢急』, 就章則謂觚爲簡者, 秦漢以後之稱, 非孔子所謂也."**[352]

후재 풍씨(厚齋馮氏 : 馮椅)가 말하였다. "술잔이라는 것은 『예경(禮經)』에 있고, 목간이라는 것은 『한급(漢急)』에 있다. 장으로 보면 고(觚)를 간(簡)이라고 한 것은 진나라와 한나라 이후에 부른 것이니, 공자가 말한 것이 아니다."[353]

○ **不必深究其爲何器, 但取其有棱.**

'기물(器物)에 모가 있는 것'은 어떤 그릇인지 굳이 탐구할 필요는 없고, 그것에 모가 있는 것만 취하면 된다.[354]

---

352) 호광 편(胡廣 編), 『논어집주대전(論語集註大全)』「옹야(雍也)」.

353) 술잔이라는 것은 『예경(禮經)』에 있고 …… 한나라 이후에 부른 것이니, 공자가 말한 것이 아니다 : 『논어집주대전』「옹야(雍也)」에는 "곰곰이 생각건대 술잔이라는 것은 『예경(禮經)』에 있고, 목간이라는 것은 『한급(漢急)』에 있다. 장으로 보면 고(觚)를 간(簡)이라고 한 것은 진나라와 한나라 이후에 부른 것이니, 공자가 말한 것이 아니다.(竊謂觚爲酒器, 見於『禮經』, 爲木簡見於『漢急』. 就章則謂爲簡屬者, 秦漢以後之稱, 非孔子所謂也.)"라고 되어 있다.

354) 『주자어류(朱子語類)』 권33, 「논어15(論語十五)」, 12조목에는 "옛사람들의 기물에는 모난 술그릇이 많았다. 술잔 같은 것으로 곧 지금의 화병 중간에 발각이 있는 것과 같다. 목간은 경계가 모났으며 육면이니 곧 한나라 때 이른바 '고를 잡은 선비'라는 것이다. 지금 회수 유역에는 종이가 없어 또한 나무에다 글자를 써서 아이들에게 읽는 것을 가르치는데 다만 둥글다. 이른바 '모난 것이 모나지 않은 것'이다. 고인들은 이와 같이 모가 났을 때 이로부터 문득 안온함을 얻었다.(古人之器多有觚. 如酒器, 便如今花瓶中間有八角者. 木簡是界方而六面, 卽漢所謂

○ 訓畢.

훈고가 끝났다.

朱註

> 不觚者, 蓋當時失其制, 而不爲稜也.
>
> 모나지 않다는 것은 당시 그 제도를 잃어 모가 나지 않은 것이다.

詳說

○ 諺讀誤.

『언해』의 풀이가 잘못되었다.[355]

朱註

> ‘觚哉觚哉’, 言不得爲觚也.
>
> ‘모난 술잔이겠는가! 모난 술잔이겠는가!’라고 한 것은 모난 술잔이 될 수 없다는 말이다.

詳說

○ 與‘水哉水哉’之文勢, 不同.

‘물이여! 물이여!’[356]라는 것의 어투와는 같지 않다.

○ 釋畢.

경문의 풀이가 끝났다.

○ 朱子曰 : “上觚指其器, 下觚語其制, 觚哉觚哉, 歎器之失制.”[357]

주자(朱子 : 朱熹)가 말하였다. “앞의 모난 술잔은 그릇을 말한 것이고, 뒤의 모난

‘操觚之士’者也. 今淮上無紙, 亦用木寫字, 教小兒讀, 但卻圓了, 所謂‘觚不觚’. 古人所以恁地方時, 緣是頓得穩.’)”라고 하였다.

355) 언해에는 “子ㅣ 曰 觚ㅣ 不觚면 觚哉觚哉아”라 하고, ‘不觚면’을 ‘觚티 아니면’이라고 풀이했는데, 이를 ‘觚티 아니하면’으로 해야 한다는 말인 듯하다.

356) ‘물이여! 물이여!’ : 『맹자(孟子)』「이루하」에 “서자(徐子)가 물었다. ‘중니가 자주 물을 칭찬하여 「물이여! 물이여!」라고 하였으니, 무엇 때문에 물을 취한 것입니까?’(徐子曰 : ‘仲尼亟稱於水曰, 「水哉水哉, 何取於水也.’)”라는 말이 있다.

357) 호광 편(胡廣 編), 『논어집주대전(論語集註大全)』「옹야(雍也)」.

술잔은 그 제도를 말한 것이니, '모난 술잔이겠는가! 모난 술잔이겠는가!'라는 표현은 그릇이 제도를 잃음을 탄식한 말이다."[358]

○ 南軒張氏曰 : "聖人重歎於觚, 意所包涵遠矣."

남헌 장씨가 말하였다. "성인이 거듭 '모난 술잔이겠는가!'라고 탄식한 표현은 뜻에 포함된 말이 원대하기 때문이다."[359]

○ 觚驥苗秀後凋等章, 皆全章設譬, 而不說出正意, 如詩之比體, 蓋欲讀者之思而得之, 如程范云云也.

'모난 술잔[觚]' · '기마[驥]'[360] · '싹과 꽃[苗秀]'[361] · '뒤늦게 시듦[後凋]'[362] 등의 장은 모두 전체의 장이 비유로 되어 있지만, 바른 의미를 벗어나게 말하지 않은 것이 『시경(詩經)』의 비체(比體)처럼 읽는 자가 생각해서 알게 하였으니, 정자와 범씨가 말한 것과 같다.

朱註

程子曰 : "觚而失其形制, 則非觚也.

정자가 말하였다. "모난 술잔이 그 모양과 제도를 잃으면 모난 술잔이 아니다.

---

358) 앞의 모난 술잔은 그릇을 말한 것이고, 뒤의 모난 술잔은 …… 그릇이 제도를 잃음을 탄식한 말이다 : 『논어집주대전』「옹야(雍也)」에는 "공자의 뜻은 본래 모난 술잔 때문에 말한 것인데, 그것으로 미뤄보면 천하의 사물이 모두 그렇다. 앞의 모난 술잔은 그릇을 말한 것이고, 뒤의 모난 술잔은 그 제도를 말한 것이니, '모난 술잔이겠는가! 모난 술잔이겠는가!'라는 표현은 그릇이 제도를 잃음을 탄식한 말이다.(夫子之意, 本爲觚發, 而推之, 則天下之物, 皆然也. 上觚指其器, 下觚語其制, 觚哉觚哉, 嘆器之失其制也.)"라는 말이 있다.

359) 성인이 거듭 '모난 술잔이겠는가!'라고 탄식한 것은 뜻에 포함된 것이 원대하기 때문이다 : 『논어집주대전』「옹야(雍也)」에는 "사물에는 반드시 법칙이 있다. 그 법칙을 잃는다면 진실로 이미 잘못된 것이니, 어찌 그 이름을 말할 수 있겠는가? 성인이 거듭 '모난 술잔이겠는가!'라고 탄식한 표현은 뜻에 포함된 말이 원대하기 때문이다.(物必有則. 苟失其則, 實已非矣, 其得謂是名哉. 聖人重嘆於觚, 意所包涵遠矣.)"라는 말이 있다.

360) 기마[驥] : 『논어(論語)』「헌문(憲問)」에 "공자가 말하였다. '기마는 그 힘을 칭찬하는 것이 아니라, 그 덕을 칭찬하는 것이다.'(子曰 : '驥, 不稱其力, 稱其德也.')"라는 말이 있다.

361) 싹과 꽃[苗秀] : 『논어(論語)』「자한(子罕)」에 "공자가 말하였다. '싹이 났으나 꽃이 피지 못하는 경우도 있고, 꽃은 피었으나 열매를 맺지 못하는 경우도 있다.'(子曰 : '苗而不秀者有矣夫, 秀而不實者有矣夫.')"라는 말이 있다.

362) 뒤늦게 시듦[後凋] : 『논어(論語)』「자한(子罕)」에 "공자가 말하였다. '날씨가 추워진 뒤에야 소나무와 잣나무가 뒤늦게 시듦을 알 수 있다.'(子曰 : '歲寒然後, 知松柏之後彫也.')"라는 말이 있다.

詳說

○ 叔子.

'정자왈(程子曰)'에서 '정자(程子)'는 동생 정이(程頤)이다.

○ 添則字, 而與圈上正釋微異. 蓋諺讀因此則字而致誤

'~하면[則]'이라는 말을 보태 '정자가 말하였다.[程子曰]'363)는 위의 해석과 약간 차이가 있다.

○ 本文正意.

경문의 진정한 뜻이다.

朱註

擧一器, 而天下之物, 莫不皆然. 故君而失其君之道, 則爲不君臣, 而失其臣之職, 則爲虛位."

하나의 그릇을 들었으나 천하의 만물이 모두 그렇지 않음이 없는 것이다. 그러므로 임금으로서 임금의 도리를 잃으면 임금 노릇을 못하는 것이고, 신하로서 신하의 직분을 잃으면 빈자리가 되는 것이다."

詳說

○ 新安陳氏曰 : "此及范說, 皆推廣言外意."364)

신안 진씨(新安陳氏 : 陳櫟)가 말하였다. "이곳과 아래 범씨의 말은 모두 말 밖의 의미를 미루어 넓혔다."365)

朱註

范氏曰 : "人而不仁, 則非人, 國而不治, 則不國矣."

범씨가 말하였다. "사람으로서 인(仁)하지 못하면 사람이 아니고, 나라로서 다스

363) 정자가 말하였다.[程子曰] : '동그라미(圈 : ○)'를 '정자가 말하였다.[程子曰]'로 해석한 것은 원문에 '정자가 말하였다.[程子曰]'라는 말 바로 앞에 '동그라미(圈 : ○)'가 있기 때문이다.

364) 호광 편(胡廣 編), 『논어집주대전(論語集註大全)』「옹야(雍也)」.

365) 이곳과 아래 범씨의 말은 모두 말 밖의 의미를 미루어 넓혔다 : 『논어집주대전』「옹야(雍也)」에는 "이곳과 아래 범씨의 말은 모두 공자가 말한 말 밖의 의미를 미루어 넓힌 것이다.(此下及范說, 皆是推廣夫子言外餘意.)"라고 되어 있다.

려지지 않으면 나라가 아니다."

詳說

○ 去聲.

'불치(不治)'의 '치(治 : 다스리다)'자는 거성이다.

○ 一作非.

'불국의(不國矣)'에서 '불(不)'자가 어떤 판본에는 '비(非)'자로 되어 있다.

○ 各擧二物, 以該其餘.

각기 두 가지를 들어 그 나머지를 갖췄다.

[6-24-1]

宰我問曰："仁者，雖告之曰，井有仁焉，其從之也." 子曰："何爲其然也. 君子可逝也，不可陷也，可欺也，不可罔也."

재아(宰我)가 물었다. "인자(仁者)는 비록 '우물에 사람이 있다.'라고 말해 주더라도 따라 우물에 들어가겠습니다." 공자가 말하였다. "어찌 그렇게 하겠는가! 군자는 가게 할 수는 있으나 빠지게 할 수는 없으며, 이치로 속일 수는 있으나 터무니없이 속일 수는 없는 것이다."

詳說

○ 雖字，兼若字或字義讀.

'~하더라도[雖]'라는 말은 '~하면[若]'이라는 말과 '혹은[或]'이라는 말의 의미를 겸하여 읽는다.

○ 告，人告於仁者.

'말해 준다[告]'는 사람이 어진 자에게 말해 주는 것이다.

朱註

劉聘君曰："有仁之仁當作'人'"，今從之. 從，謂隨之於井，而救之也.

유빙군(劉聘君)이 말하기를, "유인(有仁)의 인(仁)은 마땅히 '인(人)'자가 되어야 한다."라고 하였으니, 지금 그것을 따른다. '따라[從]'라는 말은 우물에 따라 들어가 구제한다는 말이다.

詳說

○『大全』曰："名，勉之，字，致仲，號，草堂. 建安人，文公婦翁."366)

'유빙군(劉聘君)'에 대해, 『논어집주대전(論語集註大全)』에서 말하였다. "이름은 면지(勉之)이고, 자는 치중(致仲)이며, 호는 초당(草堂)이다. 건안 사람으로 문공 며느리의 아버지이다."

○ 按，劉氏嘗被徵至京，故世稱聘君，聘君猶徵君也. 此不云氏而云聘君者，爲婦翁而親之之意

---

366) 호광 편(胡廣 編), 『논어집주대전(論語集註大全)』「옹야(雍也)」.

살펴보건대, 유씨는 일찍이 부름을 받아 서울에 갔기 때문에 세상에서 빙군(聘君)이라고 했으니, 빙군은 징군(徵君)과 같다. 여기에서 씨(氏)를 말하지 않고 빙군이라고 한 것은 며느리의 아버지여서 가까이한다는 의미이다.

○ 劉說止此.

유씨에 대한 설명은 여기까지이다.

○ 井有人, 謂人溺於井.

'우물에 사람이 있다.'라는 것은 사람이 우물에 빠졌다는 말이다.

○ 從劉說作人字

유씨의 말에 따라 '사람[人]'이라는 말로 한다.

○ 先正仁字

금종지(今從之 : 지금 그것을 따른다)에서 먼저 '인(仁)'자를 바로잡았다.

○ 其從之, 猶言其將從之也.

'따라 들어간다[從之]'는 말은 '따라 들어갈 것이다.'라고 말하는 것과 같다.

○ 訓.

훈고이다.

朱註

宰我信道不篤, 而憂爲仁之陷害, 故有此問.

재아(宰我)는 도를 믿음이 독실하지 못하여, 인(仁)을 행하다가 해를 당할까 근심했기 때문에 이렇게 물었던 것이다.

詳說

○ 四字見「子張」.

'신도부독(信道不篤 : 믿음이 독실하지 못하다)'이라는 네 글자는 「자장(子張)」에 보인다.367)

○ 仁, 是道之一.

367) '신도부독(信道不篤 : 믿음이 독실하지 못하다)'라는 네 글자는 「자장(子張)」에 보인다 : 『논어(論語)』「자장(子張)」에 "자장이 말하였다. '덕을 잡음이 넓지 못하고, 도를 믿음이 독실하지 못하면, 어떻게 있다고 말하며 어떻게 없다고 말하겠는가!'(子張曰 : '執德不弘, 信道不篤, 焉能爲有, 焉能爲亡.')"라는 말이 있다.

인(仁)은 도의 하나이다.

○ 爲仁所陷害.

인을 행하다가 해를 당하는 것이다.

○ 釋.

경문의 풀이다.

朱註

逝, 謂使之往救, 陷, 謂陷之於井.

'간다[逝]'는 말은 그가 가서 구제하게 한다는 것을 말하고, '빠진다[陷]'는 말은 우물에 빠진다는 것을 말한다.

詳說

○ 添使字, 謂使君子逝也. 君子, 卽仁者.

'~하게 한다[使]'는 말을 더한 것은 군자가 가서 구제하게 한다는 것을 말한다. 군자는 바로 인자(仁者)이다.

○ 使君子陷也.

'빠진다[陷]'는 말은 군자가 빠지게 하는 것이다.

朱註

欺, 謂誑之以理之所有, 罔, 謂昧之以理之所無.

'이치로 속인다[欺]'는 말은 이치가 있는 것으로 속이는 일을 말하고, '터무니없이 속인다[罔]'는 말은 이치가 없는 것으로 속이는 일을 말한다.

詳說

○ 古況反.

'광(誑)'은 '고(古)'와 '황(況)'의 반절(反切)이다.

○ 如使之逝.

'속인다[欺]'는 가게 한다는 것과 같다.

○ 如使之陷.

'터무니 없이 속인다[罔]'는 빠지게 하는 것과 같다.

○ **朱子曰 : "以『孟子』舜子產事證之, 則明白矣."**[368)]

주자(朱子 : 朱熹)가 말하였다 "이것으로 『맹자(孟子)』에서 순(舜)임금과 자산(子產)의 일[369)]을 증명하면 명백해진다."[370)]

---

368) 호광 편(胡廣 編), 『논어집주대전(論語集註大全)』「옹야(雍也)」.

369) 『맹자(孟子)』에서 순(舜)임금과 자산(子產)의 일 : 『맹자(孟子)』「만장상」에 "만장(萬章)이 말하였다. '순(舜)의 부모가 순이 곳집을 손질하게 하며 사다리를 치우게 하고는 고수가 창고에 불을 질렀으며, 순이 우물을 파게하고는 순이 나왔는데 따라서 흙을 덮어 생매장시켰습니다. 상(象)이 '꾀를 부려 임금을 생매장한 것은 모두 나의 공로이니, 소와 양은 부모의 것이고, 창고는 부모의 것이며, 방패와 창은 나의 것이고, 거문고는 나의 것이며, 활은 나의 것이고, 두 형수는 나의 집에서 일하게 하겠다.'라고 하였습니다. 상(象)이 가서 순의 궁궐에 들어가자, 그가 마루에서 거문고를 타고 있었습니다. 상(象)이 '울적할 정도로 임금님을 그리워했습니다.'라고 하면서 부끄러워하자, 순이 '이 여러 신하들을 너는 내게 와서 다스리라.'라고 하였다고 했습니다. 알지 못하겠습니다. 순은 상이 자신을 죽이려 한 것을 몰랐습니까?' 답하였다. '어찌 알지 못하였겠는가! 상이 근심하면 또한 근심하시고, 상이 기뻐하면 또한 기뻐한 것이다.' 물었다. '그렇다면 순은 거짓으로 기뻐하신 것입니까?' 답하였다. '아니다. 옛날에 살아 있는 물고기를 정(鄭)나라 자산(子產)에게 선물한 자가 있었다. 자산이 연못 관리사에게 그것을 못에 기르게 하였는데, 그가 삶아 먹고 '처음에 고기를 놓아주자 비틀비틀하더니, 조금 있다가는 활기차며 느긋하게 갔습니다.'라고 복명하니, 자산이 '살 곳을 얻었구나! 살 곳을 얻었구나!'라고 하였다. 연못 관리사가 나와서 '누가 자산을 지혜롭다 말하는가! 내 이미 물고기를 삶아먹었는데, 그는 '살 곳을 얻었구나! 살 곳을 얻었구나!'라고 한다.'라고 하였다. 그러므로 군자는 방(方)으로써 속일 수는 있지만 도가 아닌 것으로 속이기는 어렵다. 저 상은 형을 사랑하는 도리로써 왔기 때문에 진실로 믿고서 기뻐하였으니, 어찌 거짓이었겠는가!'(萬章曰 : '父母使舜, 完廩捐階, 瞽瞍焚廩, 使浚井, 出, 從而揜之. 象曰, 「謨蓋都君, 咸我績, 牛羊父母, 倉廩父母, 干戈朕, 琴朕, 弤朕, 二嫂, 使治朕棲.」 象往入舜宮, 舜在牀琴, 象曰, '鬱陶思君爾.' 忸怩, 舜曰, '惟茲臣庶, 汝其于予治.' 不識. 舜不知象之將殺己與.' 曰 : '奚而不知也. 象憂亦憂, 象喜亦喜.' 曰 : '然則舜僞喜者與.' 曰 : '否. 昔者, 有饋生魚於鄭子產. 子產이 使校人畜之池, 校人烹之, 反命曰 '始舍之, 圉圉焉, 少則洋洋焉, 攸然而逝.' 子產曰, '得其所哉, 得其所哉.' 校人出曰, '孰謂子產智. 予旣烹而食之, 曰得其所哉, 得其所哉.' 故君子, 可欺以其方, 難罔以非其道. 彼以愛兄之道來, 故誠信而喜之, 奚僞焉.')"라는 말이 있다.

370) 이것으로 『맹자(孟子)』에서 순(舜)임금과 자산(子產)의 일을 증명하면 명백해진다 : 『논어집주대전』「옹야(雍也)」에는 "물었다. ''이치로 속이는 것'과 '터무니없이 속이는 것'의 차이를 자세히 다시 말씀해 주시겠습니까?' 답하였다. ''이치로 속이는 것'은 사람들이 모르는 것을 이용해서 속이는 것이고, '터무니없이 속이는 것'은 사람들이 알 수 있는 것을 막아서 어리석게 하는 것입니다. 사람이 우물에 떨어지는 일은 세상에 이런 이치가 있는 것이고, 사람이 우물에 없다는 것은 군자가 반드시 알 수 있는 것이 아닙니다. 그러므로 혹 반드시 있는 것이 아닐지라도 속이려고 하면 가서 보게 되지만 스스로 우물 속으로 들어가서 사람을 구하는 것이라면 이런 이치는 없으니, 지혜롭지 않아도 아는 것입니다. 그러니 또 어찌 이렇게 터무니없

○ 又曰 : "可逝不可陷, 就一事說, 可欺不可罔, 是總說, 他事皆然."371)

또 말하였다. "'가게 할 수 있으나 빠지게 할 수 없다.'라는 것은 하나의 일로 말한 것이고, '이치로 속일 수는 있으나 터무니없이 속일 수 없는 것이다.'라는 말은 전체적인 설명이니, 다른 일에서도 모두 그렇다."372)

○ 訓兼釋

훈고에 경문의 풀이를 겸하였다.

○ 此下, 又詳論之.

이 아래에서 또 자세히 의미를 설명하였다.

朱註

蓋身在井上, 乃可以救井中之人, 若從之於井, 則不復能救之矣.

몸이 우물가에 있어야 우물 안에 빠진 사람을 구제할 수 있는 것이니, 만일 함께 우물로 따라 들어간다면 다시는 구제할 수 없을 것이다.

詳說

○ 或汲以索, 或緣以木.

구제하는 일은 때로는 밧줄로 끌어올리고, 혹 나무로 잡아당긴다.

이 속인다고 우물에 빠지게 할 수 있겠습니까? 맹자가 말한 순임금과 자산의 일도 이 말을 가지고 증명하면 명백해집니다.'(問 : '欺罔之別, 其詳復有可得而言者乎.' 曰 : '欺者, 乘人之所不知而詐之也, 罔者, 掩人之所能知而愚之也. 夫人之墜井, 世有此理, 而其有無, 則非君子所能必知. 故雖或未必真有, 而可欺使往視之也, 自入井中而可以救人, 則其無是理也, 蓋不待智者而知之矣. 又安得以此罔之而使陷於井中哉. 孟子之論舜子產事, 亦引此語以彼證之則明白矣.')"라고 되어 있다.

371) 호광 편(胡廣 編), 『논어집주대전(論語集註大全)』「옹야(雍也)」.

372) '가게 할 수 있으나 빠지게 할 수 없다.'라는 것은 …… 다른 일에서도 모두 그렇다 : 『논어집주대전』「옹야(雍也)」에는 "어떤 이가 물었다. '이치로 속일 수 있다.'라는 것은 '가게 할 수 있다.'라는 말을 이어서 말한 것이고, '터무니없이 속일 수 없다.'라는 것은 '빠지게 할 수 없다.'라는 말을 이어서 말한 것입니까?' 주자(朱子 : 朱熹)가 말하였다. '또한 그렇습니다. 다만 '가게 할 수 있으나 빠지게 할 수 없다.'라는 것은 하나의 일로 말한 것이고, '이치로 속일 수는 있으나 터무니없이 속일 수 없는 것이다.'라는 말은 전체적인 설명이니, 이 일에서만 그런 것이 아니라 다른 일에서도 모두 그렇습니다.'(或問 : '可欺', 是繼'可逝'而言, '不可罔', 是繼'不可陷'而言否.' 朱子曰 : '也是如此. 但'可逝不可陷,' 是就這一事說, '可欺不可罔,' 是總說, 不特此事如此, 他事皆然.')"라고 되어 있다.

○ 去聲.

'불부(不復)'에서 '부(復 : 다시)'자는 거성이다.

○ 不能求人而徒殺身.

'약종지어정, 즉불부능구지의(若從之於井, 則不復能救之矣 : 만일 함께 우물로 따라 들어간다면 다시는 구제할 수 없을 것이다)'의 경우, 사람을 구할 수 없고 한갓 자신만 죽일 뿐이다.

朱註

此理甚明, 人所易曉.

이 이치는 매우 명백하여 사람이 알기 쉬운 것이다.

詳說

○ 去聲.

'이효(易曉)'에서 '이(易 : 쉽다)'자는 거성이다.

○ 凡人亦曉

평범한 사람들도 안다.

朱註

仁者雖切於救人, 而不私其身, 然不應如此之愚也.

인자(仁者)는 비록 사람을 구제함에 절실하여 자기 몸을 돌보지 않으나, 이와 같이 어리석지 않아야 한다.

詳說

○ 仁者之心.

인자(仁者)의 마음이다.

○ 平聲.

'불응(不應)'에서 '응(應 : ~하여야 한다)'자는 평성이다.

○ 指從之.

'이와 같이'에서 '이'는 '따라 들어간다.'라는 말을 가리킨다.

○ 愚者之事.

'불사기신(不私其身 : 자기 몸을 돌보지 않는 것)'은 어리석은 자의 일이다.

○ 按, 「陽貨」云, '好仁不好學, 其蔽也愚.'

살펴보건대 「양화(陽貨)」에서 '인을 좋아하고 배우기를 좋아하지 않으면 그 폐단은 어리석게 되는 것이다.'라고 하였다.

○ 朱子曰 : "蕪氏云 : '惟君父在險, 則臣子有從之之道, 然猶挾其具, 不徒從也. 事迫而無具, 雖徒從, 可也.' 蘇氏之說, 所以處輕重緩急之間者, 審矣."373)

주자(朱子 : 朱熹)가 말하였다. "소씨(蕪氏)가 '임금과 부모가 위험하면 신하와 자식은 따라 가는 도리가 있지만 여전히 대처를 하고 가지 그냥 가지 않는다. 일이 급박하면 대처 없이 그냥 갈지라도 괜찮다.'라고 하였다. 소씨의 말에는 경중과 완급에 대처하는 것이 자세하다."374)

---

373) 호광 편(胡廣 編), 『논어집주대전(論語集註大全)』「옹야(雍也)」.

374) 소씨(蕪氏)가 '임금과 부모가 위험하면 …… 경중과 완급에 대처하는 것이 자세하다 : 『논어집주대전』「옹야(雍也)」에는 "말하였다. '가서 보니 우물에 실제로 사람이 있으면 어떻게 합니까?' 답하였다. '소씨의 말에는 경중과 완급에 대처하는 것이 자세합니다. 소씨는 '빠진 자를 구하는 것은 인자가 반드시 하는 것입니다. 자신을 죽여 사람들에게 무익한 것은 인자가 굳이 하지 않습니다. 임금과 부모가 위험하면 신하와 자식은 따라 가는 도리가 있지만 여전히 대처를 하고 가지 그냥 가지 않습니다. 일이 급박하면 대처 없이 그냥 갈지라도 괜찮습니다. 그 나머지는 사람들에게 구하게 해도 힘을 다해 해야 하는 것입니다.'라고 하였습니다.'(曰 : '往視而井實有人, 則如之何.' 曰 : '蘇氏之說, 所以處於輕重緩急之間者, 密矣. 蘇氏云 : 「拯溺, 仁者之所必爲也. 殺其身, 無益於人, 仁者之所必不爲也. 惟君父在險, 則臣子有從之之道, 然猶挾其具, 不徒從也. 事迫而無具, 雖徒從可也. 其餘則使人拯之, 要以窮力所至.」')"라고 되어 있다.

[6-25-1]

子曰 : "君子博學於文, 約之以禮, 亦可以弗畔矣夫."
공자가 말하였다. "군자가 문(文)에 대하여 널리 배우고 그것을 예로써 요약한다면 또한 어긋나지 않을 것이다."

朱註

夫, 音扶. 約, 要也, 畔, 背也.
'부(夫)'자는 음이 '부(扶)'이다. '요약한다[約]'는 말은 통괄한다는 것이고, '어긋난다[畔]'는 말은 위배된다는 것이다.

詳說

○ 朱子曰 : "此約字, 與顏子所言約字, 皆約束之意."375)
주자(朱子 : 朱熹)가 말하였다. "여기에서 요약한다는 말과 안자가 말한 요약한 것376)은 모두 단속한다는 의미이다."

○ 音佩, 下同.
'배(背)'자는 음이 '패(佩 : 차다)'로 아래에서도 같다.

○ 訓畢.
훈고가 끝났다.

---

375) 『주자어류(朱子語類)』 권33, 「논어15(論語十五)」, 40조목에는 "此說大概多得之. 但此'約'字與顏子所言'約'字, 皆合只作約束之意耳. 又看顏子'博我以文, 約我以禮', 旣連著兩'我'字, 而此章'之'字亦但指其人而言, 非指所學之文而言也.(이 설은 대개는 거의 맞다. 다만 이 '약(約)'자와 안자가 말한 '약(約)'자는 모두 요약하여 묶는다[約束]는 뜻에 부합할 따름이다. 또한 안자의 '문으로 나를 넓혀주시고 예로써 나를 요약해주셨다'는 것과는 이미 두 개의 '나 아(我)'자가 이어져 있을 뿐만 아니라, 이장의 '지(之)'자 또한 그 사람을 가리켜 말한 것일 뿐 배우는 문을 가리켜 말한 것이 아니다.)"로 되어 있다.

376) 안자가 말한 요약한 것 : 『논어(論語)』 「자한(子罕)」에 "안연이 크게 탄식하며 말하였다. '우러러볼수록 더욱 높고, 뚫을수록 더욱 견고하며, 바라봄에 앞에 있더니 홀연히 뒤에 있구나. 선생님께서 차근차근히 사람을 잘 이끄시어 문(文)으로써 나의 지식을 넓혀 주시고 예(禮)로써 나의 행동을 요약하게 해 주셨다.'(顏淵喟然歎曰 : '仰之彌高, 鑽之彌堅, 瞻之在前, 忽焉在後. 夫子循循然善誘人, 博我以文, 約我以禮.')"라는 말이 있다.

朱註

君子學欲其博, 故於文無不考,
군자는 배움에서 널리 하고자 한다. 그러므로 문(文)에 대하여 고찰하지 않음이 없고,

詳說

○ 朱子曰 : "博學, 亦非謂異聞雜學."377)
주자(朱子 : 朱熹)가 말하였다. "널리 배운다는 것은 또한 기이한 것에 대해 듣고 배우기를 잡다하게 함을 말하는 것이 아니다."378)

○ 亦謂經史百家中, 儒者所當考者.
'고어문무불고(故於文無不考 : 그러므로 문(文)에 대하여 고찰하지 않음이 없고)'는, 또한 경전과 사적, 백가 가운데 유학자가 고찰해야 할 것을 말한다.

朱註

守欲其要. 故其動必以禮,
지킴에 있어서는 요약하고자 한다. 그러므로 그 행동을 반드시 예(禮)로써 하는 것이니,

詳說

○ 朱子曰 : "博文約禮, 是古之學者常事, 故孔子教顏子, 亦只如此."379)
주자(朱子 : 朱熹)가 말하였다. "문에 대하여 널리 하고 예로 요약하는 것은 옛 학자들이 항상 하던 것이기 때문에 공자가 안자를 가르칠 때 또한 이와 같이 하였다."

○ 又曰 : "看博約字與之以字, 有一貫意."380)
주자(朱子 : 朱熹)가 또 말하였다. "널리 하고 요약한다는 말에 '그것을 ~로써[以]'

---

377) 『주자어류(朱子語類)』 권33, 「논어15(論語十五)」, 26조목.

378) 널리 배운다는 것은 또한 기이한 것에 대해 듣고 배우기를 잡다하게 함을 말하는 것이 아니다 : 『주자어류(朱子語類)』에는 "널리 배운다는 것은 또한 기이한 것에 대해 듣고 배우기를 잡다하게 하여 널리 한다고 말하는 것을 구하고자 한다는 말이 아니다.(博學, 亦非謂欲求異聞雜學, 方謂之博.)"라고 되어 있다.

379) 호광 편(胡廣 編), 『논어집주대전(論語集註大全)』「옹야(雍也)」.

380) 호광 편(胡廣 編), 『논어집주대전(論語集註大全)』「옹야(雍也)」.

라는 말을 붙여 놓은 것을 보면 일관된 의미가 있다."[381]

○ 新安陳氏曰 : "博屬知, 約屬行."[382]

신안 진씨(新安陳氏 : 陳櫟)가 말하였다. "널리 하는 것은 아는 일에 속하고 요약하는 것은 행하는 일에 속한다."[383]

○ 博約, 雖若對說, 其歸重則在約.

널리 하고 요약하는 일이 상대적으로 말한 것 같을지라도 중점은 요약에 있다.

朱註

如此, 則可以不背於道矣.

이와 같이 하면 도에 어긋나지 않을 것이다.

詳說

○ 亦字, 是不足之辭, 故『集註』去之.

'또한[亦]'이라는 글자는 부족하다는 말이기 때문에 『논어집주(論語集註)』에서는 제외하였다.

○ 添道字, 然後知所畔者, 爲何事耳.

'도(道)'자를 보태 넣은 다음에 어긋나지 않을 것이라는 말이 무슨 일인지 알 수 있다.

---

381) 널리 하고 요약한다는 말에 …… 붙여 놓은 것을 보면 일관된 의미가 있다 : 『논어집주대전』「옹야(雍也)」에는 "널리 배우는 것이 아니면 예로써 요약할 것이 없고, 예로써 요약하지 않으면 널리 배우는 것이 쓸데없다. '예로써 요약한다.'라고 말한 것은 앞에서 널리 해서 이제 요약해서 예로 나아가게 한다는 것이다. 널리 하고 요약한다는 말에 '그것을 ~로써[以]'라는 말을 붙여 놓은 것을 보면 일관된 의미가 있는 것이다.(非博學則無以約禮, 不約禮則博學爲無用. 約禮云者, 前之博, 而今約之, 使就於禮耳. 看博約字與之以字, 有一貫意.)"라고 되어 있다.

382) 호광 편(胡廣 編), 『논어집주대전(論語集註大全)』「옹야(雍也)」.

383) 널리 하는 것은 아는 일에 속하고 요약하는 것은 행하는 일에 속한다 : 『논어집주대전』「옹야(雍也)」에는 "문에 대해 널리 배우기만 하고 예로써 요약하지 않으면, 진실로 힘써 널리 해서 잡다하게 번거로운 것에 빠지고, 문에 대해 널리 하지 않고 예로 요약하고자 하면 또한 요약에 급급해 허망한 데로 흘러간다. 문에 대해 널리 하는 것은 아는 것에 속하고 예로써 요약하는 것은 행하는 것에 속하니, 교대로 힘써 함께 나아가야 비로소 도에 어긋나지 않을 것이다.(徒博文而不約禮, 固務博而陷於支離, 不博文而欲約禮, 亦徑約而流於狂妄. 博文屬知, 約禮屬行, 交勉並進, 始可以弗畔於道矣.)"라고 되어 있다.

○ 釋畢.

경문의 풀이가 끝났다.

朱註

程子曰 : "博學於文, 而不約之以禮, 必至於汗漫.

정자가 말하였다. “널리 문에 대해 배우고 예로 요약하지 않으면, 반드시 어지러워 표준이 없게 될 것이다.

詳說

○ 伯子.

‘정자왈(程子曰)’에서 ‘정자(程子)’는 형 정호(程顥)이다.

○ 朱子曰 : “汎濫無歸宿.”384)

주자(朱子 : 朱熹)가 말하였다. “흘러넘쳐 돌아가 머물 곳이 없다.”385)

○ 先反說.

먼저 반대로 말하였다.

朱註

博學矣, 又能守禮, 而由於規矩, 則亦可以不畔道矣.”

널리 배우고, 또 예를 지켜 법도를 따를 수 있으면, 또한 도에 어긋나지 않을 것이다.”

詳說

○ 雙峯饒氏曰 : “無偏狹固滯之病.”386)

---

384) 호광 편(胡廣 編), 『논어집주대전(論語集註大全)』「옹야(雍也)」.

385) 흘러넘쳐 돌아가 머물 곳이 없다 : 『논어집주대전』「옹야(雍也)」에는 “문에 대해 널리 하는 것은 여러 가지 일에서 증험하기 위한 것이고, 예로 요약하는 것은 자신에게서 체득하기 위한 것이다. 이처럼 공부한다면 널리 하는 것은 알맞음을 택해 처신에 치우침이 없고, 요약하는 것은 사물에 응해 움직임에 모두 법칙이 있어 안팎으로 교차되며 서로 도우니, 널리 하는 것은 흘러넘쳐 돌아가 머물 곳이 없게 되지 않고, 요약하는 것은 흘러가 알맞음을 잃게 되지 않는다.(博文, 所以驗諸事, 約禮, 所以體諸身. 如此用工, 則博者, 可以擇中, 而居之不偏, 約者, 可以應物, 而動皆有則, 內外交相助, 而博, 不至於泛濫無歸, 約, 不至於流遁失中矣.)”라고 되어 있다.

쌍봉 요씨(雙峰饒氏 : 饒魯)가 말하였다. "'널리 배우면' 치우치게 협소하고 굳게 정체되는 병이 없다."387)

◯ **朱子曰 : "是踐履之實."**388)

주자(朱子 : 朱熹)가 말하였다. "'예를 지켜 법도를 따른다'는 실천하는 내용이다."389)

---

386) 호광 편(胡廣 編), 『논어집주대전(論語集註大全)』「옹야(雍也)」.

387) 치우치게 협소하고 굳게 정체되는 병이 없다 : 『논어집주대전』「옹야(雍也)」에는 "쌍봉 요씨(雙峰饒氏 : 饒魯)가 말하였다. '아는 것은 널리 하고자 하고, 지키는 것은 요약하고자 한다. 사람이 이처럼 공부할 수 있으면, 얕게 터득한 것에서 마음대로 해도 당연히 도에 어긋나지 않을 것이니, 이것에서 깊이 들어가 도와 하나가 될지라도 괜찮으면, 어찌 어긋나지 않을 뿐이겠는가?' 또 말하였다. '이 말을 자세히 음미하면, 한편으로 널리 하고 한편으로 요약하며 서로 열고 닫는 것은 사람들이 한쪽으로 빠질까 염려한 것이고, 널리 한 것을 가지고 이서서 요약하는 것은 사람들이 나누어서 둘로 할까 염려한 것이며, 널리 한 것으로 말미암아 요약함에 이어서 선후가 있는 것은 사람들이 질서를 잃을까 염려한 것이다. 반드시 널리 하면서 요약할 수 있다면, 범람하는 잘못과 잡다하게 번거로운 잘못이 없어 널리 함이 잘못되지 않는 잡다함이고, 요약하면서 널리 할 수 있다면, 치우치게 협소하고 굳게 정체되는 병이 없어 요약함이 잘못되지 않는 좁음이다. 이것이 널리 하고 요약하는 것을 겸하여 극진하게 하는 것을 귀하게 여기는 까닭이다. 그러나 군자가 널리 배우는 것은 바로 이 이치를 관통해서 요약함으로 되돌아가는 경지를 행하고자 하는 것일 뿐이니, 어찌 널리 하는 것이 스스로 널리 하는 것이고 요약하는 것이 스스로 요약하는 것이겠는가? 이것이 널리 하고 요약하는 것이 서로 쓰임이 되는 까닭이다. 그러나 순서가 되는 것은 반드시 널리 하는 것에서 요약함으로 되돌아가는 것이다. 그런데 사물의 이치가 완성되지 않아 갑자기 내가 스스로 터득한 것을 가지고 근거하여 의존하면, 머무는 것이 반드시 천하의 지극한 선이 아니고, 지키는 것이 반드시 천하의 시기적절함이 아니어서 예가 아닌 예를 예로 여기는 경우가 있으니, 어떻게 도에 어긋나지 않겠는가? 이것은 널리 하지 않고 요약에 급급한 잘못이다.(雙峯饒氏曰 : '知欲博, 守欲約. 人能如此用工, 縱所得淺, 亦當不畔於道, 由此深入, 雖與道爲一可也. 豈止弗畔而已.' 又曰 : '詳味此言, 一博一約, 相爲開闔, 恐人墮於一偏也, 因其所博, 從而約之, 恐人之離爲二也, 由博而約, 次有先後, 恐人之失其序也. 蓋必博而能約, 則無泛濫支離之失, 而博不失之雜. 約而能博, 則無偏狹固滯之病, 而其約不失之陋. 此博約之所以貴於兼盡也. 然君子之博學正欲貫通此理, 以爲反約之地耳, 豈博自博, 而約自約哉. 此博約之所以相爲用也. 然所以爲之之序, 則必由博而反約, 使事物之理有未完, 而遽執吾所自得者以爲據依, 則所止者未必天下之至善, 所執者未必天下之時中, 而以非禮之禮爲禮者, 有之矣. 何以能不畔於道哉, 此不博而徑約之過也.')"라고 되어 있다.

388) 호광 편(胡廣 編), 『논어집주대전(論語集註大全)』「옹야(雍也)」.

389) 실천하는 내용이다 : 『논어집주대전』「옹야(雍也)」에는 "널리 배우는 것은 앎을 이루는 것이다. 예로써 요약하는 것은 알기만 하는 것이 아니라 실천하는 내용이다. 후씨가 '널리 배우는 것은 앎을 이루어 사물에 이르는 것이고, 예로 요약하는 것은 자신을 극복하여 예로 돌아가는 것이다.'라고 하였으니, 아주 분명하다.(博學, 是致知. 約禮, 則非徒知而已, 乃是踐履之實. 侯氏謂, 博文, 是致知格物, 約禮, 是克己復禮, 極分曉.)"라고 되어 있다.

○ 此則歸重於約禮, 是一章之題目也.

'도에 어긋나지 않을 것이다(可以不畔道)'는 예로 요약하는 것에 중점을 두었으니, 이 한 장의 제목이다.

[6-26-1]

子見南子, 子路不說, 夫子矢之曰 : "予所否者, 天厭之, 天厭之."
공자가 남자(南子)를 만나자, 자로가 기뻐하지 않았다. 공자가 맹세하여 말하였다. "내 맹세코 잘못된 짓을 하였다면 하늘이 나를 버릴 것이다. 하늘이 나를 버릴 것이다."

朱註

說, 音悅. 否, 方九反. 南子衛靈公之夫人, 有淫行.

'불열(不說)'에서 '열(說)'자는 음이 '열(悅 : 기뻐하다)'이다. '소부자(所否者)'에서 '부(否)'는 '방(方)'과 '구(九)'의 반절(反切)이다. 남자(南子)는 위(衛)나라 영공(靈公)의 부인으로, 음란한 행위가 있었다.

詳說

○ 『大全』曰 : "宋女."390)

남자(南子)에 대해, 『논어집주대전(論語集註大全)』에서 말하였다. "송나라의 여자이다."391)

○ 程子曰 : "靈公妾以夫人處之."

정자가 말하였다. "영공은 첩을 부인으로 대우하였다."

○ 去聲.

'음행(淫行)'에서 '행(行 : 행위)'자는 거성이다.

○ 三字, 已含子路不悅意.

'유음행(有淫行)'이 세 글자에는 이미 자로가 기뻐하지 않는 의미가 포함되어 있다.

○ 訓.

훈고이다.

---

390) 호광 편(胡廣 編), 『논어집주대전(論語集註大全)』「옹야(雍也)」.

391) 송나라의 여자이다 : 『논어집주대전』「옹야(雍也)」에는 "송나라 여자의 성이다.(宋女子姓.)"라고 되어 있다.

朱註

孔子至衛, 南子請見, 孔子辭謝, 不得已而見之.
공자가 위나라에 갔을 때 남자가 만나기를 요청하니, 공자가 사절하다가 부득이 만난 것이다.

詳說

○ 初至時.
위나라에 처음 갔을 때이다.

○ 齊氏曰: "秉彝好德之天也."392)
제씨가 말하였다. "법을 지키고 덕을 좋아하는 천성 때문이다."393)

○ 以其惡也.
공자가 사절한 이유는 그가 악하기 때문이다.

○ 見『史記』「世家」
이에 관한 기록이 『사기(史記)』「공자세가(孔子世家)」에 보인다.

○ 先引請見辭謝事, 以見非夫子之自欲見也. 孟子見梁惠王, 『註』引幣招事亦此意.
먼저 '만나기를 요청하니 사절하였다.'라는 일을 인용해서 공자가 스스로 만나려고 했던 것이 아님을 드러냈다. '맹자가 양혜왕을 뵙다.'는 『맹자집주(孟子集註)』에서 '폐백으로 초청하였다.'394)라는 일도 이런 의미이다.

朱註

蓋古者仕於其國, 有見其小君之禮.

392) 호광 편(胡廣 編), 『논어집주대전(論語集註大全)』「옹야(雍也)」.

393) 법을 지키고 덕을 좋아하는 천성 때문이다: 『논어집주대전』「옹야(雍也)」에는 "남자가 일찍이 삐걱거리는 수레 소리에 멈추고 되풀이해서 일어난 것은 거백옥이 어질다는 것을 알았던 것이다. 그런데 하물며 공자임에야 말해 무엇 하겠는가? 그가 만나려고 하는 것은 법을 지키고 덕을 좋아하는 천성 때문이다.(南子嘗以車聲轔轔, 止而復作, 知其爲蘧伯玉之賢, 況於夫子乎? 其欲見之也, 秉彝好德之天也.)"라고 되어 있다.

394) 폐백으로 초청했다: 『맹자(孟子)』「양혜왕상」에 "맹자가 양혜왕을 뵙다.(孟子見梁惠王)"라는 말이 있고, 그 『집주(集註)』에 "『사기(史記)』에 '혜왕 35년에 자신을 예로 낮추고 폐백을 후히 하여 현자를 초청하자, 맹가가 양(梁) 땅으로 갔다.'라고 하였다.(『史記』惠王三十五年, 卑禮厚幣, 以招賢者, 而孟軻至梁.)".

옛날에는 그 나라에 벼슬하면, 그 임금의 부인을 만나는 예가 있었다.[395]

詳說

○ 孔子至衛, 蓋將仕而行道.

공자가 위나라에 간 것은 벼슬해서 도를 행하기 위해서였다.

○ 君之夫人, 見「季氏」.

임금의 부인에 대한 것은 「계씨(季氏)」에 있다.[396]

○ 『春秋』莊二十四年曰 : "夫人姜氏入, 大夫覿用幣."

『춘추(春秋)』 장공 24년 기사에서 말하였다. "부인 강씨가 들어올 때, 대부가 뵈면서 폐백을 썼다."[397]

○ 程子曰 : "古者, 大饗, 夫人有見賓之禮."[398]

정자가 말하였다. "옛날에 큰 잔치에 부인이 손님을 만나는 예가 있었다."[399]

○ 朱子曰 : "見小君之禮, 夫子時想無人行之, 而南子特擧之耳."[400]

---

395) 『주자어류(朱子語類)』 권33, 「논어15(論語十五)」, 45조목에 "그 나라에서 벼슬을 하면 제후의 부인을 찾아보는 예가 있다. 공자 때는 생각건대 가는 사람이 없었으므로 자로가 의심을 한 것이다. 만약에 어떤 사람이 갔을 때라면 자로도 의심을 하지 않았을 것이다. 맹자는 "중니께서는 너무 심한 것을 하지 않으셨다"라 하였는데, 이런 곳에서 곧 보인다.(仕於其國, 有見其小君之禮. 當夫子時, 想是無人行, 所以子路疑之. 若有人行時, 子路也不疑了. 孟子說.'仲尼不爲已甚', 這樣處便見.)"라고 하였다.

396) 임금의 부인에 대한 것은 「계씨(季氏)」에 있다 : 『논어(論語)』「계씨(季氏)」에 "나라 임금의 처(妻)를 그 임금은 부인(夫人)이라 하고, 부인은 스스로 소동(小童)이라 하며, 나라 사람들은 군부인(君夫人)이라 하고, 다른 나라에게는 과소군(寡小君)이라 하며, 다른 나라 사람들은 또한 군부인이라 한다.(邦君之妻, 君稱之曰夫人, 夫人自稱曰小童, 邦人稱之曰君夫人, 稱諸異邦曰寡小君, 異邦人稱之, 亦曰君夫人.)"라는 말이 있다.

397) 부인 강씨가 들어올 때, 대부가 뵈면서 폐백을 썼다 : 『논어집주대전』「옹야(雍也)」에 "『춘추(春秋)』 장공 24년 8월 정축일에 부인 강씨가 들어올 때, 무인 대부의 종부가 뵈면서 폐백을 썼다.(『春秋』莊公二十四年八月丁丑, 夫人姜氏入, 戊寅大夫宗婦覿用幣.)"라는 말이 있다.

398) 호광 편(胡廣 編), 『논어집주대전(論語集註大全)』「옹야(雍也)」.

399) 옛날에 큰 잔치에 부인이 손님을 만나는 예가 있었다 : 『논어집주대전』「옹야(雍也)」에는 "옛날에 큰 제사에 부인이 손님을 만나는 예가 있었다. 남자가 첩일지라도 영공이 이미 부인으로 대우했기 때문에 공자가 만나도록 한 것이니, 이런 때에 어찌 만나지 않을 수 있겠는가?(古者, 大享, 夫人有見賓之禮. 南子雖妾, 靈公旣以夫人處之, 使孔子見, 於是時, 豈得不見.)"라고 되어 있다.

400) 호광 편(胡廣 編), 『논어집주대전(論語集註大全)』「옹야(雍也)」.

주자(朱子 : 朱熹)가 말하였다. "임금의 부인을 만나는 예는 공자 당시에는 아마도 행하는 사람이 없었던 것 같은데, 남자만이 특별히 거행했던 사안일 뿐이다."[401)]

○ 厚齋馮氏曰 : "小人之欲見君子, 必依乎禮, 如陽貨南子, 夫子固不得而絶之."[402)]

후재 풍씨(厚齋馮氏 : 馮椅)가 말하였다. "소인이 군자를 만나보고자 하면, 반드시 예에 의지했던 것이 양화나 남자와 같았으니, 공자가 진실로 거절할 수 없었던 것이다."[403)]

○ 次言可見之禮.

이어서 볼 수 있는 예를 말하였다.

朱註

而子路以夫子見此淫亂之人, 爲辱, 故不悅.

그러나 자로는 공자가 이 음란한 사람을 만나보는 일을 치욕으로 여겼기 때문에 기뻐하지 않은 것이다.

詳說

○ 以字意止此, 或云至故字.

---

401) 임금의 부인을 만나는 예는 공자 당시에는 …… 남자가 특별히 거행했던 것이다 : 『논어집주대전』「옹야(雍也)」에는 "어떤 이가 물었다. '임금의 부인을 만납니까?' 주자(朱子 : 朱熹)가 말하였다. '예에는 만나는 것이 없습니다. 곡양자는 대부가 임금의 부인을 만나지 않는 것으로 여겼고, 하휴 혼자 성 밖에서 맞이할 때 폐백을 가지고 간다는 말을 했는데, 어디에 근거했는지 모르겠습니다. 그러나 『예기』에서 '양후가 무후를 살해하고 그 부인을 훔쳤기 때문에 큰 잔치에서 부인의 예를 없앴다.'라고 했으니, 대부가 부인을 만나는 예는 아마도 행하지 않은지 오래 된 것 같고, 영공의 남자만이 거행했던 것일 뿐입니다.'(或問 : '見其小君禮歟.' 朱子曰 : '是於禮無所見. 穀梁子以爲大夫不見其夫人, 而何休獨有郊迎執贄之說, 不知何所考也. 然『記』云'陽侯殺繆侯, 而竊其夫人, 故大饗廢夫人之禮', 則大夫見夫人之禮, 疑亦久矣不行, 而靈公南子特擧之耳.')"라고 되어 있다.

402) 호광 편(胡廣 編), 『논어집주대전(論語集註大全)』「옹야(雍也)」.

403) 소인이 군자를 만나보고자 하면 …… 공자가 진실로 거절할 수 없었던 것이다 : 『논어집주대전』「옹야(雍也)」에는 "공자가 위나라에 가자 남자가 사람을 보내 공자에게 '사방의 군자로 우리 임금과 형제가 되는 것을 치욕으로 여기지 않는 자는 반드시 그 부인을 만납니다. 저도 뵙고 싶습니다.'라고 하였다. 공자가 사절하다가 부득이 만났다.(孔子至衛, 南子使人謂孔子曰, 四方之君子, 不辱欲與寡君爲兄弟者, 必見寡小君, 寡小君願見. 孔子辭謝, 不得已而見之.)"라고 되어 있다.

'이(以)'라는 글자의 의미는 '이[此]'에서 멈추는데, 어떤 이는 '때문에[故]'까지 이른다고 하였다.

○ **西山眞氏曰 : "以己之力量觀聖人."**[404]

서산 진씨가 말하였다. "자신의 역량으로 성인을 살폈다."[405]

○ **不悅, 蓋尊之愛之之意.**

기뻐하지 않는 것은 스승을 높이고 사랑한다는 의미이다.

○ **釋.**

경문의 풀이이다.

朱註

矢, 誓也, 所, 誓辭也, 如云所不與崔慶者之類.

'맹세한다[矢]'는 것은 '맹세한다[誓]'는 말이고, '맹세코[所]'는 맹세하는 말로 이를테면 '맹세코 최경(崔慶)과는 함께 하지 않겠다.'라고 말한 것과 같은 부류이다.

詳說

○ **朱子曰 : "矢誓, 聲相近."**[406]

주자(朱子 : 朱熹)가 말하였다. "'시(矢 : 맹세하다)'자와 '서(誓 : 맹세하다)'자는 소리가 서로 비슷하다."[407]

---

404) 호광 편(胡廣 編), 『논어집주대전(論語集註大全)』「옹야(雍也)」.

405) 자신의 역량으로 성인을 살폈다 : 『논어집주대전』「옹야(雍也)」에는 "어지러운 나라에 살고 악인을 만나는 것은 성인만이 할 수 있는 것이다. 성인은 도와 덕이 광대해서 어지러운 것을 바르게 해서 다스려지게 하고 악인을 교화시켜 선하게 한다. 공자가 남자를 만나고 양화도 만났으며, 공산불뉴의 부름과 필힐의 부름에 모두 가려고 하였다. 대현 이하는 위태로운 나라에 들어가지 않고 어지러운 나라에 살지 않으며, 소인은 멀리하니, 그곳에서는 반드시 구제할 수 있는 것이 아니고 혹 스스로 더럽힐 수 있기 때문이다. 그러므로 자로가 공회에게 벼슬하다가 제대로 죽지 못했고, 염구가 계손에게 벼슬했으나 그의 덕을 고치지 못하였다. 안자와 민자가 끝까지 벼슬하지 않은 것은 이 때문이다. 자로가 기뻐하지 않은 것은 자신의 역량으로 성인을 살핀 것이다.(居亂邦見惡人, 惟聖人爲可. 蓋聖人道大德宏, 可以輔亂而爲治, 化惡而爲善. 孔子於南子則見之, 於陽貨亦見之, 而公山不狃之召, 佛肸之召, 皆欲往焉. 若大賢以下, 則危邦不入, 亂邦不居, 小人則遠之, 蓋就之未必能有所濟, 而或以自汙焉. 故子路仕孔悝, 不得其死, 冉求仕季孫, 無改於其德. 顔子閔子終身不仕, 蓋以此也. 子路不悅者, 蓋以己之力量觀聖人也.)"라고 되어 있다.

406) 호광 편(胡廣 編), 『논어집주대전(論語集註大全)』「옹야(雍也)」.

407) '시(矢 : 맹세하다)'자와 '서(誓 : 맹세하다)'자는 소리가 서로 비슷하다 : 논어집주대전』「옹야(雍

○ 『左』襄二十五年曰:“齊崔杼慶封弑莊公立景公, 而盟國人曰, 所不與崔慶者, 有如上帝.”

『춘추좌전(春秋左傳)』 양공 25년 기사에서 말하였다. “제나라의 최저와 경봉이 장공을 시해하고 경공을 세우고 나라 사람들에게 맹세하며 ‘맹세코 최경과 함께 하지 않을 것을 상제께 다짐한다.’라고 하였다.”

○ 凡誓辭, 必以所者二字起之.

일반적으로 맹세하는 말은 반드시 ‘소 …… 자(所 …… 者)’라는 말로 시작된다.

朱註

否, 謂不合於禮, 不由其道也. 厭, 棄絶也.

‘잘못된 짓을 하였다[否]’는 것은 예(禮)에 합당하지 않음을 말하니, ‘버린다[厭]’는 말은 버리고 끊는다는 뜻이다.

詳說

○ 恐讀者音鄙, 故特著音.

독자들이 ‘부(否)’의 음을 ‘비(鄙)’로 할까 염려했기 때문에 특별히 음을 나타냈다.

○ 雙峰饒氏曰:“先王之制.”408)

쌍봉 요씨(雙峰饒氏:饒魯)가 말하였다. “‘예(禮)에 합당함’은 선왕의 제도이다.”409)

○ 雙峰饒氏曰:“事物當然之理.”410)

쌍봉 요씨(雙峰饒氏:饒魯)가 말하였다. “‘도리’는 만물의 당연한 이치이다.”411)

○ 訓.

훈고이다.

也)」에는 “‘시(矢:맹세하다)’자와 ‘서(誓:맹세하다)’자는 소리가 서로 비슷하다. 『서경(書經)』「반경」의 이른바 맹서하는 말 또한 분격하는 말로 맹세와 비슷한 것이다.(矢誓, 聲相近. 「盤庚」所謂矢言, 亦憤激之言, 而近於誓者也.)”라고 되어 있다.

408) 호광 편(胡廣 編), 『논어집주대전(論語集註大全)』「옹야(雍也)」.

409) 선왕의 제도이다:『논어집주대전』「옹야(雍也)」에는 “예는 선왕의 제도이고, 도는(禮是先王之制, 道)”라고 되어 있다.

410) 호광 편(胡廣 編), 『논어집주대전(論語集註大全)』「옹야(雍也)」.

411) 만물의 당연한 이치이다:『논어집주대전』「옹야(雍也)」에는 “도는 천하 사물의 당연한 이치이다.(道是天下事物當然之理.)”라고 되어 있다.

朱註

聖人道大德全無可不可, 其見惡人, 固謂在我有可見之禮, 則彼之不善, 我何與焉.
성인은 도가 크고 덕이 완전하여 가한 것도 없고 불가한 것도 없으니, 악한 사람을 만나볼 적에 진실로 생각하기를, 나에게 있어 만나봐야 하는 예가 있다면, 저 사람의 악행이 나와 무슨 상관이 있겠는가라고 여긴다.

詳說

○ 四字見「微子」.
'무가불가(無可不可 : 가한 것도 없고 불가한 것도 없다)'라는 네 글자는 「미자(微子)」에 있다.[412]

○ 惡莫大於淫.
악한 것은 음란한 것보다 크다.

○ 去聲.
'하여언(何與焉)'에서 '여(與)'자는 거성이다.

○ 猶言非我所知.
'나와 무슨 상관이 있겠는가'는 내가 알 바가 아니라고 말하는 것과 같다.

○ 朱子曰 : "孟子說仲尼不爲已甚, 這处便見."[413]
주자(朱子 : 朱熹)가 말하였다. "맹자가 '중니는 너무 심한 것을 하지 않았다.'[414] 라고 하였으니, 이런 곳에서 바로 알겠다."[415]

---

412) '무가불가(無可不可 : 가한 것도 없고 불가한 것도 없다.)'라는 네 글자는 「미자(微子)」에 있다. : 『논어(論語)』「미자(微子)」에 "공자가 말하였다. '그 뜻을 굽히지 않고 그 몸을 욕되게 하지 않는 자는 백이(伯夷)와 숙제(叔齊)이다. 나는 이와 달라서 가(可)한 것도 없고 불가(不可)한 것도 없다.'(子曰 : '不降其志, 不辱其身, 伯夷叔齊與. 我則異於是, 無可無不可.')"라고 되어 있다.

413) 호광 편(胡廣 編), 『논어집주대전(論語集註大全)』「옹야(雍也)」.

414) 중니는 너무 심한 것을 하지 않았다 : 『맹자(孟子)』「이루하」에 "맹자가 말하였다. '중니는 너무 심한 것을 하지 않았다.'(孟子曰 : '仲尼, 不爲已甚者.')"라는 말이 있다.

415) 맹자가 '중니는 너무 심한 것을 하지 않았다.'라고 하였으니, 이런 곳에서 바로 알겠다 : 『논어집주대전』「옹야(雍也)」에는 "그 나라에 벼슬하면 임금의 부인을 만나는 예가 있는데, 공자 당시에는 그것을 행하는 사람이 없어 자로가 의심했던 것 같다. 행하는 사람이 있었다면 그때 자로가 의심하지 않았을 것이다. '중니는 너무 심한 것을 하지 않았다.'라고 하였으니, 이런 곳에서 바로 알겠다.(仕於其國, 有見其小君之禮, 當夫子時想是無人行, 所以子路疑之. 若有人行, 時子路也不疑了. 孟子說仲尼不爲已甚, 這樣處便見.)"라고 되어 있다.

○ 又曰："有人問尹彦明：'今有南子，子亦見之乎.' 曰：'不敢見. 能磨不磷，湼不緇，則見之不妨.'"[416)]

또 말하였다. "어떤 사람이 윤언명(尹彦明)에게 물었다. '지금 남자가 있다면 그대도 만나겠습니까?' 말하였다. '감히 만나지 않겠습니다. 갈아도 얇아지지 않고, 물들여도 검게 변하지 않을 수 있다면,[417)] 만나도 무방합니다.'"[418)]

朱註

然此豈子路所能測哉? 故重言以誓之,

그러나 이것을 어찌 자로가 헤아릴 수 있는 것이겠는가? 그러므로 거듭 말씀하고 맹세한 것이니,

詳說

○ 慶源輔氏曰："子路學識，不足以知聖人."[419)]

경원 보씨(慶源輔氏：輔廣)가 말하였다. "자로의 학식으로는 성인을 알기에 부족하였다."[420)]

---

416) 호광 편(胡廣 編), 『논어집주대전(論語集註大全)』「옹야(雍也)」.

417) 갈아도 얇아지지 않고, 물들여도 검게 변하지 않을 수 있다면：『논어(論語)』「양화」에 "자로(子路)가 말하였다. '옛날에 제가 선생님께 들었는데, '직접 그 몸에 착하지 않은 행동을 하는 자에게는 군자가 들어가지 않는다.'라고 하셨습니다. 필힐이 지금 중모 땅을 가지고 배반하였는데 선생님께서 가려고 하시니, 무엇 때문입니까?' 공자가 말하였다. '그렇다. 그런 말을 한 적이 있다. 그런데 단단하다고 하지 않겠는가! 갈아도 얇아지지 않으니. 희다고 말하지 않겠는가! 검게 물을 들여도 검어지지 않으니.'(子路曰：'昔者，由也聞諸夫子，曰：'親於其身，爲不善者，君子不入也.' 佛肸以中牟畔，子之往也，如之何?' 子曰：'然. 有是言也. 不曰堅乎. 磨而不磷. 不曰白乎. 湼而不緇.')"라는 말이 있다.

418) 어떤 사람이 윤언명(尹彦明)에게 물었다 …… 검게 변하지 않을 수 있다면 만나도 무방합니다：『논어집주대전』「옹야(雍也)」에는 "이것은 성인이 품격을 벗어난 일로 지금에서는 이해할 수 없다. 전에 어떤 사람이 윤언명에게 물었다. '지금 남자가 있다면 그대도 만나겠습니까?' 말하였다. '감히 만나지 않겠습니다.' 물었다. '성인은 어째서 만났습니까?' 말하였다. '갈아도 얇아지지 않고, 물들여도 검게 변하지 않을 수 있으니, 만나도 무방합니다.'(此是聖人出格事，而今莫要理會他. 向有人問尹彦明，'今有南子，子亦見之乎.' 曰：'不敢見.' 曰：'聖人何爲見之.' 曰：'能磨不磷，湼不緇，則見之不妨.')"라고 되어 있다.

419) 호광 편(胡廣 編), 『논어집주대전(論語集註大全)』「옹야(雍也)」.

420) 자로의 학식으로는 성인을 알기에 부족했다：『논어집주대전』「옹야(雍也)」에는 "도가 크면 선이든 악이든 받아들이지 않음이 없고, 덕이 온전하면 갈아내고 물들여도 얇아지지 않고 검게

○ 去聲.

'중언(重言)'에서 '중(重 : 거듭)'자는 거성이다.

○ 慶源輔氏曰 : "其不悅, 必有過甚之辭, 故誓之."[421]

경원 보씨(慶源輔氏 : 輔廣)가 말하였다. "그가 기뻐하지 않아 반드시 지나치게 심한 말을 했기 때문에 맹세했던 것이다."[422]

○ 雙峰饒氏曰 : "子路氣粗見偏, 巽言則不入, 故矢言."[423]

쌍봉 요씨(雙峰饒氏 : 饒魯)가 말하였다. "자로는 기운이 억세고 견식이 치우쳐서 부드럽게 말하면 듣지 않기 때문에 맹세하여 말한 것이다."[424]

변하지 않을 수 있기 때문에 가한 것도 없고 불가한 것도 없으며 의를 따를 뿐이다. 저 사람이 악할지라도 내가 그를 만나야 되면, 또한 가는 것은 나의 의일 뿐이니, 어찌 저 사람이 나를 더럽힐까 걱정하겠는가? 성인의 행동은 평범한 사람들이 헤아려 알 수 있는 것이 아니니, 자로의 학식으로는 성인을 알기에 부족하였다. 아마도 그는 기뻐하지 않아 반드시 지나치게 심한 말을 했던 것 같다.(道大, 則善惡無所不容, 德全, 則雖磨涅而不能使之磷緇也. 故無可無不可, 義之與比而已. 彼人雖惡然, 在我或當見之, 則亦行, 吾之義而已, 豈懼彼之能汙我哉. 聖人之行, 非常人所能測識. 子路學識, 不足以知聖人. 想其於所不悅, 必有過甚之辭.)"라고 되어 있다.

421) 호광 편(胡廣 編), 『논어집주대전(論語集註大全)』「옹야(雍也)」.

422) 그가 기뻐하지 않아 반드시 지나치게 심한 말을 했기 때문에 맹세했던 것이다 : 『논어집주대전』「옹야(雍也)」에는 "…… 성인의 행동은 평범한 사람들이 헤아려 알 수 있는 것이 아니니, 자로의 학식으로는 성인을 알기에 부족하였다. 아마도 그는 기뻐하지 않아 반드시 지나치게 심한 말을 했던 것 같다. 그러므로 공자가 거듭 맹세해서 '내가 하는 것이 예에 맞지 않고 도를 따르지 않은 것이라면, 하늘이 반드시 나를 끊어 버릴 것이다.'라고 했으니, 지극한 정성과 안타까운 마음 때문에 자로를 친절하게 감동시키기를 절실하게 했던 것이다. 대개 자로의 믿는 마음을 인도해서 그 생각을 다하게 하여 스스로 마음으로 알도록 한 것이다.(…… 聖人之行, 非常人所能測識. 子路學識, 不足以知聖人. 想其於所不悅, 必有過甚之辭. 故夫子重言以誓之, 曰我之所爲, 若不合於禮, 不由於道, 則天必厭之, 而棄絶我矣. 是其至誠惻怛之意, 所以感切子路者至矣. 蓋欲啟子路之信, 以致其思, 而使之自有得於心耳.)"라고 되어 있다.

423) 호광 편(胡廣 編), 『논어집주대전(論語集註大全)』「옹야(雍也)」.

424) 자로는 기운이 억세고 견식이 치우쳐서 …… 듣지 않기 때문에 맹세하여 말한 것이다 : 『논어집주대전』「옹야(雍也)」에는 "자로는 기운이 억세고 견식이 치우쳐서 끝내 되돌리기 쉽지 않고 부드럽게 말하면 듣지 않기 때문에 그와 맹세하여 말했으니, 우선 이 말을 믿고 생각하여 터득하게 한 것이다.(子路氣粗見偏, 卒未易回, 巽言則不入, 故與之矢言, 欲姑信此, 而思得之.)"라고 되어 있다.

朱註

欲其姑信此, 而深思以得之也.

그가 우선 이것을 믿고, 깊이 생각하여 터득하게 하고자 하신 것이다.

詳說

○ 矢言.

'욕기고신차(欲其姑信此)'에서 이것[此]은 맹세하는 말이다.

○ 得道大德全, 無可不可之實.

도가 크고 덕이 온전하면 가한 것도 없고 불가한 것도 없다는 것이 실제이다.

○ 以論釋之.

경문의 의미 설명으로 풀이하였다.

[6-27-1]

子曰 : "中庸之爲德也, 其至矣乎! 民鮮久矣."
공자가 말하였다. "중용의 덕이 지극하구나! 사람들이 이 덕(德)을 소유한 이가 적은 지 오래이다."

朱註

鮮, 上聲.

'민선구의(民鮮久矣)'에서 '선(鮮 : 적다)'자는 상성이다.

詳說

○ 按, 『中庸』無之爲德也四字, 而鮮字下有能字

살펴보건대, 『중용(中庸)』에는 '~의 덕[之爲德也]'이라는 말이 없고, '적다[鮮]'는 말 아래에는 '능한 이[能]'라는 말이 있다.425)

○ 雙峰饒氏曰 : "此是夫子本語, 彼是子思檃栝語."426)

쌍봉 요씨(雙峰饒氏 : 饒魯)가 말하였다. "이것은 공자의 본래 말이고, 저것은 자사(子思)가 다듬은 말이다."427)

---

425) 살펴보건대, 『중용(中庸)』에는 '~의 덕[之爲德也]'이라는 말이 없고 …… '능한 이[能]'라는 말이 있다 : 『중용장구(中庸章句)』 3장에 "공자가 말하였다. '중용은 지극할 것이다. 사람들이 능한 이가 적은 지가 오래이다.'(子曰 : '中庸, 其至矣乎. 民鮮能, 久矣.')"라는 말이 있다.

426) 호광 편(胡廣 編), 『논어집주대전(論語集註大全)』「옹야(雍也)」.

427) 이것은 공자의 본래 말이고, 저것은 자사(子思)가 다듬은 말이다 : 『논어집주대전』「옹야(雍也)」에는 "이 장과 『중용(中庸)』의 글은 대동소이하다. 이 장에는 '~의 덕[之爲德也]'이라는 말이 있으니, 중용의 덕으로 말했기 때문이다. 『중용(中庸)』에는 '~의 덕[之爲德也]'이라는 말이 없으니, 중용의 도로 말했기 때문이다. 덕으로 말하면, '능한 이[能]'를 말하지 않아도 능한 이가 그 속에 있기 때문에 아래 구절에 '능한 이[能]'라는 말이 없다. 도로 말하면, 알 수 있는 것과 알 수 없는 것, 행할 수 있는 것과 행할 수 없는 것이 있기 때문에 『중용(中庸)』에서 아래 구절에 '능한 이[能]'라는 말이 없을 수 없다. 여기의 장에서는 사람들 중에는 이 덕이 적다고 했으니, 세상의 교화가 쇠퇴해서 백성들이 일으켜 행하지 않기 때문이라는 것이다. 그런데 『중용(中庸)』에서는 사람들 중에는 이 도에 능한 이가 적다고 했으니, 기질의 차이로 지나치고 미치지 못함이 있기 때문이라는 것이다. 그런데 아마도 이것은 공자의 본래 말이고, 저것은 자사가 다듬은 말인 것 같다.(此章與『中庸』之文, 大同小異. 此章有之爲德也四字, 以中庸之德言也. 『中庸』無之爲德也四字, 以中庸之道言也. 以德言, 則不消言能而能在其中, 故此章下句無能字. 以道言, 則有能知與不能知, 能行與不能行, 故『中庸』下句不可無能字. 此章言民鮮此

朱註

中者, 無過不及之名也. 庸, 平常也. 至, 極也. 鮮, 少也.

중(中)은 지나치거나 미치지 못함이 없는 것의 명칭이다. 용(庸)은 평상(平常)이다. '지극하다[至]'는 말은 극진하다는 것이다. '적다[鮮]'는 말은 '적다[少]'는 것이니,

詳說

○ 一有無字.

어떤 판본에는 '미치지 못함[不及]'이라는 말 앞에 '없는[無]'이라는 말이 있다.

○ 朱子曰 : "堯舜孔子只是庸, 夷齊都不是庸."428)

주자(朱子 : 朱熹)가 말하였다. "요(堯)임금 · 순(舜)임금 · 공자는 단지 용(庸)했을 뿐이고, 백이와 숙제는 모두 용이 아니다."429)

○ 訓畢.

훈고가 끝났다.

朱註

言民少此德, 今已久矣.

사람들이 이 덕(德)을 소유한 이가 적은 지, 이제 이미 오래되었다는 말이다.

詳說

○ 本文蒙上之至德.

경문은 앞의 지극한 덕을 이어받았다.

○ 言此德如此其至, 而人鮮有之, 歎世之辭也.

德, 是以世教之衰, 民不興行, 而然『中庸』言民鮮能此道, 是以氣質之異有過不及, 而然意此是夫子本語, 彼是子思櫽括語.)"라고 되어 있다.

428) 호광 편(胡廣 編), 『논어집주대전(論語集註大全)』「옹야(雍也)」.

429) 요(堯)임금 · 순(舜)임금 · 공자는 단지 용(庸)했을 뿐이고, 백이와 숙제는 모두 용이 아니다 : 『논어집주대전』「옹야(雍也)」에는 "중용의 덕이라는 이곳에는 지나치고 모자람이 없다는 뜻이 많다. 용이라는 말은 본분에 따라 괴이한 짓을 하지 않는 것이다. 요임금 · 순임금 · 공자는 단지 용했을 뿐이고, 백이와 숙제가 한 것은 모두 용이 아니다.(中庸之爲德, 此處無過不及之意多, 庸, 是依本分不爲怪異之事. 堯舜孔子只是庸, 夷齊所爲, 都不是庸了.)"라고 되어 있다.

이 덕이 이처럼 지극한데 사람이 그것을 가진 것이 적다고 말했으니, 세상을 탄식하는 말이다.

○ 釋畢.

경문의 풀이가 끝났다.

朱註

程子曰 : "不偏之謂中, 不易之謂庸. 中者, 天下之正道, 庸者, 天下之定理. 自世敎衰, 民不興於行, 少有此德久矣."

정자가 말하였다. "치우치지 않음을 중(中)이라 하고, 변치 않음을 용(庸)이라 한다. 중(中)은 천하의 바른 도이고, 용(庸)은 천하의 정한 리(理)이다. 세상의 가르침이 쇠퇴하면서부터 사람들이 행하는 것에 흥기 하지 않아, 이 덕을 간직한 이가 적은 지 오래되었다."430)

詳說

○ 叔子.

'정자왈(程子曰)'에서 '정자(程子)'는 동생 정이(程頤)이다.

○ '不易', 只有常義, 而遺却平義, 有遜於朱子之訓庸.

'변치 않음'에 단지 상(常)의 의미만 두고 평(平)의 의미를 버려, 주자(朱子 : 朱熹)가 용(庸)을 풀이한 것보다 뒤떨어진다.431)

○ 去聲.

'민불흥어행(民不興於行)'에서 '행(行 : 행하다)'자는 거성이다.

---

430) 『주자어류(朱子語類)』 권33, 「논어15(論語十五)」, 51조목에서 주희는 다음과 같이 말하였다. "마땅히 이천의 풀이가 올바르다. '중용은 천하의 올바른 이치이다. 덕이 중용에 부합하면 지극하다 이를 만하다. 세상의 가르침이 쇠퇴함으로부터 사람들이 중용의 도를 행하는데 흥기하지 않아 중용의 덕을 가진 것이 적었다.' '세상의 가르침이 쇠퇴함으로부터(自世敎衰)'의 이 네 글자는 바로 '오랠 구(久)'자를 말하였다.(當以伊川解爲正: '中庸, 天下之正理也. 德合乎中庸, 可謂至矣. 自世敎衰, 民不興於行, 鮮有中庸之德也.' '自世敎衰', 此四字正是說'久'字.)"

431) 주자는 『중용장구집주(中庸章句集註)』에서 중용(中庸)을 풀이하면서, "中者, 不偏不倚 無過不及之名. 庸, 平常也."라고 하였다.

[6-28-1]

子貢曰："如有博施於民, 而能濟衆, 何如. 可謂仁乎." 子曰："何事於仁, 必也聖乎. 堯舜, 其猶病諸.

자공이 말하였다. "만일 백성에게 은혜를 널리 베풀어 많은 사람을 구제한다면 어떻겠습니까? 인(仁)하다고 할 만합니까?" 공자가 말하였다. "어찌 인(仁)을 일삼는 데 그치겠는가! 반드시 성인일 것이다. 요순도 이에 대해서는 오히려 부족하게 여겼을 것이다.

朱註

施, 去聲. 博, 廣也. 仁, 以理言. 通乎上下, 聖以地言, 則造其極之名也.

'박시(博施)'에서 '시(施 : 베풀다)'자는 거성이다. '널리[博]'는 '넓게[廣]'라는 말이다. 인(仁)은 이치로 말한 것이니, 위아래로 통하고, '성인[聖]'은 지위로 말한 것이니, 그 극에 도달한 것의 명칭이다.

詳說

○ 濟衆, 諺釋更詳.

'많은 사람을 구제한다[濟衆]'라는 말은 『언해』에서 다시 자세히 풀이하였다.[432]

○ 朱子曰："道理."[433]

'인, 이리언(仁, 以理言 : 인(仁)은 이치로 말한 것)'에 대해, 주자(朱子 : 朱熹)가 말하였다. "도리이다."[434]

○ 朱子曰："有聖人之仁, 有賢人之仁, 有衆人之仁."[435]

주자(朱子 : 朱熹)가 말하였다. "성인의 인(仁)이 있고 현인의 인이 있으면 보통 사람들의 인이 있다."[436]

---

432) '많은 사람을 구제한다[濟衆]'라는 말은 『언해』에서 다시 자세히 풀이했다 : 『논어언해』「옹야(雍也)」에서는 "濟홈이 衆흔딘"이라고 되어 있다.

433) 호광 편(胡廣 編), 『논어집주대전(論語集註大全)』「옹야(雍也)」.

434) 도리이다 : 『논어집주대전』「옹야(雍也)」에는 "인(仁)은 도리로 말한 것으로 사물을 철두철미하게 하는 것이다. 성인은 지위로 말한 것으로 인을 떠나 성인이 되는 것이 아니다.(仁, 以道理言, 是箇徹頭徹尾物事. 聖, 以地位言也, 不是離了仁而爲聖.)"라고 되어 있다.

435) 호광 편(胡廣 編), 『논어집주대전(論語集註大全)』「옹야(雍也)」.

436) 성인의 인(仁)이 있고 현인의 인이 있으면 보통 사람들의 인이 있다 : 『논어집주대전』「옹야(雍

○ **朱子曰 : "地位."**[437]

'성인[聖]'에 대해, 주자(朱子 : 朱熹)가 말하였다. "지위이다."[438]

○ **音糙.**

'조(造 : 이르다)'자는 음이 '조(糙)'이다.

○ **朱子曰 : "聖只是行仁到極處, 不是仁上面更有箇聖."**[439]

주자(朱子 : 朱熹)가 말하였다. "성인(聖人)은 인(仁)을 행해 지극한 곳에 달한 것일 뿐이지 인의 위에 다시 성인이 있다는 것이 아니다."[440]

朱註

> **乎者, 疑而未定之辭. 病, 心有所不足也.**
>
> '호(乎 : ~일 것이다.)'란 의심하여 확정짓지 않는 말이다. 병(病)은 마음에 부족하게 여기는 바가 있음이다.

詳說

○ **聖乎之乎.**

'성인일 것이다.[聖乎]'라고 한 것에서 '~일 것이다[乎]'이다.

○ **『大全』曰 : "乎字, 含下一句意."**[441]

也)」에는 "인은 위아래로 통합해서 말한 것이니, 성인의 인이 있고 현인의 인이 있으면 보통 사람들의 인이 있다. 한 가지 일에서 인도 인이고, 전체에서 인도 인이니, 인은 수직적인 것이고, 성인은 횡적인 것이다.(仁是通上下而言. 有聖人之仁, 有賢人之仁, 有衆人之仁. 一事之仁也, 是仁, 全體之仁也, 是仁, 仁字直聖字橫.)"라고 되어 있다.

437) 호광 편(胡廣 編), 『논어집주대전(論語集註大全)』「옹야(雍也)」.

438) 지위이다 : 『논어집주대전』「옹야(雍也)」에는 "성인은 지위로 말한 것으로 인을 떠나 성인이 되는 것이 아니다. 성인은 인(仁)을 행해 지극한 곳에 도달한 것일 뿐이고, 인은 곧 이 도리이다. 성인은 곧 이 도리를 충분히 믿어 지극한 곳에 도달한 것이지 인(仁)의 위에 다시 성인이 있다는 것이 아니다.(聖, 以地位言也, 不是離了仁而爲聖. 聖只是行仁到那極處, 仁便是這理. 聖便是充這理到極處, 不是仁上面更有箇聖.)"라고 되어 있다.

439) 호광 편(胡廣 編), 『논어집주대전(論語集註大全)』「옹야(雍也)」.

440) 성인(聖人)은 인(仁)을 행해 지극한 곳에 …… 다시 성인이 있다는 것이 아니다 : 『논어집주대전』「옹야(雍也)」에는 "성인은 인(仁)을 행해 지극한 곳에 도달한 것일 뿐이고, 인은 곧 이 도리이다. 성인은 곧 이 도리를 충분히 믿어 지극한 곳에 도달한 것이지 인의 위에 다시 성인이 있다는 것이 아니다.(聖只是行仁到那極處, 仁便是這理. 聖便是充這理到極處, 不是仁上面更有箇聖.)"라고 되어 있다.

『논어집주대전(論語集註大全)』에서 말하였다. "'호(乎 : ~일 것이다.)'자에는 아래 한 구절의 의미가 포함되어 있다."

○ 己心.

'병(病)은 마음에 부족하게 여기는[病, 心有所不足也]'이라는 구절은 자신의 마음을 말한다.

○ 訓畢.

훈고가 끝났다.

朱註

言此 何止於仁. 必也聖人能之乎.

이것은 어찌 인(仁)에만 그치겠는가! 반드시 성인이라야 능할 것이다.

詳說

○ 博施濟衆.

'이것[此]'은 널리 베풀고 많은 사람을 구제하는 일이다.

○ 以止易事

'어찌 인(仁)에만 그치겠는가![何止於仁]'로 일을 쉽게 여김에 그치는 것이다.

○ 朱子曰 : "必也聖乎, 當急連下文讀."442)

주자(朱子 : 朱熹)가 말하였다. "'반드시 성인일 것이다.'라는 말은 급히 아래의 글과 연결해서 읽어야 한다."443)

○ 此間, 有若必以爲聖人能之八字之意.

이 사이에는 '반드시 성인이라야 능할 것 같다.'라는 말의 의미가 있다.

朱註

則雖堯舜之聖, 其心猶有所不足於此也.

그렇다면 요·순(堯·舜) 같은 성인이라도, 그 마음에는 오히려 이에 대해 부족

441) 『논어집주대전』「옹야(雍也)」에는 "乎字, 以含下一句意."로 되어 있다.

442) 호광 편(胡廣 編), 『논어집주대전(論語集註大全)』「옹야(雍也)」.

443) '반드시 성인일 것이다.'라는 말은 급히 아래의 글과 연결해서 읽어야 한다 : 『논어집주대전』「옹야(雍也)」에는 "'반드시 성인일 것이다. 요·순도 이에 대해서는 오히려 부족하게 여겼을 것이다.'라는 두 구절은 연속해서 봐야 한다.(必也聖乎, 堯·舜其猶病諸, 此兩句當連看.)"라고 되어 있다.

하게 여기는 사안이 있을 것'이라고 말한 것이다.

詳說

○ 添則雖二字

'그렇다면 ~라도[則雖]'라는 말을 더하였다.

○ 堯舜.

'그[其]'는 요·순이다.

○ 常患不能博施濟衆.

'그 마음에는 오히려 이에 대해 부족하게 여기는 사안[其心猶有所不足於此也]'은 늘 널리 베풀고 많은 사람을 구제할 수 없는 것에 대해 근심한다.

○ 朱子曰 : "仁者之心, 無窮, 仁者之事, 則有限."[444]

주자(朱子 : 朱熹)가 말하였다. "인자의 마음은 무궁하지만 인자의 일은 유한하다."[445]

○ 釋畢.

경문의 풀이가 끝났다.

朱註

以是求仁, 愈難而愈遠矣.

이것으로 인(仁)을 구한다면, 더욱 어렵고 더욱 멀어질 것이다.

詳說

○ 必以博施濟衆爲仁而求之.

반드시 널리 베풀고 많은 사람을 구제하는 것으로 인을 삼아 구한다.

○ 此言外未足之意, 亦以含下二節之意.

여기에서는 겉으로 부족하게 여기는 뜻을 말하였는데, 또한 아래 두 구절의 의미를 포함하고 있다.

---

444) 『주자어류(朱子語類)』 권33, 「논어15(論語十五)」, 62조목.

445) 인자의 마음은 무궁하지만 인자의 일은 유한하다 : 『주자어류(朱子語類)』에는 "널리 베풀고 많은 사람을 구제하는 것'은 끝이 없는 것으로 요·순이라도 해낼 수가 없다. 대개 인자의 마음이 아무리 무궁하지만, 인자의 일은 유한하여 본래 끝낼 수 없는 이치가 있다. 일로 말하고자 한다면 거의 손 댈 곳이 없다.(博施濟衆, 是無盡底地頭, 堯舜也做不了. 蓋仁者之心雖無窮, 而仁者之事則有限, 自是無可了之理. 若欲就事上說, 便儘無下手處.)"라고 되어 있다.

[6-28-2]

夫仁者, 己欲立而立人, 己欲達而達人.
인자(仁者)는 자신이 서고자 함에 남도 서게 하며, 자신이 통달하고자 함에 남도 통달하게 하는 것이다.

詳說

○ 夫, 音扶.
'부(夫)'자는 음이 '부(扶)'이다.

○ 朱子曰: "夫仁者, 言仁之道如此."[446)]
주자(朱子 : 朱熹)가 말하였다. "인자(仁者)는 인(仁)의 도리를 이와 같이 말한다."[447)]

朱註

以己及人, 仁者之心也,
자기로써 남에게 미침은 인자(仁者)의 마음이니,

詳說

○ 幷指立達.
경문의 '기욕립이립인, 기욕달이달인(己欲立而立人, 己欲達而達人)'에서, 서게 하고 통달하게 하는 것을 함께 말하였다.

○ 朱子曰: "立達皆兼內外麁細而言. 如身要成立是立, 學要通達是達, 事事皆然."[448)]
주자(朱子 : 朱熹)가 말하였다. "선다는 말과 통달한다는 말은 안팎과 대소를 갖추어 말한 것이다. 이를테면 입신하고자 하는 것이 섬이고, 학문에 통달하고자 하는 것이 통달이니, 일마다 모두 그렇다."[449)]

---

446) 호광 편(胡廣 編), 『논어집주대전(論語集註大全)』「옹야(雍也)」.

447) 인자(仁者)는 인의 도리를 이와 같이 말한다 : 『논어집주대전』「옹야(雍也)」에는 "공자는 분명하게 인자(仁者)는 인(仁)의 도리를 이와 같이 말해야 한다고 말하였다. '인의 방법이라고 말할 만하다.'라는 것은 인을 구하는 방법은 이와 같이 해야 한다는 말이다.(夫子分明說, 夫仁者, 則是言仁之道如此. 可謂仁之方, 則是言求仁當如此.)"라고 되어 있다.

448) 호광 편(胡廣 編), 『논어집주대전(論語集註大全)』「옹야(雍也)」.

449) 선다는 말과 통달한다는 말은 안팎과 대소를 …… 일마다 모두 그렇다 : 『논어집주대전』「옹야

○ 朱子曰："子貢只就事上問, 夫子就心上指仁之本體而言."450)

주자(朱子 : 朱熹)가 말하였다. "자공은 단지 일로 물었고, 공자는 마음으로 인의 본체를 가리켜서 말하였다."451)

○ 無訓, 以論釋之.

훈고 없이, 경문의 의미 설명으로 풀이하였다.

○ 此下, 又申論

이 아래에서 또 거듭 경문의 의미를 설명하였다.

朱註

於此觀之, 可以見天理之周流而無間矣. 狀仁之體, 莫切於此.

여기에서 살펴본다면, 천리(天理)가 두루 흘러서 간격이 없음을 볼 수 있다. 인(仁)의 본체(本體)를 나타낸 것이 이보다 절실한 것이 없다.

詳說

○ 立達二句, 下同.

경문에서 말한 '기욕립이립인, 기욕달이달인(己欲立而立人, 己欲達而達人)'의 섬과 통달함 두 구절은 아래에서도 같다.

○ 去聲.

'무간(無間)'에서 '간(間)'자는 거성이다.

○ 物我無間.

'천리(天理)가 두루 흘러 간격이 없다'는 사물이 나와 간격이 없음이다.

(雍也)」에는 "선다는 말과 통달한다는 말은 모두 내외를 갖추어 말한 것이다. 여기에서 평온하게 되는 것과 같은 것은 섬이고, 가면 이르러야 하는 것과 같은 통달함이며, 입신하고자 하는 것과 같은 것도 섬이고, 학문에 통달하고자 하는 것도 통달이니 일마다 모두 그렇다. 반드시 널리 베푼 다음에 인을 하는 것이라면, 죽을 때까지 인을 얻지 못하는 것이다.(立字達字之義, 皆兼內外而言. 謂如在此而住得穩便是立, 如行要到便是達, 如身要成立亦是立, 學要通達亦是達, 事事皆然. 若必以博施, 而後爲仁, 則終身有不得仁者矣.)"라고 되어 있다.

450) 호광 편(胡廣 編), 『논어집주대전(論語集註大全)』「옹야(雍也)」.

451) 자공은 단지 일로 물었고, 공자는 마음으로 인의 본체를 가리켜서 말하였다 : 『논어집주대전』「옹야(雍也)」에는 "자공이 물은 것은 단지 일로 말하고 마음으로 말하지 않았는데, 공자가 마음으로 인의 본체를 가리켜서 설명해 주었다.(子貢所問, 只就事上說, 却不就心上說, 夫子所以就心上, 指仁之本體而告之.)"라고 되어 있다.

○ 形容仁之體者.

인의 본체를 형용한 것이다.

[6-28-3]

能近取譬, 可謂仁之方也已."
가까운 데서 취해 비유할 수 있으면 인(仁)의 방법이라고 말할 만하다."

朱註

譬, 喩也, 方, 術也.
'비유한다[譬]'는 '알려준다[喩]'는 말이고, '방법[方]'은 '수단[術]'이다.

詳說

○ 訓畢.

훈고가 끝났다.

朱註

近取諸身, 以己所欲, 譬之他人知其所欲, 亦猶是也.
가까이 자신에게서 취하여 자기가 하려는 것을 가지고, 타인(他人)에게 비유하여 그가 하려는 것도 이와 같음을 안다.

詳說

○ 所惡亦然.

'자기가 하려는 것[己所欲]' 이외에 싫어하는 것도 또한 그렇다.

○ 人.

'타인(他人)'은 남이다.

○ 己.

'이[是]'는 나 자신이다.

朱註

然後推其所欲, 以及於人, 則恕之事, 而仁之術也.

그 다음에 그 하고자 하는 것을 미루어 남에게 미쳐야 하니, 이는 서(恕)의 일로서 인(仁)을 행하는 방법이다.

詳說

○ 己.

'그[其]'는 자신이다.

○ 釋近取譬三字, 特詳.

근취비(近取譬 : 가까운 데서 취하여 비유할 수 있음) 이 세 글자를 풀이한 것이 특히 자세하다.

○ 恕之事, 即仁之方, 孟子說強恕而行求仁.

서(恕)의 일이 곧 인의 방법이니, 맹자는 "서를 힘써 행하면 인을 구한다."라고 하였다.[452]

○ 莫近亦此意.

이 의미보다 가까운 것이 없다.

○ 朱子曰 : "可謂仁之方, 言求仁當如此, 與夫仁者正相對說."[453]

주자(朱子 : 朱熹)가 말하였다. "'인의 방법이라고 말할 만하다.'라는 것은 인을 구하는 방법이 이와 같아야 한다는 말이니, '인자'와 '인의 방법이라고 말할 만하다.'라는 구절은 바로 상대해서 말한 것이다."[454]

○ 新安陳氏曰 : "教子貢以學者所可能者."[455]

신안 진씨(新安陳氏 : 陳櫟)가 말하였다. "자공에게 배우는 자가 가능한 것으로 가

452) 맹자는 "서를 힘써 행하면 인을 구한다."라고 하였다 : 『맹자(孟子)』「진심상」에 "서(恕)를 힘써서 행하면, 인(仁)을 구함이 이보다 가까울 수 없다.(強恕而行, 求仁莫近焉.)"라는 말이 있다.

453) 호광 편(胡廣 編), 『논어집주대전(論語集註大全)』「옹야(雍也)」.

454) '인의 방법이라고 말할 만하다.'라는 구절은 …… 바로 상대해서 말한 것이다 : 『논어집주대전』「옹야(雍也)」에는 "공자는 분명하게 인자(仁者)는 인(仁)의 도리를 이와 같이 말해야 한다고 말하였다. '인의 방법이라고 말할 만하다.'라는 것은 인을 구하는 방법은 이와 같이 해야 한다는 말이다. 그러니 '인자'와 '인의 방법이라고 말할 만하다.'라는 구절은 바로 상대해서 말한 것이다.(夫子分明說, 夫仁者, 則是言仁之道如此, 可謂仁之方, 則是言求仁當如此. 夫仁者與可謂仁之方, 正相對說.)"라고 되어 있다.

455) 호광 편(胡廣 編), 『논어집주대전(論語集註大全)』「옹야(雍也)」.

르쳤다."[456]

○ 釋畢.

경문의 풀이가 끝났다.

○ 此下, 又承上節意中論之.

이 아래는 또 앞 절의 의중을 이어서 설명하였다.

朱註

> 於此勉焉, 則有以勝其人欲之私, 而全其天理之公矣.
>
> 여기에 힘쓴다면, 인욕의 사사로움을 이겨내어 천리의 공정함을 온전히 할 수 있을 것이다.

詳說

○ 近譬.

'여기에 힘쓴다면[於此勉焉]'은 가까이 비유한 것이다.

○ 襯能字義.

'온전히 할 수 있을 것이다[全其天理之公矣]'는 '~할 수 있다[能]'라는 말의 의미를 드러냈다.

○ 勝私全理, 仁也. 言能從事於推己及人之恕, 則可馴致於以己及人之仁.

사사로움을 이겨 이치를 온전하게 하는 것이 인이다. 그러니 자신을 미뤄 남에게 미치는 서(恕)에 종사한다면, 자신으로 남에게 미치는 인(仁)을 따를 수 있다는 말이다.

---

456) 자공에게 배우는 자가 가능한 것으로 가르쳤다 : 『논어집주대전』「옹야(雍也)」에는 "널리 베풀고 많은 사람을 구제하는 것은 성인도 어렵게 여기는 것이다. 남도 서게 하고 남도 통달하게 하는 것은 인(仁)으로 이것을 편안하게 행하는 것은 배우는 자들이 쉽게 할 수 없는 것이다. 가까운 데서 취해 비유할 수 있는 것은 서(恕)로 그것을 힘써 인을 구하는 것은 배우는 자들이 가능한 것이다. 자공은 성인도 어렵게 여기는 것을 인으로 여겨 더욱 어렵고 더욱 멀어졌으니, 공자가 배우는 자들이 가능한 것으로 인을 구하도록 가르쳐 절실하고 가까운 데서 나아갈 수 있게 하였다.(博施濟衆, 聖人所難能也. 立人達人, 仁也. 安行此仁, 學者未易能也. 能近取譬, 恕也, 强恕求仁, 學者所可能也. 子貢以聖人所難能者, 爲仁, 愈難而愈遠, 夫子教其以學者所可能者求仁, 切近而可進.)"라고 되어 있다.

朱註

程子曰 : "醫書以手足痿痺, 爲不仁,

정자가 말하였다. "의서(醫書)에 손발이 마비(痲痺)된 것을 불인(不仁)이라 하니,

詳說

○ 伯子.

'정자왈(程子曰)'에서 '정자(程子)'는 형 정호(程顥)이다.

○ 於危反.

'위비(痿痺)'에서 '위(痿)'는 '어(於)'와 '위(危)'의 반절(反切)이다.

○ 音秘.

'위비(痿痺)'에서 '비(痺)'자의 음은 '비(秘)'이다.

○ 『大全』曰 : "冷濕, 病也."[457]

『논어집주대전(論語集註大全)』에서 말하였다. "'손발이 마비(痲痺)된 것을 불인(不仁)이라' 할 때, 냉습한 것이 병이다."

○ 勉齋黃氏曰 : "不識痛痒."[458]

면재 황씨가 말하였다. "'마비(痲痺)된 것'은 아픔이 느껴지지 않는다."[459]

朱註

此言最善名狀仁者. 以天地萬物爲一體, 莫非己也. 認得爲己, 何所不至?

이 말이 인(仁)을 가장 잘 형용한 것이다. 인자(仁者)는 천지와 만물을 한 몸으로 여기니 자기 아닌 것이 없다. 천지만물이 모두 자기와 일체임을 인식한다면 어느 것인들 이르지 못하겠는가?

457) 호광 편(胡廣 編), 『논어집주대전(論語集註大全)』「옹야(雍也)」.

458) 호광 편(胡廣 編), 『논어집주대전(論語集註大全)』「옹야(雍也)」.

459) 아픔이 느껴지지 않는다 : 『논어집주대전』「옹야(雍也)」에는 "혹 마비되었다고 여기는 것은 아픔이 느껴지지 않는 것을 말한다. 이와 같다면, 느껴지는 것은 인이다. 인이 느껴지는 것으로 말할 수 있으니, 이른바 인이란 기운이 이미 관통되지 않는 것에서 구한다고 말하였다.(或以爲痿痺者, 不識痛痒之謂也. 如此則覺者爲仁. 仁其可以覺言乎, 曰所謂仁者, 當於氣己不貫上求之.)"라고 되어 있다.

詳說

○ 張子曰 : "民吾同胞, 物吾與也."460)

장자(張子 : 張載)가 말하였다. "백성은 나의 동포이고, 사물은 나와 함께하는 것이다."461)

○ 體認.

'인식한다[認]'는 말은 체인한다는 것이다.

○ 當愛人如己.

'천지만물이 모두 자기와 일체임을 인식한다면[莫非己也. 認得爲己]' 남을 사랑하기를 자신처럼 해야 한다.

朱註

若不屬己, 自與己不相干,

만약 자신에게 소속시키지 않으면, 저절로 자기와는 서로 관련이 되지 않는 것이니,

詳說

○ 物我有間.

'자신에게 소속시키지 않으면[若不屬己]'은 사물이 나와 간격이 있는 것이다.

○ 新安陳氏曰 : "又反言之."462)

'자여기불상간(自與己不相干 : 저절로 자기와는 서로 관련이 되지 않는 것)'에 대해, 신안 진씨(新安陳氏 : 陳櫟)가 말하였다. "또 반대로 말하였다."463)

---

460) 장재(張載), 『장자전서(張子全書)』「서명(西銘)」.

461) 백성은 나의 동포이고, 사물은 나와 함께하는 것이다 : 『장자전서(張子全書)』「서명(西銘)」에 "천지의 사이에 가득한 것은 내가 형체로 삼은 것이고, 천지의 장수는 내가 성으로 하는 것이다. 백성은 나의 동포이고, 사물은 나와 함께하는 것이다.(天地之塞, 吾其體, 天地之帥, 吾其性. 民吾同胞, 物吾與也.)"라는 말이 있다.

462) 호광 편(胡廣 編), 『논어집주대전(論語集註大全)』「옹야(雍也)」.

463) 또 반대로 말하였다 : 『논어집주대전』「옹야(雍也)」에는 "사람과 사물이 사람과 사물이어서 자신과 관련이 되지 않고 본래 서로 간여하지 않는 것으로 보인다는 것과 같다.(又反言之. 若視人物爲人物, 而不屬於己, 自不相干.)"라고 되어 있다.

朱註

如手足之不仁, 氣已不貫, 皆不屬己.

마치 손발이 불인하면 기운이 이미 관통하지 않아, 모두 자신에게 소속되지 않는 것과 같다.

詳說

○ 新安陳氏曰: "貫通."464)

신안 진씨(新安陳氏: 陳櫟)가 말하였다. "관통하는 것이다."465)

○ 齊氏曰: "私欲間之, 故不貫. 恕者去間之方也."466)

제씨(齊氏: 齊夢龍)가 말하였다. "사욕으로 간격이 생겼기 때문에 관통되지 않는다. 서(恕)는 간격을 없애는 방법이다."467)

○ 先引醫書, 論仁之名狀. 此下乃入本文.

먼저 의학서를 인용해서 인의 이름과 상태를 말하였다. 이 아래에서야 본문으로 들어갔다.

朱註

故博施濟衆, 乃聖人之功用. 仁至難言, 故止曰: '己欲立而立人, 己欲達而達人, 能近取譬, 可謂仁之方也已.'

---

464) 호광 편(胡廣 編), 『논어집주대전(論語集註大全)』「옹야(雍也)」.

465) 관통하는 것이다: 『논어집주대전』「옹야(雍也)」에는 "자신의 몸일지라도 기운이 이미 두루 유통하고 관통하지 않는다면 수족도 저절로 자신에게 속하지 않는 것이다.(雖是己身, 然其氣旣不周流貫通, 則手足亦自不屬己矣.)"라고 되어 있다.

466) 호광 편(胡廣 編), 『논어집주대전(論語集註大全)』「옹야(雍也)」.

467) 사욕으로 간격이 생겼기 때문에 관통되지 않는다. 서(恕)는 간격을 없애는 방법이다: 『논어집주대전』「옹야(雍也)」에는 "수족이 이미 자신에게 속하지 않는 것은 기운이 관통하지 않는 것이다. 천지만물이 자신에게 소속되지 않는 것은 마음이 관통하지 않는 것이다. 몸과 수족은 한 몸인데, 외부의 나쁜 기운이 간격을 생기게 했기 때문에 기운과 서로 관통하지 않는다. 자신은 천지만물과 일체인데, 인욕이 간격을 생기게 했기 때문에 마음과 서로 관통하지 않는다. 몸과 수족의 간격은 의서에서 반드시 통하게 함이 있고, 나와 천지만물의 간격도 성인이 또한 반드시 그렇게 함이 있으니, 서(恕)는 성인이 배우는 자들에게 제시한 것으로 간격을 없애는 방법이다.(手足不屬己, 氣之不貫也. 天地萬物不屬己, 心之不貫也. 身與手足一體也, 外邪間之, 故與氣不相貫. 己與天地萬物一體也, 人欲間之, 故與心不相貫通. 身與手足之間者, 醫必有方通, 我與天地萬物之間者, 聖人亦必有方然, 則恕者, 聖人示學者, 以去間之方也.)"라고 되어 있다.

그러므로 널리 베풀고 많은 사람을 구제하는 것이 바로 성인의 공용이다. 인(仁)은 지극히 말하기 어렵기 때문에 단지 '자기가 서고자 함에 남도 서게 하고 자기가 통달하고자 함에 남도 통달하게 하며, 가까운 데서 취해 비유할 수 있으면 인(仁)을 하는 방법(方法)이라고 할 만하다.'라고 말했을 뿐이다.

詳說

○ 抛却博施濟衆.
널리 베풀고 많은 사람을 구제하는 것을 내던졌다.

○ 言聖人之極功, 不可遽語於人人.
성인의 지극한 공효는 사람들에게 갑자기 말해서는 안 된다.

○ 猶只也.
'고지왈(故止曰)'에서 '지(止)'는 '다만[只]'과 같다.

○ 止曰意, 至此.
'단지 ~라고 말했을 뿐이다.[止曰]'라는 말의 의미가 여기까지 걸린다.

朱註

欲令如是, 觀仁, 可以得仁之體."
배우는 자들이 이와 같이 인(仁)을 관찰하여 그 본체를 터득하도록 한 것이다."

詳說

○ 平聲.
'욕령(欲令)'의 '령(令)'자는 평성이다.

○ 立達, 近譬.
경문의 '기욕립이립인, 기욕달이달인(己欲立而立人, 己欲達而達人)'에서 서게 하고 통달하게 하는 일[立達]은 가까운 데 비유한 것이다.

○ 朱子曰:"程子合而言之, 上下似不相應, 不若分兩截看. 仁者之心如此, 故求仁之術如此."468)
주자(朱子:朱熹)가 말하였다. "정자가 합해서 말했는데, 상하가 서로 호응하지 않

468) 호광 편(胡廣 編), 『논어집주대전(論語集註大全)』「옹야(雍也)」에 주자의 말로, "程子合而言之, 上下似不相應, 不若分兩截看. 惟仁者之心如此, 故求仁之術必如此也."라고 실려 있다.

은 것 같아 두 절로 나누어 보는 것만 못하다. 인자의 마음이 이와 같기 때문에 인을 구하는 방법이 이와 같은 것이다."

朱註

又曰 : "『論語』言堯舜其猶病諸者二, 夫博施者, 豈非聖人之所欲?

정자가 또 말하였다. "『논어(論語)』에서 '요 · 순(堯 · 舜)도 부족하게 여겼다.'라고 말한 곳이 두 군데이니, 널리 은혜를 베푸는 것이 어찌 성인이 하려는 것이 아니겠는가?

詳說

○ 叔子.

우왈(又曰)의 주체는 동생 정이(程頤)이다.

○ 修己以安百姓, 堯舜其猶病諸, 見「憲問」.

'몸을 닦아서 백성을 편안하게 하는 것은 요순께서도 오히려 부족하게 여기셨다.' 라는 것은 「헌문(憲問)」에 있다.[469)]

○ 音扶.

'부박시자(夫博施者)'에서 '부(夫)'자는 음이 '부(扶)'이다.

朱註

然必五十乃衣帛, 七十乃食肉,

그러나 반드시 50세가 되어야 비단 옷을 입을 수 있고, 70세가 되어야 고기를 먹을 수 있었으니,

469) 몸을 닦아서 백성을 편안하게 하는 것은 …… 부족하게 여기셨다.'라는 것은 「헌문(憲問)」에 있다 : 『논어(論語)』「헌문(憲問)」에 "자로가 군자에 대하여 묻자 공자가 말하였다. '경(敬)으로써 몸을 닦는 것이다.' '이와 같은 뿐입니까?' 답하였다. '몸을 닦아서 사람을 편안하게 하는 것이다.' '이와 같을 뿐입니까?' 답하였다. '몸을 닦아서 백성을 편안하게 하는 것이니, 몸을 닦아서 백성을 편안하게 하는 것은 요 · 순께서도 오히려 부족하게 여기셨다.'(子路問君子, 子曰 : '修己以敬.' 曰 : '如斯而已乎.' 曰 : '修己以安人.' 曰 : '如斯而已乎.' 曰 : '修己以安百姓. 修己以安百姓, 堯 · 舜其猶病諸.')"라는 말이 있다.

詳說

○ 去聲, 下同.

'의(衣)'자는 거성으로, 아래에서도 같다.

○ 見『孟子』「梁惠王」.

『맹자(孟子)』「양혜왕상」에 보인다.470)

朱註

聖人之心非不欲少者, 亦衣帛食肉也, 顧其養有所不贍爾,

성인의 마음에 젊은 자 또한 비단 옷을 입고 고기를 먹게 하고 싶지 않은 것은 아니지만, 다만 그 공급에 부족한 것이 있기 때문이니,

詳說

○ 去聲.

'소자(少者)'의 '소(少)'자는 거성이다.

○ 時豔反.

'불섬(不贍)'에서 '섬(贍)'은 '시(時)'와 '염(豔)'의 반절(反切)이다.

朱註

此病其施之不博也. 濟衆者, 豈非聖人之所欲. 然治不過九州, 聖人非不欲四海之外, 亦兼濟也, 顧其治有所不及爾, 此病其濟之不衆也.

이것은 그 은혜를 베풂이 넓지 못함을 부족하게 여기신 것이다. 많은 사람을 구

---

470) 『맹자(孟子)』「양혜왕상」에 보인다 : 『맹자(孟子)』「양혜왕상」에 "5묘(畝)의 집 가장자리에 뽕나무를 심으면 50세 된 자가 비단옷을 입을 수 있고, 개와 돼지와 닭과 큰 돼지의 가축을 기르면서 번식기를 놓치지 않게 하면 70세 된 자가 고기를 먹을 수 있으며, 100묘의 토지에 농사철을 빼앗지 않는다면 몇 식구의 집안이 굶주림이 없을 수 있고, 상서(庠序)의 가르침을 삼가서 효제의 의리로써 거듭한다면, 머리가 반백이 된 자가 도로에서 짐을 지거나 이지 않을 것입니다. 70세 된 자가 비단옷을 입고 고기를 먹으며, 젊은 백성들이 굶주리지 않고 춥지 않게 하고서도 왕 노릇 하지 못하는 자는 있지 않습니다.(五畝之宅, 樹之以桑, 五十者可以衣帛矣, 鷄豚狗彘之畜, 無失其時, 七十者可以食肉矣, 百畝之田, 勿奪其時, 數口之家, 可以無飢矣, 謹庠序之敎, 申之以孝悌之義, 頒白者不負戴於道路矣. 七十者衣帛食肉, 黎民不飢不寒, 然而不王者未之有也.)"라는 말이 있다.

제하는 것이 어찌 성인이 하려는 것이 아니겠는가. 그러나 다스림이 구주(九州)를 넘지 못하였으니, 성인이 사해 밖까지 함께 구제하고 싶지 않은 것은 아니었으나, 다만 그 다스림에 미치지 못하는 바가 있기 때문이니, 이는 그 구제함이 많지 못함을 부족하게 여긴 것이다.

詳說

○ 先論此章之病諸, 以推乎他.
먼저 이 장에서 '부족하게 여기다.'라는 말을 설명하고 그것으로 다른 데까지 미루어갔다.

朱註

推此以求, 修己以安百姓, 則爲病可知. 苟以吾治已足, 則便不是聖人."
이것을 미루어 찾아보면, 자신을 닦아 백성을 편안하게 하는 일은 성인이 부족하게 여긴 것임을 알 수 있다. 만일 나의 다스림이 이미 충분하다고 생각한다면, 곧 성인이 아니다."

詳說

○ 博施濟衆.
이는 널리 베풀고 많은 사람을 구제하는 일이다.

○ 猶思也.
'찾아본다[求]'는 것은 '생각한다[思]'는 말과 같다.

○ 十字一句.
'추차이구 수기이안백성(推此以求 修己以安百姓 : 이것을 미루어 찾아보면, 자신을 닦아 백성을 편안하게 하는 일)'이라는 열 글자가 하나의 구절이다.

○ 修己以安百姓之爲病, 亦如博施濟衆之爲病.
자신을 닦아 백성을 편안하게 하는 일을 부족하게 여기는 것은 또한 널리 베풀고 많은 사람을 구제하는 일을 부족하게 여기는 것과 같다.

○ 其心以爲.
'구이(苟以)'에서 '이(以)'자는 그 마음에 ~라고 생각하는 것이다.

○ 去聲.
'오치(吾治)'에서 '치(治 : 다스림)'자는 거성이다.

○ 能博施濟衆, 能修己以安百姓.

'오치이족(吾治已足 : 나의 다스림이 이미 충분하다고 생각한다면)'은 널리 베풀고 많은 사람을 구제할 수 있으며, 자신을 닦아 백성을 편안하게 할 수 있다는 말이다.

朱註

呂氏曰 : "子貢有志於仁, 徒事高遠, 未知其方.

여씨(呂氏)가 말하였다. "자공이 인(仁)에 뜻을 두었으나 한갓 높고 원대한 것을 일삼았으니, 그 방법을 알지 못한 것이다.

詳說

○ 『大全』曰 : "謂博施濟衆."[471]

『논어집주대전(論語集註大全)』에서 말하였다. "널리 베풀고 많은 사람을 구제하는 일을 말한다.

○ 朱子曰 : "子貢未識仁, 故測度而設問."[472]

'그 방법을 알지 못한 것이다[未知其方]'에 대해, 주자(朱子 : 朱熹)가 말하였다. "자공이 인을 알지 못했기 때문에 생각해서 질문한 것이다."

朱註

孔子教以於己取之, 庶近而可入. 是乃爲仁之方,

공자가 자신에게서 취하는 일로 가르쳐 준 것이니, 행여 가까워서 들어갈 수 있을까 기대한 것이다. 이것이야말로 인(仁)을 하는 방법이니,

詳說

○ 幷指立達近譬二節.

경문의 '기욕립이립인, 기욕달이달인(己欲立而立人, 己欲達而達人)'에서 서게 하고 통달하게 하는 일과 가까운 데서 비유하는 일, 두 구절을 함께 가리킨 말이다.

○ 本文義畢.

경문에서 의미가 끝났다.

---

471) 호광 편(胡廣 編), 『논어집주대전(論語集註大全)』「옹야(雍也)」.

472) 호광 편(胡廣 編), 『논어집주대전(論語集註大全)』「옹야(雍也)」.

朱註

雖博施濟衆, 亦由此進."

비록 널리 은혜를 베풀고 많은 사람을 구제하는 일이라도 또한 이로 말미암아 나아가는 것이다."

詳說

○ 二節.

이[此]는 두 구절이다.

○ 此言外意也, 言能從事於仁, 則可馴致於博施濟衆.

이는 말 밖의 의미로 인에 종사할 수 있으면, 널리 베풀고 많은 사람을 구제하는 일을 할 수 있다는 말이다.

○ 朱子曰: "子貢凡三問仁, 聖人三告, 以推己度物, 想子貢於推己處, 有所未盡."473)

주자(朱子 : 朱熹)가 말하였다. "자공이 세 번 인에 대해 물었고, 성인이 세 번 자신을 미뤄 사물을 헤아리는 것으로 말했으니, 아마도 자공이 자신을 미룸에 미진한 점이 있었기 때문일 것이다."474)

○ 又曰: "疑子貢因近譬之言, 用力有功而後, 有欲無加諸人之說也."475)

주자(朱子 : 朱熹)가 또 말하였다. "아마도 자공이 가까운 데서 비유한다는 말로 힘을 씀에 공이 있은 다음에 '남에게 가하지 않으려고 한다.'476)라는 말을 한 것 같다."477)

---

473) 호광 편(胡廣 編), 『논어집주대전(論語集註大全)』「옹야(雍也)」.

474) 자공이 세 번 인에 대해 물었고 …… 미진한 점이 있었기 때문일 것이다 : 『논어집주대전』「옹야(雍也)」에는 "자공이 세 번 인에 대해 물었고, 성인이 세 번 자신을 미뤄 사물을 헤아리는 것으로 말했으니, 아마도 자공이 고명해서 자신을 미룸에 미진한 점이 있었기 때문일 것이다. (子貢凡三問仁, 聖人三告之, 以推己度物, 想得子貢高明, 於推己處有所未盡.)"라고 되어 있다.

475) 호광 편(胡廣 編), 『논어집주대전(論語集註大全)』「옹야(雍也)」.

476) 남에게 가하지 않으려고 한다는 말을 했다 : 『논어(論語)』「공야장(公冶長)」에 "자공이 말하였다. '저는 남이 나에게 가하기를 원하지 않는 일을 저도 남에게 가하지 않으려고 합니다.' 공자가 말하였다. '사(賜)야! 이것은 네가 할 수 있는 것이 아니다.'(子貢曰 : '我不欲人之加諸我也, 吾亦欲無加諸人.' 子曰 : '賜也. 非爾所及也.')"라는 말이 있다.

477) 아마도 자공이 가까운 데서 비유한다는 …… '남에게 가하지 않으려고 한다.'는 말을 한 것 같다 : 『논어집주대전』「옹야(雍也)」에는 "남을 서게 하고 통달하게 하는 것은 곧 자공의 이른바 남에게 가하지 않으려고 하는 것으로 인(仁)의 일이다. 가까운 데서 취해 비유한다는 것은 인을 구하는 방법으로 곧 공자의 이른바 남에게 베풀지 말라는 것으로 서(恕)의 일이다. 널리

○ 近取譬, 此章之綱領.

'근취비(近取譬 : 가까운 데서 취해 비유한다)'라는 말이 이 장의 강령이다.

베풀고 많은 사람을 구제한다는 물음과 남에게 가하지 않으려고 한다는 말은 그 선후를 살필 수 없다. 아마도 자공이 가까운 데서 비유한다는 말로 힘을 씀에 공이 있은 다음에 '남에게 가하지 않으려고 한다.'라는 말을 한 것 같다.(立人達人, 即子貢所謂欲無加諸人, 仁之事也. 能近取譬, 求仁之方, 即孔子所謂勿施於人, 恕之事也. 博施濟衆之問, 與無加諸人之說, 其先後不可考. 疑却因能近取譬之言, 用力有功而後, 有無加諸人之說也.)"라고 되어 있다.

권7

논어집주상설

論語集註詳說

술이 ◦ 述而

제7편 第七

朱註

此篇, 多記聖人謙己誨人之辭, 及其容貌行事之實, 凡三十七章.

이 편은 대부분 성인(聖人)이 자기를 겸손하게 낮추고 남을 가르친 말 및 그 용모와 수행한 일의 실제를 기록하였으니, 모두 37장이다.

詳說

○ 夫子.

'성인(聖人)'은 공자[夫子 : 孔子]이다.

○ 一.

'겸기(謙己 : 자기를 겸손하게 함)'는 첫째이다.

○ 二.

'회인(誨人 :남을 가르침)'은 둘째이다.

○ 言.

'사(辭)'는 말이다.

○ 夫子.

급기용모(及其容貌)에서 '기(其)'는 공자[夫子 : 孔子]이다.

○ 三.

'용모(容貌)'는 셋째이다.

○ 四.

'행사(行事)'는 넷째이다.

○ 事.

행사기실(行事己實)에서 '실(實)'은 일이다.

[7-1-1]

子曰:“述而不作, 信而好古, 竊比於我老彭.”
공자가 말하였다. “조술(祖述)하고 짓지 아니하며, 고훈(古訓)을 믿고 좋게 여김을 그윽이 우리 노팽(老彭)에게 견주노라.”

朱註

‘好’, 去聲.[1] ‘述’, 傳舊而已. ‘作’, 則創始也. 故‘作’, 非聖人, 不能, 而‘述’, 則賢者可及. ‘竊比’, 尊之之辭. ‘我’, 親之之辭. ‘老彭’, 商賢大夫, 見『大戴禮』, 蓋信古而傳述者也.

‘신이호고(信而好古)’에서 ‘호(好)’자는 거성(去聲 : 좋아하다)이다. ‘술(述)’은 옛것을 전할 따름이다. ‘작(作)’은 비로소 시작함이다. 그러므로 ‘작(作)’은 성인이 아니면 할 수 없으나, ‘술(述)’은 현능(賢能)한 사람이면 미칠 수 있다. ‘절비(竊比)’는 존대(尊待)하는 말이다. ‘아(我)’는 친대(親待)하는 말이다. ‘노팽(老彭)’은 상(商)나라의 현능한 대부로 『대대례(大戴禮)』에 보이니, 대개 고훈(古訓)을 믿어서 전하고 조술(祖述)한 사람이다.

詳說

○ 『禮記』「樂記」曰:“作者之謂聖, 述者之謂明.”[2]

‘작, 비성인, 불능, 이술, 즉현자가급(作, 非聖人, 不能, 而述, 則賢者可及 : 작은 성인이 아니면 할 수 없으나, 술은 현능한 사람이면 미칠 수 있다)’에 대해, 『예기』「악기(樂記)」에서 말하였다. “짓는 사람을 성(聖)이라고 이르고, 조술하는 사람을 명(明)이라고 이른다.”

○ 所以尊人.

‘절비, 존지지사(竊比, 尊之之辭 : 절비는 존대하는 말이다)’는 ‘겸기(謙己)’이니, 남을 존대하는 것이다.

---

1) 호광 편(胡廣 編), 『논어집주대전(論語集註大全)』「술이(述而)」.

2) 『예기』「악기(樂記)」. “知禮樂之情者, 能作; 識禮樂之文者, 能述, 作者之謂聖, 述者之謂明, 明聖者, 述作之謂也.” ; 호광 편(胡廣 編), 『논어집주대전(論語集註大全)』「술이(述而)」에서 “『記』曰: ‘作者之謂聖, 述者之謂明.’”이라고 하였다.

○ 如後人稱夫子爲吾夫子.

'아, 친지지사(我, 親之之辭 : 아는 친대하는 말이다)'는 후세 사람들이 공자를 칭하여 '오부자(吾夫子)'라고 한 것과 같다.

○ 音現.[3]

'현『대대례』(見『大戴禮』)'에서의 '현(見)'자는 음이 현(現)이다.

○ '『大戴禮』', 漢戴德所著.

'『대대례(大戴禮)』'는 한나라 대덕(戴德)이 지은 것이다.

○ 「虞德篇」.[4]

『대대례』의 「우덕편(虞德篇)」이다.

○ 以本文而知其然.

'개신고이전술자야(蓋信古而傳述者也 : 대개 고훈을 믿어서 전하고 조술한 사람이다)'는 본문으로써 그 그러함을 아는 것이다.

○ 朱子曰 : "'信而好古', 旣信古又好古, 今人多信而不好, 或好而不信."[5]

주자(朱子 : 朱熹)[6]가 말하였다. "'고훈(古訓)을 믿고 좋게 여김'은[7] 이미 고훈을

---

3) 호광 편(胡廣 編), 『논어집주대전(論語集註大全)』「술이(述而)」에는 "見, 賢遍反."이라고 하였다.

4) 호광 편(胡廣 編), 『논어집주대전(論語集註大全)』「술이(述而)」에서 "「虞德篇」, 有商老彭之語. 包氏註云 : '商賢大夫.'"라고 하였다.

5) 호광 편(胡廣 編), 『논어집주대전(論語集註大全)』「술이(述而)」에는 "問'信而好古', 曰 : '旣信古又好古, 今人多信而不好, 或好而不信. 如好之者, 他也, 且恁地說; 信之者, 雖知有箇理恁地, 畢竟是有了箇篤好底意思.'"라고 되어 있다.

6) 주희(朱熹, 1130~1200) : 중국 남송 시대 학자로 자는 원회(元晦)·중회(仲晦)이고, 호는 회암(晦菴)·회옹(晦翁)·운곡노인(雲谷老人)·창주병수(滄洲病叟)·둔옹(遯翁)이며, 복건성 우계현(尤溪縣) 출신이다. 주돈이(周敦頤)·소옹(邵雍)·장재(張載) 및 정호(程顥)와 정이(程頤)의 학문을 계승하여 성리학을 집대성하였다. 저서로는 『대학장구(大學章句)』·『중용장구(中庸章句)』·『논어집주(論語集註)』·『맹자집주(孟子集註)』·『시집전(詩集傳)』·『초사집주』·『태극도설(太極圖說)』·『가례(家禮)』·『주역본의(周易本義)』 등이 있다.

7) 고훈(古訓)을 믿고 좋게 여김은 : 『주자어류(朱子語類)』 권34, 「논어16(論語十六)」, 2조목에는 "비경이 '옛것을 믿고 좋아함'에 대하여 물었다. 주희가 말하였다. '이미 옛것을 믿고 또 옛것을 좋아하는 것이다. 요즘 사람들은 거의 믿으면서 좋아하지 않거나 좋아하면서 믿지 않는다. 좋아하는 사람의 경우에는 '또 그렇게 말한다.'라 한다. 믿는 사람은 비록 그런 이치가 있는 것을 알지만 결국은 독실하게 좋아한다는 의사가 결여되어 있다.'(蜚卿問'信而好古'. 曰: '旣信古, 又好古. 今人多是信而不好, 或好而不信. 如好之者, 則曰: '他也且恁地說.' 信之者雖知是有箇理

믿고 또 고훈을 좋아함이니, 지금 사람은 많이 믿으나 좋아하지 않거나, 혹은 좋아하되 믿지 않는다."

○ 訓畢.

훈고가 끝났다.

朱註

孔子刪『詩』·『書』, 定『禮』·『樂』, 贊『周易』, 修『春秋』, 皆傳先王之舊, 而未嘗有所作也. 故其自言如此, 蓋不惟不敢當作者之聖, 而亦不敢顯然自附於古之賢人. 蓋其德愈盛而心愈下, 不自知其辭之謙也.

공자는 『시경(詩經)』과 『서경(書經)』을 깎아내고, 『예기』와 『악경』을 정하고, 『주역(周易)』을 밝히며, 『춘추(春秋)』를 편찬함에 모두 선왕의 옛 기록을 전하였고, 일찍이 지은 것이 있지 않았다. 그러므로 스스로 말한 것이 이와 같으니, 대개 오직 감히 짓는 사람의 성스러움을 감당하지 않았을 뿐 아니라, 감히 드러나게 스스로 옛날 훌륭함에 부합하지도 않았다. 대개 그 덕이 더욱 성대할수록 마음이 더욱 낮아져서 스스로 그 말이 겸손한 것도 알지 못하였다.

詳說

○ 稱美.

'찬(贊)'은 아름다움을 칭송함이다.

○ 朱子曰: "寫出『魯史』, 中間微有更改."8)

'수『춘추』(修『春秋』)'에 대해, 주자(朱子 : 朱熹)가 말하였다. "『노사(魯史)』를 베껴낸 것인데, 중간에 약간 고친 것이 있다."

○ 刪·定·贊·修, 是述也.

'개전선왕지구(皆傳先王之舊 : 모두 선왕의 옛 기록을 전하였음)'의 경우 산(刪)·정(定)·찬(贊)·수(修)가 조술(祖述)이다.

恁地, 畢竟多欠了箇篤好底意思.'"라고 하였다.

8) 호광 편(胡廣 編), 『논어집주대전(論語集註大全)』「술이(述而)」에는 "問: '『春秋』, 恐是作否?' 曰: '其事則齊桓·晉文, 其文則史, 其義則丘, 竊取之矣. 看来是寫出『魯史』, 中間微有更改爾.'"로 되어 있다.

○ 程子曰 : “聖人不得位, 只能述而已.”[9]

‘미상유소작야(未嘗有所作也 : 일찍이 지은 것이 있지 않았다)’에 대해, 정자(程子 : 程頤)[10]가 말하였다. “성인이 지위를 얻지 못하여 다만 조술(祖述)을 할 수 있을 뿐이다.”

○ 此章.

‘기자언여차(其自言如此 : 스스로 말한 것이 이와 같음)’는 이 장을 말한다.

○ ‘竊’字, 有此意.

‘개불유불감당작자지성, 이역불감현연자부어고지현인(蓋不惟不敢當作者之聖, 而亦不敢顯然自附於古之賢人 : 대개 오직 감히 짓는 사람의 성인을 감당하지 않았을 뿐 아니라, 감히 드러나게 스스로 옛날 현인에게 부합하지도 않았다)’의 경우, ‘절(竊)’자에 이 뜻이 있다.

○ 使他人言之, 當曰 : “我述而不作, 信而好古, 可比於老彭.” 此爲顯然自附也.

다른 사람에게 말하도록 한다면 마땅히 말하기를 “나는 조술(祖述)하되 짓지 않으며,[11] 고훈(古訓)을 믿고 좋게 여김을 노팽(老彭)에게 견줄 수 있다.”라고 할 것이니, 이는 드러나게 스스로 부합한 것이 된다.

---

9) 호광 편(胡廣 編), 『논어집주대전(論語集註大全)』「술이(述而)」에는 “問 : ‘述而不作如何?’ 程子曰 : ‘此, 聖人不得位, 止能述而已.’”로 되어 있고 주자, 『논어정의』 권4상에는 “又『語録』曰 : ‘述而不作, 聖人不得位, 止能述而已.’”로 되어 있다.

10) 정자(程子 : 程頤) : 정이(1033~1107)는 자가 정숙(正叔)이고, 호가 이천선생(伊川先生)이며, 형 정호(程顥)와 함께 이정자(二程子)라고 부른다. 주돈이(周敦頤)에게 배우고, 장재(張載)와 교유하고, 형과 함께 낙양(洛陽)에 머물며 강학(講學)하여 그들의 학문을 낙학(洛學)이라고 일컫는다. 저서로는 『역전(易傳)』·『춘추전(春秋傳)』·『이천문집(伊川文集)』 등이 있다.

11) 조술(祖述)하되 짓지 않으며 : 『주자어류(朱子語類)』 권34, 「논어16(論語十六)」, 3조목에는 “행부가 ‘조술하되 짓지 않는다’에 대해 물었다. 이에 주희가 말하였다. ‘비록 그 공이 창작하는 것보다 배가 된다고 하고 이른바 산정하는 것을 모른다고 논하여 과연 산정함이 있겠는가. 요컨대 당시의 사관이 시를 수집할 때 이미 각기 편차가 있었지만 공자에 이르렀을 때 이미 산실되었으므로 공자가 거듭 한번 정리를 하니 산정한 것과 산정하지 않은 것이 보이지 않게 되었다. ‘내가 위나라에서 노나라로 돌아온 뒤에 음악이 바르게 되었고, 아와 송이 각기 제자리를 찾게 되었다.’라고 하는 것과 같은데, ‘각기 제자리를 찾게 되었다’라고 하였으니, 옛 지위를 되찾은 것이다.’(行夫問‘述而不作’章. 曰: ‘雖說道其功倍於作者, 論來不知所謂刪者, 果是有刪否. 要之, 當時史官收詩時, 已各有編次, 但到孔子時已經散失, 故孔子重新整理一番, 未見得刪與不刪. 如云: ‘吾自衛反魯, 然後樂正, 雅頌各得其所.’ 云‘各得其所’, 則是還其舊位.’”라고 하였다.

○ 朱子曰 : "謙遜出於誠實, 所以爲盛德之至."[12]

'개기덕유성이심유하, 부자지기사지겸야(蓋其德愈盛而心愈下, 不自知其辭之謙也 : 대개 그 덕이 더욱 성대할수록 마음이 더욱 낮아져서 스스로 그 말이 겸손한 것도 알지 못하였다)'에 대해, 주자(朱子 : 朱熹)가 말하였다. "겸손함은 성실함에서 나오니, 성대한 덕의 지극함이 되는 것이다."

○ 以論釋之.

경문의 의미 설명으로 풀이하였다.

朱註

然當是時, 作者略備, 夫子蓋集羣聖之大成, 而折衷之, 其事雖述, 而功則倍於作矣, 此又不可不知也.

그러나 이때에 닥쳐서 지은 것이 대략 갖추어졌으나, 공자는 대개 많은 성인들이 크게 이룬 것을 모아서 절충하였는데, 그 일이 비록 조술(祖述)이라도 공로가 지은 것보다 갑절이 되니, 이는 또 알지 않아서는 안 되는 것이다.

詳說

○ 新安陳氏曰 : "此下, 推廣餘意."[13]

신안 진씨(新安陳氏 : 陳櫟)[14]가 말하였다. "이 아래는 나머지 뜻을 미루어 넓힌 것이다."

○ '然', 反本文之辭.

'연(然)'은 본문을 뒤집는 말이다.

○ 『詩』·『書』·『禮』·『樂』·『易』·『春秋』, 六經備.

'작자약비(作者略備 : 지은 것이 대략 갖추어졌음)'는, 『시경(詩經)』·『서경(書經)』·

---

12) 호광 편(胡廣 編), 『논어집주대전(論語集註大全)』「술이(述而)」에는 "朱子曰 : '孔子賢於堯舜, 非老彭之所及. 自不須說, 但其謙退不居, 而反自比焉. 且其辭氣謙遜, 而又出於誠實, 所以爲盛德之至也.'"라고 되어 있다.

13) 호광 편(胡廣 編), 『논어집주대전(論語集註大全)』「술이(述而)」.

14) 진력(陳櫟, 1252~1334) : 원나라 때 학자로 자가 수옹(壽翁)·휘지(徽之)이고, 호가 동부노인(東阜老人)·정우선생(定宇先生)이며, 휴녕(休寧) 사람이다. 주희(朱熹)의 학문을 추종하여 강학(講學)에 매진하였다. 저서로는 『정우집(定宇集)』 외에 『역략(易略)』·『사서발명(四書發明)』·『서전찬소(書傳纂疏)』·『예기집의(禮記集義)』 등이 있다.

『예기』·『악경』·『주역(周易)』·『춘추(春秋)』의 여섯 경전이 갖추어짐이다.

○ 見『孟子』「萬章」.

'부자개집군성지대성(夫子蓋集羣聖之大成 : 공자는 대개 많은 성인들이 크게 이룬 것을 모음)'은 『맹자(孟子)』「만장하(萬章下)」에 보인다.[15]

○ 『集註』, 凡用四'蓋'字, '蓋'亦'謙退不敢質言'之意.

『논어집주(論語集註)』에서 모두 네 개의 '개(蓋)'자를 사용하였으니, '개(蓋)'자는 또한 '겸손하여 감히 질언하지 못하다'[16]는 뜻이다.

○ 折而中之.

'절충지(折衷之 : 그것을 절충함)'는 조절하여 알맞게 하는 것이다.

○ 尤菴曰 : "退溪謂'折半而取其中', 朱子謂'三摺而取其中', 豈退溪偶未之見耶?"[17]

우암(尤菴 : 宋時烈)[18]이 말하였다. "퇴계(退溪 : 李滉)[19]가 이르기를 '절반을 잘라서 그 가운데를 취함이다.'라고 하고, 주자(朱子 : 朱熹)가 이르기를 '세 번 접어서 그 가운데를 취함이다.'라고 하였는데, 어찌 퇴계(退溪)가 우연이라도 보지 못하였는가?"

○ 按, 朱子又嘗云 : "折兩頭而取其中"[20], 豈亦指'三摺'歟? 蓋中當自占一位, 與上下均, 若兩摺, 則是上下之界, 非中之位也.

15) 『맹자(孟子)』「만장하(萬章下)」에 보인다 : 『맹자(孟子)』「만장하(萬章下)」에서 "孔子之謂集大成, 集大成也者, 金聲而玉振之也. 金聲也者, 始條理也; 玉振之也者, 終條理也, 始條理者, 智之事也; 終條理者, 聖之事也."라고 하였다.

16) 겸손하여 감히 질언하지 못함 : 『논어(論語)』「학이(學而)」에서 "君子務本, 本立而道生, 孝弟也者, 其爲仁之本與."라고 하였고, 그 『집주(集註)』에서 "與者, 疑辭, 謙退不敢質言."이라고 하였다.

17) 송시열(宋時烈), 『송자대전(宋子大全)』 권133 「잡저(雜著) · 퇴계사서질의의의(退溪四書質疑疑義) · 논어(論語)」. "「述而」'折衷' 折衷, 『韻會』, '斷其中也.' 又'折半而取其中也.' 折衷, 朱子謂'三摺而取其中也', 豈退溪偶未之見耶?"

18) 송시열(宋時烈, 1607~1689) : 조선 중후기의 성리학자로 자가 영보(英甫)이고, 호가 우암(尤庵) · 우재(尤齋)이고, 시호가 문정(文正)이며, 본관이 은진(恩津)이다. 서인 노론의 영수로서 학문적으로 주자의 학설을 추종하는 학통을 이었다. 저서로는 『송자대전(宋子大全)』 외에 『주자대전차의(朱子大全箚疑)』 · 『주자어류소분(朱子語類小分)』 · 『이정서분류(二程書分類)』 등이 있다.

19) 이황(李滉, 1501~1570) : 조선 중기의 학자로 자가 경호(景浩)이고, 호가 퇴계(退溪) · 퇴도(退陶) · 도수(陶叟)이며, 본관이 진보(眞寶)이다. 영남을 중심으로 주리적(主理的)인 학파를 형성하여 정통 도학의 학맥을 계승하였다. 저서로는 『퇴계전서(退溪全書)』 외에 『성학십도(聖學十圖)』 · 『주자서절요』 · 『역학계몽전의(易學啓蒙傳疑)』 등이 있다.

20) 주희(朱熹), 『초사집주(楚辭集注)』에서는 "折中, 謂事理有不同者, 執其兩端而折其中, 若『史記』所謂'六藝折中于夫子', 是也."라고 하였다.

살펴보건대, 주자(朱子 : 朱熹)가 또 일찍이 이르기를 "두 머리를 잘라서 그 가운데를 취함이다."라고 하였거늘, 어찌 또한 '삼접(三摺)'을 가리켰던가? 대개 가운데는 마땅히 스스로 하나의 위치를 차지함에 위아래와 더불어 균등하거늘, 만약 두 번 접는다면 이는 위아래의 경계가 가운데의 위치가 아닌 것이다.

○ 慶源輔氏曰 : "叅互考訂以垂萬世之法, 夫子賢於堯舜者, 在是."[21]

'공즉배어작의(功則倍於作矣 : 공로가 지은 것보다 갑절이 됨)'에 대해, 경원 보씨(慶源輔氏 : 輔廣)[22]가 말하였다. "서로 참조하고 조사하여 밝혀서 만세의 법을 베풀었으니, 공자가 요·순(堯·舜)보다 훌륭한 점이 이에 있는 것이다."

○ 按, 『朱子集』, 群賢大成之功, 是亦後學之所當知也.

'차우불가불지야(此又不可不知也 : 이는 또 알지 않아서는 안 되는 것임)'에 대해 살펴보건대, 『주자집(朱子集)』에서 많은 현능한 사람들이 크게 이룬 공적이니, 이는 또한 후학들이 마땅히 알아야 하는 것이라고 하였다.

○ '述'字, 此章之題目.

'술(述 : 조술(祖述)하다)'자가 이 장의 제목이다.

---

21) 호광 편(胡廣 編), 『논어집주대전(論語集註大全)』「술이(述而)」에는 "慶源輔氏曰 : '作者略備, 觀諸經, 可見集大成, 而折之, 亦於諸經見之. 然羣聖所作, 因時制宜, 以成一代之制夫子折. 叅互訂正, 以垂萬世之法, 夫子賢於堯舜者, 在是.'"로 되어 있다.

22) 보광(輔廣, 생몰년 미상) : 남송 시대의 학자로 자는 한경(漢卿)이고, 호는 잠암(潛庵)이며, 하남성 경원(慶源) 출신이다. 주돈이(周敦頤)와 이정(二程)의 학설을 전공하였고, 여조겸(呂祖謙)과 주희(朱熹)를 사사하였다. 저서로는 『시동자문(詩童子問)』·『회암선생어록(晦庵先生語錄)』·『주자독서법(朱子讀書法)』·『육경집해(六經集解)』·『상서주(尙書注)』·『사서찬소(四書纂疏)』·『통감집의(通鑑集義)』 등이 있다.

[7-2-1]

> 子曰 : "默而識之, 學而不厭, 誨人不倦, 何有於我哉?"
> 공자가 말하였다. "잠잠히 하여 기억하며, 배우기를 싫어하지 아니하며, 사람 가르침을 게을리 아니함이 무엇이 나에게 있는가?"

朱註

'識', 音志. '又', 如字.[23)]

'묵이지지(默而識之)'에서의 '지(識)'자는 음이 지(志)이다. '우(又)'는 본래의 음으로 읽는다.

詳說

◯ 朱子曰 : "此必因人稱聖人有此, 聖人以謙辭承之. 記者失却[24)]上節, 只做聖人自話記了."[25)]

주자(朱子 : 朱熹)가 말하였다. "이는 반드시 사람들이 성인(聖人)이 이것을 가지고 있음을 칭송함에 말미암은 것이거늘, 성인이 겸손한 말로써 받아들였다. 기록한 사람은 위의 구절을 잃어버려 다만 성인(聖人)이 스스로 말하고 기록한 것이라고 간주하였다."

◯ 二'而'字, 不必深泥.

두 개의 '이(而)'자[26)]에 반드시 깊이 얽매이지 않아야 한다.

朱註

'識', 記也, '默識', 謂不言而存諸心也. 一說, '識', 知也, 不言而心解也, 前說

23) 호광 편(胡廣 編), 『논어집주대전(論語集註大全)』「술이(述而)」.

24) 失却 : 호광 편(胡廣 編), 『논어집주대전(論語集註大全)』「술이(述而)」와 『주자어류(朱子語類)』에는 '却失'로 되어 있다.

25) 호광 편(胡廣 編), 『논어집주대전(論語集註大全)』「술이(述而)」. 『주자어류(朱子語類)』 권34, 「논어16(論語十六)」, 10조목의 내용은 다음과 같다. "讀'默而識之'章, 曰 : '此必因人稱聖人有此, 聖人以謙辭答之. 後來記者卻失上面一節, 只做聖人自話記了.('잠잠히 기억하고' 장을 읽고 말씀하셨다. '이는 반드시 사람이 성인에게 이런 것이 있음을 칭찬하자 성인이 겸사로 답한 것이다. 나중에 기록한 사람이 위의 한 절을 잃고 다만 성인이 스스로 한 말로 기록하였다.')"

26) 두 개의 '이(而)'자 : 경문 "默而識之, 學而不厭."에 나오는 '이(而)'자를 말한다.

近是. '何有於我', 言何者能有於我也.

'지(識)'는 기억함이니, 잠잠히 기억함은 말하지 않고 마음에 간수하는 것을 이른다.[27] 어떤 변설에는 '식(識)'은 앎이니, 말하지 않고 마음으로 이해하는 것이라 하였는데, 앞의 변설이 옳음에 가깝다. '하유어아(何有於我)'는 어느 것이 나에게 있을 수 있겠는가를 말한 것이다.

詳說

○ 音志.

'지', 기야('識', 記也)'에서의 '지(識)'자는 음이 지(志)이다.

○ 黙.

'불언(不言)'은 침묵함이다.

○ 識.

'존저심야(存諸心也 : 마음에 간수하는 것)'는 기억함이다.

○ 朱子曰 : "學者, 平時講貫, 方能記得, 因人提撕, 方能存得. 非心與理契, 安能不言而存諸心?"[28]

'불언이존저심야(不言而存諸心也 : 말하지 않고 마음에 간수하는 것)'에 대해, 주자(朱子 : 朱熹)가 말하였다. "배우는 사람들이 평상시에 익혀서 관통함에 바야흐로 기억할 수 있게 되며, 사람들이 가르치고 인도함에 말미암아 바야흐로 마음속에 간수할 수 있게 되는 것이다. 마음과 이치가 계합함이 아니면 어찌 말하지도 않았

27) 잠잠히 기억함은 말하지 않고 마음에 간수하는 것을 이른다 : 『주자어류(朱子語類)』 권34, 「논어16(論語十六)」, 6조목에는 "'잠잠히 기억한다'는 것을 묻자, 주희가 말하였다. '이는 마음으로 터득하면 절로 잊을 수 없는 것으로 사람이 말한 것을 들은 후에 기억하는 것이 아니다.' (問: '黙而識之.' 曰: '是得之於心, 自不能忘了, 非是聽得人說後記得.')"라고 하였다. 7조목에서는 "'잠잠히 기억하는 것'에 대해 묻자, 주희가 말하였다. '안자가 '하나의 선을 얻으면 잘 받들어 가슴속에 두어 그것을 잃지 않는다.'라고 한 것과 같이 꽉 잡아두는 일이다. 이는 '훌륭한 말 한 마디를 듣고 훌륭한 행동 한 가지를 보면' 곧 자신이 가져 그것을 잃지 않음과 같다.'(問: '黙而識之.' 曰: '如顏子'得一善則拳拳服膺而弗失', 猶是執捉住. 這箇卻是'聞一善言, 見一善行', 便如己有而弗失矣.')"라고 하였다.

28) 호광 편(胡廣 編), 『논어집주대전(論語集註大全)』「술이(述而)」에는 "朱子曰 : '黙而識之, 至誨人不倦, 是三者, 雖非聖人之極至, 在學者, 亦難, 如平時講貫, 方䏻記得, 或因人提撕, 方䏻存得. 若黙而識之, 乃不言而存諸心, 非心與理契, 安䏻如此? 學不厭, 在學者久, 亦易厭, 視人與己, 若無干涉, 誨之, 安䏻不倦? 此三者, 亦須是心無間斷, 方皆如此.' 又曰 : '今學者, 須是將此三句, 時時省察, 我還䏻黙識否? 我學還不厭否? 我教還不倦否? 如此乃好.'"로 되어 있다.

는데 마음속에 간수할 수 있겠는가?"

○ 如字.

'일설, '식'(一說, '識')'에서의 '식(識)'은 본래의 음으로 읽는다.

○ 此間當有'默'·'識'·'謂'三字, 而無者蒙上文也.

'지야(知也)'는 이 사이에 마땅히 '묵(默)'·'식(識)'·'위(謂)' 세 글자가 있어야 하는데, 없는 것은 윗글을 이어받았기 때문이다.

○ 以心而解.

'불언이심해야(不言而心解也 : 말하지 않고 마음으로 이해하는 것임)'는 마음으로써 이해하는 것이다.

○ 新安陳氏曰 : "'存諸心'者, 其功實; '心解'者, 其意玄."[29)]

'전설근시(前說近是 : 앞의 변설이 옳음에 가깝다)'에 대해, 신안 진씨(新安陳氏 : 陳櫟)가 말하였다. "'마음에 간수한다'는 것은 그 공로가 알참이고, '마음으로 이해한다'는 것은 그 뜻이 그윽함이다."

○ 凡『語』中, 言'何有', 皆爲不難之辭, 此繼以'於我哉'三字, 故知其爲謙退不敢當之辭.

무릇 『논어(論語)』 가운데 '하유(何有)'를 말한 것[30)]은 모두 어렵게 여기지 않는 말이 되고, 이는 '어아재(於我哉)'의 세 글자로써 뒤를 이었기 때문에 그 겸손하여 감히 자처하지 않는 말이 됨을 아는 것이다.

○ 訓畢.

훈고가 끝났다.

朱註

三者, 已非聖人之極至, 而猶不敢當, 則謙而又謙之辭也.

---

29) 호광 편(胡廣 編), 『논어집주대전(論語集註大全)』「술이(述而)」에는 "新安陳氏曰 : '不言而存諸心者, 其功實; 不言而心解者, 其意玄.'"으로 되어 있다.

30) 『논어(論語)』 가운데에서 '하유(何有)'를 말한 것 : 『논어(論語)』에서 '하유(何有)'가 있는 구절은 다음과 같다. "子曰 : '能以禮讓, 爲國乎, 何有; 不能以禮讓, 爲國, 如禮, 何?'"「이인(里仁)」). "季康子問 : '仲由, 可使從政也與?' 子曰 : '由也, 果, 於從政乎, 何有?' 曰 : '賜也, 可使從政也與?' 曰 : '賜也, 達, 於從政乎, 何有?' 曰 : '求也, 可使從政也與?' 曰 : '求也, 藝, 於從政乎, 何有?'"(「옹야(雍也)」). "子曰 : '出則事公卿, 入則事父兄, 喪事不敢不勉, 不爲酒困, 何有於我哉?'"(「자한(子罕)」). "子曰 : '苟正其身矣, 於從政乎, 何有; 不能正其身, 如正人, 何?'"(「자로(子路)」).

세 가지는 이미 성인(聖人)의 지극함이 아닌데도 오히려 감히 받아들이지 않았으니, 겸손하고 또 겸손한 말이다.

詳說

○ 使夫子, 自言能此三者, 已是謙.

'삼자, 이비성인지극지(三者, 已非聖人之極至 : 세 가지는 이미 성인의 지극함이 아님)'는, 공자에게 스스로 이 세 가지에 능함을 말하도록 한 것이니, 이미 이는 겸손함이다.[31]

○ 是又謙.

'유불감당(猶不敢當 : 오히려 감히 받아들이지 않았음)'의 경우, 이는 또 겸손함이다.

○ 朱子曰 : "三者, 在學者亦難, '黙識', 是得之於心; '學不厭', 是更加講貫; '誨不倦', 是施於人."[32]

주자(朱子 : 朱熹)가 말하였다. "세 가지는 배우는 사람에게서 또한 어려운 일이니, '잠잠히 기억함'은 마음에 얻는 것이며, '배우기를 싫어하지 아니함'은 더욱더 익히고 관통하는 것이며, '사람 가르침을 게을리 아니함'은 남에게 베푸는 것이다."

○ '學不厭'·'教不倦', 是君子'成己成物'之要道, 故聖賢常對言之.

'배우기를 싫어하지 아니함'과 '가르치기를 게을리 아니함'은, 군자의 '성기성물(成己成物 : 자기 자신을 성취함과 자기 이외의 일체를 성취시킴)'[33]의 중요한 방도

---

31) 『주자어류(朱子語類)』 권34, 「논어16(論語十六)」, 5조목에는 "'잠잠히 기억하며'에서 '사람 가르치기를 게을리 하지 않는 일'까지 세 절로 나뉜다. 비록 성인의 지극한 경지는 아니지만 배우는 사람에게서는 또한 어렵다. 이를테면 평소의 강습은 바야흐로 잘 기억할 수 있다. 혹은 사람이 이끌어 가르쳐주면 바야흐로 잘 간직할 수 있다. 만약 '잠잠히 기억하였는데' 이에 말을 하지 않고 가슴에 간직한다면 마음이 이와 맺어진 것이 아니니 어찌 이럴 수 있겠는가! '배우기를 싫어하지 않음'은 배우는 사람에게는 쉽게 싫어진다. 남과 자신이 간섭이 없음을 본다면 가르쳐도 어찌 게을러지지 않겠는가! 이 세 가지 또한 모름지기 중간에 끊어짐이 없는 것으로, 바야흐로 이럴 수 있어야 한다.('黙而識之', 至'誨人不倦', 是三節. 雖非聖人之極致, 在學者亦難. 如平時講貫, 方能記得. 或因人提撕, 方能存得. 若'黙而識之', 乃,,不言而存諸心, 非心與理契, 安能如此! '學不厭', 在學者久亦易厭. 視人與己若無干涉, 誨之安能不倦! 此三者亦須是心無間斷, 方能如此.)"라고 하였다.

32) 호광 편(胡廣 編), 『논어집주대전(論語集註大全)』「술이(述而)」에는 "黙而識之, 便是得之於心; 學不厭, 便是更加講貫; 誨不倦, 便是施於人也."라 되어 있고, 『주자어류(朱子語類)』 권34, 「논어16(論語十六)」, 10조목에도 있다.

33) 성기성물(成己成物 : 자기 자신을 성취함과 자기 이외의 일체를 성취시킴) : 『중용장구(中庸章

이기 때문에 성현들이 항상 대놓고 말하였다.

○ 以論釋之.

경문의 의미 설명으로 풀이하였다.

句)』 25장에서 "誠者, 非自成己而已也, 所以成物也. 成己, 仁也; 成物, 知也. 性之德也, 合內外之道也."라고 하였고, 이에 대해 공영달(孔穎達)은 "言人有至誠, 非但自成就己身而已, 又能成就外物."이라고 해석하였다.

[7-3-1]

子曰:"德之不修, 學之不講, 聞義不能徙, 不善不能改, 是吾憂也."
공자가 말하였다. "덕의 닦지 못함과 배움의 익히지 못함과 의를 듣고 능히 옮기지 못하며 착하지 못함을 능히 고치지 못하니, 이것이 나의 근심이니라."

朱註

尹氏曰:"德必修而後成, 學必講而後明, 見善能徙, 改過不吝, 此四者, 日新之要也. 苟未能之, 聖人猶憂, 况學者乎."

윤씨(尹氏 : 尹焞)[34]가 말하였다. "덕은 반드시 닦은 뒤에 이루어지고, 배움은 반드시 익힌 뒤에 밝아지고, 선을 보면 잘 옮기고, 허물을 고침에 아끼지 않아야 하니, 이 네 가지는 날마다 새롭게 하는 요령이다. 진실로 이것들을 잘하지 못함을 성인(聖人)도 오히려 근심하였거늘, 하물며 배우는 사람에게 있어서랴."

詳說

○ 朱子曰:"如'篤行'是修德, '學·問·思·辨'是講學; '誠·正·修'是修德, '格·致'是講學."[35]

---

34) 윤씨(尹氏 : 尹焞 1071~1142)는 북송 시대 사람으로 자가 언명(彦明) 또는 덕충(德充)이고, 하남(河南) 낙양(洛陽) 사람이며, 사호(賜號)가 화정처사(和靖處士)이다. 정자(程子 : 程頤)의 제자인데, 주희(朱熹)가 화정선생첩(和靖先生帖)을 얻어서 1180년에 백록동서원에 새겨두었다고 한다. 저서로는 『화정선생집(和靖先生集)』·『논어해(論語解)』·『맹자해(孟子解)』 등이 있다.

35) 호광 편(胡廣 編), 『논어집주대전(論語集註大全)』「술이(述而)」에는 "問:'德之不修, 可以包下三句否?' 曰:'若恁地, 夫子但說一句便了, 何用更說四句? 徙義·改過, 略似修德裏面事, 然也別是箇頭項. 講學, 自是講學; 修德, 自是修德. 如致知·格物, 是講學; 誠意·正心·修身, 是修德; 博學·審問·愼思·明辨, 是講學; 篤行, 是修德.'"으로 되어 있다. 『주자어류(朱子語類)』 권34, 「논어16(論語十六)」, 13조목에는 다음과 같이 되어 있다. "숙기가 물었다. ''덕을 닦지 않는다'는 것은 아래의 세 구절을 포함할 수 있습니까?' 주희가 말하였다. '그렇다면 공자께서는 한 구절만 하였을 것이니 무엇 때문에 다시 네 구절이나 말하였겠느냐? 의를 옮기고 잘못을 고치는 일은 대략 덕을 닦는 이면의 일인 듯하지만, 또한 별도의 항목이다. 강학은 강학이고, 덕을 닦는 것은 덕을 닦는 일이다. 치지와 격물이 강학이라면, 성의와 정심, 수신은 덕을 닦는 일이며, 널리 배움, 살펴 물음, 신중히 생각함, 밝게 변별함은 강학이고, 독실히 행함은 덕을 닦는 일이다. 의를 옮기고 선하지 않음을 고치는 일 같은 것을 어떻게 나누겠는가?' 숙기가 미처 대답을 못하였다. 주희가 말하였다. '선하지 않은 것은 스스로 음탕하고 사악하며 그르고 편벽된 일을 하는 것이다. 의를 옮기는 일은 비록 잘못과 악함은 없지만, 아주 흡족하지 않게 하는 것이 곧

'덕필수이후성, 학필강이후명(德必修而後成, 學必講而後明 : 덕은 반드시 닦은 뒤에 이루어지고, 배움은 반드시 익힌 뒤에 밝아지고)'에 대해, 주자(朱子 : 朱熹)가 말하였다. "예컨대, '독행(篤行)'은 덕을 닦음이고, '박학(博學) · 심문(審問) · 신사(愼思) · 명변(明辨)'은 배움을 익힘이며, '성의(誠意) · 정심(正心) · 수신(修身)'은 덕을 닦음이고, '격물(格物) · 치지(致知)'는 배움을 익힘이다."

○ 四字, 出『書』「仲虺之誥」.

'개과불린(改過不吝 : 허물을 고침에 아끼지 않음)'의 네 글자는 『서경(書經)』「중훼지고(仲虺之誥)」에 나온다.[36]

○ 亦出「仲虺之誥」.

'일신(日新)'도 또한 「중훼지고(仲虺之誥)」에 나온다.[37]

○ 別摘本文四'不'字, 以此三字釋之.

'미능지(未能之 : 이것들을 잘하지 못함)'는 본문의 네 개의 '불(不)'자를 따로 적출하여 이 세 글자로써 풀이한 것이다.

○ 以論釋之, 而訓在其中. 但'猶' · '況'二語, 以言外意, 作正意.

'성인유우, 황학자호(聖人猶憂, 況學者乎 : 성인도 오히려 근심하였거늘, 하물며 배우는 사람에게 있어서이랴)'는 경문의 의미 설명으로 풀이하였는데, 훈고가 그 가운데 있다. 다만 '유(猶)'와 '황(況)'의 두 개의 말[38]은 말 밖의 의미로써 진정한 뜻이 된다.

의에 맞지 않는 것이다. 사람들이 어떻게 해야 바야흐로 아주 흡족한 것인지 말하는 것을 들으면 당연히 옮겨 따라야 한다. 성인이 이 몇 구절을 말한 것은 깊이와 무게가 이면에 있다. '의를 듣고도 옮길 수 없는' 죄는 작으며, '선하지 않은데 고칠 수 없는' 죄는 크다. 다만 성인은 크고 작은 것을 구분하지 않고 모두 이면에서 말하니, 학자들은 모두 마땅히 공부를 해나가야 한다.'(叔器問: "'德之不修', 可以包下三句否?' 曰: '若恁地, 夫子但說一句便了, 何用更說四句? 徙義改過, 略似修德裏面事, 然也別是箇頭項. 講學自是講學, 修德自是修德. 如致知 · 格物是講學, 誠意 · 正心 · 修身是修德 ; 博學 · 審問 · 愼思 · 明辨是講學, 篤行是修德. 若徙義 · 改不善, 如何地分?' 叔器未及對. 曰: '不善, 是自家做得淫邪非僻底事. 徙義, 是雖無過惡, 然做得未恰好, 便是不合義. 若聞人說如何方是恰好, 便當徙而從之. 聖人說這幾句, 淺深輕重盡在裏面. '聞義不能徙'底罪小, '不善不能改'底罪大. 但聖人不分細大, 都說在裏面, 學者皆當著工夫.')"

36) 『서경(書經)』「중훼지고(仲虺之誥)」에 나온다 : 『서경(書經)』「중훼지고(仲虺之誥)」. "用人惟己, 改過不吝, 克寬克仁, 彰信兆民."

37) 「중훼지고(仲虺之誥)」에 나온다 : 『서경(書經)』「중훼지고(仲虺之誥)」. "德日新, 萬邦惟懷."

38) '유(猶)'와 '황(況)'의 두 개의 말 : 『논어집주(論語集註)』의 "聖人猶憂, 況學者乎."에 나오는 '유(猶)'와 '황(況)'을 말한다.

○ **朱子曰:"亦聖人自貶, 以教人之意."**[39]

주자(朱子 : 朱熹)가 말하였다. "또한 성인(聖人)이 스스로 폄하하여 사람들을 가르치는 뜻이다."

○ **新安陳氏曰:"'修德'爲大本, '講學'爲實功, '徙義'·'改不善', 修德之條目, 而講學之效驗也."**[40]

신안 진씨(新安陳氏 : 陳櫟)가 말하였다. "'덕을 닦음'이 큰 근본이 되고, '배움을 익힘'이 실질적인 공이 되며, '의를 옮김'과 '착하지 못함을 고침'은 덕을 닦음의 조목이면서 배움을 익힘의 효험이다."

---

39) 호광 편(胡廣 編), 『논어집주대전(論語集註大全)』「술이(述而)」에는 "德之不脩, 至是我憂也. 這雖是聖人以此教人, 然學不厭之意, 多見於此. 使有一毫自以爲聖, 任其自爾, 則雖聖而失其聖矣. 此是聖人自憂也, 聖人固無是四者之憂, 所以然者, 亦自貶以教人之意."로 되어 있다.

40) 호광 편(胡廣 編), 『논어집주대전(論語集註大全)』「술이(述而)」에는 "新安陳氏曰:'修德而繼以講學, 如尊德性而道問學是也. 脩德爲大本, 講學爲實功. 徙義·改不善, 修德之條目, 而講學之效驗也. 修德而舷講學, 則行己應事, 始能知其孰爲義, 孰爲非義; 孰爲善, 孰爲不善. 必徙之改之, 始可以爲修德, 始無負於講學矣. 不然, 德之不修自若也, 學亦徒虛言之講耳. 聖人不自聖, 猶以是爲憂, 此聖所以益聖, 常人不知憂聖人之憂, 此愚所以益愚也.'"로 되어 있다.

[7-4-1]

子之燕居, 申申如也, 夭夭如也.
공자가 한가롭게 지냄에 화평하여 느긋한 듯하며, 온화하여 기뻐하는 듯하였다.

朱註

'燕居', 閒暇無事之時. 楊氏曰: "'申申', 其容舒也; '夭夭', 其色愉也."
'연거(燕居)'는 한가하여 하는 일이 없는 때이다. 양씨(楊氏: 楊時)[41]가 말하였다. "'신신(申申)'은 그 몸가짐이 느긋함이고, '요요(夭夭)'는 그 얼굴빛이 기뻐함이다."[42]

詳說

○ 洪氏曰: "『易』, 於形容所不能言者, 必曰'如'; 至「鄕黨」, 一言之不足, 則復言之, 與此義同."
'신신, 기용서야(申申, 其容舒也)'에 대해, 홍씨(洪氏: 洪興祖)[43]가 말하였다. "『주역(周易)』에서는 말로 할 수 없는 것을 형용함에 반드시 말하기를, '여(如)'라고 하였으며, 『논어(論語)』「향당(鄕黨)」에 이르면 하나의 말이 부족하면 다시 그것을 말하였으니,[44] 이[申申] 뜻과 더불어 같다."

---

41) 양시(楊時, 1053~1135): 북송 시대 사람으로 자는 중립(中立)이고, 호는 구산(龜山)이다. 먼저 정호(程顥)와 정이(程頤)에게 배워서 유작(游酢)·여대림(呂大臨)·사양좌(謝良佐)와 함께 '정문사대제자(程門四大弟子)'라고 불렀으며, 나종언(羅從彦)·이동(李侗)과 함께 '남검삼선생(南劍三先生)'이라고도 불려졌다. 만면에 구산(龜山)에 은거하여 학자들이 '구산선생'이라고 하였다. 저서로는 『구산집(龜山集)』·『구산어록』·『이정수언(二程粹言)』 등이 있다.

42) '신신(申申)'은 그 몸가짐이 느긋함이고, '요요(夭夭)'는 그 얼굴빛이 기뻐함이다: 『주자어류(朱子語類)』 권34, 「논어16(論語十六)」, 26조목에는 "숙기가 '신신(申申)과 요요(夭夭)의 뜻'을 물었다. 주희가 말하였다. '신신은 위축되지 않음을 말하였으며, 마음이 넓어지고 몸이 커진 후에 그렇게 활짝 펴서 온화한 것이다. 요요는 좋은 모양이다. 『시경(詩經)』「주남·도요(周南·桃夭)」의 '도지요요(桃之夭夭)'를 보면 조금 좋은 모양이니, 이 또한 그렇다. 이른바 안색이 즐겁다는 것은 다만 온화하고 기쁜 뜻이다. 이는 단지 한가로이 계심이 이런 것이지 조정에서 사람들과 접촉할 때는 또한 그렇지 않다.(叔器問'申申·夭夭'之義. 曰: '申申, 是言其不局促, 是心廣體胖後, 恁地申申舒泰. 夭夭, 好貌. 觀'桃之夭夭'是少好之貌, 則此亦是恁地. 所謂色愉, 只是和悅底意思. 但此只是燕居如此, 在朝及接人又不然.')"라고 하였다.

43) 홍씨(洪氏: 洪興祖, 1090~1155)는 송나라 때 학자로 자가 경선(慶善)이고, 호가 연당(練塘)이며, 단양(丹陽) 사람이다. 젊어서 『예기』와 『중용(中庸)』을 정독하여 이학(理學)의 방도를 깊이 깨달았다. 저서로는 『논어설(論語說)』·『초사보주(楚辭補注)』·『초사고이(楚辭考異)』 등이 있다.

○ 平聲.

'요요(夭夭)'에서 '요(夭)'자는 평성(平聲 : 和舒貌)이다.

○ 朱子曰 : "燕居如此, 在朝及接人, 又不然."45)

주자(朱子 : 朱熹)가 말하였다. "한가하게 지냄이 이와 같으니, 조정에 있거나 사람을 접함에는 또 그렇지 않다."

○ 慶源輔氏曰 : "燕居容色, 自然之符."46)

경원 보씨(慶源輔氏 : 輔廣)가 말하였다. "한가하게 지낼 적의 몸가짐과 얼굴빛이니, 자연스러운 증표이다."

○ 訓兼釋.

훈고에 경문의 풀이를 겸하였다.

朱註

○ 程子曰 : "此弟子善形容聖人處也. 爲'申申'字說不盡, 故更著'夭夭'字.

정자(程子 : 程頤)가 말하였다. "이는 제자가 성인(聖人)을 잘 형용한 곳이다. '신신(申申)'의 글자로는 말을 다하지 못함에 말미암기 때문에 다시 '요요(夭夭)'의 글자를 놓은 것이다.

詳說

○ 叔子.

'정자왈(程子曰)'에서의 '정자(程子)'는 동생 정이(程頤)이다.

○ 此章.

'차(此)'는 이 장이다.

---

44) 『논어(論語)』「향당(鄕黨)」에 이르면 하나의 말이 부족하면 다시 그것을 말하였으니 : 『논어(論語)』「향당(鄕黨)」에 나오는 '恂恂如', '侃侃如', '誾誾如', '怡怡如', '愉愉如' 등을 말한다.

45) 호광 편(胡廣 編), 『논어집주대전(論語集註大全)』「술이(述而)」에는 "朱子曰 : '申申, 是言其不局促, 是心廣體胖後恁地. 所謂色愉, 只是和悅底意思. 但此只是燕居如此, 在朝及接人又不然.'"으로 되어 있다.

46) 호광 편(胡廣 編), 『논어집주대전(論語集註大全)』「술이(述而)」에는 "慶源輔氏曰 : '燕居, 閒暇無事之時, 故其容儀, 得以遂其舒緩, 而無迫遽之意; 其顏色, 得以全其愉怡, 而無勃如之變. 申申夭夭, 聖人燕居容色, 自然之符也.'"로 되어 있다.

○ 去聲.

'위신신자설부진(爲'申申'字說不盡)'에서의 '위(爲)'자는 거성(去聲 : 말미암다)이다.

○ '爲'字意, 至此.

'위신신자설부진(爲申申字說不盡 : 신신의 글자로는 말을 다하지 못함에 말미암음)'에서 '위(爲)'자의 뜻이 여기까지이다.

○ 陟略反, 下幷同.

'고경착요요자(故更著'夭夭'字)'에서 '착(著)'은 '척(陟)'과 '략(略)'의 반절(反切)이니, 아래도 아울러 같다.

朱註

今人燕居之時, 不怠惰放肆, 必大嚴厲, 嚴厲時, 著此四字不得, 怠惰放肆時, 亦著此四字不得. 惟聖人, 便自有中和之氣."

지금 사람들은 한가하게 지낼 때 게으르거나 멋대로 하지 않으면 반드시 크게 엄숙하니, 엄숙할 때는 이 네 글자를 놓기에 옳지 않고, 게으르거나 멋대로 할 때도 또한 이 네 글자를 놓기에 옳지 않다. 오직 성인만이 곧 자연스럽게 중화(中和)의 기운이 있는 것이다."[47]

詳說

○ 一作'太'.

'필대엄려(必大嚴厲)'에서 '대(大)'자는 어떤 판본에는 '태(太)'로 썼다.[48]

47) 『주자어류(朱子語類)』 권34, 「논어16(論語十六)」, 27조목에는 다음과 같이 설명하고 있다. "물었다. ''신신 · 요요'는 성인이 하늘의 자연스러움에서 얻었습니다. 배우는 사람에게 거두어들이려는 마음이 있다면 엄격한데로 들 것이고, 편안해지려는 마음이 있으면 방자한데로 들 것입니다. 의리만이 이 기를 길러 오래도록 기르면 자연히 이 경지에 이르겠습니까?' 주희가 말하였다. '또한 모름지기 조금 엄숙하면 될 것이다. 그렇지 않으면 손을 댈 곳이 없다. …… 다만 몸과 마음으로 수렴하면 자연히 화락해진다. …… 따로 화락이 있는 것이 아니다. 정숙하면 절로 화락해진다.'(問: ''申申 · 夭夭', 聖人得於天之自然. 若學者有心要收束, 則入於嚴厲 ; 有心要舒泰, 則入於放肆. 惟理義以養其氣, 養之久, 則自然到此否?' 曰: '亦須稍嚴肅, 則可. 不然, 則無下手處.' 又曰: '但得身心收斂, 則自然和樂.' 又曰: '不是別有一箇和樂. 才整肅, 則自和樂.')"

48) 어떤 판본에는 '태(太)'로 썼다 : 『논어집주(論語集註)』와 『논어집주대전』에는 '太'로 표기되어 있다. 그러나 조선 정조 때 간행된 내각본 『논어집주대전』에는 '大'로 되어 있다.

○ 胡氏曰："於'嚴厲', 加'大'字, 蓋'嚴厲', 亦不可無, '大嚴厲'則不可耳."[49]

'필대엄려(必大嚴厲 : 반드시 크게 엄숙함)'에 대해, 호씨(胡氏 : 胡泳)[50]가 말하였다. "'엄려(嚴厲)'에다 '대(大)'자를 더하였으니, 대개 '엄려(嚴厲)'는 또한 없어서는 안 되며, '대엄려(大嚴厲)'는 옳지 않을 뿐이다."

○ '大'字, 蒙上.

'엄려(嚴厲)'의 '대(大)'자는 위에서 이어받은 것이다.

○ 欲著而不得也.

'엄려시, 저차사자부득(嚴厲時, 著此四字不得 : 엄숙할 때는 이 네 글자를 놓는 것이 옳지 않다)'의 경우, 이 네 글자를 놓고자 하나 옳지 못하다.

○ 自然.

'편자유중화지기(便自有中和之氣)'에서 '자(自)'자는 자연스러움이다.

○ 不厲不怠.

'중화지기(中和之氣 : 중화의 기운)'는 엄숙하지도 않고 게으르지도 않는다.

○ 朱子曰："學者, 亦須稍嚴肅則可, 不然則無下手處."[51]

주자(朱子 : 朱熹)가 말하였다. "배우는 사람들이 또한 모름지기 조금 엄숙하면 괜찮으나 그렇지 않으면 놓을 곳이 없다."

○ 又曰："但得身心收斂, 則自然和樂."[52]

주자(朱子 : 朱熹)가 또 말하였다. "다만 몸과 마음을 수렴할 수 있으면 자연스럽게 화락(和樂)하는 것이다."

---

49) 호광 편(胡廣 編), 『논어집주대전(論語集註大全)』「술이(述而)」에는 "胡氏曰 : '程子以怠惰放肆, 對嚴厲而言. 於嚴厲上, 加太字, 蓋嚴厲亦不可無, 太嚴厲則不可爾.'"로 되어 있다.

50) 호영(胡泳, 1138~1175) : 송나라 때 학자로 자가 백량(伯量)이고, 호가 동원(桐原)이고, 남강(南康) 출신이다. 저서로는 『논어연설(論語衍說)』 등이 있다.

51) 호광 편(胡廣 編), 『논어집주대전(論語集註大全)』「술이(述而)」에는 "問 : '申申夭夭, 聖人得於天之自然, 若學者有心要收束, 則入於嚴厲; 有心要舒泰, 則入於放肆. 惟理義以養其氣, 養之久, 則自然到此否?' 曰 : '亦須稍嚴肅則可, 不然則無下手處.'"로 되어 있다.

52) 호광 편(胡廣 編), 『논어집주대전(論語集註大全)』「술이(述而)」에는 "又曰 : '但得身心收斂, 則自然和樂, 不是別有一箇和樂. 纔整肅則自和樂.'"으로 되어 있다.

[7-5-1]

子曰："甚矣, 吾衰也! 久矣, 吾不復夢見周公!"
공자가 말하였다. "심하구나, 내가 노쇠(老衰)함이여! 오래구나, 내 다시 꿈에 주공(周公)을 보지 못한 것이!"

朱註

'復', 扶又反.[53] 孔子盛時, 志欲行周公之道. 故夢寐之間, 如或見之, 至其老而不能行也, 則無復是心, 而亦無復是夢矣.

'오불부(吾不復)'에서의 '부(復)'는 '부(扶)'와 '우(又)'의 반절(反切)이다. 공자가 왕성할 때는 마음에 주공(周公)의 도(道)를 행하고자 하였다. 그러므로 꿈꾸고 잠자는 사이에 이따금 주공을 만나 보았는데, 그 늙어감에 이르러서 주공의 도를 행할 수 없었으며, 곧 다시 주공의 도를 행하고자 하는 마음이 없어지자 또한 다시 주공을 만나 보는 꿈도 없어졌다.[54]

詳說

○ 少壯.
'공자성시(孔子盛時 : 공자가 왕성할 때)'는 젊고 혈기가 왕성함이다.

○ 朱子曰："聖人曷嘗無夢? 旣分明說夢見周公. 想是有時而夢見. 今人夢見平生所不識之人者, 蓋有之. 伊川以爲不是夢見人, 恐非夫子所言之本意."[55]

---

53) 호광 편(胡廣 編), 『논어집주대전(論語集註大全)』「술이(述而)」. 『논어주소(論語注疏)』에는 "復, 扶又反, 注同. 本或無'復'字非."라고 하였다.

54) 『주자어류(朱子語類)』 권34, 「논어16(論語十六)」, 29조목에는 "공자께서는 실제로 평상시에 늘 주공을 꿈에서 뵙지 않으셨을 것이다. 그러나 반드시 일찍이 꿈에서 뵈었으므로 이렇게 말씀하신 것이다. 그러나 이렇게 말씀하신 뜻은 오히려 구실을 댄 것이다.(孔子固不應常常夢見周公. 然亦必曾夢見來, 故如此說. 然其所以如此說之意, 卻是設詞.)"라고 하였다.

55) 호광 편(胡廣 編), 『논어집주대전(論語集註大全)』「술이(述而)」에는 "問 : '伊川以爲不是夢見人, 只是夢寐常存行周公之道爾. 『集註』則以爲如或見之, 不知果是, 如何?' 曰 : '想是有時而夢見. 旣分明說夢見周公, 全道不見, 恐亦未安. 程子之意, 蓋嫌於因思而夢者, 故爲此說, 其義則精矣. 然恐非夫子所言之本意也.'" ; "問 : '夫子未嘗識周公, 烏得而夢之?' 曰 : '今有人夢見平生所不識之人云, 是某人者蓋有之.'"로 되어 있다. 『주자어류(朱子語類)』 권34, 「논어16(論語十六)」, 37조목의 내용은 다음과 같다. "問 : '伊川以爲不是夢見人, 只是夢寐常存行周公之道耳. 『集注』則以爲如或見之. 不知果是如何?' 曰: '想是有時而夢見. 旣分明說'夢見周公', 全道不見, 恐亦未安.'

'몽매지간, 여혹견지(夢寐之間, 如或見之 : 꿈꾸고 잠자는 사이에 이따금 주공을 만나 보았음)'에 대해, 주자(朱子 : 朱熹)가 말하였다. "성인이 어찌 일찍이 꿈꾼 적이 없겠는가? 이미 분명하게 꿈속에서 주공(周公)을 만나 보았다고 말하였다. 생각하건대 이는 때때로 꿈속에서 본 것이다. 지금 사람들은 꿈속에서 평생 알지도 못하는 사람을 보는 일이 대개 있을 것이다. 이천(伊川 : 程頤)이 꿈속에서 본 사람이 아니라고 여긴 것은 아마도 공자가 말한 본래의 뜻이 아닐 것이다."

○ 『集註』不曰'有時見之'而曰'如或'者, 所以微存程子之意耳.

『논어집주(論語集註)』에서 '유시견지(有時見之 : 때때로 만나봄)'라고 말하지 않고, '여혹(如或 : 이따금)'이라고 말한 것은 정자(程子)의 뜻이 약간 있기 때문일 뿐이다.

○ '道'字蒙上.

'지기로이불능행야(至其老而不能行也 : 그 늙어감에 이르러서 주공의 도를 행할 수 없었음)'에서 볼 때, '도(道)'자를 위에서 이어받은 것이다.

○ 變'志'言'心'者, 志之而心存也.

'무부시심(無復是心 : 다시 주공의 도를 행하고자 하는 마음이 없어짐)'에서 '지(志)'를 바꾸어서 '심(心)'으로 말한 것은 그것에 뜻을 두어 마음이 있다는 뜻이다.

○ '亦無復是夢矣', '如或見之'之夢.

'역무부시몽의(亦無復是夢矣 : 또한 다시 주공을 만나 보는 꿈도 없어졌다)'의 경우, '이따금 주공을 만나봄'의 꿈이다.

○ 新安陳氏曰 : "此道不行之符兆, 見於吾身者."[56]

신안 진씨(新安陳氏 : 陳櫟)가 말하였다. "이는 도(道)가 행해지지 않는 징표 조짐이 내 몸에 보인 것이다."

又問: '夫子未嘗識周公, 夢中烏得而見之?' 曰: '今有人夢見平生所不相識之人, 卻云是某人某人者, 蓋有之. 夫子之夢, 固與常人不同, 然亦有是理耳.'(물었다. '이천은 꿈에 사람을 본 것이 아니라 다만 자나 깨나 늘 주공의 도를 행하려는 마음을 갖고 있는 것일 따름이라 하였습니다. 『논어집주(論語集註)』에서는 간혹 보았을 것이라고 하였습니다. 과연 어떠한지 모르겠습니다.' 주희가 말하였다. '이따금 꿈에서 보았을 것이라고 생각한다. 이미 분명히 '꿈에 주공을 뵈었다'라 말하여 놓고 전혀 보지 않았다고 한다면 또한 편치 못할 것이다.' 또 물었다. '공자께서는 일찍이 주공을 알지 못했는데 꿈속에서 어떻게 만나 뵈었습니까?' 주희가 말하였다. '지금 어떤 사람이 꿈에서 평생토록 알지 못하던 사람을 보고 말하기를 '누구누구이다'라고 하는 일이 아마 있을 것이다. 공자의 꿈은 실제로 보통 사람과는 다르지만, 또한 이런 이치가 있을 따름이다.')"

56) 호광 편(胡廣 編), 『논어집주대전(論語集註大全)』「술이(述而)」에는 "新安陳氏曰 : '此亦道不行之符兆, 自見於吾身者.'"로 되어 있다.

朱註

故因此而自歎其衰之甚也.

그러므로 이로 인하여 스스로 그 노쇠(老衰)함이 심함을 탄식한 것이다.

詳說

○ 無夢.

'인차(因此 : 이로 임함)'는 주공을 만나보는 꿈이 없어짐이다.

○ 朱子曰 : "惟其久不夢見, 所以見得衰."[57]

'인차이자탄기쇠지심야(因此而自歎其衰之甚也 : 이로 인하여 스스로 그 노쇠함이 심함을 탄식한 것이다)'에 대해, 주자(朱子 : 朱熹)가 말하였다. "오직 그 오래도록 꿈속에서 보지 못한 것은 노쇠해졌기 때문인 것이다."

○ 二'矣'字, 可見其永歎無已之意.

두 개의 '의(矣)'자[58]에서 그 길게 탄식하여 그침이 없는 뜻을 볼 수 있다.

○ 以論釋之, 無訓.

경문의 의미 설명으로 풀이하였고, 훈고는 없다.

朱註

○ 程子曰 : "孔子盛時, 寤寐常存行周公之道, 及其老也, 則志慮衰, 而不可以有爲矣.

정자(程子 : 程頤)가 말하였다. "공자가 왕성할 때에 자나 깨나 항상 주공(周公)의 도(道)를 행하려는 뜻이 있었는데, 그 노쇠함에 미쳐서 뜻과 생각이 쇠약해져 행할 수가 없었던 것이다.

詳說

○ 叔子.

'정자왈(程子曰)'에서의 '정자(程子)'는 동생 정이(程頤)이다.

○ 以此二字, 解'夢'字, 以見其非眞夢.

---

57) 호광 편(胡廣 編), 『논어집주대전(論語集註大全)』「술이(述而)」에는 "朱子曰 : '據文勢, 甚矣吾衰也, 是一句; 久矣吾不復夢見周公, 是一句. 惟其久不夢見, 所以見得是衰.'"로 되어 있다.

58) 두 개의 '의(矣)'자 : 경문의 '甚矣'와 '久矣'를 말한다.

'오매(寤寐 : 자나 깨나)'는 이 두 글자로써 '몽(夢)'자를 풀이하여 그 진짜 꿈이 아님을 보인 것이다.[59]

○ 心存.

'상존(常存 : 항상 있음)'은 마음에 있음이다.

○ 下文雖曰'心無老少之異', 身老則志亦隨而衰.

'지려쇠(志慮衰 : 뜻과 생각이 쇠약해짐)'는 아래 글에서 비록 '마음은 늙고 젊음의 차이가 없다.'라고 하였지만, 몸이 늙으면 뜻도 따라서 쇠약해진다.

朱註

蓋存道者心, 無老少之異, 而行道者身, 老則衰也."

대개 도를 보존하는 것은 마음이라서 늙고 젊음의 차이가 없지만, 도를 행하는 것은 몸이라서 늙으면 쇠약해진다."

詳說

○ 存行道也, 或云'存道', 猶言'居道', 然則與上'存'字, 其義微異.

'존도자심(存道者心 : 도를 보존하는 것은 마음임)'의 경우, 도(道)를 보존하고 행함에 어떤 사람은 '존도(存道)'라고 하는 것은 '거도(居道)'라고 말함과 같다고 하였는데, 그렇다면 위의 '존(存)'자와 더불어 그 뜻이 약간 다르다.

○ 此下似宜又有'心'字而無者, 蒙其上也. 下'身'字同.

이 아래에 마땅히 또 '심(心)'자가 있어야 할 것 같은데 없는 것은 그 위의 내용을 이어 받은 것이다. 아래의 '신(身)'자도 마찬가지다.

---

59) 『주자어류(朱子語類)』 권34, 「논어16(論語十六)」, 38조목에는 다음과 같이 설명하고 있다. "물었다. '이장에서는 공자가 쇠약해지기 전에는 늘 꿈에서 주공을 보았다고 하였는데, 이천은 일찍이 꿈에서 뵌 적이 없다고 하였는데 어찌된 것입니까?' 주희가 말하였다. '성인은 낮에 생각한 일에는 응하지 않아 밤에 꿈에서 뵌 것이다. 이를테면 고종이 부열을 꿈꾼 것은 분명히 부열이 그곳에 있었는데도 고종이 알지를 못하였다. 꿈에서 뵌 것도 또한 먼저 뵌 것이 이러하다는 조짐이다. 공자가 꿈에 두 기둥에 제사를 지낸 일은 어찌 생각을 한 후에야 꿈에서 본 것이겠느냐. 이 설은 매우 정미롭다. 다만 이 장에서는 행하지 않았음을 말하였는데, 지금은 잠시 정자의 설을 따르겠다.'(問: '此章曰, 孔子未衰以前, 常夢見周公矣. 伊川卻言不曾夢見, 何也?' 曰: '聖人不應日間思量底事, 夜間便夢見. 如高宗夢傳說, 卻是分明有箇傳說在那裏, 高宗不知. 所以夢見, 亦是朕兆先見者如此. 孔子夢奠兩楹事, 豈是思慮後方夢見. 此說甚精微. 但於此一章上說不行, 今且得從程子說.')"

○ 去聲.

'무로소지이(無老少之異)'에서의 '소(少)'자는 거성(去聲 : 젊다)이다.

○ 朱子曰 : "若天要用孔子, 必不教他衰, 如武王 · 太公, 皆八九十歲."[60]

'노즉쇠야(老則衰也 : 늙으면 쇠약해지는 것이다)'에 대해, 주자(朱子 : 朱熹)가 말하였다. "만약 하늘이 공자를 쓰려고 하였다면 반드시 그를 노쇠(老衰)하게 만들지 않았을 것이니, 무왕(武王)과 태공(太公)이 모두 80, 90세였던 것과 같다."

60) 호광 편(胡廣 編), 『논어집주대전(論語集註大全)』「술이(述而)」에는 "不是孔子衰, 是時世衰. 聖人與天地相應. 若天要用孔子, 必不教他衰, 如武王 · 太公, 皆八九十歲."로 되어 있고, 『주자어류(朱子語類)』 권34, 「논어16(論語十六)」, 33조목의 내용은 다음과 같다. "問'甚矣吾衰也'. 曰 : '不是孔子衰, 是時世衰.' 又曰 : '與天地相應. 若天要用孔子, 必不教他衰. 如太公 · 武王, 皆八九十歲. 夫子七十餘, 想見罷垂.'('심하구나, 나의 노쇠함이여'라는 말에 대하여 물었다. 주희가 말하였다. '공자가 노쇠한 것이 아니라 시세가 쇠한 것이다.' 또 말하였다. '천지와 상응한다. 하늘이 공자를 쓰고자 하였다면 반드시 그를 노쇠하게 하지 않았을 것이다. 이를테면 태공과 무왕은 모두 80, 90세였다. 공자는 70여 세였으니 쇠약하여 고달픈 것을 생각하여 보았을 것이다.')"

[7-6-1]

子曰："志於道,
공자가 말하였다. "도(道)에 뜻을 두며,

朱註

'志'者, 心之所之之謂. '道', 則人倫日用之間, 所當行者, 是也.
'지(志)'라는 것은 마음이 가는 바를 이른다. '도(道)'는 곧 사람의 윤리와 일상의 용도에서 마땅히 행해야 하는바, 이것이다.

詳說

○ 往也.[61]
'소지(所之)'의 '지(之)'는 감이다.

○ 西山眞氏曰："'道'者, 衆理之總總名."[62]
서산 진씨(西山眞氏：眞德秀)[63]가 말하였다. "'도(道)'라는 것은 많은 이치의 총체적인 이름이다."

○ 訓畢.
훈고가 끝났다.

朱註

知此, 而心必之焉, 則所適者正, 而無他歧之惑矣.
이것을 알아서 마음이 반드시 도(道)에 간다면 가는 것이 올바르므로 다른 갈림

61) 호광 편(胡廣 編), 『논어집주대전(論語集註大全)』「술이(述而)」에 "新安陳氏曰：'所之, 之, 往也.'"라고 하였다.

62) 진덕수, 『서산문집(西山文集)』 권33, 「설(說) · 지도자설(志道字說)」. "夫道之與仁, 非有二致. 然聖人之教, 旣曰'志於道矣', 又必曰'依於仁也'; 曰'修身以道矣', 又必曰'修道以仁也'. 蓋道者, 衆理之總名, 而仁者, 一心之全德. 志乎道而弗它, 可謂知所嚮矣; 仁則其歸宿之地, 而用功之親切處也."

63) 진덕수(眞德秀, 1178~1235)：남송 시대의 학자로 자가 경원(景元) 또는 희원(希元)이고, 호가 서산(西山)이고, 시호가 문충(文忠)이며, 복건성 포성(浦城) 사람이다. 본래 성은 신(愼)씨였는데, 효종의 휘(諱)를 피하여 개성(改姓)하였다. 주희의 리학(理學)을 계승하여 전한 사람으로 위료옹(魏了翁)과 이름을 나란히 하였으며, 당시 학자들이 서산선생(西山先生)이라고 불렀다. 저서로는 『진문충공집(眞文忠公集)』 등이 있다.

길로 가는 미혹됨이 없을 것이다.

詳說

○ 道.

'지차(知此 : 이것을 앎)'는 도(道)이다.

○ 新安陳氏曰 : "'知此'二字, 是'志道'以前事, 知至善之所在而後, 志有定向也."[64]

신안 진씨(新安陳氏 : 陳櫟)가 말하였다. "'지차(知此)' 두 글자는 '지도(志道)' 이전의 일이고, 지극한 선이 있는 곳을 안 이후에 뜻에 일정한 방향이 있는 것이다."

○ '之', 徃也.

'심필지(心必之 : 마음이 반드시 도에 감)'의 '지(之)'는 감이다.

○ 胡氏曰 : "'適'字 · '歧'字, 皆借行路言之."[65]

호씨(胡氏 : 胡泳)가 말하였다. "'적(適)'자와 '기(歧)'자는 모두 다니는 길을 빌려서 말한 것이다."

○ '知'字 · '正'字, 有力.

'지(知)'자와 '정(正)'자[66]에는 힘이 있다.

○ '則'字以下, 言其事與效也, 下三節釋同, 圈下註亦同.

'즉(則)'자 이하는 그 일과 효험을 말한 것이니, 아래 세 구절의 뜻풀이가 같으며, 동그라미(○ : 圈)아래의 집주도 또한 같다.[67]

○ 釋畢.

경문의 풀이가 끝났다.

---

64) 호광 편(胡廣 編), 『논어집주대전(論語集註大全)』「술이(述而)」에는 "新安陳氏曰 : '知此二字, 是朱子說志道以前事, 必知道而後, 志向在道, 即知止而後有定, 知至善之所在而後, 志有定向也.'"로 되어 있다.

65) 호광 편(胡廣 編), 『논어집주대전(論語集註大全)』「술이(述而)」에는 "胡氏曰 : '道, 猶路也. 故適字, 他岐字, 皆自路言之.'"로 되어 있다.

66) '지(知)'자와 '정(正)'자 : '知此'의 '지(知)'자와 '所適者正'의 '정(正)'자를 말한다.

67) 동그라미(○ : 圈) 아래의 집주도 또한 같다 : 맨 뒤편의 '차장, 언인지위학(此章, 言人之爲學)' 아래를 말한다.

[7-6-2]

據於德,
덕에 의거하며,

詳說

○ '據', 音倨.[68]
'거(據)'자는 음이 거(倨)이다.

朱註

'據'者, 執守之意. '德', 則行道而有得於心者也.
'거(據)'라는 것은 굳게 지킨다는 뜻이다. '덕(德)'은 곧 도를 행하여 마음에 얻음이 있는 것이다.[69]

詳說

○ 承上節.
'행도(行道)'는 위의 구절을 이은 것이다.

○ 即上註之道之心也, 下二節註同.
'행도이유득어심자야(行道而有得於心者也 : 도를 행하여 마음에 얻음이 있는 것이다)'는 곧 위 주석에 있는 도(道)의 마음이니 아래 두 구절의 주석도 같다.

○ 訓畢.
훈고가 끝났다.

朱註

得之於心而守之不失, 則終始惟一, 而有日新之功矣.
마음에 그것을 얻어 지킴에 잃지 않으면 처음부터 끝까지 오직 한결 같아서 날

---

68) 호광 편(胡廣 編), 『논어집주대전(論語集註大全)』「술이(述而)」에는 이 내용이 없으며, 조선 정조 때 간행된 내각본 『논어집주대전』에는 이 내용이 실려 있다.

69) 덕(德)은 곧 도를 행하여 마음에 얻음이 있는 것이다 : 『주자어류(朱子語類)』 권34, 「논어16(論語十六)」, 54조목에는 "덕은 도의 실질이고, 인은 덕의 마음이다.(德是道之實, 仁是德之心.)"라고 하여 도와 덕의 관계를 설명하였다.

로 새로운 공이 있는 것이다.

詳說

○ 朱子曰 : "逐件理會; 得寸守寸, 得尺守尺."[70]

'득지어심이수지불실(得之於心而守之不失 : 마음에 그것을 얻어서 지킴에 잃지 않음)'에 대해, 주자(朱子 : 朱熹)가 말하였다. "하나하나 이해하며, 한 치를 얻으면 한 치를 지키고, 한 자를 얻으면 한 자를 지키는 것이다."

70) 『주자어류(朱子語類)』 권34, 「논어16(論語十六)」, 55조목에는 "行夫問'志道·據德·依仁·游藝.' 曰 : '志於道, 方是要去做, 方是事親欲盡其孝, 事兄欲盡其弟, 方是恁地. 至據於德, 則事親能盡其孝, 事兄能盡其弟, 便自有這道理了, 卻有可據底地位. 才說盡其孝, 便是據於孝. 雖然如此, 此只是就事上逐件理會. 若是不依於仁, 不到那事親事兄時, 此心便沒頓放處. 依於仁, 則自朝至暮, 此心無不在這裏. 連許多德, 總攝貫穿都活了. 志於道, 方要去做. 據於德, 則道方有歸著. 雖有歸著, 猶是在事上. 依於仁, 則德方有本領. 雖然, 藝亦不可不去理會. 如禮樂射御書數, 一件事理會不得, 此心便覺滯礙. 惟是一一去理會, 這道理脈絡方始一一流通, 無那箇滯礙. 因此又卻養得這箇道理. 以此知大則道無不包, 小則道無不入. 小大精粗, 皆無滲漏, 皆是做工夫處. 故曰 : 語大, 天下莫能載; 語小, 天下莫能破.'(행부가 '도에 뜻을 둠, 덕을 굳게 지킴, 인에 의지함, 예에 노님'에 대하여 물었다. 주희가 말하였다. ''도에 뜻을 둠'은 바야흐로 해나가려는 것으로, 어버이를 섬길 때는 효도를 다하려 하고, 형을 섬길 때는 공경을 다하는 것처럼 하는 것이다. '덕을 굳게 지킴'은 어버이를 섬길 때는 그 효를 다할 수 있고, 형을 섬길 때는 공경을 다할 수 있는 것이니, 저절로 이런 도리가 있으면 오히려 굳게 지킬 만한 지위가 있다. 그 효도를 다했다고 말한다면 곧 효를 굳게 지키는 것이다. 비록 이러하지만 이는 다만 일에서부터 이해를 해나가는 것이다. 만약 인에 의지하지 않으면 어버이를 섬기고 형을 섬길 때에 이르지 않으니 이 마음은 문득 둘 곳이 없다. '인에 의지함'은 아침부터 저녁까지 이 마음은 여기에 있지 않음이 없다. 허다한 덕까지 총괄적으로 당기어 꿰뚫어 모두 생기가 있게 된다. '도에 뜻을 둠'은 바야흐로 해나가려는 것이다. '덕을 굳게 지킴'은 도가 바야흐로 귀착하는 곳이 있는 것이다. 비록 귀착이 되더라도 오히려 일에 있게 된다. '인에 의지함'은 덕이 바야흐로 본령이 있다. 비록 그러하지만 예 또한 이해를 하지 않을 수 없다. 이를테면 예악사어서수는 하나의 일을 이해하지 못하면 이 마음은 막힘을 깨닫게 된다. 오직 하나하나 이해해가면 이 도리의 맥락은 바야흐로 하나하나 유통되어 그런 막힘이 없게 된다. 이 때문에 또한 이 도리를 기르게 된다. 이로써 크면 도가 포함하지 않음이 없고 작으면 도가 들어가지 않음이 없음을 안다. 작고 크고 정밀하고 거친 것이 모두 새는 것이 없고, 모두 공부를 하는 곳이다. 그러므로 말하기를 '말이 크면 천하에 실을 수가 없고, 말이 작으면 천하에 깨뜨릴 수가 없다.'라 하였다."로 되어 있다. 또 권34, 60조목에는 "問 : '若是志於道, 據於德, 則雖初學便可如此下功. 且如據於德, 則得寸守寸, 得尺守尺. 若是依於仁, 則仁是指全體而言, 如何便解依得它?' 曰 : '所謂據於德, 亦須是眞箇有是德, 方可據守. 如事親時自無不孝, 方是有孝之德, 其餘亦然, 亦非初學遽可及也. 依仁, 只是此心常在, 不令少有走作也.'"라고 하였다.

○ 見『書』「咸有一德」.

'종시유일이유일신지공의(終始惟一而有日新之功矣 : 처음부터 끝까지 오직 한결 같아서 날로 새로운 공이 있는 것이다)'는 『서경(書經)』「함유일덕(咸有一德)」에 보인다.[71)]

○ '一'字 · '新'字, 有力.

'이유일신지공의(而有日新之功矣)'에서 '일(一)'자와 '신(新)'자에 힘이 있다.

○ 承上『註』'日用'而言'日新'.

위 『논어집주(論語集註)』의 '일용(日用)'을 이어서 '일신(日新)'을 말한 것이다.

○ 釋畢.

경문의 풀이가 끝났다.

[7-6-3]

依於仁,
인에 의지하며,

朱註

'依'者, 不違之謂. '仁', 則私欲盡去而心德之全也.
'의(依)'라는 것은 멀리하지 않음을 이른다. '인(仁)'은 곧 사사로운 욕심이 다 제거되어 마음의 덕이 온전함이다.

詳說

○ 見上篇.

'불위지위(不違之謂 : 멀리하지 않음을 이른다)'는 위의 편에 보인다.[72)]

---

71) 『서경(書經)』「함유일덕(咸有一德)」에 보인다 : 『서경(書經)』「함유일덕(咸有一德)」에서 "維新厥德, 終始惟一, 時乃日新."라고 하였다.라고 하였다.

72) 위의 편에 보인다 : 『논어(論語)』「위정(爲政)」에서 "子曰 : '吾與回, 言終日, 不違如愚, 退而省其私, 亦足以發, 回也不愚.'"라 하고, 주석에서 "不違者, 意不相背, 有聽受而無問難也."라고 하였다. 또 『논어(論語)』「이인(里仁)」에서 "子曰 : '事父母, 幾諫, 見志不從, 又敬不違, 勞而不怨.'"

○ 朱子曰 : "相依而不捨之意."[73)]

주자(朱子 : 朱熹)가 말하였다. "서로 의지하여 버리지 않는 뜻이다."

○ '仁, 則私欲盡去而心德之全也', 亦承上節.

'인, 즉사욕진거이심덕지전야(仁, 則私欲盡去而心德之全也 : 인은 곧 사사로운 욕심이 다 제거되어 마음의 덕이 온전함이다)'는 또한 위의 구절을 이은 것이다.

○ 訓畢.

훈고가 끝났다.

朱註

工夫至此, 而無終食之違, 則存養之熟, 無適而非天理之流行矣.

공부가 이에 이르러 한 끼 밥 먹는 잠깐이라도 멀리함이 없다면 어진 심성을 보존하고 기르는 일이 숙련되어 어디를 가더라도 올바른 도리의 유행이 아님이 없을 것이다.

詳說

○ 私欲去, 心德全.

'공부지차(工夫至此 : 공부가 이에 이름)'는 사사로운 욕심이 다 제거되어 마음의 덕이 온전함이다.

○ 見「里仁」.

'무종식지위(無終食之違 : 한 끼 밥 먹는 잠깐이라도 멀리함이 없음)'는 「이인(里仁)」에 보인다.[74)]

이라고 하였고, 『논어(論語)』「공야장(公冶長)」의 『집주(集註)』에서는 "程子曰 : '夫子安仁, 顏淵不違仁, 子路求仁.'"이라고 하였다. 『논어(論語)』「옹야(雍也)」에서는 "子曰 : '回也, 其心, 三月不違仁, 其餘則日月至焉而已矣.'"라 하고, 『집주(集註)』에서 "仁者, 心之德, 心不違仁者, 無私欲而有其德也. …… 程子曰 : '…… 不違仁, 只是無纖毫私欲, 少有私欲, 便是不仁.'"이라고 하였다.

73) 호광 편(胡廣 編), 『논어집주대전(論語集註大全)』「술이(述而)」에는 "朱子曰 : '依, 如依乎中庸之依, 相依而不捨之意. 此心常在, 不令少有走作, 無物欲之累, 而純乎天理, 道至此亦活, 德至此亦活.'"로 되어 있고, 『주자어류(朱子語類)』 권34, 「논어16(論語十六)」, 56조목에는 "依, 如'依乎中庸'之依, 相依而不捨之意. 旣有所據守, 又當依於仁而不違, 如所謂'君子無終食之間違仁'是也. (의(依)라는 것은 '중용에 의지한다'의 의로써 서로 의지하여 버리지 않는다는 뜻이다. 이미 굳게 지키는 것이 있고, 또한 당연히 인에 의지하여 어기지 않는다는 것은 이른바 '군자는 식사를 끝낼만한 사이에도 인을 어김이 없다'는 것과 같다.')"라고 하였다.

○ '日'字, 又不足言矣.

'일(日)'자는 또 족히 말할 것이 못 된다.

○ '存養'二字, 最要.

'존양(存養)' 두 글자가 가장 중요하다.

○ 釋畢.

경문의 풀이가 끝났다.

[7-6-4]

游於藝."

육예(六藝)에 놀아야 하는 것이다.

朱註

'游'者, 玩物適情之謂. '藝', 則禮樂之文 · 射御書數之法, 皆至理所寓, 而日用之不可闕者也.

'유(游)'라는 것은 사물을 완미(玩味)하고 성정(性情)에 적합하게 함을 이른다. '예(藝)'는 예(禮) · 악(樂)의 글과 활쏘기 · 말타기 · 글쓰기 · 셈하기의 방법이니, 모두 지극한 이치가 들어 있어서 일상의 용도에 빠뜨려서는 안 되는 것이다.

詳說

○ 胡氏曰 : "以六藝爲物而玩之, 非喪志之物."75)

'완물적정지위(玩物適情之謂 : 사물을 완미하고 성정에 적합하게 함을 이른다)'에 대해, 호씨(胡氏 : 胡泳)가 말하였다. "육예(六藝)로써 사물로 삼아 완미(玩味)하는 것이며, 뜻을 잃어버리는 사물이 아니다."

---

74) 「이인(里仁)」에 보인다 : 『논어(論語)』「이인(里仁)」에 "君子, 無終食之間, 違仁, 造次, 必於是; 顚沛, 必於是."라고 하였고, 그 주석에서 "終食者, 一飯之頃."이라고 하였다.

75) 호광 편(胡廣 編), 『논어집주대전(論語集註大全)』「술이(述而)」에는 "胡氏曰 : '玩物, 本非美辭, 然以六藝爲物而玩之, 非喪志之物也.'"로 되어 있다.

○ 以文言.

‘예악지문(禮樂之文)’은 글로써 말한 것이다.

○ 以法言.

‘사어서수지법(射御書數之法)’은 방법으로써 말한 것이다.

○ 見『周禮』「大司徒」.

『주례(周禮)』「대사도(大司徒)」에 보인다.76)

○ 承上註‘天理’而言.

‘지리소우(至理所寓 : 지극한 이치가 들어있음)’는 위 주석의 ‘천리(天理)’를 이어서 말한 것이다.

○ 理散在事事物物上.

‘개지리소우, 이일용지불가궐자야(皆至理所寓, 而日用之不可闕者也 : 모두 지극한 이치가 들어 있어서 일상의 용도에 빠뜨려서는 안 되는 것이다)’는 이치가 흩어져서 일마다 물건마다 있는 것이다.

○ 朱子曰 : “這一件事理會不得, 此心便覺滯碍.”77)

주자(朱子 : 朱熹)가 말하였다. “저 하나의 사건을 이해함에 얻지 못하면, 이 마음이 문득 꽉 막힘을 깨닫는 것이다.”

○ 此人事之日用, 比人倫則輕矣.

이 사람의 일 가운데 일상 용도는 사람의 윤리에 비하면 가벼운 것이다.

○ 訓畢.

훈고가 끝났다.

---

76) 『주례(周禮)』「대사도(大司徒)」에 보인다 : 『주례(周禮)』「대사도하(大司徒下)」에서 “以鄕三物, 教萬民而賓興之, 一曰六德, 知·仁·聖·義·忠·和; 二曰六行, 孝·友·睦·婣·任·卹; 三曰六藝, 禮·樂·射·御·書·數.”라고 하였다.

77) 호광 편(胡廣 編), 『논어집주대전(論語集註大全)』「술이(述而)」에는 “朱子曰 : ‘志於道, 方是要去做, 方是事親欲盡其孝, 事兄欲盡其弟, 方是恁地. 至據於德, 則事親能盡其孝, 事兄能盡其弟, 便自有這道理了, 却有可據底地位. 雖然如此, 此只是就事上逐件理會, 若不依於仁, 則不到那事時, 此心便沒頓放處. 依於仁, 則自朝至暮, 此心無不在這裏. 連許多德, 總攝貫穿都活了. 雖然, 藝亦不可不去理會, 如禮樂射御書數, 一件事理會不得, 此心便覺滯礙. 惟是一一去理會, 這道理脉絡, 方始一一流通, 無那箇滯礙. 因此又却養得這道理, 以此知大則道無不包, 小則道無不入, 小大精粗, 皆無滲漏, 皆是做工夫處. 故曰: 語大天下莫能載, 語小天下莫能破.’”로 되어 있다.

朱註

朝夕游焉, 以博其義理之趣, 則應務有餘, 而心亦無所放矣.

아침저녁으로 놀면서 그 의리의 취향(趣向)을 넓히면 사무(事務)에 대응함에 여유가 있고, 마음도 또한 방일(放逸)하는 일이 없을 것이다.

詳說

○ 或朝或夕, 承'日用'而言.

'조석(朝夕)'은 때로는 아침이고 때로는 저녁이니, '일용(日用)'을 이어서 말한 것이다.

○ 勉齋黃氏曰: "不必專心致志耳."[78)]

'조석유언(朝夕游焉 : 아침저녁으로 놂)'에 대해, 면재 황씨(勉齋黃氏 : 黃幹[79)])가 말하였다. "오로지 마음을 쓰고 뜻을 다할 필요는 없을 뿐이다."

○ '博', 廣之.

'이박기의리지취(以博其義理之趣)'에서 '박(博)'은 넓히는 것이다.

○ '趣', 志向.

'이박기의리지취(以博其義理之趣)'에서 '취(趣)'는 뜻이 향함이다.

○ '應務', 應事.

'응무(應務)'는 일에 대응함이다.

○ '應務有餘', 此正意.

'응무유여(應務有餘 : 사무에 대응함에 여유가 있음)', 이는 진정한 뜻이다.

---

78) 호광 편(胡廣 編), 『논어집주대전(論語集註大全)』「술이(述而)」에는 "勉齋黃氏曰 : '道者, 義理之總名; 德者, 吾身所學而有得之善; 仁者, 本心之德; 藝者, 六藝之事. 是四者, 皆人所不可不留意者, 但三者最重, 而藝稍輕. 四者之序, 則志者, 向之而不忘; 據者, 守之而不失; 依者, 隨之而不離. 是三者, 皆不可須臾捨也. 游, 則若用力若不用力而已. 上三者, 則互擧並行而不相悖, 游藝, 則有不必專心致志耳.'"로 되어 있다.

79) 황간(黃幹, 1152~1221) : 송나라 때 학자로 자가 직경(直卿)이고, 호가 면재(勉齋)·삼산(三山)이고, 시호가 문숙(文肅)이며, 복주민현(福州閩縣) 사람이다. 황우(黃瑀)의 넷째 아들로 어려서부터 총영(聰穎)하였고, 1175년에 유청지(劉清之)에게 배움을 청하였는데 기발한 재능을 본 유청지가 주자에게 학업을 배우도록 권하여 주자의 문하에 들어가서 공부하였으며, 뒤에 주자의 사위가 되었다. 주자의 학문을 지극하게 터득하여 주자의 4대 제자 가운데 한 명으로 추존되었다. 저서로는 『황면재문집(黃勉齋文集)』 외에 『논어통석(論語通釋)』·『맹자강의(孟子講義)』 등이 포함된 『오경강의(五經講義)』·『사서기문(四書紀聞)』 등이 있으며, 『주자행장(朱子行狀)』을 지었다.

○ '亦'字, 有不專, 特此之意及此, 汎爲餘意之意.

'심역무소방의(心亦無所放矣 : 마음도 또한 방일함이 없을 것이다)'에서 '역(亦)'자는 오로지 하지 않음이 있으니, 다만 이것의 뜻은 여기에 미쳐서 두루 여유롭다는 의미의 뜻이 된다.

○ 朱子曰 : "非僻之心, 無自而入."[80]

주자(朱子 : 朱熹)가 말하였다. "사악한 마음은 어디서부터라도 들어감이 없는 것이다."

○ 釋畢.

경문의 풀이가 끝났다.

朱註

○ 此章, 言人之爲學, 當如是也.

이 장은 사람들이 학문을 함에 마땅히 이와 같아야 함을 말한 것이다.

詳說

○ 汎指.

'인(人 : 사람들)'은 일반 사람을 두루 가리킨다.

○ 雙峰饒氏曰 : "'志道', 如人行路; '據德', 如行路而有宿泊處; '依仁', 又就宿泊處, 成却安居; '游藝', 如居家有時出游. 若游從別处去, 則出乎道 · 德 · 仁之外, 而爲放

80) 호광 편(胡廣 編), 『논어집주대전(論語集註大全)』「술이(述而)」에는 "問 : '道爲義理之總名, 何也?' 曰 : '道, 以人所共由而得名, 若父子之仁 · 君臣之義者, 是也.' 曰 : '德者, 己之所自得, 何也?' 曰 : '若爲父子而得夫仁, 爲君臣而得夫義者, 是也.' 曰 : '其志之據之, 何也?' 曰 : '潛心在是, 而期於必至者, 志也; 旣以得之, 而謹守不失者, 據也.' 曰 : '不違仁者, 奈何?' 曰 : '吾於顔子之事, 旣言之矣. 敢聞六藝之目, 與所以游之之說.' 曰 : '五禮, 吉 · 凶 · 軍 · 賓 · 嘉也; 六樂, 雲門 · 大咸 · 大韶 · 大夏 · 大濩 · 大武也; 五射曰, 白矢 · 参連 · 剡注 · 襄尺 · 井儀也; 五馭, 鳴和鸞 · 逐水曲 · 過君表 · 舞交衢 · 逐禽左也; 六書, 象形 · 會意 · 指事 · 轉注 · 假借 · 諧聲也; 九數, 方田 · 粟米 · 差分 · 少廣 · 商功 · 均輸 · 方程 · 贏不足 · 旁要也. 是其名物度數, 皆有至理存焉, 又皆人所日用而不可無者. 游心於此, 則可以盡乎物理, 周於世用, 而其雍容涵泳之間, 非僻之心, 亦無自而入之矣. 蓋志據依游, 人心之所必有而不能無者也. 道德仁藝, 人心所當志據依游之地, 而不可易者也. 以先後之次言之, 則志道而後德可據; 據德而後仁可依; 依仁而後藝可游. 以踈密之等言之, 則志道者, 未如德之可據; 據德者, 未如仁之可依; 依仁之密乎内, 又未盡乎游藝之周於外也. 詳味聖人此語, 而以身體之, 則其進爲之序, 先後踈密, 皆可循序以進, 而日用之間, 心思動作, 無復毫髮之隙漏矣.'"로 되어 있고, 『예기』「옥조(玉藻)」에서 "非辟之心, 無自入也."라고 하였다.

心矣."[81]

'인지위학, 당여시야(人之爲學, 當如是也 : 학문을 함에 마땅히 이와 같아야 함)'에 대해, 쌍봉 요씨(雙峰饒氏 : 饒魯)[82]가 말하였다. "'지도(志道)'는 사람들이 길을 다니는 것과 같으며, '거덕(據德)'은 길을 다님에 숙박하는 곳이 있는 것과 같으며, '의인(依仁)'은 또 숙박할 곳에 나아가서 문득 편안히 거처함을 이루는 것이며, '유예(游藝)'는 집에 거처하면서 때때로 나가서 노는 것과 같다. 만약 나가 놀면서 다른 곳을 좇아서 간다면 도(道)·덕(德)·인(仁)의 밖으로 벗어나서 방심(放心)이 되는 것이다."

○ 以'爲學'二字, 總四節. 此下又捉一'學'字, 而申論之.

'위학(爲學)' 두 글자로 네 개의 구절을 총괄하였다. 이 아래에서 또 하나의 '학(學)'자를 잡아서 거듭 논변하였다.

朱註

蓋學莫先於立志, 志道則心存於正而不他; 據德則道得於心而不失; 依仁則德性常用而物欲不行; 游藝則小物不遺而動息有養.

대개 학문은 뜻을 세움보다 앞서는 것이 없으니, 도(道)에 뜻을 두면 마음이 바름에 있어 다른 데로 가지 않으며, 덕에 의거하면 도가 마음에 얻어져서 잃지 않으며, 인(仁)에 의지하면 덕성(德性)이 항상 쓰여 물욕이 행해지지 않으며, 육예(六藝)에 놀면 작은 사물도 버리지 않아 움직이고 쉼에 기름이 있을 것이다.

詳說

○ 他適.

'타(他)'는 다른 데로 감이다.

○ 承上'道'字.

'거덕즉도득어심(據德則道得於心 : 덕에 의거하면 도가 마음에 얻어짐)'은 위의 '도

81) 호광 편(胡廣 編), 『논어집주대전(論語集註大全)』「술이(述而)」에는 "雙峯饒氏曰 : '志道, 如人行路; 據德, 如行路而有宿泊處; 依仁, 則又就宿泊處, 漸漸立得家計成, 却安居了; 游藝, 如居家有時出遊也. 須游於藝, 若游從別處去, 則出乎道·德·仁之外, 而爲放心矣.'"로 되어 있다.

82) 요로(饒魯, 1193~1264) : 남송 시대의 학자로 자가 백여(伯輿) 또는 중원(仲元)이고, 호가 쌍봉(雙峰)이며, 시호가 문원(文元)이다. 저서로는 『오경강의(五經講義)』·『어맹기문(語孟紀聞)』·『서명도(西銘圖)』 등이 있다.

(道)'자를 이은 것이다.

○ 承上'德'字.

'의인즉덕성상용(依仁則德性常用 : 인에 의지하면 덕성이 항상 쓰임)'은 위의 '덕(德)'자를 이른 것이다.

○ 常爲吾用.

'덕성상용(德性常用)'은 항상 나의 씀이 되는 것이다.

○ 亦承上'物'字.

'유예즉소물불유(游藝則小物不遺 : 육예에 놀면 작은 사물도 버리지 않음)'는 또한 위의 '물(物)'자를 이른 것이다.

○ 應務有餘.

'소물불유(小物不遺)'사무(事務)에 대응함에 여유가 있는 것이다.

○ 動與息時.

'동식(動息)'은 움직일 때와 쉴 때이다.

○ 心無所放.

'동식유양(動息有養 : 움직이고 쉼에 기름이 있을 것)'은 마음에서 놓은 것이 없음을 말한다.

朱註

學者於此, 有以不失其先後之序 · 輕重之倫焉, 則本末兼該, 內外交養,
배우는 사람들이 여기서 그 먼저하고 뒤에 하는 순서와 가볍고 무거운 차례를 잃지 않으면 근본과 말단이 아울러 갖춰지고 안팎이 서로 길러져,

詳說

○ 至此, 遂爲學者言之, 蓋本文言外之正意.

'학자어차(學者於此)'는 이에 이르러 마침내 배우는 사람들을 위하여 말하였으니, 대개 본문의 말 밖의 올바른 뜻이다.

○ 猶等也.

'경중지륜언(輕重之倫焉)'에서의 '륜(倫)'은 등(等)과 같다.

○ 慶源輔氏曰 : "道 · 德 · 仁 · 藝之序, 志 · 據 · 依 · 游之倫. '先'者'重', '後'者'輕'."83)

83) 호광 편(胡廣 編), 『논어집주대전(論語集註大全)』「술이(述而)」에는 "慶源輔氏曰 : '先後之序,

'불실기선후지서 · 경중지륜언(不失其先後之序 · 輕重之倫焉 : 그 먼저하고 뒤에 하는 순서와 가볍고 무거운 차례를 잃지 않음)'에 대해, 경원 보씨(慶源輔氏 : 輔廣)가 말하였다. "앞뒤의 차례는 도(道) · 덕(德) · 인(仁) · 예(藝)의 차례이고, 가볍고 무거움의 순서는 지(志) · 거(據) · 의(依) · 유(游)의 순서이다. '선(先)'이라는 것은 '중(重)'이고, '후(後)'라는 것은 '경(輕)'이다."

○ 潛室陳氏曰 : "教之六藝, 小學之初事; '游於藝', 成德之餘功."[84]

잠실 진씨(潛室陳氏 : 陳埴)[85]가 말하였다. "육예(六藝)를 가르침은 소학(小學)에서 처음 하는 일이고, '유어예(游於藝)'는 덕을 이루는 나머지 공이다."

○ 朱子曰 : "'志道', 至'依仁', 是從粗入精; '依仁', 至'游藝', 是自本兼末."[86]

謂道 · 德 · 仁 · 藝之序; 輕重之倫, 謂志 · 據 · 依 · 游之倫. 先者重, 後者輕也. 本與內, 謂道 · 德 · 仁; 末與外, 謂藝. 在彼之序, 雖有先後, 在我之倫, 雖有輕重, 而未嘗偏廢, 所謂兼該而交養也. 日用之間, 如是用功, 無少間隙, 涵泳從容於義理事物之間, 則將優游饜飫, 而忽不知其入於聖賢之域矣.'"로 되어 있다.

84) 호병문(胡炳文), 『논어통(論語通)』 권4에는 "永嘉陳氏曰 : '教之六藝, 小學之初事; 游於藝, 成德之餘功. 小學之初, 習其文; 成德之游, 適其意, 生熟滋味逈別.'"로 되어 있다.

85) 진식(陳埴, 생몰년 미상) : 남송 시대의 학자로 자가 기지(器之)이고, 호가 잠실(潛室)이며, 영가(永嘉) 출신이다. 주자의 제자로서 협미도(叶味道)와 함께 목종학파(木鍾學派)를 만들었는데, 이는 『예기』「학기(學記)」의 "질문을 잘하는 사람은 굳은 나무를 다스리는 것과 같으며, 질문에 잘 대하는 사람은 종을 치는 것과 같다.(善問者, 如攻堅木; 善待問者, 如撞鍾.)"고 말한 것에서 취한 말이다. 잠실 진씨(潛室陳氏) 또는 영가 진씨(永嘉陳氏)라고 일컫는다. 저서로는 정주(程朱) 리학(理學) 사상에 관한 문답 형식의 내용을 실은 『목종집(木鍾集)』 등이 있다.

86) 『주자어류(朱子語類)』 권34, 「논어16(論語十六)」, 59조목에는 "問: '自'志於道'到'依於仁', 工夫到這處縝密, 較易些否?' 曰: '似恁地都是難.' 問: '此是顏子不違仁地位否?' 先生問: '如何知得顏子能如此, 它人不能?' 曰: '顏子亞聖之資, 固易爲力. 若它人用工深, 亦須到這處.' 曰: '這處先要就'志於道'上理會. '志於道', 便恁地利, 恁地好. 這須知是箇生死路頭.' 因以手指分作兩邊去, 云: '這一邊是死路, 那一邊去是生路. 這去便善, 那去便惡. 知得此路是了, 只管向此路去, 念念不忘. 處己也在是, 接人也在是, 講論也在是, 思索也在是. 今人把捉不定, 要做這邊去, 又要做那邊去, 一出一入, 或東或西. 以夫子'十五志於學, 三十而立, 四十而不惑, 五十而知天命', 皆是從志學做來著工夫, 須看得聖人'志於學'處是如何. 這處見得定, 後去節節有下工夫處. '據於德'. 德者, 得也, 便是我自得底, 不是徒恁地知得便住了. 若徒知得, 不能得之於己, 似說別人底, 於我何干. 如事親能孝, 便是我得這孝; 事君能忠, 便是我得這忠. 說到德, 便是成就這道, 方有可據處. 但'據於德', 固是有得於心, 是甚次第, 然亦恐怕有走作時節. 其所存主處, 須是'依於仁', 自得於心, 不可得而離矣. 到游藝, 猶言學文, 雖事未甚要緊, 然亦少不得. 須知那箇先, 那箇後, 始得, 亦所以助其存主也.'(물었다. ''도에 뜻을 둠'에서 '인에 의지함'까지는 공부가 이곳에 이르러 촘촘하고 조밀해져야 좀 쉽다는 것입니까?' 주희가 말하였다. '그 비슷한 것은 모두 어렵다.' 물었다. '이것

'본말겸해, 내외교양(本末兼該, 內外交養 : 근본과 말단이 아울러 갖춰지고 안팎이 서로 길러짐)'에 대해, 주자(朱子 : 朱熹)가 말하였다. "'지도(志道)'에서 '의인(依仁)'까지는 거침으로부터 정함에 들어감이며, '의인(依仁)'에서 '유예(游藝)'까지는 근본으로부터 말단을 아우르는 것이다."

○ 慶源輔氏曰 : "本與內, 謂道·德·仁; 末與外, 謂藝. 未嘗偏廢, 所謂兼該交養也."[87]
경원 보씨(慶源輔氏 : 輔廣)가 말하였다. "근본과 안은 도(道)·덕(德)·인(仁)을 이르고, 말단과 밖은 예(藝)를 이른다. 일찍이 치우치거나 없앤 적이 없으니, 이른바 아울러 갖추고 서로 기른다는 것이다."

이 안자가 인을 어기지 않은 지위입니까?' 선생님께서 물으셨다. '어찌하여 안자는 이렇게 할 수 있는 것을 아는데 다른 사람들은 할 수 없느냐?' 말하였다. '안자는 아성의 바탕이 있어서 실로 쉽게 힘을 쓰기가 쉽습니다. 다른 사람도 공부를 깊게 하면 또한 모름지기 이곳에 이르게 됩니다.' 주희가 말하였다. '이곳은 무엇보다 '도에 뜻은 둔다'는 것에 나아가 이해를 하여야 한다. '도에 뜻을 두는 것'은 그렇게 하면 이롭고 그렇게 하면 좋은 것이다. 이는 모름지기 생사(生死)의 길목임을 알아야 한다.' 이어 손가락으로 양쪽으로 나누시면서 말씀하셨다. '이쪽은 죽음의 길이고, 저쪽은 삶의 길이다. 이쪽으로 가면 선해지고, 저쪽으로 가면 악해진다. 이 길이 옳은 것을 알고 이 길로만 가서 생각에 생각을 하여 잊지 말아야 한다. 자신이 처하는 것도 여기에 있고, 남을 만나는 것도 여기에 있으며, 강론도 여기에 있고, 사색도 여기에 있다. 지금 사람들은 꽉 잡지를 못하여 이쪽으로 해나가려다 또 저쪽으로 해나가려 하여 나갔다 들어갔다, 동쪽으로 갔다가 서쪽으로 갔다가 한다. 공자의 '열 다섯 살에 학문에 뜻을 두고, 서른 살에 섰으며, 마흔 살에 미혹됨이 없었고, 쉰 살에 천명을 알았다'는 것은 모두 학문에 뜻을 둔 것으로부터 공부해 온 것으로 모름지기 성인이 '학문에 뜻을 두는' 곳이 어떠한가를 보아야 한다. 이곳은 흔들리지 않게 보게 된 후에는 가는 곳마다 공부를 하는 곳이 있다. '덕을 굳게 지킨다'의 덕이라는 것은 얻는 일로, 곧 내 스스로 터득한 것이며, 한갓 그렇게 안주하는 것을 알게 되는 것이 아니다. 한갓 알기만 하고 자신에게서 터득할 수 없으며 다른 사람의 것이라고 말하려는 것이 나와 무슨 상관이 있겠는가. 이를테면 어버이를 섬김에 효성을 할 수 있는 것은 곧 내가 이 효성을 터득한 것이고, 임금을 섬김에 곧 내가 이 충성을 터득한 것이다. 덕에 이르러서는 곧 이 도를 성취해야만 바야흐로 굳게 지킬 만한 것이 있다. 다만 '덕을 굳게 지킴'은 실제로 마음에서 터득함이 있으니 무슨 차례가 있겠는가만 또한 해나가는 시절이 있을 것이다. 그 주된 것을 간직하는 곳은 모름지기 '인에 의지해야' 마음에서 저절로 얻어져 떨어질 수가 없게 된다. 예에서 노닌다는 것은 학문과 같은 말이며 비록 그리 요긴하지 않은 일을 하는 것이지만 조금도 터득하지 못하였다. 모름지기 어떤 것이 먼저이고 어떤 것이 뒤인가를 알아야 비로소 터득하며, 또한 그 주된 것을 보존하는데 도움이 되는 까닭이다.')"라고 되어 있다.

87) 호광 편(胡廣 編), 『논어집주대전(論語集註大全)』「술이(述而)」에는 "慶源輔氏曰 : '先後之序, 謂道·德·仁·藝之序; 輕重之倫, 謂志·據·依·游之倫. 先者重, 後者輕也. 本與內, 謂道·德·仁; 末與外, 謂藝. 在彼之序, 雖有先後, 在我之倫, 雖有輕重, 而未嘗偏廢, 所謂兼該而交養也."로 되어 있다.

朱註

日用之間, 無少間隙而涵泳從容, 忽不自知其入於聖賢之域矣.

날마다 쓰는 사이에 조금의 틈이나 끊어짐 도 없으며, 함영(涵泳)하고 종용(從容)하여 홀연히 그 성현(聖賢)의 영역에 들어감을 스스로 알지 못할 것이다.

詳說

○ 去聲.

'소간(少間 : 조금의 간단)'에서 '간(間)'자는 거성(去聲 : 틈)이다.

○ 七容反.

'무소간극이함영종용(無少間隙而涵泳從容)'에서 '종(從)'은 '칠(七)'과 '용(容)'의 반절(反切)이다.

○ 慶源輔氏曰 : "優游饜飫於義理事物之間."[88]

'함영종용(涵泳從容 : 함영하고 종용함)'에 대해, 경원 보씨(慶源輔氏 : 輔廣)가 말하였다. "의리와 사물의 사이에서 편안하고 만족하는 것이다."

○ '自'·'其', 皆指學者.

'홀부자지기입어성현지역의(忽不自知其入於聖賢之域矣 : 홀연히 그 성현의 영역에 들어감을 스스로 알지 못할 것이다)'에서 '자(自)'와 '기(其)'는 모두 배우는 사람들을 가리키는 것이다.

○ 此語, 使人歆動學聖之心, 油然自生, 亦可謂善誘矣.

이 말은 사람들에서 기쁘게 마음을 움직여서 성현을 배우려는 마음이 줄줄이 자연스럽게 생기도록 하니, 또한 잘 이끌어주는 것이라고 이를 만하다.

88) 호광 편(胡廣 編), 『논어집주대전(論語集註大全)』「술이(述而)」에는 "慶源輔氏曰 : '在彼之序, 雖有先後, 在我之倫, 雖有輕重, 而未嘗偏廢, 所謂兼該而交養也. 日用之間, 如是用功, 無少間隙, 涵泳從容於義理事物之間, 則將優游饜飫, 而忽不知其入於聖賢之域矣.'"로 되어 있다.

[7-7-1]

子曰："自行束脩以上，吾未嘗無誨焉."
공자가 말하였다. "스스로 육포 한 묶음으로써 올리는 예(禮)을 행한 사람은 내가 일찍이 가르침이 없지 않았다."

詳說

○ '上'，上聲.89)
'자행속수이상(自行束脩以上)'에서의 '상(上)'자는 상성(上聲 : 올리다)이다.

朱註

'脩'，脯也. 十脡爲'束'. 古者相見，必執贄以爲禮，'束脩'，其至薄者.
'수(脩)'는 육포이다. 열 개의 포가 속(束)이 된다. 옛날에 서로 만남에 반드시 예물(禮物)을 가지고 가는 것을 예(禮)로 여겼다. '속수(束脩)'는 그 예물이 지극히 적은 것이다.90)

詳說

○ '脡'，音梃，脯也.
'십정위속(十脡爲'束')'에서 '정(脡)'자는 음이 정(梃)이니, 육포이다.

○『禮記』「曲禮」曰："凡贄，天子鬯，諸侯圭，卿羔，大夫鴈，士雉，庶人鶩，婦人椇·榛·脯·脩·棗·栗."91)

---

89)『논어집주(論語集註)』나『논어집주대전』에는 없는 내용이다.

90) 그 예물이 지극히 적은 것이다 :『주자어류(朱子語類)』권34,「논어16(論語十六)」, 67조목에는 "옛 사람들은 빈손으로는 굳이 서로 만나보지 않았다. 한 속의 포(脯)는 지극히 가치가 낮은 것이며, 흑양과 기러기는 비교적 가치가 낮은 것이었다. 진종 때 경연을 하다가 이곳에 이르면 '성인이 사람을 가르칠 때도 돈을 원했구나.'라고 하였다.'(古人空手硬不相見. 束脩是至不直錢底，羔雁是較直錢底. 眞宗時，講筵說至此，云: '聖人教人也要錢.')"라고 하였다.

91)『예기』「곡례하(曲禮下)」. "凡摯，天子鬯，諸侯圭，卿羔，大夫鴈，士雉. 庶人之摯，匹，…… 婦人之摯，椇·榛·脯·脩·棗·栗."; 박문호(朴文鎬)의 상설에서 '贄'와 '鶩'으로 표기한 것과 차이가 있다. '집지(執贄)'는 본래 '집지(執摯)'를 말하니, 옛날 예제(禮制)에 사람을 만날 때 가지고 가서 예물로서 '집(執)'은 지(持), '지(摯)'는 가지고 가는 예물(禮物)이다.『예기』「단궁상(檀弓上)」에서는 "魯人有周豐也者，哀公執摯請見之."라고 하였으며,『의례』「사상견례(士相見禮)」에

'집지이위례(執贄以爲禮 : 예물을 가지고 가는 것을 예로 여겼다)'에 대해, 『예기』「곡례(曲禮)」에서 말하였다. "무릇 예물은 천자는 울창주이고, 제후는 규옥(圭玉)이고, 경(卿)은 새끼 양이고, 대부는 기러기이고, 벼슬아치는 꿩이며, 일반 백성은 오리이고, 부인들은 석리(石李) · 개암 · 말린 육포 · 양념 육포 · 대추 · 밤이다."

○ 贄之.

'기지박자(其至薄者 : 그 예물이 지극히 적은 것이다)'에서 '기(其)'는 예물을 가지고 가는 것이다.

○ 胡氏曰 : "以「檀弓」·「少儀」·『穀梁傳』, 則不但婦人用脯 · 脩. 然此羔 · 鴈, 爲薄."[92]

'기지박자(其至薄者 : 그 예물이 지극히 적은 것이다)'에 대해, 호씨(胡氏 : 胡泳)가 말하였다. "「단궁(檀弓)」이나 「소의(少儀)」나 『춘추곡량전(春秋穀梁傳)』으로써 보면, 다만 부인들이 말린 육포나 양념 육포를 쓸 뿐만은 아니다. 그러나 이 새끼 양이나 기러기는 적은 것이 된다."

○ 邢氏曰 : "厚則有玉帛之類, 故云'以上', 以包之."[93]

형씨(邢氏 : 邢昺)[94]가 말하였다. "후하면 구슬과 비단의 따위가 있기 때문에 '이상(以上)'이라고 하였으니, 그것들을 포함하는 것이다."

○ 脩已薄而止於一束. 故云'束薄'. '行束脩', 言'行束脩'之禮.

육포가 이미 적고 한 묶음에 그친 것이다. 그러므로 '속박(束薄)'이라고 하였다. '행속수(行束脩)'는 육포 한 묶음을 행하는 예(禮)를 말한다.

○ 訓畢.

훈고가 끝났다.

서는 "士相見之禮, 摯; 冬用雉, 夏用腒."라고 하였다.

92) 호광 편(胡廣 編), 『논어집주대전(論語集註大全)』「술이(述而)」에는 "胡氏曰 : '在禮, 無以束脩爲贄, 惟『記』「檀弓」曰 : 束脩之問不出境, 「少儀」曰 : 其以乘壺酒 · 束脩 · 一犬. 『穀梁傳』曰: 束脩之問不行境中, 則是亦有以此爲禮, 不但婦人用脯脩爲贄也. 然比羔鴈爲薄, 故曰至薄.'"으로 되어 있다.

93) 호광 편(胡廣 編), 『논어집주대전(論語集註大全)』「술이(述而)」에는 "邢氏曰此禮之薄者厚則有玉帛之類故云以上以包之"라고 되어 있다.

94) 형병(邢昺, 932~1010) : 북송 시대의 학자로 자가 숙명(叔明)이고, 조주(曹州) 제음(濟陰) 사람이다. 국자감 박사와 예부상서(禮部尙書) 등을 지냈다. 저서로는 『논어주소(論語注疏)』 · 『이아주소(爾雅注疏)』(郭璞注) · 『효경주소(孝經注疏)』 등이 있다.

朱註

蓋人之有生, 同具此理. 故聖人之於人, 無不欲其入於善,
대개 사람이 삶을 둠에 똑같이 이 이치를 갖춘다. 그러므로 성인이 사람들에게 선에 들어가기를 바라지 않음이 없지만,

詳說

○ 性善之理.
'차리(此理)'는 성선(性善)의 이치이다.

○ 汎指.
'성인지어인(聖人之於人 : 성인이 사람들에게)'은 일반 사람을 두루 가리키는 것이다.

○ 胡氏曰 : "反惡而之善."95)
'무불욕기입어선(無不欲其入於善 : 선에 들어가기를 바라지 않음이 없음)'에 대해, 호씨(胡氏 : 胡泳)가 말하였다. "악함을 되돌려서 선으로 가게 함이다."

○ 復初.
'무불욕기입어선(無不欲其入於善 : 선에 들어가기를 바라지 않음이 없음)'은 처음으로 돌아감이다.

○ 先論聖人好教之心.
먼저 성인이 가르치기를 좋아하는 마음을 논변한 것이다.

朱註

但不知來學則無往教之禮.
다만 와서 배움을 알지 못하면 가서 가르치는 예(禮)는 없는 것이다.

詳說

○ 人不知.
'단부지(但不知)'는 사람들이 알지 못하는 것이다.

---

95) 호광 편(胡廣 編), 『논어집주대전(論語集註大全)』「술이(述而)」에는 "胡氏曰 : '人之有生, 同具此理, 雖以氣稟物欲之累而趨於惡, 然皆可反而之善. 聖人仁天下之心, 曷嘗不欲啓其爲善之塗哉? 惟自暴自棄, 在聖人亦無如之何, 故有不往教之禮. 執贄而来, 禮雖至薄. 意則可取, 故未嘗不教之也.'"로 되어 있다.

○ 我無.

'부지래학즉무(不知來學則無)'에서의 '무(無)'는 나에게 없음이다.

○ 見『禮記』「曲禮」.

'부지래학즉무왕교지례(不知來學則無往教之禮 : 와서 배움을 알지 못하면 가서 가르치는 예는 없는 것이다)'는 『예기』「곡례(曲禮)」에 보인다.[96]

○ 次論聖人難教之義, 此下乃釋本文.

다음으로 성인이 가르치기 어려운 뜻을 논변한 것이니, 이 아래는 바로 경문을 뜻풀이한 것이다.

朱註

故苟以禮來, 則無不有以教之也.

그러므로 진실로 예물로써 찾아오면 가르침을 두지 않음이 없었던 것이다.

詳說

○ 贄.

'구이례(苟以禮)'는 예물(禮物)이다.

○ 教之如何? 道·德·仁·藝, 是也, 蓋承上章而記之.

'무불유이교지야(無不有以教之也 : 가르침을 두지 않음이 없었던 것이다)'에서 가르친 것이 무엇인가? 도(道)·덕(德)·인(仁)·예(藝)가 이것이니, 대개 윗장을 이어서 기록한 것이다.

○ 釋畢.

경문의 풀이가 끝났다.

---

96) 『예기』「곡례(曲禮)」에 보인다 : 『예기』「곡례상(曲禮上)」에서 "禮聞來學, 不聞往教."라고 하였다.

[7-8-1]

子曰："不憤, 不啓; 不悱, 不發, 擧一隅, 不以三隅反, 則不復也."
공자가 말하였다. "괴로워하지 않거든 열어주지 않으며, 애태우지 않거든 말해주지 아니하되, 한 모퉁이를 듦에 세 모퉁이로써 돌이키지 못하거든 다시 알려주지 않는 것이다."

詳說

○ '憤', 芳粉反. '悱', 芳匪反. '復', 扶又反.[97]
'불분(不憤)'에서 '분(憤)'은 '방(芳)'과 '분(粉)'의 반절(反切)이다. '불비(不悱)'에서 '비(悱)'는 '방(芳)'과 비(匪)의 반절(反切)이다. '즉불부야(則不復也)'에서 '부(復)'는 '부(扶)'와 '우(又)'의 반절(反切)이다.

朱註

'憤'者, 心求通而未得之意. '悱'者, 口欲言而未能之貌. '啓', 謂開其意. '發', 謂達其辭.
'분(憤 : 괴로움)'이라는 것은 마음으로 통함을 구하나 얻지 못하는 뜻이다. '비(悱 : 애태움)'라는 것은 입으로 말하고자 하는데 능하지 못하는 모양이다. '계(啓)'는 그 뜻을 열어줌을 이른다. '발(發)'은 그 말에 통달하게 함이다.

詳說

○ 朱子曰："學者, 至'憤'·'悱'時, 其心已略略通曉."[98]
주자(朱子 : 朱熹)가 말하였다. "배우는 사람들이 '괴로움'과 '애태움'에 이를 때 그 마음이 이미 아주 조금씩 환하게 깨달아서 알게 되는 것이다."[99]

---

97) 호광 편(胡廣 編), 『논어집주대전(論語集註大全)』「술이(述而)」. 『논어주소(論語注疏)』「음의(音義)」에는 "憤, 房粉反. 悱, 芳匪反."이라고 하였다.

98) 호광 편(胡廣 編), 『논어집주대전(論語集註大全)』「술이(述而)」에는 "朱子曰 : '悱, 非全不曉也, 曉得三五分, 只是說不出. 學者至憤悱時, 其心已畧畧通曉. 但心已喻而未甚信, 口欲言而未能達. 故聖人於此啓發之, 擧一隅, 其三隅須是學者自去理會. 擧一隅而不能以三隅反, 是不能自用力者, 夫子所以不再擧也.'"로 되어 있다.

99) 배우는 사람들이 '괴로움'과 '애태움'에 이를 때 …… 알게 되는 것이다 : 『주자어류(朱子語類)』

○ 慶源輔氏曰 : "鬱滯之意, 屈抑之貌."100)

경원 보씨(慶源輔氏 : 輔廣)가 말하였다. "막혀서 괴로워하는 뜻이고, 굽히고 억눌리는 모습이다."

○ 雙峰饒氏曰 : "如啓戶略開之, 如弩之張而爲之, 發其機."101)

'계, 위개기의. 발, 위달기사(啓, 謂開其意. 發, 謂達其辭 : 계는 그 뜻을 열어줌을 이른다. 발은 그 말에 통하게 함이다)'에 대해, 쌍봉 요씨(雙峰饒氏 : 饒魯)가 말하였다. "'계(啓)'는 문을 여는데 조금 여는 것과 같고, '발(發)'은 쇠뇌를 베풀어 놓고 그 발사대[弩牙]에서 쏘는 것과 같다."

○ 以上, 以類錯擧, 而訓其上一半; 此下, 又順本文, 訓其下一半.

이 위는 같은 무리로써 말을 섞어 그 위의 절반을 새긴 것이고, 이 아래는 경문을 좇아서 그 아래 절반을 새긴 것이다.

朱註

物之有四隅者, 擧一, 可知其三. '反'者, 還以相證之義. '復', 再告也.

사물의 네 모퉁이가 있는 것을 한 모퉁이를 듦에 그 세 모퉁이를 알 수 있다. '반(反)'이라는 것은 돌이켜서 서로 증명하는 뜻이다. '부(復)'는 다시 말해줌이다.102)

권34, 「논어16(論語十六)」, 69조목에는 "배우는 사람들이 '괴로움'과 '애태움'에 이를 때 그 마음이 이미 아주 조금씩 통하여 흐른다. 그러나 마음은 이미 깨달았으나 아주 믿지 못하고, 입은 말하고자 하나 이를 수가 없으므로, 성인께서 여기에서 열어서 말씀해 주신 것이다. 한 귀퉁이를 들어주면 그 나머지 세 귀퉁이는 모름지기 배우는 사람들이 스스로 이해해야 한다. 한 모퉁이를 들어주었는데도 이를 가지고 세 모퉁이를 반증하지 못하는 것은 스스로 그 힘을 쓸 수 없는 사람이므로 공자가 다시 들지 않은 까닭이다.(學者至憤悱時, 其心已略略通流. 但心已喻而未甚信, 口欲言而未能達, 故聖人 於此啓發之. 擧一隅, 其餘三隅須是學者自去理會. 擧一隅而不能以三隅反, 是不能自用其力者, 孔　子所以不再擧也.)"라고 하였다.

100) 호광 편(胡廣 編), 『논어집주대전(論語集註大全)』「술이(述而)」에는 "慶源輔氏曰 : '心求通而未得通, 則其意憤然而不能自已. 憤, 有鬱滯之意. 口欲言而未能言, 則其貌悱然而不能自伸. 悱者, 屈抑之貌.'"로 되어 있다.

101) 호광 편(胡廣 編), 『논어집주대전(論語集註大全)』「술이(述而)」에는 "雙峯饒氏曰: '啓, 如啓户, 畧開之也. 發, 如弩之張而爲之, 發其機.'"로 되어 있다.

102) 『주자어류(朱子語類)』 권34, 「논어16(論語十六)」, 72조목에는 "무릇 사물에는 네 귀퉁이가 있는데, 한 모퉁이를 들면 세 모퉁이의 이치는 추정을 할 수 있다. 세 모퉁이를 가지고 반증할 수 없다면 이 한 모퉁이에도 반드시 이해 못할 것이 있게 될 것이다.(凡物有四隅, 擧一隅, 則其三隅之理可推. 若不能以三隅反, 則於這一隅, 亦恐未必理會得在.)"라고 하였고, 73조목에서

詳說

○ 猶告也.

'거일(擧一)'에서 '거(擧)'는 고(告)와 같다.

○ 推一知三.

'환이상증지의(還以相證之義 : 돌이켜서 서로 증명하는 뜻이다)'는 하나를 미루어서 셋을 아는 것이다.

○ 添'告'字, 蓋本文蒙上'擧'字而省之耳.

'재고야(再告也)'는 '고(告)'자를 더하였으니, 대개 경문에서 위의 '거(擧)'자를 이어서 생략했을 뿐이다.

○ 訓兼釋.

훈고에 경문의 풀이를 겸하였다.

○ 此下, 又承上章, 論其言外正意.

이 아래에서는 또 위의 장을 이어서 그 말 밖의 진정한 뜻을 논의하였다.

朱註

上章, 已言聖人'誨人不倦'之意, 因幷記此, 欲學者勉於用力, 以爲受敎之地也.

위의 장에서 이미 성인의 '회인불권(誨人不倦 : 사람을 가르침에 게을리 않음)'[103]의 뜻을 말하였는데, 이로 인해 아울러 이를 기록한 것이니, 배우는 사람들이 힘을 쓸 데 힘써서 가르침을 받을 여지를 만들도록 한 것이다.

詳說

○ 去聲.

'인병기차(因幷記此)'에서의 '병(幷)'자는 거성(去聲 : 아우르다)이다.

○ '憤'·'悱', 以隅反.

'면어용력(勉於用力 : 힘을 쓸 데 힘써서)'에서 볼 때, '분(憤)'과 '비(悱)'는 모퉁이

는 "'한 모퉁이를 들어 세 모퉁이로 반증한다는 것은 다만 일러주면 알게 되는 것입니까?'라고 묻자, 주희가 '다만 그렇다. 무릇 모난 것은 하나의 사물에 모두 네 모퉁이가 있다.'('擧一隅以三隅反, 只是告往知來否?' 曰: '只是. 凡方者, 一物皆有四隅.')"라고 하였다.

103) 회인불권(誨人不倦 : 사람을 가르침에 게을리 않음) : 『논어(論語)』「술이(述而)」에서 "子曰 : '默而識之, 學而不厭, 誨人不倦, 何有於我哉!'"라고 하였다.

로써 반증한 것이다.

○ 新安陳氏曰："聖人固不倦於教, 亦不輕於教, 學者, 無受教之地, 教之必不入."[104]
'이위수교지지야(以爲受教之地也)'에 대해, 신안 진씨(新安陳氏 : 陳櫟)가 말하였다. "성인이 진실로 가르침에 게으르지 않고, 또한 가르침을 가벼이 여기지 않았으니, 배우는 사람들이 가르침을 받을 여지가 없으면 가르쳐도 반드시 들어가지 못하는 것이다."

○ 此受教者, 蓋通上下而言.
이 가르침을 받는 사람은 대개 위와 아래를 통틀어서 말한 것이다.

朱註

○ 程子曰："'憤'·'悱', 誠意之見於色·辭者也, 待其誠至而後告之, 旣告之, 又必待其自得, 乃復告爾."[105]
정자(程子 : 程頤)가 말하였다. "'분(憤 : 괴로움)'과 '비(悱 : 애태움)'는 성의가 얼굴빛과 말에 드러나는 것이니, 성의가 지극한 뒤를 기다려서 말해 주고, 이미 말해 주었으면 또 반드시 그 스스로 터득하기를 기다려서 이에 다시 말해 줄 뿐이다."

詳說

○ 叔子.
'정자왈(程子曰)'에서 '정자(程子)'는 동생 정이(程頤)이다.

○ 誠至之意.
'성의(誠意)'는 성의가 지극한 뜻이다.

○ 音現.
'성의지현어색(誠意之見於色)'에서의 '현(見)'자는 음이 현(現)이다.

---

104) 호광 편(胡廣 編), 『논어집주대전(論語集註大全)』「술이(述而)」.

105) 『주자어류(朱子語類)』 권34, 「논어16(論語十六)」, 71조목에는 "'비(悱)는 완전히 깨닫지 못하는 것이 아니라 3~5할은 깨닫는데 다만 말해내지 못하는 것이다.' 물었다. '이천이 이르기를 '반드시 성의가 지극하기를 기다린 뒤에 일러준다.'라 하였습니다.' 주희가 말하였다. '분비는 곧 성의가 이르는 것이며, 분비하지 않으면 성의는 이르지 않는다.'('悱, 非是全不曉底, 也曉得三五分, 只是說不出.' 問: '伊川謂: '必待誠至而後告之.'' 曰: '憤悱, 便是誠意到 ; 不憤悱, 便是誠不到.')"라고 하였다.

○ 一作'意'.

'대기성지(待其誠至)'의 '지(至)'는 어떤 판본에는 '의(意)'로 썼다.

○ '啓'·'發', 皆告也.

'고지(告之)'의 경우 '계(啓)'와 '발(發)'은 모두 말해줌이다.

朱註

旣告之, 又必待其自得, 乃復告爾."

이미 말해 주었으면 또 반드시 그 스스로 터득하기를 기다려서 이에 다시 말해 줄 뿐이다."

詳說

○ 三字, 釋'擧一隅'. 然則本文'擧'字, 所以總上'啓'·'發'二字者也.

'기고지(旣告之 : 이미 말해줌)'의 세 글자는 '거일우(擧一隅)'를 풀이한 것이다. 그렇다면 본문의 '거(擧)'자는 위의 '계(啓)'와 '발(發)' 두 글자를 총괄하는 것이다.

○ 『大全』曰 : "以三隅反."106)

'필대기자득(必待其自得 : 반드시 그 스스로 터득하기를 기다림)'에 대해, 『논어집주대전』에서 말하였다. "세 모퉁이로 반증하는 것이다."

○ 著'旣'·'又'二字, 以連屬上下文義.

'기(旣)'와 '우(又)'의 두 글자를 드러내서 위와 아래의 문장의 뜻을 이은 것이다.

○ 新安陳氏曰 : "朱子作兩節說, 程子只作一串說."107)

'내부고이(乃復告爾)'에 대해, 신안 진씨(新安陳氏 : 陳櫟)가 말하였다. "주자(朱子)는 두 구절의 변설을 지었고, 정자(程子)는 다만 한 꿰미의 변설을 지었다."

○ 『集註』字訓處, 雖分上下節, 亦未見其釋. 作兩節義, 蓋以圈下備矣, 故略之也.

『논어집주(論語集註)』의 글자를 새긴 곳이 비록 위와 아래의 문절로 나누어졌으나, 또한 그 경문의 뜻풀이를 보이지 않았다. 두 구절을 지은 뜻은 대개 동그라미(○ : 圈)아래에 갖추었기 때문에 생략한 것이다.

---

106) 호광 편(胡廣 編), 『논어집주대전(論語集註大全)』「술이(述而)」.

107) 호광 편(胡廣 編), 『논어집주대전(論語集註大全)』「술이(述而)」에는 "新安陳氏曰 : '不憤悱, 則不啓發; 不以三隅反, 則不復. 朱子作兩節對說, 程子只作一串說.'"로 되어 있다.

朱註

又曰 : "不待'憤'·'悱'而發, 則知之不能堅固; 待其'憤'·'悱'而後發, 則沛然矣."
또 말하였다. "'분(憤 : 괴로움)'과 '비(悱 : 애태움)'를 기다리지 않고 말을 꺼내면 앎이 견고할 수 없으며, '분(憤)'과 '비(悱)'를 기다린 뒤에 말을 꺼내면 성대하게 될 것이다."108)

詳說

◯ '又', 叔子, 『精義』作'伯子'.109)
우왈(又曰)의 주체는 동생 정이(程頤)인데, 주희(朱熹)『논어정의(論語正義)』에는 형 정호(程顥)로 되어 있다.

◯ 猶言深實.
'견고(堅固)'는 깊어 알차다라고 말함과 같다.

◯ 朱子曰 : "此正所謂時雨之化."110)
'패연의(沛然矣)'에 대해, 주자(朱子 : 朱熹)가 말하였다. "이는 바로 이른바 때를 맞춰 오는 비의 조화이다."

◯ 慶源輔氏曰 : "猶決水之壅遏."111)

---

108) 『주자어류(朱子語類)』 권34, 「논어16(論語十六)」, 74조목에는 "或問: '程子曰: '待憤悱而後發, 則沛然矣.' 如何是沛然底意思?' 曰: '此正所謂時雨之化. 譬如種植之物, 人力隨分已加, 但正當那時節欲發生未發生之際, 卻欠了些子雨. 忽然得這些子雨來, 生意豈可禦也!'(어떤 이가 물었다. '정자는 ''분(憤 : 괴로움)'과 '비(悱 : 애태움)'를 기다린 뒤에 말을 꺼내면 성대하게 될 것이다.'라 하였습니다. 어떤 것이 성대하게 되는 의미입니까?' 주희가 말하였다. '이것이 바로 이른바 때에 맞춰 내린 비의 변화이다. 비유컨대 식물을 심을 때 사람의 힘은 분수에 따라 더하여 졌지만, 딱 그 시절을 당하여 발생하고 발생하지 않으려는 즈음에 오히려 약간의 비가 부족하다. 홀연히 이 약간의 비가 오게 되면 살려는 뜻을 어찌 막을 수 있겠는가!)"라고 하였다.

109) 주희(朱熹), 『논어정의』 권4 상의 내용은 다음과 같다. "明道曰 : '孔子教人, 不憤不啓, 不悱不發, 蓋不待憤悱而發, 則知之不能堅固; 待憤悱而後發, 則沛然矣. 學者, 深思之, 思而不得然後, 爲他說便好, 若初學, 却須且爲他說, 不然, 非獨他不曉, 恐止人好問之心.'"

110) 호광 편(胡廣 編), 『논어집주대전(論語集註大全)』「술이(述而)」에는 "問 : '程子云: 待憤悱而後發, 則沛然矣, 如何有沛然底意思?' 朱子曰 : '此正所謂時雨之化, 譬如種植之物, 人力隨分已加. 但正當那時節, 欲發生未發生之際, 却欠了些子雨, 忽然得這些子雨来, 生意豈可禦也?'"로 되어 있다.

111) 호광 편(胡廣 編), 『논어집주대전(論語集註大全)』「술이(述而)」에는 "慶源輔氏曰 : '不待憤悱而發, 是强聒之耳, 必待憤悱而發, 則猶水之流壅遏, 於此有以決之, 則沛然而往, 莫能禦矣.'"로 되어 있다.

경원 보씨(慶源輔氏 : 輔廣)가 말하였다. "물이 막힌 것이 터짐과 같다."

◯ **出『孟子』, 或以雨言; 或以水言.**

'패연(沛然)'은 『맹자(孟子)』에 나오는데, 때로는 비로써 말하였고, 때로는 물로써 말하였다.[112]

---

112) 『맹자(孟子)』에 나오는데, 때로는 비로써 말하였고, 때로는 물로써 말하였다 : 『맹자(孟子)』「양혜왕상(梁惠王上)」에서 "王知夫苗乎? 七八月之間, 旱則苗槁矣, 天油然作雲, 沛然下雨, 則苗浡然興之矣. 其如是, 孰能禦之? 今夫天下之人牧, 未有不嗜殺人者也. 如有不嗜殺人者, 則天下之民, 皆引領而望之矣. 誠如是也, 民歸之, 由水之就下沛然, 孰能禦之?"라고 하였고, 「이루상(離婁上)」에서 "孟子曰 : '爲政不難, 不得罪於巨室. 巨室之所慕, 一國慕之; 一國所慕, 天下慕之, 故沛然德敎, 溢乎四海.'"라고 하였으며 「진심상(盡心上)」에서 "孟子曰 : '舜之居深山之中, 與木石居, 與鹿豕遊, 其所以異於深山之野人者幾希, 及其聞一善言, 見一善行, 若決江河, 沛然莫之能禦也.'"라고 하였다.

[7-9-1]

子食於有喪者之側, 未嘗飽也.
공자가 상사(喪事) 있는 사람 곁에서 먹음에 일찍이 배부르게 하지 않았다.

詳說

○ 厚齋馮氏曰: "「檀弓」[113]記此, 蓋古禮然也."[114]
후재 풍씨(厚齋馮氏: 馮椅)[115]가 말하였다. "『예기』「단궁(檀弓)」에 이것을 기록하였으니, 대개 옛날의 예의가 그러하였다."

○ 如所云'凶服者, 齊衰者耳'.
'유상자(有喪者)'라고 한 구절은 이른바 '흉복(凶服: 상복)이라는 것은 자최(齊衰)라는 것뿐이다.'라고 하는 말과 같다.

朱註

臨喪哀, 不能甘也.
상사(喪事)에 임함에 슬퍼서 맛있게 먹을 수 없는 것이다.[116]

---

113) 『예기』「단궁상(檀弓上)」. "食於有喪者之側, 未嘗飽也."

114) 호광 편(胡廣 編), 『논어집주대전(論語集註大全)』「술이(述而)」에는 "厚齋馮氏曰: '「檀弓」記此, 蓋古禮然也. 是書所記禮儀, 多合禮經, 當世不行, 而夫子擧行之. 故門人以爲記耳.'"로 되어 있다.

115) 풍의(馮椅, 생몰년 미상): 남송 시대의 학자로 자가 의지(儀之)·기지(奇之)이고, 호가 후재(厚齋)이며, 남가도창(南康都昌) 사람이다. 주희(朱熹)에게 학문을 배웠으며, 저서로는 『논어해(論語解)』 외에 『주역(周易)』·『시경(詩經)』·『서경(書經)』·『맹자(孟子)』·『태극도설』·『서명』의 집설(輯說)이 있고, 『공문제자전(孔門弟子傳)』 등이 있다.

116) 『주자어류(朱子語類)』 권 34, 76조목에는 "물었다. '상사가 있는 사람의 곁에서 드실 때는 배불리 드신 적이 없었다는 것은 또한 그 슬픔이 극에 달해 충분히 사람의 마음을 감동시켜 스스로 배불리 드실 수 없었던 것이겠군요?' 주희가 말하였다. '슬프다는 것은 죽은 사람을 슬퍼한 것으로 산 사람의 일과는 상관이 없다. 이른바 '죽은 자를 위해 곡하여 슬퍼함은 산 사람을 위해서가 아니다'라는 것이다. 상가에서 매우 슬퍼하면 또한 사람을 더욱 슬프게 할 따름이다. 상가의 사람이 모두 죽은 사람을 생각하지 않아, 보아도 없는 듯 하면 도리어 그 때문에 사람을 슬프게 할 것이다.!'(問: '食於有喪之側而未嘗飽, 亦以其哀傷之極, 足以感動人心, 自不能飽也.' 曰: '哀, 是哀死者, 不干生人事. 所謂'哭死而哀, 非爲生者也'. 若喪家極哀, 又能使人愈哀耳. 又有喪家人全不以死者爲念, 視之若無, 反使人爲之悲哀者!')"라고 하였고, 77조목에는 "'공자

詳說

○ 見「子張」.

'임상애(臨喪哀)'는 『논어(論語)』「자장(子張)」에 보인다.117)

○ 朱子曰 : "有食, 不下咽之意."118)

'불능감야(不能甘也 : 맛있게 먹을 수 없는 것이다)'에 대해, 주자(朱子 : 朱熹)가 말하였다. "음식이 있음에 넘기고 삼키지 못하는 뜻이다."

○ 上下註, 皆用'不能'字, 可見其自然而然也.

위와 아래의 주석에서 모두 '불능(不能)'자를 썼으니, 그 자연스럽게 그러함을 볼 수 있는 것이다.

○ 有釋無訓.

경문의 풀이는 있으나, 훈고는 없다.

[7-9-2]

子於是日, 哭則不歌.
공자가 이날에 조곡(弔哭)하면 노래하지 않았다.

詳說

○ 二節, 皆記弔禮, 然食與哭, 各是一事. 故又用'子'字.

두 구절이 모두 조상(弔喪)하는 예의를 기록하였으나 식사와 조곡(弔哭)이 각각

가 상사(喪事) 있는 사람 곁에서 먹음에 일찍이 배부르게 하지 않았다.'라는 말은 먹을 것이 있어도 삼키지를 못했다는 뜻이다.'('子食於有喪之側, 未嘗飽也.' 有食不下咽之意.')"라고 하였다.

117) 『논어(論語)』「자장(子張)」에 보인다 : 『논어(論語)』「자장(子張)」에 "子張曰 : '士, 見危致命, 見得思義, 祭思敬, 喪思哀, 其可已矣.'"라고 하였다. 『논어(論語)』「팔일(八佾)」에는 "子曰 : '居上不寬, 爲禮不敬, 臨喪不哀, 吾何以觀之哉?'"라고 되어 있고 그 주석에는 "爲禮, 以敬爲本; 臨喪, 以哀爲本."이라고 하였다.

118) 호광 편(胡廣 編), 『논어집주대전(論語集註大全)』「술이(述而)」에는 "朱子曰 : '未嘗飽, 有食不下咽之意.'"로 되어 있다.

하나의 일이기 때문에 또 '자(子 : 공자)'자를 썼다.

○ 哭之日, 非食之日.

'시일(是日 : 이날)'은 조곡(弔哭)하는 날이고, 식사하는 날이 아니다.

朱註

'哭', 謂弔哭. 一日之內, 餘哀未忘, 自不能歌也.

'곡(哭)'은 조곡(弔哭)함을 이른다. 하루 안에 남은 슬픔이 잊히지 않아서 자연스럽게 노래할 수 없는 것이다.[119)]

詳說

○ 訓.

'곡, 위조곡(哭, 謂弔哭)'은 훈고이다.

○ 釋是日.

'일일지내(一日之內 : 하루 안)'는 이날을 풀이한 것이다.

○ 自然.

'자(自)'는 자연스럽게이다.

○ 釋畢.

경문의 풀이가 끝났다.

---

119) 『주자어류(朱子語類)』 권34, 「논어16(論語十六)」, 80조목에는 "'공자가 이날에 조곡(弔哭)하면 노래하지 않았다.'는 데 대해, 상채 또한 병통이 있게 말하였다. 성인의 마음은 춘하추동과 같아 갑자기 추워지거나 더워지지 않으므로 곡을 하는 날은 자연스럽게 갑자기 잊을 수가 없다.' 또 말하였다. '성인께서는 끝내 곡을 이루지 못하시면 빨리 가서 노래를 하였다. 사철과 같이 모름지기 점점 지나간다. 또한 옛날의 상복 같은 것은 금방 죽었을 때부터 상을 마칠 때까지 중간의 절차가 점점 가볍게 변해갔다. 지금 사람들처럼 복이 다 차면 곧장 상복을 벗어던지고 화려한 의복을 입는 것과 같지는 않았다.'("'子於是日哭則不歌', 上蔡說得亦有病. 聖人之心, 如春夏秋冬, 不遽寒燠, 故哭之日, 自是不能遽忘.' 又曰: '聖人終不成哭了便驟去歌得! 如四時, 也須漸漸過去. 且如古者喪服, 自始死至終喪, 中間節次漸漸變輕. 不似如今人直到服滿, 一頓除脫了, 便著華采衣服.')"라고 하였다.

朱註

○ **謝氏曰 : "學者, 於此二者, 可見聖人情性之正也, 能識聖人之情性然後, 可以學道."**

사씨(謝氏 : 謝良佐)[120]가 말하였다. "배우는 사람들이 이 두 가지에서 성인(聖人)의 정성(情性)이 올바름을 볼 수 있으니, 능히 성인의 정성을 안 뒤라야 도(道)를 배울 수 있는 것이다."[121]

詳說

○ **此主學者言.**

이는 배우는 사람들을 중심으로 말한 것이다.

○ **新安陳氏曰 : "是日歌, 或遇當哭, 哀不能已也; 是日哭, 縱或遇歌, 樂可以已也."**[122]

신안 진씨(新安陳氏 : 陳櫟)가 말하였다. "이날 노래하더라도 혹여 조곡(弔哭)하는 일을 만나면 슬픔을 그칠 수 없으며, 이날 조곡을 하면 설령 노래하는 이를 만나더라도 즐거움을 그칠 수 있는 것이다."

120) 사량좌(謝良佐, 1050~1103) : 북송 시대의 학자로 자가 현도(顯道)이고, 호가 상채(上蔡)이며, 하남성 사람이다. 유초(游酢) · 여대림(呂大臨) · 양시(楊時)와 함께 정자(程子) 문하의 4대 제자로 불린다. 저서로는 『논어설(論語說)』 · 『상채어록(上蔡語錄)』 등이 있다.

121) 『주자어류(朱子語類)』 권34, 「논어16(論語十六)」, 81조목에서 다음과 같이 설명한다. "사씨의 설에 대해 묻자, 주희가 말하였다. '사씨의 학문은 대체로 잊는 것을 익혔는데 이를테면 '석 달 동안 고기 맛을 몰랐다'는 것은 도리어 병이라 하였고, 「소」의 음악에 화답하는 것을 모두 잊어버린 것은 옳다고 하였다.'(問: '謝氏之說.' 曰: '謝氏之學大抵習忘, 如以'三月不知肉味'反是病, 和韶樂都忘之方是.')"

122) 호광 편(胡廣 編), 『논어집주대전(論語集註大全)』「술이(述而)」.

[7-10-1]

子謂顔淵曰 : "用之則行, 舍之則藏, 惟我與爾是夫."
공자가 안연에게 일러 말하였다. "쓰면 도(道)를 시행하고 놓으면 몸을 감춤을 오직 나와 너만 이러할 뿐이로다."

朱註

'舍', 上聲. '夫', 音扶.[123] 尹氏曰 : "'用'·'舍', 無與於己;
'사지즉장(舍之則藏)'에서의 '사(舍)'자는 상성(上聲 : 놓아버림)이다. '유아여이시부(惟我與爾是夫)'에서의 '부(夫)'자는 음이 부(扶)이다. 윤씨(尹氏 : 尹焞)가 말하였다. "'용(用)'과 '사(舍)'는 내 몸에 관여함이 없고,

詳說

○ '道也'以上, 伊川說也.
아래 주석 '명부족도야(命不足道也)'에서 '도야(道也)' 위로는 이천(伊川 : 程頤)의 설명이다.[124]

○ 去聲.
'무여어기(無與於己)'에서의 '여(與)'자는 거성(去聲 : 간여함)이다.

○ 朱子曰 : "'用'·'舍', 由在別人, 不由得我."[125]
주자(朱子 : 朱熹)가 말하였다. "'용(用)'과 '사(舍)'는 다른 사람에게 달려 있는 것이고, 나에게 말미암지 않는다."

朱註

'行'·'藏', 安於所遇, 命不足道也.
'행(行)'과 '장(藏)'은 만나는 것에 안거(安居)함이니, 운명은 말할 것이 못 된다.[126]

---

123) 호광 편(胡廣 編), 『논어집주대전(論語集註大全)』「술이(述而)」. 『논어주소(論語注疏)』「음의」에서는 "舍, 音赦, 止也. 一音捨, 放也. 與, 及也. 或云: '與, 謀也.' 是夫之夫, 音符."라고 하였다.

124) 이천(伊川 : 程頤)의 설명이다 : 주자, 『논어정의』 권4 상의 내용에 의하면 다음과 같다. "伊川解曰 : '用舍, 無所預於己, 安於所遇者也. 或曰: 然則知命矣夫. 曰安於遇者, 命不足道也. 君子知有命, 故言必曰命. …….'"

125) 호광 편(胡廣 編), 『논어집주대전(論語集註大全)』「술이(述而)」.

詳說

○ '行 · 藏, 安於所遇', 錯擧爲說.

'행 · 장, 안어소우(行 · 藏, 安於所遇 : 행과 장은 만나는 것에 안거함임)'는 말을 섞어서 설명을 하였다.

○ 朱子曰 : "此章, 專在兩'則'字上, 如霽則行, 潦則止."[127)]

주자(朱子 : 朱熹)가 말하였다. "이 장은 오로지 두 개의 '즉(則)'자[用之則行, 舍之則藏]에 달려 있으니, 마치 하늘이 개면 다니고, 큰 비가 오면 멈추는 것과 같다."[128)]

○ '之'字屬人, '則'字屬我.

용지즉행 사지즉장(用之則行 舍之則藏)'에서 '지(之)'자는 다른 사람에게 속하고, '즉(則)'자는 나에게 속하는 것이다.

○ 朱子曰 : "尹氏添此一脚, 本文非有此意."[129)]

'명부족도야(命不足道也 : 운명은 말할 것이 못된다)'에 대해, 주자(朱子 : 朱熹)가 말

---

126) 운명은 말할 것이 못 된다 : 『주자어류(朱子語類)』 권34, 「논어16(論語十六)」, 84조목에는 "물었다. '윤씨가 말하기를 '운명은 말할 것이 못된다.'라 하였습니다.' 주희가 말하였다. '보통 사람 같으면 '써주면 행한다'는 것이 곧 바라는 바이고, '버리면 은둔하는 것'은 하려는 것이 아니다. '버리면 은둔한다'는 것은 자신의 운명이 그러하면 어쩔 수가 없는 것이니 어찌하지 못한다. 성인은 어찌할 수가 없다는 뜻이 없다. 성인은 나를 써주면 행하고 나를 버리면 은둔하여 어찌하지 못한다는 뜻이 없으니, 어찌 더욱이 명을 말하겠는가.' 또 말씀하였다. ''운명은 말할 것이 못 된다'라는 것은 운명은 더욱이 말할 것이 못되는 것이다.' 또 말하였다. '운명을 아는 것은 말할 것이 못된다.'(問: '尹氏曰: '命不足道也.'' 曰: '如常人, '用之則行', 乃所願 ; '舍之則藏', 非所欲. '舍之則藏', 是自家命恁地, 不得已, 不柰何. 聖人無不得已底意思. 聖人用我便行, 舍我便藏, 無不柰何底意思, 何消更言命.' 又曰: ''命不足道也', 命不消得更說.' 又曰: '知命不足道也.')"라고 하였다.

127) 호광 편(胡廣 編), 『논어집주대전(論語集註大全)』「술이(述而)」에는 "此章, 專在兩箇'則'字上, 如'可以仕則仕' · '可以止則止'之類. 孔顔於用舍行藏之間, 如霽則行, 潦則止."로 되어 있다.

128) 『주자어류(朱子語類)』 권34, 「논어16(論語十六)」, 82조목에는 "'쓰면 도(道)를 시행하고 놓으면 몸을 감춤을 오직 나와 너만 이러할 뿐이로다.'장을 읽고 말하였다. '오로지 '즉(則)'자에만 있으니 '벼슬할 만하면 벼슬하고, 오래 머물 만하면 오래 머문다'라고 한 따위가 이러하다.'(讀'用之則行, 舍之則藏'章, 曰: '專在'則'字上, 如'可以仕則仕, 可以久則久'之類是也.')"라고 하였다.

129) 호광 편(胡廣 編), 『논어집주대전(論語集註大全)』「술이(述而)」에는 "朱子曰 : '命只是, 尹氏添此一脚, 本文非有此意.'"로 되어 있다.

하였다. "윤씨(尹氏 : 尹焞)가 이 하나의 각주를 덧붙였는데, 본문에 이런 뜻이 있는 것이 아니다."130)

○ 又曰 : "更不問命, 只看義如何."131)
주자(朱子 : 朱熹)가 또 말하였다. "다시 명(命)을 묻지 않고, 다만 의(義)가 어떠한지 볼 뿐이다."

○ 又曰 : "聖人說命, 只爲中人說. 中人安於命, 下等人不知有命, 到聖人, 便不消言命."132)
주자(朱子 : 朱熹)가 또 말하였다. "성인(聖人)이 명(命)을 말할 적에는 다만 중인을 위하여 말하는 것이다. 중인은 명에 편안하며, 하등의 사람들은 명이 있음을 알지 못하며, 성인에 이르면 곧 명을 말할 필요가 없다."

朱註

> 顔子幾於聖人, 故亦能之."
> 안자(顔子)는 성인(聖人)에 가까웠기 때문에 또한 그것에 능하였다."

---

130) 윤씨가 이 하나의 각주를 덧붙였는데, 본문에 이런 뜻이 있는 것이 아니다 : 『주자어류(朱子語類)』 권34, 「논어16(論語十六)」, 90조목에는 "윤씨가 이 부분을 첨가하였을 뿐 본문에는 이런 뜻이 없다. '일에 임하여 두려워하고, 도모하기를 좋아하여 성공한다'는 '쓰이면 행하고 버리면 은둔한다'는 것에 비해 실로 너무 멀다. 다만 이 이면에는 도리 또한 나름대로 완비되어 모자람도 남음도 없다. 내가 일찍이 말하기를 성인의 말은 연잎 위의 물방울과 같아 한 방울 한 방울이 둥글다고 설명하고 있다.(只是尹氏添此一脚, 本文非有此意. '臨事而懼, 好謀而成', 比'用之則行, 舍之則藏', 固是大相遠 ; 但這裏面道理也自完具, 無欠無剩. 某嘗說, 聖人言語如荷葉上水珠子, 一顆一顆圓.)"라고 설명하고 있다.

131) 호광 편(胡廣 編), 『논어집주대전(論語集註大全)』「술이(述而)」에는 "朱子曰 : '用之則行, 舍之則藏, 此八字極要人玩味. 若他人用之則無可行, 舍之則無可藏. 惟孔子與顔淵, 先有此事業在己分內, 若用之則見成將出来行, 舍之則藏了, 他人豈有是哉? 故下文云: 惟我與爾有是夫, 有是二字, 當如此看. 用舍無預於己, 行藏安於所遇, 命不足道也. 蓋只看義理如何, 都不問那命了. 雖使前面做得去, 若義去不得也, 只不做, 所謂殺一不辜, 行一不義, 而得天下, 有所不爲. 若中人之情, 則見前面做不得了, 方休方委之於命. 若使前面做得, 他定不肯已, 所謂不得已而安之命者也. 此固賢於世之貪冒無耻者, 然實未能無求之之心也. 聖人更不問命, 只看義如何. 貧富貴賤, 惟義所在, 謂安於所遇也, 如顔子之安於陋巷, 他那曾計較命如何.'"로 되어 있다.

132) 호광 편(胡廣 編), 『논어집주대전(論語集註大全)』「술이(述而)」에는 "常人用之則行, 乃所願; 舍之則藏, 非所欲. 舍之則藏, 是自家命恁地, 不得已, 不奈何. 聖人無不得已不奈何底意, 何消更言命? 到得無可奈何處, 始言命. 聖人說命, 只爲中人以下說, 如'道之將行將廢命也', 此爲子服景伯說, '得之不得曰有命', 是爲彌子瑕說. 下一等人, 不知有命. 又一等人, 知有命, 猶自去計較. 中人以上, 便安於命, 到聖人, 便不消言命矣."로 되어 있다.

詳說

○ 音祈.[133]

'안자기어성인(顔子幾於聖人)'에서 '기(幾)'자는 음이 기(祈)이다.

○ 以'幾'·'亦'二字, 微抑之, 以見孔·顔之分, 本文蓋無此意.

'안자기어성인, 고역능지(顔子幾於聖人, 故亦能之 : 안자는 성인에 가까웠기 때문에 또한 그것에 능하였다)'에서, '기(幾)'와 '역(亦)' 두 글자로써 약간 억제하여 공자와 안자(顔子)의 분별됨을 보였는데, 경문에는 대개 이런 뜻이 없다.

○ 朱子曰 : "他人無是. 故云'惟我與爾有是.'"[134]

주자(朱子 : 朱熹)가 말하였다. "다른 사람에게는 이것이 없다. 그러므로 이르기를, '오직 나와 너만 이것이 있을 뿐이다.'라고 한 것이다."

○ 又曰 : "'舍藏'易, '用行'難, 若漆雕開, 用之未必能行."[135]

주자(朱子 : 朱熹)가 또 말하였다. "'사장(舍藏)'은 쉽고, '용행(用行)'은 어려우니, 칠조개(漆雕開) 같은 이는 쓰여도 반드시 능히 행하지 못하였다."

○ 以論釋畢, 無訓.

경문의 의미 설명으로 풀이를 마쳤으나, 훈고는 없다.

---

133) 호광 편(胡廣 編), 『논어집주대전(論語集註大全)』「술이(述而)」에는 "幾, 平聲."이라고 하였다.

134) 호광 편(胡廣 編), 『논어집주대전(論語集註大全)』「술이(述而)」에는 "朱子曰 : '用之則行, 舍之則藏, 此八字極要人玩味. 若他人用之則無可行, 舍之則無可藏. 惟孔子與顔淵, 先有此事業在己分內, 若用之則見成將出来行, 舍之則藏了, 他人豈有是哉? 故下文云: 惟我與爾有是夫."으로 되어 있다.

135) 호광 편(胡廣 編), 『논어집주대전(論語集註大全)』「술이(述而)」에는 "問 : '用之則行, 舍之則藏, 竊意漆雕·曾·閔, 亦能之.' 曰 : '舍之則藏, 易; 用之則行, 難, 若開, 用之未必能行也. 聖人規模大, 藏時不止藏他一身, 煞藏了事. 譬如大船, 有許多器具寶貝撑去, 則許多物便都藏了, 衆人便沒許大力量. 然聖人行藏, 自是脫然無所係累, 救世之心雖切, 然得做便做, 做不得便休. 他人使有此, 若未用時, 則切切於求行, 舍之則未必便藏. 耿直之向有書云: 三代禮樂制度, 盡在聖人, 所以用之則有可行. 某謂此固其可行之具, 但本領更全在無所係累處, 有許大本領, 則制度黠化出来, 都成好物. 故在聖人則爲事業, 衆人沒那本領, 雖盡得他禮樂制度, 亦只如小屋收藏器具, 窒塞都滿, 運轉都不得.'"으로 되어 있다.

[7-10-2]

子路曰 : "子行三軍, 則誰與?"
자로가 말하였다. "공자께서 삼군(三軍)을 출행(出行)하시면 누구와 더불어 하시겠습니까?"

朱註

萬二千五百人爲'軍', 大國'三軍'.
1만 2천 5백 사람이 '군(軍)'이 되며, 큰 나라는 '삼군(三軍)'이다.

詳說

○ 三萬七千五百人.
'삼군(三軍)'은 3만 7천 5백 사람이다.

○ 訓畢.
훈고가 끝났다.

朱註

子路見孔子獨美顔淵, 自負其勇, 意'夫子若行三軍, 必與己同'.
자로는 공자가 오직 안연(顔淵)만 아름답게 여기는 것을 보고 스스로 그 용맹함을 업고 '공자가 만약 삼군을 출행한다면 반드시 자기와 더불어 같이하리라.'고 생각한 것이다.

詳說

○ 承上節'惟'字.
'독(獨)'은 위 구절의 '유(惟)'자[136]를 이은 것이다.

○ 意顔淵之所遜.
'자부기용(自負其勇 : 스스로 그 용맹함을 업는 사안)'에 대해, 안연(顔淵)이 미치지 못하는 것이라고 생각하였다.

---

136) 위 구절의 '유(惟)'자 : "惟我與爾是夫"의 '惟'자를 말한다.

○ '己'字襯'誰'字, '同'字釋'與'字.

'필여기동(必與己同 : 반드시 자기와 더불어 같이함)'에서 '기(己)'자는 '수(誰)'자에 가깝고, '동(同)'자는 '여(與)'자를 풀이한 것이다.

○ 此下, 有'故以是爲問'五字之意.

이 아래에 '그러므로 이로써 질문을 삼는다.[故以是爲問]'라는 다섯 글자의 뜻이 있다.

○ 釋其意而文義在其中.

그 뜻을 풀이하는데, 문장의 뜻이 그 가운데 들어 있다.

○ 朱子曰 : "此問, 雖無私意, 猶有'固'·'必'之心."[137]

주자(朱子 : 朱熹)가 말하였다. "자로(子路)의 이 질문에는 비록 사사로운 뜻이 없으나 오히려 '고집 부림'과 '기필함'[138]의 마음이 있다."

[7-10-3]

子曰 : "暴虎馮河, 死而無悔者, 吾不與也; 必也臨事而懼, 好謀而成者也."
공자가 말하였다. "범을 맨손으로 잡으며 하수(河水)를 맨몸으로 건너서 죽어도 뉘우침이 없는 사람을 나는 더불어 하지 않을 것이니, 반드시 일에 임하여 두려워하며, 꾀함을 좋게 여기고 이루는 사람인 것이다."

朱註

○ '馮', 皮冰反. '好', 去聲.[139] '暴虎', 徒搏; '馮河', 徒涉. '懼', 謂敬其事; '成', 謂成其謀.

'포호빙하(暴虎馮河)'에서 '빙(馮)'은 '피(皮)'와 '빙(冰)'의 반절(反切)이다. '호모이

137) 『주자어류(朱子語類)』 권34, 「논어16(論語十六)」, 91조목.

138) '고집 부림'과 '기필함' : 『논어(論語)』「자한(子罕)」에서 "子絶四, 毋意, 毋必, 毋固, 毋我."라고 하였다.

139) 호광 편(胡廣 編), 『논어집주대전(論語集註大全)』「술이(述而)」. 『논어주소(論語注疏)』「음의」에서는 "馮字, 亦作憑, 皮冰反."이라고 하였다.

성자야(好謀而成者也)'에서 '호(好)'자는 거성(去聲 : 좋아함)이다. '포호(暴虎)'는 맨손으로 때려잡음이고, '빙하(馮河)'는 맨몸으로 물을 건넘이다. '구(懼)'는 그 일을 경외(敬畏)함을 이르고, '성(成)'은 그 꾀함을 성취함을 이른다.

詳說

○ '徒', 徒手.

'포호, 도(暴虎, 徒)'에서 '도(徒)'는 맨손이다.

○ '徒', 徒步.140)

'빙하. 도(馮河, 徒)'에서 '도(徒)'는 맨손으로 걸음이다.

○ '吾不與也'下, 有'吾所與者'四字之意.

'오불여야(吾不與也 : 나는 더불어 하지 않을 것임)' 아래에 '오소여자(吾所與者 : 내가 더불어 할 사람)' 네 글자의 뜻이 있다.

○ 朱子曰 : "閒時已自思量, 臨事時又更審."141)

'구, 위경기사(懼, 謂敬其事 : 구는 그 일을 경외함을 이름)'에 대해, 주자(朱子 : 朱熹)가 말하였다. "한가할 때는 이미 스스로 깊이 생각하여 헤아리고, 일에 임할 때는 또다시 살펴야 하는 것이다."

○ 勉齋黃氏曰 : "持重謹畏之心."142)

면재 황씨(勉齋黃氏 : 黃幹)가 말하였다. "몸가짐을 점잖고 묵직하게 하며 삼가고 두려워하는 마음이다."

○ 勉齋黃氏曰 : "周悉萬全之計."143)

'성, 위성기모(成, 謂成其謀 : 성은 그 꾀함을 성취함을 이른다)'에 대해, 면재 황씨

140) 호광 편(胡廣 編), 『논어집주대전(論語集註大全)』「술이(述而)」에는 "新安陳氏曰 : '徒, 徒手而無所持也.'"라고 하였다.

141) 호광 편(胡廣 編), 『논어집주대전(論語集註大全)』「술이(述而)」에는 "好謀而成, 旣謀了, 須是果決去做教成, 若徒謀而不成, 何益於事? 所謂'作舍道旁, 三年不成'者也. 臨事而懼, 是臨那事時, 又須審一審, 蓋閑時已自思量, 都是了, 都曉得了; 到臨事時, 又更審一審. 這'懼'字, 正如'安而後能慮'底'慮'字相似. 此本爲行三軍而發, 故就行師觀之, 尤見精密."이라고 되어 있다.

142) 호광 편(胡廣 編), 『논어집주대전(論語集註大全)』「술이(述而)」에는 "勉齋黃氏曰 : '臨事而敬懼, 則有持重謹畏之心; 好謀而圖成, 則有周悉萬全之計. 敬其事, 則無忽心, 無惰氣, 臨事必能戒懼, 非怯懦而恐懼也. 成其謀, 則不妄動, 不亟取, 於事必有一定之謀, 旣成而不愆於素, 自無僥倖速成之弊也. 無非抑其血氣之勇, 而教之以義理之勇焉.'"이라고 되어 있다.

143) 호광 편(胡廣 編), 『논어집주대전(論語集註大全)』「술이(述而)」.

(勉齋黃氏 : 黃幹)가 말하였다. "두루 다 갖추고 아주 완전하게 하는 계획이다."

○ 訓畢.

훈고가 끝났다.

朱註

言此, 皆以抑其勇而教之.

이를 말함은 모두 그 용맹함을 억제하여 그것을 가르치려고 하는 까닭이다.

詳說

○ 此節.

'언차(言此 : 이를 말함)'는 이 구절이다.

○ 蒙訓而省釋之. 此下, 特釋其意.

훈고를 이어서 생략하여 경문을 풀이하였다. 이 아래에서는 다만 그 뜻을 풀이하였다.

○ 『大全』曰 : "上三句."144)

'억기용(抑其勇 : 그 용맹함을 억제함)'에 대해, 『논어집주대전』에서 말하였다. "위의 세 구절이다."

○ 勉齋黃氏曰 : "血氣之勇."145)

면재 황씨(勉齋黃氏 : 黃幹)가 말하였다. "혈기의 용맹함이다."

○ 上'者'字, 隱然指子路.

위의 '자(者)'자146)는 은연하게 자로(子路)를 가리킨다.

○ 『大全』曰 : "下二句."147)

144) 호광 편(胡廣 編), 『논어집주대전(論語集註大全)』「술이(述而)」. "暴虎馮河, 死而無悔者, 吾不與也; 必也臨事而懼, 好謀而成者也."에서 '暴虎馮河, 死而無悔者, 吾不與也'를 말한다.

145) 호광 편(胡廣 編), 『논어집주대전(論語集註大全)』「술이(述而)」에는 "勉齋黃氏曰 : '臨事而敬懼, 則有持重謹畏之心; 好謀而圖成, 則有周悉萬全之計. 無非抑其血氣之勇, 而教之以義理之勇焉.'"으로 되어 있다.

146) 위의 '자(者)'자 : "暴虎馮河, 死而無悔者, 吾不與也; 必也臨事而懼, 好謀而成者也."에서 '死而無悔者'의 '者'자를 말한다.

147) 호광 편(胡廣 編), 『논어집주대전(論語集註大全)』「술이(述而)」. "暴虎馮河, 死而無悔者, 吾不與也; 必也臨事而懼, 好謀而成者也."에서 '必也臨事而懼, 好謀而成者也'를 말한다.

'교지(敎之 : 그것을 가르침)'에 대해, 『논어집주대전』에서 말하였다. "아래의 두 구절이다."

○ 勉齋黃氏曰 : "義理之勇."[148]

면재 황씨(勉齋黃氏 : 黃幹)가 말하였다. "의리의 용맹함이다."

○ 下'者'字, 雖謂之指顔淵亦可也, 蓋雖行三軍, 亦必與顔淵矣.

아래의 '자(者)'자[149]는 비록 안연(顔淵)을 가리킨다고 말해도 또한 옳으니, 대개 비록 삼군(三軍)을 출행하더라도 또한 반드시 안연(顔淵)과 함께하는 것이다.

○ 此以'敎'言, 是本文言外之正意.

여기서 '교(敎)'로써 말한 것은 경문 말 밖의 진정한 뜻이다.

○ 南軒張氏曰 : "此豈獨可行三軍而已哉?"[150]

남헌 장씨(南軒張氏 : 張栻)[151]가 말하였다. "이것이 어찌 오직 삼군(三軍)을 출행할 수 있을 따름이겠는가?"

朱註

然行師之要, 實不外此, 子路蓋不知也.

그러나 군대를 출행(出行)하는 요령은 실제로 여기에서 벗어나지 않거늘, 자로(子路)가 대개 알지 못한 것이다.

---

148) 호광 편(胡廣 編), 『논어집주대전(論語集註大全)』「술이(述而)」에는 "勉齋黃氏曰 : '臨事而敬懼, 則有持重謹畏之心; 好謀而圖成, 則有周悉萬全之計. 無非抑其血氣之勇, 而敎之以義理之勇焉.'"으로 되어 있다.

149) 아래의 '자(者)'자 : "暴虎馮河, 死而無悔者, 吾不與也; 必也臨事而懼, 好謀而成者也."에서 '好謀而成者'의 '者'자를 말한다.

150) 호광 편(胡廣 編), 『논어집주대전(論語集註大全)』「술이(述而)」에는 "南軒張氏曰 : '臨事而懼, 戒懼於事始, 則所以爲備者周矣. 好謀者, 或失於寡斷.' '好謀而成, 則思慮審, 而其發也必中矣. 敬戒周密如此, 古之人, 所以能成天下之事而不失也, 豈獨可行三軍而已哉!'"로 되어 있다.

151) 장식(張栻, 1133~1180) : 남송 시대의 학자로 자가 경부(敬夫)·흠부(欽夫)·낙재(樂齋)이고, 호가 남헌(南軒)이며, 한주(漢州) 사람이다. 시호가 '선(宣)'이라서 후세에 장선공(張宣公)이라 부르거나, 또는 남헌선생(南軒先生)이라고 불렸다. 학문의 일파를 이루어 주희(朱熹)·여조겸(呂祖謙)과 이름을 나란히 하여 '동남삼현(東南三賢)'으로 칭송되었다. 이종(理宗) 원년(1241)에 공자 사당에서 제사 지냈고, 이관(李寬)·한유(韓愈)·이사진(李士眞)·주돈이(周敦頤)·주희(朱熹)·황간(黃幹)과 함께 석고서원(石鼓書院) 칠현사(七賢祠)에서 제사 지내 '석고칠현(石鼓七賢)'이라고 일컬어졌다.

詳說

○ 指'懼'·'成'二句.

'실불외차(實不外此 : 실제로 여기에서 벗어나지 않음)'는 '구(懼)'와 '성(成)'의 두 구절을 가리킨다.[152]

○ 此又以'行師'言, 蓋就本文義成之, 爲實事.

이는 또 '군대를 출행함'으로써 말하였는데, 대개 경문의 뜻으로부터 이루어져서 실제의 일이 된 것이다.

○ 朱子曰 : "此本爲行三軍而發. 故就'行師'觀之, 尤見精密.[153]

주자(朱子 : 朱熹)가 말하였다. "이는 본래 삼군(三軍)을 출행하기 위하여 말한 것이다. 그러므로 군대를 출행함으로부터 살펴보면 더욱 정밀함을 볼 수 있다."

○ 此又歸之於'教'字之義, 由不知, 故教之.

'자로개부지야(子路蓋不知也 : 자로가 대개 알지 못한 것이다)'라는 구절에서 볼 때, 이는 또 '교(教)'자의 뜻으로 귀결되었으니, 알지 못함에 말미암은 때문에 가르친 것이다.

朱註

○ 謝氏曰 : "聖人於行·藏之間, 無意無必, 其行非貪位, 其藏非獨善也.

사씨(謝氏 : 謝良佐)가 말하였다. "성인은 행(行 : 도를 시행함)과 장(藏 : 몸을 감춤)의 사이에서 의도함도 없고 기필함도 없어 그 도(道)를 시행함이 지위를 탐함이 아니며, 그 몸을 감춤이 혼자만 잘 간수함이 아니었다.

詳說

○ 四字, 見「子罕」.

'무의무필(無意無必 : 의도함도 없고 기필함도 없음)'의 네 글자는 『논어(論語)』「자한(子罕)」에 보인다.[154]

---

152) '구(懼)'와 '성(成)'의 두 구절을 가리킨다 : 경문의 "暴虎馮河, 死而無悔者, 吾不與也; 必也臨事而懼, 好謀而成者也."에서 '必也臨事而懼, 好謀而成者也'를 말한다.

153) 호광 편(胡廣 編), 『논어집주대전(論語集註大全)』「술이(述而)」에는 "好謀而成, …… 此本爲行三軍而發, 故就行師觀之, 尤見精密."로 되어 있다.

154) 『논어(論語)』「자한(子罕)」에 보인다 : 『논어(論語)』「자한(子罕)」에서 "子絕四, 毋意, 毋必, 毋固,

○ 將以行道.

'기행비탐위(其行非貪位 : 그 도를 시행함이 지위를 탐함이 아님)'는 장차 도(道)를 시행하려 함이다.

○ 出『孟子』「盡心」.

'독선(獨善 : 혼자만 잘 간수함)'은 『맹자(孟子)』「진심상(盡心上)」에 나온다.[155]

○ 爲時不可耳.

이 구절은 때가 옳지 않음이 될 뿐이라는 말이다.

朱註

若有欲心, 則不用而求行, 舍之而不藏矣.

만약 욕심이 있었다면 쓰이지 않았는데도 도를 행하려 하였을 것이고, 놓아버렸는데도 몸을 감추지 않았을 것이다.

詳說

○ 欲進之心.

'약유욕심(若有欲心 : 만약 욕심이 있었다면)'은 나아가고자 하는 마음이다.

○ 雙峰饒氏曰 : "好遯底人, 好進底人, 自有兩樣, 謝氏只說得一邊."[156]

'불용이구행, 사지이부장의(不用而求行, 舍之而不藏矣 : 쓰이지 않았는데도 도를 행하려 하였을 것이고, 놓아버렸는데도 몸을 감추지 않았을 것이다)'에 대해, 쌍봉 요씨(雙峰饒氏 : 饒魯)가 말하였다. "은둔하기 좋아하는 사람과 진출하기 좋아하는 사람은 저절로 두 양상으로 나누어지는데, 사씨(謝氏 : 謝良佐)는 다만 한쪽만 설득하였다."

○ 蓋以好進, 是凡人常情, 而好遯, 非常情故也.

대개 진출하기 좋아함은 평범한 사람의 보통 마음이고, 은둔하기 좋아함은 보통의 마음이 아니기 때문이다.

毋我."라고 하였다.

155) 『맹자(孟子)』「진심상(盡心上)」에 나온다 : 『맹자(孟子)』「진심상(盡心上)」에서 "古之人, 得志, 澤加於民; 不得志, 修身見於世, 窮則獨善其身, 達則兼善天下."라고 하였다.

156) 호광 편(胡廣 編), 『논어집주대전(論語集註大全)』「술이(述而)」에는 "雙峯饒氏曰 : '用之不行, 是好遯底人; 舍之不藏, 是好進底人, 自有兩樣. 謝氏謂不用求行, 舍之不藏, 只說得一邊.'"으로 되어 있다.

朱註

是以惟顔子爲可以與於此. 子路雖非有欲心者, 然未能無固·必也.

이 때문에 오직 안자(顔子)만 이에 들어갈 수 있게 된 것이다. 자로(子路)는 비록 욕심이 있는 사람이 아니지만, 고집 부림과 기필함이 없을 수 없었다.

詳說

○ 去聲.

'가이여(可以與)'에서의 '여(與)'자는 거성(去聲 : 안에 들다)이다.

○ 言能'用行舍藏'.

'가이여어차(可以與於此 : 이에 들어갈 수 있음)'는 '쓰이면 도를 행하고 놓아버리면 몸을 감춤'을 잘하는 것을 말한다.

○ '固'·'必', 亦見「子罕」.

'고(固 : 고집 부림)'·'필(必 : 기필함)'은 또한 『논어(論語)』「자한(子罕)」에 보인다.157)

○ 其本領, 已如彼.

그 본령이 이미 저와 같다.

朱註

至以行三軍爲問, 則其論益卑矣. 夫子之言, 蓋因其失而救之.

삼군(三軍)을 출행하는 것으로써 질문을 하는 데까지 이르렀다면 그 논평이 더욱 저속한 것이다. 공자의 말은 대개 그 과실에 말미암아서 고쳐준 것이다.

詳說

○ 胡氏曰 : "勇不自遏, 故有是問."158)

'지이행삼군위문, 즉기론익비의(至以行三軍爲問, 則其論益卑矣 : 삼군을 출행하는 것으로써 질문을 하는 데까지 이르렀다면 그 논평이 더욱 저속한 것이다)'에 대해, 호씨(胡氏)가 말하였다. "용맹함을 스스로 막지 않았기 때문에 이 질문이 있는 것이다."

---

157) 『논어(論語)』「자한(子罕)」에 보인다 :『논어(論語)』「자한(子罕)」에서 "子絶四, 毋意, 毋必, 毋固, 毋我."라고 하였다.

158) 호광 편(胡廣 編), 『논어집주대전(論語集註大全)』「술이(述而)」에는 "胡氏曰 : '子路勇不自遏, 故有是問, 乃不用而求行, 舍之而不藏者.'"로 되어 있다.

○ 其所問, 又如此.

그 질문한 것이 또 이와 같다.

○ 固必於勇.

'인기실(因其失 : 그 과실에 말미암음)'은 용맹함에 고집 부리고 기필하는 것이다.

朱註

夫不謀無成, 不懼必敗, 小事尙然, 而況於行三軍乎?"

무릇 꾀하지 않으면 성취함이 없고, 두려워하지 않으면 반드시 실패하는 것이니, 작은 일도 오히려 그러하거늘, 하물며 삼군(三軍)을 출행함에 있어서랴."

詳說

○ 音扶.

'부불모무성(夫不謀無成)'에서의 '부(夫)'자는 음이 부(扶)이다.

○ 歸重'謀'字, 上與圈上正意, 少異.

'불모무성(不謀無成 : 꾀하지 않으면 성취함이 없음)'은 '모(謀)'자를 중요하게 여긴 것이니, 위의 동그라미(○ : 圈)에서 진정한 의미와는 조금 다르다.[159)]

○ 他小事.

'소사(小事)'는 다른 작은 일이다.

○ 此以行三軍爲大事, 若把他大事來較, 則行三軍, 反有爲小事時.

'소사상연, 이황어행삼군호(小事尙然, 而況於行三軍乎 : 작은 일도 오히려 그러하거늘, 하물며 삼군(三軍)을 출행함에 있어서랴)'에 대해, 이는 삼군(三軍)을 출행함으로써 큰 일로 삼은 것이니, 만약 다른 작은 일을 가지고 비교한다면 삼군을 출행함은 도리어 작은 일이 될 때가 있다.

---

159) 위의 동그라미(○ : 圈)에서 진정한 의미와는 조금 다르다 : 동그라미(○ : 圈)는 앞의 '사씨왈(謝氏曰)'을 가리킨다.

[7-11-1]

子曰："富而可求也, 雖執鞭之士, 吾亦爲之, 如不可求, 從吾所好."
공자가 말하였다. "부유함을 구할 수 있다면 비록 채찍을 잡는 마부(馬夫)라도 내가 또한 하려니와, 만일 구하지 못할 일이면 내가 좋아하는 뜻을 좇을 것이다."

朱註

'好', 去聲.[160] '執鞭', 賤者之事.
'종오소호(從吾所好)'에서 '호(好)'자는 거성(去聲 : 좋아하다)이다. '집편(執鞭)'은 천한 사람의 일이다.

詳說

○ 爲人御者.
'천자지사(賤者之事 : 천한 사람의 일)'는 남을 위하여 말을 모는 것이다.

○ 訓.
훈고이다.

朱註

"富若可求, 則雖身爲賤役以求之, 亦所不辭.
가설하여 말하기를 "부유함을 만약 구할 수 있다면 비록 몸이 천한 일을 하여 구하더라도 또한 사양하지 않을 것이다.

詳說

○ 假設.
'설(設)'은 가설함이다.

○ 以'若'易'而', '以'·'而', 如古字通用也. 諺釋略之, 何也?
'부약가구(富若可求 : 부유함을 만약 구할 수 있다면)'는 '약(若)'으로써 '이(而)'를 바꾼 것이니, '이(以)'와 '이(而)'가 옛 글자에 통용된 것과 같다. 『언해』의 풀이에서 생략한 것[161]은 왜인가?

160) 호광 편(胡廣 編), 『논어집주대전(論語集註大全)』「술이(述而)」.

○ 又添'求'字.

'신위천역이구지(身爲賤役以求之 : 몸이 천한 일을 하여 구하더라도)'에는 또 '구(求)'자를 더하였다.

○ 經輕釋'爲之'二字.

'역소불사(亦所不辭 : 또한 사양하지 않을 것이다)'는 경문의 '위지(爲之)' 두 글자[162]를 가볍게 풀이한 것이다.

朱註

然有命焉, 非求之可得也, 則安於義理而已矣. 何必徒取辱哉?

그러나 정해진 운명이 있어서 구하여도 얻을 수 있는 것이 아니니, 곧 의리에 안주할 따름이다. 어찌 반드시 부질없이 욕됨을 취하겠는가?"라고 한 것이다.

詳說

○ 以'然'易'如', 以'如'爲設辭, 而'然'爲正辭也.

'연유명언(然有命焉 : 그러나 정해진 운명이 있어서)'은 '연(然)'으로써 '여(如)'를 바꾸었는데, '여(如)'로써 가설의 말로 삼았지만,[163] '연(然)'은 정상의 말이 된다.

○ 添'命'字.

'명(命)'자를 더하였다.

○ 此三字, 有一刀兩段意.

'안어의리이이의(安於義理而已矣 : 의리에 안주할 따름이다)'에서 '이이의(而已矣)' 이 세 글자는 한 칼에 두 동강을 내는[164] 단호한 뜻이 있다.

○ 南軒張氏曰 : "吾所好, 義也."[165]

남헌 장씨(南軒張氏 : 張栻)가 말하였다. "내가 좋아하는 것은 의(義)이다."

---

161) 『언해』의 풀이에서 생략한 것 : 『언해』본에서 "부를 가히 구홀 꺼신댄"이라고 하여 '만약'의 내용이 생략된 사실을 지적한 것이다.

162) 경문의 '위지(爲之)' 두 글자 : 경문의 '吾亦爲之'를 말한다.

163) '여(如)'로써 가설의 말로 삼았지만 : 경문의 '如不可求'를 말한다.

164) 한 칼에 두 동강을 내는 : '一刀兩斷'을 말한다.

165) 호광 편(胡廣 編), 『논어집주대전(論語集註大全)』「술이(述而)」에는 "南軒張氏曰 : '夫子謂富不可求者, 正於義不可故耳. 言使其於義而可, 則雖執鞭之事, 亦有時而可爲矣. 其如義不可求何, 則姑從吾所好而已. 吾所謂好者, 義是也, 然則所安以義, 而命蓋有不言者矣.'"로 되어 있다.

○ 釋畢.

경문의 풀이가 끝났다.

○ 朱子曰 : "上句是假設之辭, 下句方是正意. 下句說'從吾所好', 便見上句'執鞭'非所好矣. 更味'而'字·'雖'字·'亦'字, 可見文勢重在下句. 此章最見得聖人言語渾成."166)

주자(朱子 : 朱熹)가 말하였다. "위 구절은 가설한 말이고, 아래 구절은 바야흐로 진정한 뜻이다. 아래 구절에서 '종오소호(從吾所好 : 내가 좋아하는 것을 좇음)'를 말하였는데, 곧바로 위 구절의 '집편(執鞭 : 채찍을 잡음)'이 좋아하는 것이 아님을 보였다. 다시 '이(而)'자와 '수(雖)'자와 '역(亦)'자를 음미하면 글 흐름의 중요함이 아래 구절에 있음을 볼 수 있다. 이 장에서는 성인의 언어가 천연하게 이루어졌음을 가장 잘 볼 수 있다."

○ 陳氏曰 : "此章, 爲中人以下假設言之. 命所以安中人, 義所以責君子."167)

진씨(陳氏 : 陳埴)가 말하였다. "이 장은 중인 이하를 위하여 가설적으로 말한 것이다. 명(命)은 중인을 편안히 하는 것이고, 의(義)는 군자를 책망하는 말이다."

朱註

> 何必徒取辱哉?
>
> 어찌 반드시 부질없이 욕됨을 취하겠는가?"라고 한 것이다.

詳說

○ 執鞭.

---

166) 호광 편(胡廣 編), 『논어집주대전(論語集註大全)』「술이(述而)」에는 "朱子曰 : '上句是假設之辭, 下句方是正意. 下句說從吾所好, 便見上句執鞭之士非所好矣. 更味而字·雖字·亦字, 可見文勢重在下句也. 須要仔細看富而可求也一句, 上面自是虛意, 言而可求, 便是富本不可求矣. 此章最見得聖人言語渾成底氣象, 須要識得.'"으로 되어 있고, 『주자어류(朱子語類)』 권34, 「논어16(論語十六)」, 97조목에는 "讀'富而可求'章, 曰: '須要仔細看'富而可求也'一句. 上面自是虛意. 言'而可求', 便是富本不可求矣.' 因擧'君子贏得做君子, 小人枉了做小人'之說, 又云: '此章最見得聖人言語渾成底氣象, 須要識得.'('부유함을 구할 수 있다면' 장을 읽고 말하였다. ''부유함을 구할 수 있다면'이라는 한 구절을 자세히 보아야 한다. 위쪽은 자연스레 빈 뜻이다. '구할 수 있다면'은 곧 부유함이 본래 구할 수 없다는 것이다.' 이어서 '군자는 군자가 되고도 남고, 소인은 소인이 되어도 굽는다'는 설을 들어 또 말하였다. '이 장은 성인의 언어가 한데 섞인 기상이 가장 잘 보이므로 반드시 알아야 한다.')"라고 하였다.

167) 호광 편(胡廣 編), 『논어집주대전(論語集註大全)』「술이(述而)」에는 "陳氏曰 : '此章, 爲中人以下, 假設言之耳. 命所以安中人, 義所以責君子.'"라고 되어 있다.

'하필도취욕재(何必徒取辱哉? : 어찌 반드시 부질없이 욕됨을 취하겠는가?)'는 채찍을 잡는 일이다.

○ 此言外意也, 所以補賤役不可爲之意也.

이는 말 밖의 뜻이니, 천한 일을 해서는 안 된다는 뜻을 보충한 것이다.

朱註

○ 蘇氏曰 : "聖人未嘗有意於求富也, 豈問其可不可哉? 爲此語者, 特以明其決不可求爾."

소씨(蘇氏 : 蘇軾)[168]가 말하였다. "성인(聖人)은 일찍이 부유함을 구함에 뜻을 가진 적이 없거늘, 어찌 가능하고 가능하지 않음을 묻겠는가? 이 말을 한 의도는 다만 결단코 구할 수 없음을 밝힌 것이다."

詳說

○ 文上意也.

'성인미상유의어구부야, 기문기가불가재?(聖人未嘗有意於求富也, 豈問其可不可哉? : 성인은 일찍이 부유함을 구함에 뜻을 가진 적이 없거늘, 어찌 가능하고 가능하지 않음을 묻겠는가?)'는 경문 위의 뜻이다.

○ 就本文, 更進一層說.

'특이명기결불가구이(特以明其決不可求爾 : 다만 결단코 구할 수 없음을 밝힌 것이다)'는 경문으로부터 다시 한층 더 나아간 설명이다.

朱註

楊氏曰 : "君子非惡富貴而不求, 以其在天, 無可求之道也."

양씨(楊氏 : 楊時)가 말하였다. "군자는 부귀(富貴)를 싫어하여 구하지 않은 것이 아니라, 그것이 하늘의 뜻에 달려 있어 구할 수 있는 방도가 없기 때문이다."

---

168) 소식(蘇軾, 1037~1101) : 송나라 때의 학자로 자가 자첨(子瞻)·화중(和仲)이고, 호가 철관도인(鐵冠道人)·동파거사(東坡居士)이며, 한족(漢族)으로 미주미산(眉州眉山) 사람이다. 시부(詩賦) 등 문예와 학문에 뛰어난 재능을 보여 세상 사람들이 소동파(蘇東坡) 또는 소선(蘇仙)이라고 불렀으며, 한유(韓愈) 및 구양수(歐陽脩) 등과 함께 고문운동을 전개한 공헌이 크다. 저서로는 『동파집(東坡集)』·『동파역전(東坡易傳)』·『서전(書傳)』·『논어설(論語說)』 등이 있다.

詳說

○ 去聲.[169]

'군자비오부귀(君子非惡富貴)'에서 '오(惡)'자는 거성(去聲 : 싫어하다)이다.

○ 幷言貴.

'군자비오부귀이불구(君子非惡富貴而不求 : 군자는 부귀(富貴)를 싫어하여 구하지 않은 것이 아님)'는 귀(貴)를 아울러서 말하였다.

○ 見「顔淵」.

'재천(在天 : 하늘의 뜻에 달려 있음)'은 『논어(論語)』「안연(顔淵)」에 보인다.[170]

○ 慶源輔氏曰 : "二說相須, 其義始備."[171]

경원 보씨(慶源輔氏 : 輔廣)가 말하였다. "두개의 설명[172]이 서로 의존하니, 그 뜻이 비로소 갖추어졌다."

---

169) 호광 편(胡廣 編), 『논어집주대전(論語集註大全)』「술이(述而)」.

170) 『논어(論語)』「안연(顔淵)」에 보인다 : 『논어(論語)』「안연(顔淵)」에서 "死生有命, 富貴在天."라고 하였다.

171) 호광 편(胡廣 編), 『논어집주대전(論語集註大全)』「술이(述而)」에는 "慶源輔氏曰 : '蘇氏發得此章語脉分明, 楊氏又說得聖賢所以不求富貴之理確實, 二說相須, 其義始備.'"

172) 두개의 설명 : 소식(蘇軾)과 양시(楊時)의 설명을 말한다.

[7-12-1]

子之所愼, 齊戰疾.
공자가 삼간 것은 재계(齋戒)와 전쟁(戰爭)과 질병(疾病)이었다.

朱註

側皆反.[173] '齊'之爲言, 齊也, 將祭而齊其思慮之不齊者, 以交於神明也.

'재전질(齊戰疾)'에서의 '재(齊)'는 '측(側)'과 '개(皆)'의 반절(反切)이다. '재(齊)'라고 하는 말은 정제(整齊)함이니, 장차 제사하려 함에 그 생각의 정제(整齊)하지 못한 것을 정제하여 신명(神明)과 사귀는 것이다.

詳說

○ 如字, 下幷同.[174]

'제야(齊也)'의 '제(齊)'는 본래의 음으로 읽으며, 아래도 아울러 같다.

○ 見『禮記』「祭統」.

『예기』「제통(祭統)」에 보인다.[175]

○ 訓畢.

훈고가 끝났다.

朱註

誠之至與不至, 神之享與不享, 皆決於此. '戰', 則衆之死生, 國之存亡, 繫焉. '疾', 又吾身之所以死生·存亡者, 皆不可以不謹也.

정성의 지극함과 지극하지 못함, 귀신의 흠향함과 흠향하지 않음이 모두 여기

---

173) 호광 편(胡廣 編), 『논어집주대전(論語集註大全)』「술이(述而)」. 『논어주소(論語注疏)』「음의」에서는 "齊, 側皆反. 本或作齋, 同."이라고 하였다.

174) 호광 편(胡廣 編), 『논어집주대전(論語集註大全)』「술이(述而)」에는 "齊, 如字, 下同."이라고 하였다.

175) 『예기』「제통(祭統)」에 보인다 : 『예기』「제통(祭統)」에서 "及時將祭, 君子乃齊, 齊之爲言, 齊也, 齊不齊, 以致齊者也." "誠信之謂盡, 盡之謂敬, 敬盡然後, 可以事神明, 此祭之道也."라 하였고, 호광 편(胡廣 編), 『논어집주대전(論語集註大全)』「술이(述而)」에는 "『禮』「祭統」, 及時將祭, 君子乃齊. 側皆反. 齊之爲言, 齊如字, 下同也. 齊不齊, 以致齊者也."라고 되어 있다.

에서 결정된다. '전(戰)'은 곧 많은 사람들의 죽음과 삶, 나라의 존립과 패망이 매달려 있다. '질(疾)'은 또 내 몸이 죽고 살며 존립하고 패망하는 까닭인 것이니, 모두 삼가지 않을 수 없다.

詳說

○ 齊也, 蒙訓也.

'개결어차(皆決於此 : 모두 여기에서 결정된다)'는 제(齊)이니, 훈고를 받은 것이다.

○ '又'字, 比'則'字, 義爲尤切且近.

'우오신지소이사생존망자(又吾身之所以死生 · 存亡者 : 또 내 몸이 죽고 살며 존립하고 패망하는 까닭인 것)'에서 '우(又)'자는 '즉(則)'자[176]에 비하면 뜻이 더욱 절실하고 또 친근함이 된다.

○ 釋畢.

경문의 풀이가 끝났다.

朱註

○ 尹氏曰 : "夫子無所不謹, 弟子記其大者耳."

윤씨(尹氏 : 尹焞)가 말하였다. "공자는 삼가지 않은 것이 없는데, 제자들이 그 큰 것만 기록하였을 뿐이다."

詳說

○ 慶源輔氏曰 : "此三者, 尤致謹."[177]

경원 보씨(慶源輔氏 : 輔廣)가 말하였다. "이 세 가지[齊 · 戰 · 疾]에 더욱 삼감을 다해야 한다.

176) '즉(則)'자 : 위의 집주 "'戰', 則衆之死生, 國之存亡, 繫焉."에 나오는 '則'자를 말한다.

177) 호광 편(胡廣 編), 『논어집주대전(論語集註大全)』「술이(述而)」에는 "慶源輔氏曰 : '聖人之心, 不待操而常存, 豈有不謹之時 · 不謹之事哉? 特於此三者尤致謹, 故弟子記以垂教.'"로 되어 있다.

[7-13-1]

子在齊聞「韶」, 三月不知肉味, 曰 : "不圖爲樂之至於斯也."
공자가 제나라에 있으면서 「소(韶)」를 듣고, 석 달 동안 고기 맛을 알지 못하고서 말하였다. "풍류를 함이 여기에 이를 줄은 상상하지 못하였노라."

詳說

○ 厚齋馮氏曰 : "舜之後, 封於陳, 陳敬仲奔齊, 而「韶樂有傳."[178]

후재 풍씨(厚齋馮氏 : 馮椅)가 말하였다. "순임금 후손이 진(陳)나라에 봉해졌으며, 진경중(陳敬仲)이 제(齊)나라로 달아나는 바람에 「소(韶)」 음악이 전해지게 되었다."

○ 是少時事.

'자재제(子在齊 : 공자가 제나라에 있음)'는 젊었을 때의 일이다.

朱註

『史記』, '三月'上, 有'學之'二字. '不知肉味', 蓋心一於是而不及乎他也.
『사기(史記)』에는 '삼월(三月)' 앞에 '학지(學之)' 두 글자가 있다. '부지육미(不知肉味)'는 대개 마음이 이것에 한결같아서 다른 것에 미치지 않음이다.

詳說

○「世家」.

'『사기(史記)』'는 「공자세가(孔子世家)」이다.[179]

○ 朱子曰 : "程子改'三月'爲'音'字, 以『史記』考之, 非文之誤."[180]

---

178) 호광 편(胡廣 編), 『논어집주대전(論語集註大全)』「술이(述而)」에는 "厚齋馮氏曰 : '舜之後, 封於陳, 爲之後者, 得用先代之樂. 自陳敬仲奔齊, 而韶樂有傳'"으로 되어 있다.

179) '『사기(史記)』'는 「세가(世家)」이다 : 『사기(史記)』 권47, 「공자세가(孔子世家)」 권17에서 "其後, 頃之魯亂, 孔子適齊, 爲高昭子家臣, 欲以通乎景公, 與齊太師語樂, 聞韶音, 學之三月, 不知肉味."라고 하였다.

180) 호광 편(胡廣 編), 『논어집주대전(論語集註大全)』「술이(述而)」에는 "問 : '程子改三月, 爲音字, 如何?' 曰 : '彼以一日聞樂, 而三月忘味, 聖人不當固滯如此, 故爾. 然以『史記』考之, 則習之三月而忘肉味也. 旣有音字, 又自有三月字, 則非文之誤矣. 蘇氏說, 亦得之, 蘇氏曰: 孔子之於樂, 習其音, 知其數, 得其志, 知其人. 其於文王也, 見其穆然而深思, 見其高望而遠志, 見其黯然而黑頎然而長, 其於舜也可知, 是以三月而不知肉味.'"으로 되어 있다. 『주자어류(朱子語類)』 권34,

'삼월상, 유학지이자(三月上, 有學之二字)'에 대해, 주자(朱子 : 朱熹)가 말하였다. "정자(程子)가 '삼월(三月)'을 고쳐서 '음(音)'자로 하였는데, 『사기(史記)』로써 살펴보니 문자가 그릇된 것이 아니었다."

○ 又曰 : "三月大約, 言其久."181)

주자(朱子 : 朱熹)가 또 말하였다. "세 달 동안 크게 따른 것은 그 오램을 말한 것이다."

○ 雖不言當從之, 然當從無疑.

비록 마땅히 좇으리라 말하지 않았으나 마땅히 좇았음은 의심할 것이 없다.

○ 先補'學之'二字.182)

먼저 '학지(學之)' 두 글자로 보충한 것이다.

○ 朱子曰 : "心不在, 不知味, 是學者之病. 聖人行事, 不可以此求之, 有時所思事大, 飮食不足以奪其心, 如發憤忘食, 終日不食, 皆非常事."183)

「논어16(論語十六)」, 106조목에는 "問: '伊川疑'三月'卽是'音'字, 如何?' 曰: '此處最要看他'不知肉味'處, 最有意思. 蓋夫子知韶之美, 一聞之, 則感之至深, 學之三月, 故至於不知肉味. 若道一聞之便三月不知肉味, 恐無此道理, 伊川疑得自是. 但史記上有'學之'二字, 伊川恐適不曾考到此耳. 觀此處須見得夫子之心與舜之心分明爲一, 感之至深, 故盡心以學之, 念念在此而自不能忘也'(물었다. '이천은 '석 달'은 곧 '음(音)'자일 것으로 의심하였는데 어떻습니까?' 주희가 말하였다. '여기는 '고기 맛을 몰랐다'한 곳을 가장 잘 봐야 하니, 여기에 가장 큰 의미가 있다. 아마 공자께서 「소」음악의 아름다움을 아셨을 텐데 한번 들으시고는 지극히 깊이 감동하시어 석 달을 배우셨으므로 고기 맛을 모르는 지경에까지 이르게 되었다. 도를 한번 듣고 석 달 동안 고기 맛을 몰랐다는 것은 아마 이런 도리가 없을 것이지만, 이천은 스스로 그럴 것이라 의심하였다. 다만 『사기(史記)』에는 이 위에 '그것을 배우느라(學之)' 두 글자가 있는데, 이천은 마침 일찍이 여기까지는 고증하지 못하였을 따름이다. 여기를 살펴보면 모름지기 공자의 마음과 순임금의 마음이 분명히 하나이므로, 매우 깊이 감격했음을 알아야 한다, 그러므로 마음을 다하여 그것을 배우고 모든 생각이 여기에 있어 잊을 수가 없는 것이다.')"라고 하였다.

181) 호광 편(胡廣 編), 『논어집주대전(論語集註大全)』「술이(述而)」에는 "朱子曰 : '子聞「韶」音, 學之三月, 不知肉味, 學之一節, 不知如何. 今正好看其忘肉味處. 這裏便見得聖人之樂如是之美, 聖人之心如是之誠.' 又曰 : '聖人聞「韶」, 須是去學, 不解得只恁休了. 學之亦須數月方熟, 三月大約, 只是言其久, 不是眞箇足頭九十日, 至九十一日, 便知肉味. 想見「韶」樂之美, 是能感動人, 是能使人視端而行直. 某嘗謂今世人, 有目不見先王之禮, 有耳不得聞先王之樂, 此大不幸也.'"로 되어 있다.

182) 호광 편(胡廣 編), 『논어집주대전(論語集註大全)』「술이(述而)」에는 "新安陳氏曰 : '學之三月, 學之久, 因以忘味之久, 否則三月字連下文, 無意味矣.'"로 되어 있다.

183) 호광 편(胡廣 編), 『논어집주대전(論語集註大全)』「술이(述而)」에는 "問 : '心不在焉, 則食而不知其味, 是心不得其正也. 然夫子聞「韶」, 三月何故不知肉味?' 曰 : '也有時如此. 所思之事大, 而

'심일어시이불급호차야(心一於是而不及乎他也 : 마음이 이것에 한결같아서 다른 것에 미치지 않음이다)'에 대해, 주자(朱子 : 朱熹)가 말하였다. "마음이 있지 않으면 맛을 알지 못한다는 것은 배우는 사람들의 병폐이다. 성인이 일을 행함은 이로써 구하지 않으니, 때때로 큰일을 생각하더라도 음식이 그 마음을 빼앗지 못한다. 분발하여 먹는 것을 잊거나 하루 종일 먹지 않는 것은 모두 정상적인 일이 아니다."

朱註

曰 : "不意舜之作樂, 至於如此之美", 則有以極其情文之備, 而不覺其歎息之深也. 蓋非聖人, 不足以及此.

말하기를 "순 임금이 음악을 만든 것이 이와 같은 아름다움에 이를지는 생각하지 못하였다."라고 하였는데, 곧 그 내용과 문채의 갖춤을 지극히 하여 그 탄식의 심함을 깨닫지 못함이 있었던 것이다. 대개 성인이 아니면 이에 충분히 미치지 못한다.

詳說

○ 圖.

'불의(不意)'는 상상함이다.

○ 爲.

'순지작(舜之作)'은 만듦이다.

○ 添'美'字, 即'盡美'之美.

'지어여차지미(至於如此之美 : 이와 같은 아름다움에 이름)'는 '미(美)'자를 보충한 것이니, 곧 '진미(盡美 : 극진하게 아름다움)'[184]의 아름다움이다.

○ 出『禮記』「樂記」.[185]

'이극기정문지비(以極其情文之備 : 그 내용과 문채의 갖춤을 지극히 함)'에서 '정문(情文)'은 『예기』「악기(樂記)」에 나온다.

飮食不足以奪其心也. 且如發憤忘食, 吾嘗終日不食, 皆非常事, 以其所憤所思之大, 自不能忘也.'"로 되어 있다.

184) 진미(盡美 : 극진하게 아름다움) : 『논어(論語)』「팔일(八佾)」에서 "子謂「韶」, '盡美矣, 又盡善也'; 謂「武」, '盡美矣, 未盡善也.'"라고 하였다.

185) 호광 편(胡廣 編), 『논어집주대전(論語集註大全)』「술이(述而)」에는 "『記』曰 : '知禮樂之情者, 能作; 識禮樂之文者, 能述.'"로 되어 있다.

○ 慶源輔氏曰 : "情, 實也; 文, 聲音也."[186]

경원 보씨(慶源輔氏 : 輔廣)가 말하였다. "정(情)은 내용이고, 문(文)은 소리이다."

○ 朱子曰 : "深有所契于心者, 所謂得志, 行乎中國, 若合符節."[187]

주자(朱子 : 朱熹)가 말하였다. "깊이 마음에 맞는 것이 있으니, 이른바 뜻한 것을 얻어 나라 가운데 행한다는 것으로 마치 부절(符節)이 맞음과 같다."

○ 慶源輔氏曰 : "不啻如身有其事, 親歷其時也."[188]

경원 보씨(慶源輔氏 : 輔廣)가 말하였다. "마치 몸에 그 일이 있는 것처럼 하였을 뿐 아니라, 직접 그때를 겪은 것이다."

○ 訓兼釋.

훈고에 경문의 풀이를 겸하였다.

○ 此下, 又歎美其善學.

이 아래에서는 또 그 배움을 잘한 것에 감탄하고 찬미하였다.

---

186) 호광 편(胡廣 編), 『논어집주대전(論語集註大全)』「술이(述而)」에는 "慶源輔氏曰 : '文, 聲音也; 情, 實也.'"로 되어 있다.

187) 호광 편(胡廣 編), 『논어집주대전(論語集註大全)』「술이(述而)」에는 "問 : '孔子聞「韶」, 學之三月, 不知肉味, 聖人殆亦固滯不化, 當食之時, 又不免心不在焉之病, 若何?' 曰 : '主一無適, 是學者之功. 聖人行事, 不可以此求之也. 更是舜之樂, 盡善盡美, 而孔子聞之, 深有所契於心者, 所謂得志行乎中國, 若合符節, 是以學之三月, 而不自知其忘味也.'"로 되어 있다. 『주자어류(朱子語類)』 권34, 「논어16(論語十六)」, 102조목에는 "吳伯英問: '孔子聞韶, 學之三月, 不知肉味. 聖人殆亦固滯不化, 當食之時, 又不免'心不在焉'之病, 若何?' 曰: ''主一無適', 是學者之功. 聖人行事, 不可以此求之也. 更是舜之樂盡善盡美, 而孔子聞之, 深有所契於心者, 所謂'得志行乎中國, 若合符節', 是以學之三月, 而不自知其忘味也.'(오백영이 물었다. '공자는 「소」음악을 듣고 석 달을 배우는 동안 고기 맛을 몰랐습니다. 성인은 거의 또한 실로 머물러 변하지 않는데, 식사를 하실 때 또한 '마음이 거기에 있지 않은' 병을 면치 못하였으니 어떻습니까?' 주희가 말하였다. ''마음을 하나로 모아 잡념을 버리는 것'은 학자의 공으로 성인이 일을 행할 때 이것을 가지고 구하면 안 된다. 더욱이 순의 음악은 지극히 선하고 지극히 아름다워 공자가 듣고는 깊이 마음에 맞는 것이 있으니, 이른바 뜻한 것을 얻어 나라 가운데 행한다는 것으로 마치 부절(符節)이 맞음과 같은 것이다.'는 뜻이니, 이 때문에 석 달을 배우느라 그 맛을 잊어버린 것도 스스로 알지 못하였다.')"라고 하였다.

188) 호광 편(胡廣 編), 『논어집주대전(論語集註大全)』「술이(述而)」에는 "慶源輔氏曰 : '夫子之學「韶」樂, 非但有以極其聲容節奏而已, 併當與大舜無不幬載之德, 當時雍熙平成之治, 所謂盡善盡美之實而得之, 不翅如身有其事, 親歷其時也, 則其誠意之深, 而見於歎息者如此. 誠非聖人, 不足以及, 是固非常情之所能測也.'"로 되어 있다.

○ 指極其情文.

'개비성인, 부족이급차(蓋非聖人, 不足以及此 : 대개 성인이 아니면 이에 충분히 미치지 못하는 것이다)'는 그 내용과 문채의 지극함을 가리킨다.

朱註

○ 范氏曰 : "「韶」, 盡美又盡善, 樂之無以加此也.

범씨(范氏 : 范祖禹)[189]가 말하였다. "「소(韶)」는 지극히 아름답고 또 지극히 착하니, 음악이 이에 더할 것이 없다.

詳說

○ 見「八佾」.

'「소」, 진미우진선(「韶」, 盡美又盡善 : 「소」는 지극히 아름답고 또 지극히 착함)'은 『논어(論語)』「팔일(八佾)」에 보인다.[190]

○ 『左』襄二十九年曰 : "吳札見舞「韶」曰: '雖甚盛德, 蔑以加於此矣.'"

'악지무이가차야(樂之無以加此也 : 음악이 이에 더할 것이 없다)'에 대해, 『춘추좌전(春秋左傳)』양공(襄公) 29년에서 말하였다. "오찰(吳札)이 「소(韶)」음악에 맞춰 춤추는 것을 보고 말하기를, '비록 매우 성대한 덕이라도 이에 더할 것이 없을 것이다.'라고 하였다."

○ '也'字上, 有'者'字意.

'야(也)'자 위에 '자(者)'자의 뜻이 있다.

朱註

故學之三月, 不知肉味, 而歎美之如此, 誠之至, 感之深也."

그러므로 그것을 배움에 세 달 동안 고기 맛을 알지 못하고 감탄하고 찬미함이 이와 같았으니, 성의(誠意)의 지극함이고 감격(感激)함의 깊음이다."

---

189) 범조우(范祖禹, 1041~1098) : 송나라 때의 학자로 자가 순보(淳甫)·순부(淳夫)·순부(纯父), 또는 몽득(夢得)이고, 성도화양(成都華陽) 사람이다. 정자(程子)를 사사(師事)하였으며, 사마광(司馬光)을 추종하였다. 저서로는 『시해(詩解)』·『고문효경설(古文孝經說)』·『제의(祭儀)』·『경서요언(經書要言)』 등이 있다.

190) 「팔일(八佾)」에 보인다 : 『논어(論語)』「팔일(八佾)」에서 "子謂「韶」, '盡美矣, 又盡善也'; 謂『武』, '盡美矣, 未盡善也.'"라고 하였다.

詳說

◯ 襯'學之三月'.

'성지지(誠之至 : 성의의 지극함)'는 '학지삼월(學之三月 : 그것을 배움에 세 달 동안)'에 가깝다.

◯ 襯'不知肉味'.

'감지심야(感之深也 : 감격함의 깊음이다)'는 '부지육미(不知肉味 : 고기 맛을 알지 못함)'에 가깝다.

◯ 新安陳氏曰 : "『論語』, 凡三言, 「韶」學之, 最先; 謂盡美, 次之; 告顔子, 最後歟."[191]

신안 진씨(新安陳氏 : 陳櫟)가 말하였다. "『논어(論語)』에서 모두 세 번 말하였으니, 「소(韶)」를 배운다는 것이 가장 먼저이고, 지극하게 아름답다고 이른 것이 그 다음이고, 안자(顔子)에게 말해준 것이 가장 뒤이리라."

---

191) 호광 편(胡廣 編), 『논어집주대전(論語集註大全)』「술이(述而)」에는 "新安陳氏曰 : '舜以上聖之德, 當極治之時, 作爲「韶」樂. 羣聖之樂, 無以加於此者. 故夫子聞其音, 而樂之忘味, 而深歎美如此. 想如親見虞舜之聖, 身在雍熙之時, 契之以心, 而非徒聞之以耳也. 又按, 『論語』, 於「韶」凡三言之, 意者, 聞「韶」而學之, 最先; 謂盡美盡善, 次之; 告顔子以「韶」舞, 其最後歟.'"로 되어 있다.

[7-14-1]

冉有曰："夫子爲衛君乎?" 子貢曰："諾. 吾將問之."
염유가 말하였다. "공자는 위(衛)나라 임금을 위하셨을까?" 자공이 말하였다. "알았다. 내가 장차 물어보리라."

朱註

'爲', 去聲.[192]

'부자위위군호(夫子爲衛君乎)'에서의 '위(爲)'자는 거성(去聲 : 위하다)이다.

詳說

○ 只稱'冉有曰'者, 蓋於同門衆中, 汎問也.

다만 '염유왈(冉有曰)'이라 칭한 것은 대개 동문의 무리 가운데 두루 물은 것이다.

朱註

'爲', 猶助也. '衛君', 出公輒也. 靈公逐其世子蒯聵, 公薨, 而國人立蒯聵之子輒. 於是, 晉納蒯聵而輒拒之.

'위(爲)'는 조(助)와 같다. '위군(衛君)'은 출공첩(出公輒)이다. 영공(靈公)이 세자 괴외(蒯聵)를 쫓아냈는데, 공이 죽자 나라 사람들이 괴외의 아들 첩(輒)을 왕위에 세웠다. 이에 진(晉)나라에서 괴외를 들여보내자 첩(輒)이 막아버렸다.

詳說

○ 苦怪反.[193] 五恠反.[194]

'영공축기세자괴외(靈公逐其世子蒯聵)'에서 '괴(蒯)'는 '고(苦)'와 '괴(怪)'의 반절(反切)이고, '외(聵)'는 '오(五)'와 '괴(恠)'의 반절(反切)이다.

○ 奔宋.

괴외는 송나라로 달아났다.

192) 호광 편(胡廣 編), 『논어집주대전(論語集註大全)』「술이(述而)」.
193) 호광 편(胡廣 編), 『논어집주대전(論語集註大全)』「술이(述而)」.
194) 호광 편(胡廣 編), 『논어집주대전(論語集註大全)』「술이(述而)」.

○ 趙鞅.

'진(晉)'은 조앙(趙鞅)이다.

○ 見『左』定十四年及哀二年. 後蒯聵得入, 輒出奔, 謂之出公.

'진납괴외이첩거지(晉納蒯聵而輒拒之 : 진나라에서 괴외를 들여보내자 첩이 막아버렸다)'에 대해, 『춘추좌전(春秋左傳)』 정공(定公) 14년 및 애공(哀公) 2년 기사에 보인다. 뒤에 괴외(蒯聵)가 들어가자 첩(輒)이 밖으로 나와 달아나서 그를 출공(出公)이라 불렀다.

○ 此訓本事.

이는 본래의 일을 훈고한 것이다.

朱註

時孔子居衛, 衛人以蒯聵得罪於父, 而輒嫡孫當立.

이때 공자(孔子)가 위(衛)나라에서 지냈는데, 위나라 사람들이 괴외는 아버지에게 죄를 얻었고, 첩(輒)은 적손(嫡孫)이니 마땅히 왕위에 세워야 한다고 여겼다.

詳說

○ '以', 爲.

'위인이(衛人以)'에서 '이(以)'는 위(爲 : 여기다)이다.

○ 慶源輔氏曰 : "此世俗之說."[195)]

'위인이괴외득죄어부, 이첩적손당립(衛人以蒯聵得罪於父, 而輒嫡孫當立 : 위나라 사람들이 괴외는 아버지에게 죄를 얻었고, 첩은 적손이니 마땅히 왕위에 세워야 한다고 여겼다)'에 대해, 경원 보씨(慶源輔氏 : 輔廣)가 말하였다. "이는 세상 사람들의 말이다."

○ 蓋衛人皆信無疑, 故立之耳.

대개 위(衛)나라 사람들이 믿어서 의심이 없었기 때문에 그를 왕위에 세웠을 뿐이다.

---

195) 조순손(趙順孫), 『논어찬소(論語纂疏)』 권4에는 다음과 같이 실려 있다. "輔氏曰 : '世俗, 知其一, 不知其二; 見其一節之或得, 而於其大義之乖, 則不之察也. 蒯聵固得罪於父矣, 而以輒言之, 則子獨可以拒父乎? 輒嫡孫固在所當立矣, 然上不稟於天王, 下不受命於君父, 又豈可以擅有其國乎? 是故, 爲國家者, 不可無君子之論, 而世俗之說, 未可遽爲信也.'"

朱註

故冉有疑而問之. '諾', 應辭也.

그러므로 염유가 의심됨이 있어서 물은 것이다. '낙(諾)'은 응하는 말이다.

詳說

○ 朱子曰 : "以兵拒父, 自不須疑, 以承, 重法言之, 或當立. 故疑夫子助之."196)

'염유의이문지(冉有疑而問之 : 염유가 의심됨이 있어서 물은 것이다)'에 대해, 주자(朱子 : 朱熹)가 말하였다. "군사로써 아버지를 막았기 때문에 염유(冉有) 스스로 모름지기 의심하지 않고 질문한 것이며, 적손(嫡孫)으로써 왕위를 이은 것이니 법을 중시하여 말한다면 혹은 마땅히 왕위에 세워야 하므로 공자가 그를 도왔을 것이다."

○ 重, 以夫子方居衛, 或似助之耳.

중요하게 여긴 것은 공자가 바야흐로 위나라에서 지내면서 혹시 그를 도와주었을 것 같기 때문일 뿐이다.

○ 冉有之見, 蓋在或可或不可之間也.

염유(冉有)의 견해는 대개 혹은 가능하고 혹은 불가능하다는 사이에 있었다.

○ 此釋'爲衛君乎'.

이는 '위위군호(爲衛君乎 : 위나라 임금을 위하셨을까)'를 풀이한 것이다.

○ '諾'者, 子貢之見, 亦與冉有同.

'낙(諾)'이라는 것은 자공(子貢)의 의견이니, 또한 염유(冉有)와 같다.

○ 問於夫子也, 冉有不問而子貢問之者, 蓋以子貢善問也.

'문(問)'이라는 것은 공자에게 물음이니, 염유가 묻지 않고 자공이 물은 것은 대개 자공이 질문을 잘하였기 때문이다.

○ 訓間釋.

훈고 사이에 경문을 풀이하였다.

---

196) 호광 편(胡廣 編), 『논어집주대전(論語集註大全)』「술이(述而)」에는 "朱子曰 : '子以兵拒父, 是多少不順, 自不須疑而問. 冉有疑夫子爲衛君者, 以嫡孫承, 重之常法言之, 則輒於義或當立也. 故疑夫子助之.'"로 되어 있다.

[7-14-2]

入, 曰 : "伯夷 · 叔齊, 何人也?" 曰 : "古之賢人也." 曰 : "怨乎?" 曰 : "求仁而得仁, 又何怨?" 出, 曰 :"夫子不爲也."

자공이 들어가서 말하였다. "백이와 숙제는 어떤 사람이었습니까?" 공자가 말하였다. "옛날 어진 사람이니라." 자공이 말하였다. "원망하였습니까?" 공자가 말하였다. "인(仁)을 구하여 인(仁)을 얻었거늘, 또 어찌 원망하리오?" 밖으로 나와서 말하였다. "공자는 위하지 않으셨을 것이다."

詳說

○ 音同上.

'부자불위야(夫子不爲也)'에서의 '위(爲)'자는 음이 위와 같다.[197]

○ '入曰'者, 子貢入, 問於夫子也; '出曰'者, 子貢出, 語冉有也.

'입왈(入曰)'이라는 것은 자공(子貢)이 들어가서 공자에게 물은 것이고, '출왈(出曰)'이라는 것은 자공(子貢)이 나와서 염유(冉有)에게 말한 것이다.

朱註

'伯夷' · '叔齊', 孤竹君之二子. 其父將死, 遺命立叔齊, 父卒, 叔齊遜伯夷, 伯夷曰 : "父命也." 遂逃去, 叔齊亦不立而逃之, 國人立其中子. 其後武王伐紂, 夷 · 齊扣馬而諫, 武王滅商, 夷 · 齊恥食周粟, 去隱于首陽山, 遂餓而死. '怨', 猶悔也.

'백이(伯夷)'와 '숙제(叔齊)'는 고죽군(孤竹君)의 두 아들이다. 그 아버지가 장차 죽으려할 적에 숙제를 왕위에 세우도록 명을 남겼는데, 아버지가 죽자 숙제가 백이에게 양보하니, 백이가 말하기를 "아버지의 유명(遺命)이다." 하고 마침내 도망가 버리니 숙제도 또한 왕위에 서지 않고 도망가서 나라 사람들이 그 가운데 아들을 왕위에 세웠다. 그 뒤에 무왕(武王)이 주(紂)를 정벌하려하자 백이와 숙제가 말고삐를 당기며 간언을 하였으며, 무왕이 상(商)나라를 멸망시키자 백이와 숙제는 주나라 곡식을 먹는 것이 부끄러운 일이라 여기고 수양산으로 가

---

197) '위(爲)'자는 음이 위와 같다 : 위의 "'爲', 去聲."을 말한다.

서 숨어살다가 마침내 굶어서 죽었다. '원(怨)'은 회(悔)와 같다.

詳說

○ 徃也.
'도지(逃之)'는 가는 것이다.

○ 音仲.
'국인립기중자(國人立其中子)'에서의 '중(中)'자는 음이 중(仲)이다.

○ 遜國是一事.
'국인입기중자(國人立其中子 : 나라 사람들이 그 가운데 아들로 왕위에 세웠다)'는 나라를 양보함이 하나의 일이다.

○ 牽也.
'구(扣)'는 끌어당김이다.

○ 一作'於'.[198]
'우(于)'는 어떤 판본에는 '어(於)'로 썼다.

○ 餓死, 又一事.
'수아이사(遂餓而死 : 마침내 굶어서 죽었다)'에서 '아사(餓死)'는 또 하나의 일이다.

○ 以上, 見『史記』「本傳」.[199]
이 위는 『사기(史記)』「본전(本傳)」에 보인다.

○ 此訓本事, 而尤加詳於前篇, '舊惡'註者, 爲'讓國'·'餓死'二事之襯於本文'怨'字也.
이는 본래의 일을 훈고한 것인데, 전편[200]보다 더욱 상세하니, '구악(舊惡)'[201]을 주석한 사람들은 '나라를 양보함'과 '굶어 죽음'의 두 가지 일이 경문의 '원(怨)'자에 가깝다고 하였다.

---

198) 『논어집주(論語集註)』와 『논어집주대전』에는 '於'로 되어 있다. 조선 정조 때 내각본 『논어집주대전』에는 '于'로 되어 있다.

199) 『사기(史記)』 권61, 「백이열전(伯夷列傳)제1」을 말한다. ; 『논어집주대전』에 실려 있는 내용은 다음과 같다. "『史記』, 武王載木主, 號爲文王, 東伐紂, 伯夷·叔齊叩馬而諫曰 : '父死不葬, 爰及干戈, 可謂孝乎? 以臣弑君, 可謂仁乎?' 左右欲兵之, 大公曰 : '此義人也.' 扶而去之. 武王已平殷亂, 天下宗周, 而伯夷·叔齊耻之, 義不食周粟, 隐於首陽山, 即雷首山之陽, 在河中府河東縣. 采薇而食之, 遂餓而死."

200) 전편 : 『논어(論語)』「공야장(公冶長)」을 말한다.

201) 구악(舊惡) : 『논어(論語)』「공야장(公冶長)」에서 "伯夷叔齊, 不念舊惡, 怨是用希."라고 하였다.

○ 訓畢.

훈고가 끝났다.

朱註

君子居是邦, 不非其大夫, 况其君乎.

군자가 이 나라에 거주할 때는 그 대부를 비난하지 않거늘, 하물며 그 임금에 있어서랴.

詳說

○ 『荀子』「子道」篇曰 : "子貢曰 : '禮居是邑, 不非其大夫.'"[202]

'불비기대부(不非其大夫 : 그 대부를 비난하지 않음)'에 대해, 『순자(荀子)』「자도(子道)」에서 말하였다. "자공(子貢)이 말하기를 '예(禮)에 이 마을에 거주하면 그 대부를 비난하지 않는다.'라고 하였다."

○ 先明子貢不直問其事之意.

'황기군호(况其君乎 : 하물며 그 임금에 있어서랴)'는 먼저 자공(子貢)이 직설적으로 그 일의 뜻을 묻지 않았음을 밝힌 것이다.

朱註

故子貢不斥衛君, 而以夷·齊爲問, 夫子告之如此, 則其不爲衛君, 可知矣.

그러므로 자공(子貢)이 위(衛)나라 임금을 지적하지 않고, 백이와 숙제로써 질문을 하였는데, 공자가 말해준 사안이 이와 같다면 그 위나라 임금을 위하지 않음을 알 수 있는 것이다.

詳說

○ 指也.

'척(斥)'은 지적(指摘)함이다.

---

202) 호광 편(胡廣 編), 『논어집주대전(論語集註大全)』「술이(述而)」에 실려 있는 내용은 다음과 같다. "『荀子』「子道篇」, 子路問曰 : '魯大夫練而牀, 禮耶?' 練, 小祥也. 孔子曰 : '吾不知也.' 子路出謂子貢曰 : '吾以夫子爲無所不知, 夫子徒有所不知. 由問魯大夫練而牀禮耶, 夫子曰吾不知也.' 子貢曰 : '吾將爲汝問之.' 問曰 : '練而牀禮耶?' 孔子曰 : '非禮也.' 子貢出謂子路曰 : '夫子無所不知, 汝問非也. 禮, 居是邑, 不非其大夫.'"

○ 朱子曰 : “一父子爭國, 一兄弟讓國, 此是則彼非.”[203]

‘이이 · 제위문(以夷 · 齊爲問 : 백이와 숙제로써 질문을 하였는데)’에 대해, 주자(朱子 : 朱熹)가 말하였다. “하나는 아버지와 아들이 나라를 다투고, 하나는 형과 아우가 나라를 양보하니, 이것은 옳고 곧 저것은 그르다.”

○ 指‘求仁得仁, 又何怨?’

‘부자고지여차(夫子告之如此 : 공자가 말해준 것이 이와 같다면)’는 ‘인(仁)을 구하여 인(仁)을 얻었거늘, 또 어찌 원망하리오?’를 가리킨다.

○ 其意, 若曰‘輒亦當如叔齊之逃而已’.

‘기불위위군, 가지의(其不爲衛君, 可知矣 : 그 위나라 임금을 위하지 않음을 알 수 있는 것이다)’는 그 생각이 ‘첩(輒)도 또한 마땅히 숙제(叔齊)의 달아남과 같을 따름이다.’라고 말함과 같다.

○ 釋畢.

경문의 풀이가 끝났다.

○ 此下, 又申論之.

이 아래에서 또 거듭하여 논변하였다.

○ 南軒張氏曰 : “子貢微其辭, 以測聖人之意, 可謂善爲辭矣.”[204]

남헌 장씨(南軒張氏 : 張栻)가 말하였다. “자공(子貢)이 그 말을 은미하게 하여 성인의 뜻을 헤아렸으니, 말을 잘한다고 이를 만하다.”

○ 夷 · 齊之爲人, 子貢已稔知而猝問何人, 夫子已微知子貢之意右衛君, 至曰 : “怨乎?” 則其意遂大顯矣. 夫子於叔 · 齊無貶辭, 而槩曰 : “古之賢人.” 子貢已微知夫子之意不右衛君, 至曰 : “求仁得仁, 何怨?” 則其意亦大顯矣. 微辭問答, 非子貢之, 與夫子, 蓋不能也.

백이(伯夷)와 숙제(叔齊)의 사람됨은 자공(子貢)이 이미 익숙하게 알고 있으면서

---

203) 호광 편(胡廣 編), 『논어집주대전(論語集註大全)』「술이(述而)」에는 “問 : ‘子貢欲知爲衛, 君何故問夷齊?’ 曰 : ‘一箇是父子爭國, 一箇是兄弟讓國, 此是則彼非, 可知.’ 問 : ‘何故又問怨乎?’ 曰 : ‘此又審一審, 所以夫子言求仁得仁, 是就身上本原處說. 凡讓出於不得已, 便有怨, 夷齊之讓, 是合當恁地, 乃天理之當然, 又何怨? 大綱衛君底固爲不是, 到此越見得衛君沒道理.’ 又問 : ‘子欲正名, 是公子郢否?’ 曰 : ‘此又是第二節事. 第一節須先正輒父子之名.’ 問 : ‘輒尙在, 則如何正?’ 曰 : ‘上有天子, 下有方伯, 他不當立, 如何不正?’”으로 되어 있다.

204) 호광 편(胡廣 編), 『논어집주대전(論語集註大全)』「술이(述而)」에는 “南軒張氏曰 : ‘子貢微其辭, 以測聖人之旨, 可謂善爲辭矣.’”로 되어 있다.

도 갑자기 어떤 사람인지 물은 것인데, 공자는 이미 은미하게 자공이 위나라 임금을 도우리라고 생각하였음을 알고 있었으며, 이르러서 말하기를, "원망하였습니까?"라고 하여 곧 그 뜻이 마침내 크게 드러난 것이다. 공자가 백이와 숙제에게 폄하하는 말이 없이 대강 말하기를, "옛날의 어진 사람이다."라고 하자 자공은 이미 은미하게 공자의 뜻이 위나라 임금을 돕지 않으리라는 것을 알게 되었으며, 이르러서 말하기를, "인(仁)을 구하여 인(仁)을 얻었으니, 어찌 원망하였겠는가?"라고 하여 그 뜻이 또한 크게 드러난 것이다. 은미한 말로 묻고 대답함은 자공이 아니라면 공자와 함께함에 대개 능하지 못하였을 것이다.

朱註

蓋伯夷以父命爲尊, 叔齊以天倫爲重, 其遜國也, 皆求所以合乎天理之正而卽乎人心之安. 旣而各得其志焉, 則視棄其國, 猶敝蹝爾, 何怨之有?

대개 백이(伯夷)는 아버지의 유명(遺命)을 존중하게 여겼고, 숙제(叔齊)는 천륜(天倫)을 중요하게 여겼으니, 그 나라를 양보함은 모두 천리(天理)의 바름에 맞고 인심(人心)의 편안함에 나아가는 것을 구함이었다. 이윽고 각자 그 뜻을 얻었으니, 그 나라를 포기하기를 마치 헤진 신발처럼 보았을 뿐이니, 무슨 원망이 있었겠는가?

詳說

○ 兄弟之序.

'이천륜위중(以天倫爲重 : 천륜(天倫)을 중요하게 여겼으니)'은 형제의 차례이다.

○ 就也.

'즉(卽)'은 나아감이다.

○ 雙峰饒氏曰 : "兼此兩說, 方說'得仁'字盡."205)

'개구소이합호천리지정이즉호인심지안(皆求所以合乎天理之正而卽乎人心之安 : 모두 천리의 바름에 맞고 인심의 편안함에 나아가는 것을 구함)'에 대해, 쌍봉 요씨(雙峰饒氏 : 饒魯)가 말하였다. "이 두 개의 말을 아울러서 바야흐로 '득인(得仁)'자를 말하는 데 다한 것이다."

205) 호광 편(胡廣 編), 『논어집주대전(論語集註大全)』「술이(述而)」.

○ 雲峯胡氏曰："若怨, 則不安矣."[206]

운봉 호씨(雲峯胡氏 : 胡炳文)[207]가 말하였다. "만약 원망하였다면 편안하지 않았을 것이다."

○ 所爾反.[208]

'유폐사이(猶敝蹝爾)'에서 '사(蹝)'는 '소(所)'와 '이(爾)'의 반절(反切)이다.

○ 朱子曰："伊川說使無中子, 叔齊當立, 看來叔齊雖以父命, 終非正理. 以正理論之, 伯夷稍優. 恐當立伯夷, 伯夷終不肯立. 大臣請於天子, 而立之."[209]

'시기기국, 유폐사이(視棄其國, 猶敝蹝爾 : 그 나라를 포기하기를 마치 헤진 신발처럼 보았을 뿐임)'에 대해, 주자(朱子 : 朱熹)가 말하였다. "이천(伊川 : 程頤)의 말에, 설사 가운데 아들이 없었다면 숙제(叔齊)를 마땅히 왕위에 세웠을 것이지만, 보다시피 숙제는 비록 아버지의 유명(遺命)에도 끝내 올바른 도리를 비난하였다고 하였다. 올바른 도리로써 논한다면 백이(伯夷)가 조금 우월했지만, 당연히 백이를 왕위에 세울까봐 염려하였으며, 백이는 끝내 왕위에 즐겨 서지 않았다. 대신이 천자에게 청하여 그를 세워야 했을 것이다."

---

206) 호광 편(胡廣 編), 『논어집주대전(論語集註大全)』「술이(述而)」에는 "雲峯胡氏曰 : '人心誰無天理? 能合乎天理之正, 方可卽乎人心之安, 乃謂之仁. 伯夷以父命爲重, 是伯夷之心, 合乎天理而後, 伯夷之心, 方安; 叔齊以天倫爲重, 是叔齊之心, 合乎天理而後, 叔齊之心, 方安. 『集註』下, 一安字, 便見夷·齊不怨, 若怨則不安矣. 輒之拒父, 全無人心·天理, 於心安乎?'"로 되어 있다.

207) 호병문(胡炳文, 1250~1333) : 원나라 때 학자로 자가 중호(仲虎)이고, 호가 운봉(雲峯)이며, 무원고천(婺源考川) 사람이다. 특히 주자학(朱子學)과 역학(易學) 공부에 조예가 있었다. 저서로는 『운봉집(雲峯集)』·『사서통(四書通)』·『주역본의통석(周易本義通釋)』·『순정몽구(纯正蒙求)』 등이 있다.

208) 호광 편(胡廣 編), 『논어집주대전(論語集註大全)』「술이(述而)」.

209) 호광 편(胡廣 編), 『논어집주대전(論語集註大全)』「술이(述而)」에는 "問 : '二子之遜, 使無中子, 二子不成委先君之國而棄之? 必有當立者.' 朱子曰 : '伊川說, 叔齊當立, 看來叔齊雖以父命, 終非正理, 恐只當立伯夷.' 曰 : '伯夷終不肯立, 奈何?' 曰 : '國有賢大臣, 必請於天子而立之, 不問其情願矣. 看來二子立得都不安, 以正理論之, 伯夷稍優.'"로 되어 있다. 『주자어류(朱子語類)』 권34에 실려 있는 내용은 다음과 같다. "或問 : '伯夷·叔齊之讓, 使無中子, 則二子不成委先君之國而棄之! 必有當立者.' 曰 : '伊川說, 叔齊當立, 看來立叔齊, 雖以父命, 然終非正理, 恐只當立伯夷.' 或曰 : '伯夷終不肯立, 奈何?' 曰 : '若國有賢大臣, 則必請於天子而立之, 不問伯夷情願矣. 看來二子立得都不安. 但以正理論之, 則伯夷分數稍優耳.'"

朱註

若之據國拒父而唯恐失之, 其不可同年而語, 明矣.

나라를 웅거(雄據)하여 아버지를 막으면서 오직 왕위를 잃을까 염려한 일 같으면 같이 놓고 말할 수 없음이 분명하다.

詳說

○ 指輒.

'기불가동년이어(其不可同年而語)'에서의 '기(其)'는 첩(輒)을 가리킨다.

○ 言不可擬議於叔齊者, 有如天壤之判也.

'기불가동년이어(其不可同年而語 : 같이 놓고 말할 수 없음)'는 숙제(叔齊)를 비교하여 의론할 수 없는 것을 말하였으니, 마치 하늘과 땅의 구별과 같음이 있다는 뜻이다.

○ 朱子曰 : "使夫子爲政, 必立公子郢."[210)]

'명의(明矣)'에 대해, 주자(朱子 : 朱熹)가 말하였다. "공자에게 정치를 하게 하였다면 반드시 공자(公子) 영(郢 : 衛 靈公의 서자. 자는 子南)을 세웠을 것이다."

朱註

○ 程子曰 : "伯夷·叔齊, 遜國而逃, 諫伐而餓, 終無怨悔, 夫子以爲賢. 故知其不與輒也."

정자(程子 : 程頤)가 말하였다. "백이(伯夷)와 숙제(叔齊)는 나라를 양보하고 달아났으며, 상(商)나라 정벌을 간언하고 굶어 죽었어도 끝내 원망이나 후회가 없었으므로 공자가 어진 사람으로 여겼다. 그러므로 그 첩(輒)을 도와주지 않을 것을 알았다."[211)]

---

210) 호광 편(胡廣 編), 『논어집주대전(論語集註大全)』「술이(述而)」에는 "蒯聵與輒, 若有一人識道理, 各相避就去了, 今蒯聵欲入, 子以兵拒父, 是多少不順. 議者以爲當立公子郢, 不知郢不肯做, 蓋知其必有紛爭也. 使夫子爲政, 必上告天王, 下告方伯, 拔郢立之, 斯爲得正. 輒之逃, 當在靈公薨, 而夫人欲立之之時."로 되어 있다.

211) 『주자어류(朱子語類)』 권34, 「논어16(論語十六)」, 117조목에는 다음과 같이 정돈 되어 있다. "물었다. ''공자께서 위나라 임금을 돕다' 장에서 정자가 인용한 정벌을 간한 일에 대해 어떤 이가 묻고 논한 것은 이 장에서 질문한 답의 본의가 아닙니다. 지금 『논어집주(論語集註)』에서는 그 설을 전부 싣고 이 말을 깎아내지 않았으니 어떻습니까?' 주희가 말하였다. '정벌을

詳說

○ 叔子.

'정자왈(程子曰)'에서 '정자(程子)'는 동생 정이(程頤)이다.

○ 新安陳氏曰 : "兼諫伐言, 所以廣不悔之實."212)

'간벌이아, 종무원회(諫伐而餓, 終無怨悔 : 상나라 정벌을 간언하고 굶어 죽었어도 끝내 원망이나 후회가 없었음)'에 대해, 신안 진씨(新安陳氏 : 陳櫟)가 말하였다. "상나라 정벌에 관해 간언함을 아울러 말하여 후회하지 않는 실상을 넓힌 것이다."

○ '餓'字於'悔'字, 義雖襯, 然其餓死, 非由於遜國, 使其不遜國, 必有此事. 然則本文之意, 未必幷指餓死. 但『集註』訓其本事, 則不得不幷擧餓死事耳. 雖然輒之事, 只與叔齊相襯, 而本文已幷擧伯夷耳.

'아(餓)'자가 '회(悔)'자에 비추어 볼 때 뜻이 비록 가까우나 그 굶어 죽은 것은 나라를 양보함에 말미암은 것이 아니고, 그에게 나라를 양보하지 않게 하여도 반드시 이 일이 있었을 것이다. 그렇다면 본문의 뜻은 반드시 아울러 굶어 죽은 것을 가리키지는 않는다. 다만 『논어집주(論語集註)』에서 그 본래의 일을 훈고함에 굶어 죽은 일을 아울러 거론하지 않을 수 없었을 뿐이다. 비록 그러하나 첩(輒)의 일은 다만 숙제(叔齊)와 서로 가까운데도, 본문에서는 이미 백이(伯夷)를 아울러서 거론하였을 뿐이다.

○ 助也.

'여(與)'는 도움이다.

간하다가 굶어죽은 것은 실로 이장의 본의가 아니다. 그러나 또한 백이가 원망하지 않은 일이므로 정자가 그 설을 함께 끌어 썼다.'(問: ''夫子爲衛君'章, 程子所引諫伐事, 或問論非此章答問本意, 當矣. 今『集注』全載其說, 不删此語, 何也?' 曰: '諫伐而餓, 固非此章本意 ; 然亦是伯夷不怨底事, 故程子同引來說.'")

212) 호광 편(胡廣 編), 『논어집주대전(論語集註大全)』「술이(述而)」.

[7-15-1]

子曰："飯疏食飲水，曲肱而枕之，樂亦在其中矣，不義而富且貴，於我如浮雲."

공자가 말하였다. "거친 밥을 먹으며 물을 마시고, 팔을 꾸부려 팔베개해도 즐거움이 또한 그 가운데 있나니, 정의롭지 않고 부유하며 또 고귀함은 나에게 뜬구름과 같은 것이다."

朱註

'飯', 扶晩反. '食', 音嗣. '枕', 去聲. '樂', 音洛.[213]

'반소사음수(飯疏食飲水)'에서의 '반(飯)'은 '부(扶)'와 '만(晩)'의 반절(反切)이고, '사(食)'는 음이 사(嗣)이다. '곡굉이침지(曲肱而枕之)'에서의 '침(枕)'자는 거성(去聲 : 베개)이다. '악역재기중의(樂亦在其中矣)'에서의 '락(樂)'자는 음이 락(洛)이다.

詳說

○ 諺音誤.

'곡굉이침지(曲肱而枕之)'에서의 '굉(肱)'은 『언해』의 음이 잘못되었다.[214]

朱註

'飯', 食之也. '疏食', 麤飯也.

'반(飯)'는 음식을 먹는 것이다. '소사(疏食)'는 거친 밥이다.

詳說

○ '食', 如字.

'식(食)'은 본래의 음으로 읽는다.

○ '麤飯', '飯', 如字.

'추반(麤飯)'의 '반(飯)'은 본래의 음으로 읽는다.

---

213) 호광 편(胡廣 編), 『논어집주대전(論語集註大全)』「술이(述而)」와 『논어주소(論語注疏)』「음의」의 내용은 다음과 같다. "飯, 符晩反. 疏, 本或作蔬, 所居反. 食, 如字, 謂菜食也. 一音嗣, 飯也. 肱, 國弘反, 臂也. 枕, 之鴆反. 樂, 音洛, 注同."

214) '굉(肱)'은 『언해』의 음이 잘못되었다 : 『언해』본에 의하면 '肱긍'이라고 한 것을 지적한 것이다.

○ 訓畢.

훈고가 끝났다.

朱註

聖人之心, 渾然天理, 雖處困極, 而樂亦無不在焉.

성인(聖人)의 마음은 순일하게 천리(天理)여서 비록 극심하게 곤궁(困窮)함에 처하더라도 즐거움이 또한 있지 않음이 없다.

詳說

○ 上聲.215)

'혼연천리(渾然天理)'에서 '혼(渾)'자는 상성(上聲 : 순일하다)이다.

○ 朱子曰 : "形骸, 雖是人, 其實只是一團天理."216)

'혼연천리(渾然天理 : 순일하게 천리임)'에 대해, 주자(朱子 : 朱熹)가 말하였다. "몸과 뼈가 비록 사람이나 그 실상은 다만 천리(天理)와 한 덩어리이다."

○ 上聲.

'수처곤극(雖處困極)'에서 '처(處)'자는 상성(上聲 : 거주하다)이다.

○ 窮也.

'곤극(困極)'은 궁함이다.

○ 添'雖'字.

'수처곤극(雖處困極)'으로 볼 때, '수(雖)'자를 더하였다.

○ 自在.

'재(在)'는 자재(自在)함이다.

朱註

其視不義之富貴, 如浮雲之無有, 漠然無所動於其中也.

그 정의롭지 않은 부귀(富貴)를 봄에 마치 뜬구름처럼 형체가 없는 것으로 여기

215) 호광 편(胡廣 編), 『논어집주대전(論語集註大全)』「술이(述而)」.

216) 호광 편(胡廣 編), 『논어집주대전(論語集註大全)』「술이(述而)」에는 "朱子曰 : '聖人表裏精粗, 無不昭徹, 其形骸雖是人, 其實只是一團天理, 所謂從心所欲不踰矩, 左來右去, 盡是天理, 如何不快活?'"로 되어 있다.

니, 막연하여 그 마음속에 흔들리는 것이 없다.

詳說

○ '其'字, 襯'於我'二字.

'기시불의지부귀(其視不義之富貴 : 그 정의롭지 않은 부귀를 봄)'의 '기(其)'자는 '어아(於我)'자에 가깝다.

○ 添'視'字.

'기시불의지부귀(其視不義之富貴)에서 볼 때 '시(視)'자를 더하였다.

○ 不曰'我視之'而止曰'於我', 此可見聖人言語渾圓無圭角.

'아시지(我視之)'라고 하지 않고, 다만 '어아(於我)'라고 하였는데, 여기서 성인의 언어가 순일하고 원만하여 규각(圭角)이 없음을 볼 수 있다.

○ 以'無有', 解'雲'.

'여부운지무유(如浮雲之無有 : 마치 뜬구름처럼 형체가 없는 것으로 여김)'는 '무유(無有)'로써 '구름'을 풀이한 것이다.

○ 尤菴曰 : "莫是或無或有之意耶?"[217]

우암(尤菴 : 宋時烈)[218]이 말하였다. "간혹 없다가 간혹 있는 뜻이 아닌가?"

○ 相忘之意.

'막연(漠然)'은 서로 잊어버리는 뜻이다.

○ 吾心.

'기중(其中)'은 내 마음이다.

○ 釋畢.

경문의 풀이가 끝났다.

朱註

○ 程子曰 : "非樂疏食飮水也. 雖疏食飮水, 不能改其樂也, 不義之富貴, 視之

217) 송시열(宋時烈), 『송자대전(宋子大全)』 卷133, 「잡저(雜著) · 퇴계사서질의의의(退溪四書質疑疑義) · 논어(論語)」. "無有, 莫是或無或有之意耶?"

218) 송시열(宋時烈, 1607~1689) : 조선 후기 학자로 자가 영보(英甫)이고, 호가 우암(尤庵) · 우재(尤齋)이고, 시호가 문정(文正)이고 본관이 은진(恩津)이다. 저서로는 『송자대전(宋子大全)』 외에 『주자대전차의(朱子大全箚疑)』 · 『주자어류소분(朱子語類小分)』 · 『이정서분류(二程書分類)』 등이 있다.

輕如浮雲然."

정자(程子 : 程頤)가 말하였다. "거친 밥에 물 마시는 것을 즐거워함이 아니다. 비록 거친 밥에 물을 마시더라도 그 즐거움을 바꿀 수 없음이니, 정의롭지 않은 부귀(富貴)는 마치 뜬구름과 같이 가볍게 본 것이다."[219)]

詳說

○ 叔子.

'정자왈(程子曰)'에서 '정자(程子)'는 동생 정이(程頤)이다.

○ 自不能也, '能'字, 最有味.

'불능개기악야(不能改其樂也 : 그 즐거움을 바꿀 수 없음)'는 스스로 능하지 못함이니, '능(能)'자에 가장 의미가 있다.

○ 朱子曰 : "'樂'字在先."[220)]

주자(朱子 : 朱熹)가 말하였다. "'락(樂)'자는 앞에 있어야 한다."

○ 以輕解雲.

'시지경여부운연(視之輕如浮雲然 : 마치 뜬구름과 같이 가볍게 본 것이다)'은 가벼움으로써 구름을 풀이한 것이다.

---

219) 『주자어류(朱子語類)』 권34, 「논어16(論語十六)」, 127조목에는 다음과 같이 설명하고 있다. "물었다. '어떤 이가 '공자의 즐거움이 그 가운데 있는 것은 안자가 고치지 않는 것과는 또 사이가 있다.'라 하였는데, 어찌하여 안자가 '대바구니 밥과 표주박 물을 즐기지 않는다'고 말하지 않고, 이 때문에 '그 마음이 즐거워하는 것을 고치지 않는다'고 하였습니까?' 공자에 이르러서는 기탁하는 바에 따라 즐거움이 그곳에 있습니다. 한번은 '고치지 않는다'라 하고, 한번은 '또한 있다'라고 하였으니, 문장의 뜻이 실제로 다르지 않습니까?' 그러나 정자는 말하기를 '거친 밥에 물을 마시는 것을 즐거워함이 아니다. 비록 거친 밥에 물을 마시더라도 그 즐거움을 바꿀 수 없다.'라 하여, 오히려 안자를 논한 것과 그다지 다름이 없는 것 같다고 하였습니다. 지금 『논어집주(論語集註)』에서는 그 설을 실었으니 어찌된 것입니까?' 주희가 말하였다. '공자와 안자의 즐거움은 또한 나눌 필요가 없다. '고치지 않는다'는 것은 여기에서 말하여 넣었고, '즐거움이 그 가운데 있다'는 것은 거기에서 말을 꺼낸 것이다.'(問: '或問謂: '夫子樂在其中, 與顏子之不改者, 又有間矣.' 豈非謂顏子非樂於簞瓢, 特不以是而改其心之所樂? 至於夫子, 則隨所寓而樂存焉. 一曰'不改', 一曰'亦在', 文意固自不同否? 然程子則曰: '非樂疏食飮水也. 雖疏食飮水, 不能改其樂也.' 卻似無甚異於所以論顏子者. 今集注乃載其說, 何耶?' 曰: '孔顏之樂亦不必分. '不改', 是從這頭說入來;'樂在其中', 是從那頭說出來.')"

220) 호광 편(胡廣 編), 『논어집주대전(論語集註大全)』「술이(述而)」에는 "'樂'字在先, 理會得樂後, 方見不義而富貴於我如浮雲,"으로 되어 있다.

朱註

又曰 : "須知所樂者何事."

또 정자(程子)가 말하였다. "모름지기 즐거워하는 것이 어떤 일인지 알아야 한다."

詳說

○ 伯子.[221]

'우왈(又曰)'의 주체는 형 정호(程顥)이다.

○ 蒙陋巷章而省約言之, 讀者宜參看.

'수지소락자하사(須知所樂者何事 : 모름지기 즐거워하는 것이 어떤 일인지 알아야 한다)'에 대해, 누항장(陋巷章)[222]을 이어받아 생략하여 말하였으니, 읽는 사람은 마땅히 참조하여 보아야 한다.

○ 新安陳氏曰 : "在中, 見其安不改, 微見其勉."[223]

신안 진씨(新安陳氏 : 陳櫟)가 말하였다. "마음속에 있어서 그 안락함을 바꾸지 않음을 볼 수 있으며, 은미하게 그 힘씀도 볼 수 있다."

○ 雙峰饒氏曰 : "樂在富貴中, 見得不分曉. 故多於貧賤處說."[224]

쌍봉 요씨(雙峰饒氏 : 饒魯)가 말하였다. "즐거움이 부귀(富貴) 가운데 있으면 보아도 분간하여 알지 못한다. 그러므로 대부분 빈천(貧賤)한 곳에서 말한다."

○ 朱子曰 : "記此, 以繼衛君之事, 其亦不無意乎?"[225]

---

221) 주희(朱熹), 『논어정의(論語精義)』 권4상. "明道曰 : '樂亦在其中, 須知所樂者何事.'"

222) 누항장(陋巷章) : 『논어(論語)』「옹야(雍也)」에서 "子曰 : '賢哉. 回也! 一簞食, 一瓢飮, 在陋巷, 人不堪其憂, 回也, 不改其樂, 賢哉. 回也!.'"라고 하였다.

223) 호광 편(胡廣 編), 『논어집주대전(論語集註大全)』「술이(述而)」에는 "新安陳氏曰 : '孔顏所樂何事, 及自有其樂, 程子之引而不發者也. 從事於博文約禮, 庶得其所以樂, 朱子發程子之未發者也. 必於顏子樂處言, 而不於孔子樂處言之者, 知顏子之樂而後, 可知孔子之樂. 故以孔所以誘顏, 顏所以學孔之工夫於顏樂處言之也. 在中之云, 不求樂而樂在其中, 見其樂之安焉, 不以貧窶累其心而改其所樂, 微見其樂之勉焉.'"으로 되어 있다.

224) 호광 편(胡廣 編), 『논어집주대전(論語集註大全)』「술이(述而)」에는 "雙峯饒氏曰 : '樂, 是聖人之所固有, 富貴貧賤, 是時之適然. 人不處富貴, 則處貧賤. 聖人之樂, 處富貴則在富貴中, 處貧賤則在貧賤中. 然樂在富貴中, 見得不分曉, 在貧賤中, 方別出, 故多於貧賤處說.'"로 되어 있다.

225) 호광 편(胡廣 編), 『논어집주대전(論語集註大全)』「술이(述而)」에는 "朱子曰 : '聖人之心, 無時不樂, 如元氣流行天地之間, 無一處之不到, 無一時之或息也, 豈以貧富貴賤之異, 而有所輕重於其間哉? 夫子言此, 蓋即當時所處, 以明其樂之未嘗不在乎此, 而無所慕於彼耳. 記此者, 列此以繼衛君之事, 其亦不無意乎?'"로 되어 있다.

주자(朱子 : 朱熹)가 말하였다. "이것을 기록함에 위(衛)나라 임금의 일에 이었으니, 그 또한 의미가 없지 않겠는가?"

[7-16-1]

子曰 : "加我數年, 五十以學『易』, 可以無大過矣."
공자가 말하였다. "나에게 두어 해를 빌려주어 마침내 『주역(周易)』을 배우면 큰 허물이 없게 할 수 있으리라."

朱註

劉聘君, 見元城劉忠定公, 自言.
유빙군(劉聘君)이 원성(元城) 유 충정공(劉忠定公 : 유안세(劉安世))[226]을 만났는데 스스로 말하였다.

詳說

○ 『大全』曰 : "名安世, 字器之, 大名府, 元城人."
'원성유충정공(元城劉忠定公)'에 대해, 『논어집주대전』에서 말하였다. "이름이 안세(安世)이고, 자가 기지(器之)이고, 진짜 이름이 부(府)이며, 원성(元城) 사람이다.

○ 忠定自言.
'자언(自言)'은 충정공(忠定公)이 스스로 말한 것이다.

朱註

"嘗讀他『論』, '加'作'假', '五十'作'卒'." 蓋'加'·'假', 聲相近而誤讀, '卒'與'五十', 字相似而誤分也."
"일찍이 다른 『논어(論語)』를 읽었는데 '가(加)'는 '가(假)'로 썼고, '오십(五十)'은 '졸(卒)'로 쓰였으니, 대개 '가(加)'와 '가(假)'는 소리가 서로 들어맞아서 잘못 읽었고, '졸(卒)'과 '오십(五十)'은 글자가 서로 비슷해서 잘못 나눈 것이다."라고 하였다.[227]

---

226) 유안세(劉安世, 1048~1125) : 북송 시대 후기 때의 사람으로 자가 기지(器之)이고, 호가 원성(元城)·독역노인(讀易老人)이고 시호가 충정(忠定)이며, 위현(魏縣) 사람이다. 사마광(司馬光)을 좇아 배웠으며, 좌간의대부(左諫議大夫)·추밀원 도승지에 이르렀다. 직간(直諫)으로 유명하여 당시 사람들이 전상호(殿上虎)라고 일컬을 정도였다. 저서로는 『진언집(盡言集)』 등이 있다.

227) 『주자어류(朱子語類)』 권34, 「논어16(論語十六)」, 134조목에는 "『사기(史記)』에는 '더할 가(加)'자가 '빌릴 가(假)'로 되어 있고, 고본에는 '오십(五十)'이 '졸(卒)'자로 되어 있다. '가

詳說

○ 他本『論語』.

'타『논』(他『論』)'은 다른 판본의 『논어(論語)』이다.

○ 他『論』如此, 此下, 又其自解之說.

'가작가, 오십작졸(加作假, 五十作卒)'은 다른 판본의 『논어(論語)』가 이와 같은 것이며, 이 아래는 또 그것을 스스로 풀이한 말이다.

○ 音.

'성상근이오독(聲相近而誤讀)'에서 '성(聲)'은 음이다.

○ '假'爲'加'.

'오독(誤讀)'은 '가(假)'를 '가(加)'라고 한 것이다.

○ 句.

'졸여오십(卒與五十)'에서 구절이 끊어진다.

○ 一字爲二字.

'오분(誤分)'은 한 글자를 두 글자로 한 것이다.

○ 指今本『論語』.

'오독(誤讀)'과 '오분(誤分)'은 지금 판본의 『논어(論語)』를 가리키는 것이다.

○ 此說, 蓋聘君聞於忠定, 而嘗以語朱子者, 故不以'劉氏曰'起頭.

이 명설은 대개 빙군(聘君)이 충정(忠定)에게 듣고서 주자(朱子)에게 말해준 것이므로 '유씨왈(劉氏曰)'로써 첫머리를 시작하지 않았다.

朱註

愚按, 此章之言, 『史記』, 作"假我數年, 若是, 我於『易』則彬彬矣", '加'正作'假', 而無'五十'字.

(加)'와 '가(假)'는 소리가 서로 비슷하고, '오십(五十)'은 '졸(卒)'자와 비슷하게 생겼는데 모두 잘못이다. 이는 공자가 『주역(周易)』에 매달릴 때 스스로 '나에게 몇 년의 수명만 빌려주어 마침내 『주역(周易)』을 배우게 한다면 큰 허물이 없을 것이다'라 한 것으로, 이는 스스로 겸손하게 하신 말씀이며, 배우는 사람들을 가르쳐 『역(易)』의 도가 무궁함을 깊이 보이신 것이다.(史記'加'作'假', 古本'五十'作'卒'字. '加'·'假'聲相近, '五十'與'卒'字相似, 而倂誤也. 此孔子繫易之時, 自謂'假我數年, 卒以學易, 可以無大過'者, 爲此自謙之辭, 以敎學者, 深以見易之道無窮也.)"라고 하였다.

내가 살펴보건대, 이 장의 말은 『사기(史記)』에서 "나에게 두어 해를 빌려주어 오늘날과 같이 내가 『주역(周易)』을 한다면 안팎을 멋지게 갖출 것이다."라고 쓰여 있어 '가(加)'는 정말로 '가(假)'로 썼고, '오십(五十)'이라는 글자는 없었다.[228]

詳說

○ 「世家」.
'『사기』(『史記』)'는 「공자세가(孔子世家)」이다.

○ 句. 言如今日也.
'약시(若是)'는 문장이 끊어지는 곳이니, 말이 오늘날과 같다.

○ '若是'二字, 有'卒'字義.
'약시(若是)' 두 글자에는 '졸(卒)'자의 뜻이 있다.

○ 與'學『易』可以無大過', 其義微異.
'아어『역』즉빈빈의(我於『易』則彬彬矣 : 내가 『주역(周易)』을 한다면 안팎을 멋지게 갖출 것이다.)'에 대해, '학『역』가이무대과(學『易』可以無大過 : 주역』을 배우면 큰 허물이 없게 할 수 있으리라)'와 그 뜻이 약간 다르다.

○ '假我'以下, 至此, 『史記』之文也. 旣引此, 此下又論訂之.
'가아(假我)' 아래로 여기까지가 『사기(史記)』의 문장이다. 이미 이것을 인용해 놓고 이 아래에서 또 논의하며 정정(訂定)하였다.

○ 以視忠定說, 恰相符.
'가정작가(加正作假 : 可는 정말로 假로 썼다)'는 충정공(忠定公)의 설명과 비교하면 서로 딱 맞는다.

○ 雖無'卒'字, 其無'五十'字, 已足可信, 且有一明證. 故此下, 遂以夫子年數斷之.
'무오십자(無五十字 : 오십이라는 글자는 없었다)'는 비록 '졸(卒)'자가 없는 것이지만, 그 '오십(五十)'자가 없다는 것으로 이미 충분히 믿을 수 있고, 또 하나의 분명한 증거를 두는 것이다. 그러므로 이 아래에서 마침내 공자의 햇수로써 단정하였다.

228) 『주자어류(朱子語類)』 권34, 「논어16(論語十六)」, 134조목.

朱註

蓋是時, 孔子年已幾七十矣, '五十'字誤, 無疑也.

대개 공자(孔子)의 나이가 이미 일흔에 가까웠을 것이니,[229] '오십(五十)'이라는 글자가 잘못된 것은 의심할 여지가 없다.

詳說

○ **'幾', 音祈.**[230]

'공자년이기칠십의(孔子年已幾七十矣)'에서 '기(幾)'자는 음이 기(祈)이다.

○ **『史記』「世家」曰 : "晩而喜『易』曰: '假我數年'云云."**[231]

'공자년이기칠십의(孔子年已幾七十矣 : 공자의 나이가 이미 일흔에 가까웠을 것이니)'에 대해, 『사기(史記)』「공자세가(孔子世家)」에서 말하였다. "늘그막에 『주역(周易)』을 좋아하여 말하기를, '나에게 두어 해 빌려주다.'라고 운운하였다."

○ **此其明證也.**

이는 그 분명한 증거이다.

○ **言當作'卒'.**

'오십자오, 무의야(五十字誤, 無疑也 : 오십이라는 글자가 잘못된 것은 의심할 여지가 없다)'에 대해, 마땅히 '졸(卒)'로 써야 함을 말하는 것이다.

○ **先正加'五十三'字.**

선대의 현명한 사람은 '오십삼(五十三)'자를 더하였다.

---

229) 『주자어류(朱子語類)』 권34, 「논어16(論語十六)」, 133조목에는 다음과 같이 설명하고 있다. "'마침내 『주역(周易)』을 배워' 장을 묻자 선생께서 『사기(史記)』를 들어 말하였다. '이때 공자는 연로하여 이미 70살에 이르렀으며 『주역(周易)』을 찬(贊)하고자 하셨으므로 이 말을 하게 되었다. '50세에 『주역(周易)』을 배웠다'라 한다면 전혀 의미가 없다.' 물었다. '공자께서는 젊은 시절에 『주역(周易)』을 배우시지 않고 늙어서야 『주역(周易)』을 배웠습니까?' 주희가 말하였다. '「단사」·「상서」·「문언전」을 지어 「십익」으로 삼은 것이지, 막 『주역(周易)』을 읽었다는 뜻이 아니다.'(問'五十以學易'章, 先生擧史記, 云: '是時孔子年老, 已及七十, 欲贊易, 故發此語. 若作'五十以學易', 全無意思.' 問: '孔子少年不學易, 到老方學易乎?' 曰: '作「彖」·「象」·「文言」以爲十翼, 不是方讀易也.')"

230) 호광 편(胡廣 編), 『논어집주대전(論語集註大全)』「술이(述而)」에서는 "幾, 平聲."이라고 하였다.

231) 호광 편(胡廣 編), 『논어집주대전(論語集註大全)』「술이(述而)」에 실려 있는 내용은 다음과 같다. "『孔子世家』, 孔子晩而喜『易』, 序「彖」·「繫」·「象」·「說卦」·「文言」, 讀『易韋』編三絶, 曰 : '假我數年, 若是, 我於『易』則彬彬矣.'"

朱註

學『易』則明乎吉凶消長之理, 進退存亡之道.

『주역(周易)』을 배우면[232] 길하고 흉하며 사라지고 자라나는 이치와 나아가고 물러나면 살고 죽는 도리에 밝게 된다.

詳說

○ 上聲.[233]

'길흉소장지리(吉凶消長之理)'에서 '장(長)'자는 상성(上聲 : 生長하다)이다

○『易』六十四卦, 不出'吉凶'二字.

'길흉소장지리(吉凶消長之理 : 길하고 흉하며 사라지고 자라나는 이치)'에 대해, 『주역(周易)』 64괘에는 '길흉(吉凶)'의 두 글자가 나오지 않는다.

○ 見「泰」·「否」彖傳.

'소장(消長)'은 「태괘(泰卦) · 단전(彖傳)」과 「비괘(否卦) · 단전(彖傳)」에 보인다.[234]

○ 胡氏曰 : "以卦體言."[235]

호씨(胡氏 : 胡泳)가 말하였다. "괘체(卦體)로써 말한 것이다."

○ 見「乾 · 文言」.

'진퇴존망지도(進退存亡之道 : 나아가고 물러나며 살고 죽는 도리)'는 「건괘(乾卦) · 문언(文言)」에 보인다.[236]

---

232) 『주자어류(朱子語類)』 권34, 「논어16(論語十六)」, 129조목에서는 "성인께서 『주역(周易)』을 배우면 천지 만물의 이치와 길흉의 회한, 진퇴와 존망에 대하여 완전히 알아 자연스럽게 어긋나 잃는 것이 없다. 성인께서 이 여러 구절을 말한 것은 함부로 말하거나 또 되는대로 말한 것이 아니다. 성인께서 반드시 본 것이 이와 같으므로 바야흐로 이렇게 말하였다.(聖人學易, 於天地萬物之理, 吉凶悔吝, 進退存亡, 皆見得盡, 自然無差失. 聖人說此數句, 非是謾然且恁地說. 聖人必是見得是如此, 方如此說.)"라고 하였다.

233) 호광 편(胡廣 編), 『논어집주대전(論語集註大全)』「술이(述而)」.

234) 「태괘(泰卦) · 단전(彖傳)」과 「비괘(否卦) · 단전(彖傳)」에 보인다 : 『주역(周易)』「태괘(泰卦) 단사(彖辭)」에서 "「彖」曰 : '泰, 小往大來, 吉亨, 則是天地交而萬物通也, 上下交而其志同也. 內陽而外陰, 內健而外順, 內君子而外小人, 君子道長, 小人道消也.'"라고 하였고, 「비괘(否卦) 단사(彖辭)」에서 "「彖」曰 : '否之匪人, 不利君子貞, 大往小來, 則是天地不交而萬物不通也, 上下不交而天下无邦也. 內陰而外陽, 內柔而外剛, 內小人而外君子, 小人道長, 君子道消也.'"라고 하였다.

235) 호광 편(胡廣 編), 『논어집주대전(論語集註大全)』「술이(述而)」.

236) 건괘(乾卦) · 문언(文言)」에 보인다 : 『주역(周易)』「건괘(乾卦) · 문언(文言)」에서 "亢之爲言也, 知進而不知退; 知存而不知亡; 知得而不知喪, 其唯聖人乎? 知進退存亡而不失其正者, 其唯聖人

○ 胡氏曰 : "以人事言."237)

호씨(胡氏 : 胡泳)가 말하였다. "인사(人事)로써 말한 것이다."

朱註

> 故可以無大過.
>
> 그러므로 큰 허물이 없을 수 있다.

詳說

○ 朱子曰 : "聖人未嘗自說無過, 至此, 方言無大過, 猶似有小過在. 雖是謙辭, 然道理眞無窮."238)

'가이무대과(可以無大過 : 큰 허물이 없을 수 있음)'에 대해, 주자(朱子 : 朱熹)가 말하였다. "성인(聖人)은 일찍이 스스로 허물이 없음을 말한 적이 없는데, 이에 이르러 바야흐로 큰 허물이 없음을 말하였으니, 오히려 작은 허물이 있었던 듯하다. 비록 이는 겸손한 말이나 도리가 진실로 다함이 없는 것이다."239)

○ 卦名, 亦有'大過'·'小過'.

괘(卦)의 이름에 또한 '대과(大過)'와 '소과(小過)'가 있다.

○ 釋畢無訓.

경문의 뜻풀이를 마쳤으나, 훈고는 없다.

乎."라고 하였다.

237) 호광 편(胡廣 編), 『논어집주대전(論語集註大全)』「술이(述而)」.

238) 호광 편(胡廣 編), 『논어집주대전(論語集註大全)』「술이(述而)」에는 "朱子曰 : '聖人一生學問, 未嘗自說無過, 至此境界, 方言無大過, 猶似有小過在. 雖是謙辭, 然道理眞實無窮盡期, 說者當看此等, 爲聖人氣象.'"으로 되어 있다.

239) 『주자어류(朱子語類)』 권34, 「논어16(論語十六)」, 132조목에는 다음과 같이 설명하고 있다. "물었다. ''『주역(周易)』을 배우면 큰 허물이 없다'라고 하였는데, 성인이 어찌 허물이 있습니까?' 주희가 말하였다. '다만 성인이 스스로 만족하지 못한다는 뜻이다. 성인의 이런 말은 또한 '도가 세 가지인데 나는 능한 것이 없다', '성스럽고 인한 것을 내 어찌 하겠는가'라 한 것과 같으니, 성인이 이렇게 할 수 없으면 또 누가 이렇게 할 수 있겠는가! 정자는 '『주역(周易)』을 배운 사람은 큰 허물이 없다'라 하였는데, 문장의 기세가 그렇지 않다. 이 장의 '오십(五十)'자는 잘못이다. 그러나 이 장의 큰 뜻은 '큰 허물이 없다(無大過)'에 있지 '오십(五十)'에 있지 않다.'(問: ''學易無大過', 聖人何以有過?' 曰: '只是聖人不自足之意. 聖人此般話, 也如'道者三, 我無能', '聖仁吾豈敢', 不是聖人能如此, 更誰能如此! 程子謂'學易者無大過', 文勢不然. 此章'五十'字誤. 然章之大旨在'無大過', 不在'五十'上.')"

○ 此下, 又爲學者申論之.

이 아래는 또 배우는 사람들을 위하여 거듭 논의한 것이다.

朱註

蓋聖人深見『易』道之無窮, 而言此以教人, 使知其不可不學, 而又不可以易而學也.

대개 성인(聖人)은 『주역(周易)』 도리의 무궁함을 깊이 보고 이를 말하여 사람들에게 가르쳐서 배우지 않으면 안 되게 하며, 또 쉽게 배울 수 없음을 알게 하려고 한 것이다.

詳說

○ 非少時及時日可學而通也.

'성인심견『역(易)』도지무궁(聖人深見『易』道之無窮 : 성인(聖人)은 『주역(周易)』 도리의 무궁함을 깊이 보고)'에 대해, 젊을 때 시일에 미쳐 배워서 통달할 수 있는 것이 아니다.

○ 承上'教人'句.

'사지기부가부학(使知其不可不學 : 하여금 배우지 않으면 안 되며)'은 위의 '교인(教人)' 구절을 이은 것이다.

○ 襯本文'無過'語.

경문의 '무과(無過)'라는 말이 가깝다.[240]

○ 去聲.[241]

'우불가이이(又不可以易)'의 '이(易)'는 거성(去聲 : 쉽다)이다.

○ 下'而'字以見難意.

'이우불가이이이학야(而又不可以易而學也 : 또 쉽게 배울 수 없음을 알게 하려고 한 것이다)'에 대해, 아래의 '이(而)'자로 어려운 뜻을 보였다.

○ 承上無窮句.

위의 '무궁(無窮)' 구절을 이었다.

240) 본문의 '무과(無過)'라는 말이 가깝다 : 경문의 '可以無大過矣'를 말하는 것이다.

241) 호광 편(胡廣 編), 『논어집주대전(論語集註大全)』「술이(述而)」.

○ **襯本文'假年'語.**

경문의 '가년(假年)'이라는 말이 가깝다.[242]

○ **西山眞氏曰 : "久·速·行·藏, 此孔子之身全體, 皆『易』也."**[243]

서산 진씨(西山眞氏 : 眞德秀)가 말하였다. "오래 할 수 있으면 오래 하고, 빨리 할 수 있으면 빨리 하며, 쓰이면 도(道)를 행하고, 버려지면 몸을 감추니, 이는 공자(孔子)의 몸 전체가 모두 『주역(周易)』인 것이다."

---

242) 본문의 '가년(假年)'이라는 말이 가깝다 : 경문의 '加我數年'을 말하는 것이다.

243) 호광 편(胡廣 編), 『논어집주대전(論語集註大全)』「술이(述而)」에는 "西山眞氏曰 : '聖人作『易』, 不過推明陰陽消長之理而已. 陽長則陰消, 陰長則陽消, 一消一長, 天之理也. 人而學『易』, 則知吉凶消長之理. 以陰陽對言, 則陽爲善爲吉, 陰爲惡爲凶. 獨言陽, 則陽自有吉有凶, 蓋陽得中則吉, 不中則凶. 陰亦然. 以天理言, 則爲消息盈虛; 以人事言, 則爲存亡進退. 蓋消則虛, 長則盈, 如日中則昃, 月盈則虧, 暑極則寒, 寒極則暑, 此天道所不能已也. 人能體此, 則當進而進, 當退而退; 當存而存, 當亡而亡. 如此則人道得而與天合矣. 故孔子可以進則進, 可以退則退; 可以久則久, 可以速則速; 用之則行, 舍之則藏, 此孔子之身全體, 皆『易』也.'"라 되어 있다.

[7-17-1]

子所雅言, 『詩』·『書』·執禮, 皆雅言也.
공자가 항상 말하는 것은 『詩』와 『書』와 예(禮)를 지킴이니, 모두 항상 하는 말이었다.

朱註

'雅', 常也. '執', 守也.
'아(雅)'는 항상이다. '집(執)'은 지킴이다.

詳說

○ 訓畢.
훈고가 끝났다.

朱註

'『詩』'以理情性, '『書』'以道政事, '禮'以謹節文, 皆切於日用之實. 故常言之.
'『시(詩)』'는 정성(情性)을 다스리고, '『서(書)』'는 정사(政事)를 말하며, '예(禮)'는 절문(節文)을 삼가니, 모두 날마다 쓰는 실제에 절실한 것이다. 그러므로 항상 그것들을 말하였다.

詳說

○ 慶源輔氏曰: "'理', 治[244]也; '道', 猶述[245]也; '謹', 毫釐必計也."[246]
경원 보씨(慶源輔氏 : 輔廣)가 말하였다. "'리(理)'는 다스림이고, '도(道)'는 말함과

244) 治 : 호광 편(胡廣 編), 『논어집주대전(論語集註大全)』「술이(述而)」에서 "新安陳氏曰 : '治之, 使情性得其正.'"이라고 하였다.

245) 述 : 호광 편(胡廣 編), 『논어집주대전(論語集註大全)』「술이(述而)」에서 "述帝王之政事."라고 하였다.

246) 호광 편(胡廣 編), 『논어집주대전(論語集註大全)』「술이(述而)」에는 "慶源輔氏曰 : '『詩』, 所以吟咏情性, 故誦之者, 可以理情性, 理, 猶治也. 『書』, 所以紀載政事, 故誦之者, 可以道政事, 道猶述也. 禮, 所以著天理之節文, 故執之者, 可以謹節文, 謹, 謂毫釐有所必計也. 情性在內者, 政事·節文在外者. 政事·節文, 雖在外, 而又有廣狹之殊, 然皆切於日用之實, 故夫子常言之.' 又曰 : '『詩』·『書』, 雖假誦讀然後, 能知其義而達諸用, 禮則全在人執守而行之, 故禮獨言執也. 然『詩』·『書』, 雖始假於誦讀然後, 亦必須見於所行; 禮, 固在於執守而行之, 然始亦不可不講讀之也.'"로 되어 있다.

같고, '근(謹)'은 아주 작아도 반드시 헤아림이다."

○ 釋畢.

경문의 풀이가 끝났다.

○ 此下, 又摘出釋'執'字.

이 아래에서는 또 '집(執)'자를 끄집어내어 풀이하였다.

朱註

'禮'獨言'執'者, 以人所執守而言, 非徒誦說而已也.

그러므로 항상 그것들을 말하였다. '예(禮)'만 홀로 '집(執)'을 말한 것은 사람이 지키는 것으로써 말한 것이니, 다만 외우고 말할 따름이 아닌 것이다.

詳說

○ 雲峰胡氏曰: "屬行."[247]

'인소집수(人所執守 : 사람이 지키는 것)'에 대해, 운봉 호씨(雲峰胡氏 : 胡炳文)가 말하였다. "행(行)에 속한다.

○ 雲峰胡氏曰: "屬知."[248]

'송설(誦說 : 외우고 말함)'에 대해, 운봉 호씨(雲峰胡氏 : 胡炳文)가 말하였다. "지(知)에 속한다."

○ 朱子曰: "'執禮', 是當時自有此名."[249]

주자(朱子 : 朱熹)가 말하였다. "'집례(執禮)'는 당시에 자연스럽게 이 명칭이 있었다."

○ 又[250]曰: "若郊廟朝覲, 非常用者, 講之有時, 不常及之."[251]

247) 호광 편(胡廣 編), 『논어집주대전(論語集註大全)』「술이(述而)」에는 "雲峯胡氏曰: '誦說屬知, 執守屬行.'"으로 되어 있다.

248) 호광 편(胡廣 編), 『논어집주대전(論語集註大全)』「술이(述而)」에는 "雲峯胡氏曰: '誦說屬知, 執守屬行.'"으로 되어 있다.

249) 호광 편(胡廣 編), 『논어집주대전(論語集註大全)』「술이(述而)」에는 "朱子曰: '『詩』·『書』, 尙是口說得底, 惟禮要當執守, 執禮, 亦是當時自有此名.'"으로 되어 잇다.

250) 又: 호광 편(胡廣 編), 『논어집주대전(論語集註大全)』「술이(述而)」에는 '雙峯饒氏'로 되어 있다.

251) 호광 편(胡廣 編), 『논어집주대전(論語集註大全)』「술이(述而)」에는 "雙峯饒氏曰: '禮有五禮, 夫子所常言者, 只是言人日用所常執守之禮不可闕者爾. 若宗廟郊社朝覲會同, 非常所用者, 則講之有時, 亦不常及之也.'"로 되어 있다.

쌍봉 요씨(雙峯饒氏 : 饒魯)가 또 말하였다. "천지 제사와 사당 제사와 조회 같은 것은 항상 쓰는 것이 아니었으니, 그것을 익힘에 때가 있었고 항상 미치지는 않았다."

朱註

○ 程子曰 : "孔子雅素之言, 止於如此, 若性與天道, 則有不可得而聞者, 要在默而識之也."252)

정자(程子 : 程顥)가 말하였다. "공자(孔子)의 평소에 항상 하는 말이 이와 같음에 그쳤으니, 성(性)과 천도(天道) 같으면 얻어 들을 수가 없는 것이 있었으니, 요점은 묵묵하게 그것을 아는 데 달려 있다."

詳說

○ 伯子.

---

252) 『주자어류(朱子語類)』 권34, 「논어16(論語十六)」, 137조목에는 "伊川云: '夫子雅素之言, 止於如此. 若'性與天道不可得而聞'者, 則在'黙而識之'.' 不知性與天道, 便於『詩』·『書』·執禮中求之乎?' 曰: '語意不如此. 觀子貢說'夫子之言性與天道', 自是有說時節, 但亦罕言之.' 恭父云: '觀子貢此處, 固足以見子貢方聞性天道之妙. 又如說: '天何言哉? 四時行焉, 百物生焉, 天何言哉?' 這是大段警悟他處.' 曰: '這般處是大段分曉.' 又云: '若實能'黙而識之', 則於'『詩』·『書』·執禮'上, 自見得性與天道. 若不實能黙識得, 雖聖人便說出, 也曉不得.' 賀孫問: ''執禮', '執'字, 恐當時自以'執'字目其禮, 非夫子方爲是言?' 曰: '『詩』·『書』, 只是口說得底, 惟禮要當執守, 故孔子常說教人執禮. 故云: '詩·書·執禮, 皆雅言也.' 不是當時自有此名.'(이천은 '공자가 평소에 하신 말씀이 이와 같음에 그칠 뿐이다. '성과 천도로 말하면 들을 수가 없었다'라 한 것은 '묵묵히 아는데' 있는 것이다.'라 하였습니다. 성과 천도를 모른다면 『시』와 『서』, 예를 지키는 가운데 구할 수 있습니까?' 주희가 말하였다. '말 뜻은 이렇지 않다. 자공이 '공자께서 성과 천도를 말씀하셨다'라 한 것을 살펴보면 나름대로 말한 때가 있었지만 또한 드물게 말씀하셨다.' 공보가 말하였다. '자공의 이곳을 살펴보니 실로 충분히 자공이 바야흐로 성과 천도의 묘함을 들었음을 볼 수 있습니다. 또한 '하늘이 무슨 말씀을 하시는가? 사시가 운행되고 온갖 만물이 생장하는데 하늘이 무슨 말씀을 하시는가?'라 말한 것 같은 것은 다른 곳을 잘 경계하여 깨우친 것이군요.' 주희가 말하였다. '이런 곳은 대단히 잘 깨달은 것이다. 실제로 '묵묵히 알' 수 있다면 '『시』와 『서』, 예를 지키는' 것에서 절로 성과 천도를 알게 된다. 실제로 묵묵히 알 수 없다면 성인이 말을 하더라도 알 수가 없다.' 하손이 물었다. ''예를 지킨다'라 할 때의 '집(執)'자는 당시에 나름대로 '집'자를 가지고 예를 본 것이지 공자가 막 이 말을 한 것은 아닌 것 같습니다?' 주희가 말하였다. '『시』와 『서』는 다만 입으로 말할 수 있는 것이나 예만은 잡고 지켜야 하므로 공자께서 늘 사람들에게 예를 지키라고 말씀하셨다. 그러므로 '『시』와 『서』, 예를 지키는 것은 모두 평상시의 말씀이다.'라 하셨다. 당시에 나름대로 이런 명칭이 있었던 것은 아니다.')"라고 하였다.

'정자왈(程子曰)'에서 '정자(程子)'는 형 정호(程顥)이다.

○ 亦常也.

'아소(雅素)'는 또한 항상이다.

○ 此下, 又引所罕言者, 以相形.

'지어여차(止於如此 : 이와 같음에 그쳤음)'에서, 이 아래에서는 또 드물게 말하는 것을 끌어내어 서로 비교하였다.

○ 見「公冶長」.[253]

'약성여천도, 즉유불가득이문자(若性與天道, 則有不可得而聞者 : 성(性)과 천도(天道) 같으면 얻어 들을 수가 없는 것이 있었음)'는 『논어(論語)』「공야장(公冶長)」에 보인다.

○ 如字.[254]

'요재묵이식지야(要在默而識之也)'에서의 '식(識)'은 본래의 음으로 읽는다.

○ 見前章.

'묵식(黙識)'은 앞의 장에 보인다.[255]

○ 指'性'·'天道'而言.

'성(性)'과 '천도(天道)'를 가리켜서 말한 것이다.

朱註

謝氏曰 : "此, 因'學『易』'之語, 而類記之."

사씨(謝氏 : 謝良佐)가 말하였다. "이는 '학『역』(學『易』)'[256]이라는 말에 말미암아 유추하여 기록한 것이다."

詳說

○ 此章.

---

253) 『논어(論語)』「공야장(公冶長)」. "子貢曰 : '夫子之文章, 可得而聞也, 夫子之言性與天道, 不可得而聞也.'"

254) 『논어집주대전』에는 "識, 音式, 謂不言而自得之."라고 하였다.

255) '묵식(黙識)'은 앞의 장에 보인다 : 『논어(論語)』「술이(述而)」에서 "子曰 : '黙而識之, 學而不厭, 誨人不倦, 何有於我哉?'"라고 하였고, 그 『주석』에 의하면, "'識', 記也, '黙識', 謂不言而存諸心也. 一說, '識', 知也, 不言而心解也."라고 하였다.

256) 학『역』(學『易』) : 앞의 장의 "五十以學『易』"을 말한다.

‘차(此)’는 이 장이다.

○ 上聲.

‘인학역지어(因‘學『易』’之語)’에서 ‘『역(易)』’은 상성(上聲 : 『주역(周易)』)이다.

○ 一作‘論’.

‘인학역지어(因‘學『易』’之語)’에서 ‘어(語)’는 어떤 판본에는 ‘논(論)’으로 썼다.[257]

○ 以類記之.

‘유기지(類記之)’는 유추함으로써 기록한 것이다.

○ 朱子曰 : “『易』掌於太卜, 『春秋』掌於史官, 非學者之正業.”[258]

주자(朱子 : 朱熹)가 말하였다. “『주역(周易)』은 태복(太卜)에 의해 관장되었고, 『춘추(春秋)』는 사관(史官)에 의해 관장되었으니, 배우는 사람들의 정규(正規)의 학업이 아니었다.”

---

257) ‘어(語)’는 어떤 판본에는 ‘논(論)’으로 썼다 : 호광 편(胡廣 編), 『논어집주대전(論語集註大全)』「술이(述而)」와 조선 정조 때 간행된 내각본 『논어집주대전』에는 모두 ‘語’로 되어 있어 ‘論’으로 표기된 문헌이 어떤 것인지 자세하지 않다.

258) 호광 편(胡廣 編), 『논어집주대전(論語集註大全)』「술이(述而)」에는 “朱子曰 : ‘古之儒者, 只是習『詩』·『書』·『禮』·『樂』. 言執禮, 則樂在其中, 如『易』則掌於太卜, 『春秋』掌於史官, 學者兼通之, 不是正業. 只這『詩』·『書』, 大而天道之精微, 細而人事之曲折, 無不在其中. 禮則節文度數, 聖人教人, 亦只是許多事.’”로 되어 있다.

[7-18-1]

葉公, 問孔子於子路, 子路不對, 섭공(葉公)이 공자(孔子)를 자로(子路)에게 물었거늘, 자로가 대답하지 않았는데,

朱註

舒涉反.[259] '葉公', 楚葉縣尹沈諸梁, 字子高, 僭稱公也.

'섭공(葉公)'에서 '섭(葉)'은 '서(舒)'와 '섭(涉)'의 반절(反切)이다. '섭공(葉公)'은 초나라 섭현의 대부인 심제량(沈諸梁)이니, 자가 자고(子高)이고 예(禮)에 어긋나게 공(公)이라 일컬었다.

詳說

○ '尹', 大夫.

'윤(尹)'은 대부이다.

○ 新安陳氏曰: "楚子僭王, 其臣皆僭."[260]

'참칭공야(僭稱公也: 예에 어긋나게 공이라 일컬었다)'에 대해, 신안 진씨(新安陳氏: 陳櫟)가 말하였다. "초나라 왕이 예에 어긋나게 왕이라 일컬으니, 그 신하들도 모두 예에 어긋났다."

○ '僭'字, 是不對之本.

'참(僭)'자는 대응하지 않음을 근본으로 한다.

○ 訓畢.

훈고가 끝났다.

朱註

葉公, 不知孔子, 必有非所問而問者.

섭공(葉公)이 공자(孔子)를 알지 못하였으니, 반드시 물을 것이 아닌데 물은 것이

259) 호광 편(胡廣 編), 『논어집주대전(論語集註大全)』「술이(述而)」. 『논어주소(論語注疏)』「음의」에는 "葉, 舒涉反, 注同. 葉, 地名, 楚縣."이라고 하였다.

260) 호광 편(胡廣 編), 『논어집주대전(論語集註大全)』「술이(述而)」.

있었다.

詳說

○ 新安陳氏曰 : "不足以知孔子."261)

'부지공자(不知孔子 : 공자를 알지 못함)'에 대해, 신안 진씨(新安陳氏 : 陳櫟)가 말하였다. "충분히 공자를 알지 못하였다."

○ 或將毁之而故問歟.

'필유비소문이문자(必有非所問而問者 : 반드시 물을 것이 아닌데 물은 것이 있었다)'는 간혹 그를 훼방하고자 하여 고의로 물은 것이리라.

朱註

故子路不對, 抑亦以聖人之德, 實有未易名言者與.

그러므로 자로(子路)가 대답하지 않았으니, 그렇지 않으면 또한 성인(聖人)의 덕을 실제로 쉽게 일컫지 못하는 것이 있었기 때문인가?

詳說

○ 此正意.

'자로부대(子路不對 : 자로가 대답하지 않음)'의 경우, 이는 진정한 뜻이다.

○ 去聲.262)

'실유미이명언자여(實有未易名言者與)'에서 '이(易)'자는 거성(去聲 : 쉽다)이다.

○ 平聲.263)

'실유미이명언자여(實有未易名言者與)'에서 '여(與)'자는 평성(平聲 : 어조사)이다.

○ 以字意至此.

'실유미이명언자여(實有未易名言者與 : 실제로 쉽게 일컫지 못하는 것이 있었기 때문임)'는 글자의 뜻으로써 여기까지 이르렀다.

○ 新安陳氏曰 : "難以言語形容."264)

---

261) 호광 편(胡廣 編), 『논어집주대전(論語集註大全)』「술이(述而)」에는 "新安陳氏曰 : '一則葉公不足以知聖人, 一則子路自難以言語形容聖人.'"으로 되어 있다.

262) 호광 편(胡廣 編), 『논어집주대전(論語集註大全)』「술이(述而)」.

263) 호광 편(胡廣 編), 『논어집주대전(論語集註大全)』「술이(述而)」에는 "與, 音余."라고 하였다.

264) 호광 편(胡廣 編), 『논어집주대전(論語集註大全)』「술이(述而)」에는 "新安陳氏曰 : '一則子路自

신안 진씨(新安陳氏 : 陳櫟)가 말하였다. "언어로써 형용하기가 어려운 것이다."

○ 此又一意也.

이는 또 하나의 뜻이다.

○ 釋畢.

경문의 풀이가 끝났다.

[7-18-2]

子曰 : "女奚不曰 : '其爲人也, 發憤忘食, 樂以忘憂, 不知老之將至云爾?'"
공자가 말하였다. "너는 어찌 말하기를 '그 사람됨이 분발하면 먹기를 잊으며, 즐거워하여 근심을 잊어서 늙음이 장차 이름을 알지 못하는 것이 이와 같다.'라고 하지 않았느냐?"

詳說

○ 音汝.

'여해불왈(女奚不曰)'에서 '여(女)'자는 음이 여(汝)이다.

○ 音洛.265)

'락이망우(樂以忘憂)'에서 '락(樂)'자는 음이 락(洛)이다.

○ '爾', 如此也, '奚不曰'字與'云爾'字, 呼應.

'이(爾)'는 이와 같음이니, '해불왈(奚不曰)'자와 '운이(云爾)'자는 호응관계이다.

朱註

未得則發憤而忘食,266) 已得則樂之而忘憂.

難以言語形容聖人.'"으로 되어 있다.

265) 『논어주소(論語注疏)』「음의」에 "樂, 音洛."이라고 하였다.

266) 『주자어류(朱子語類)』 권34, 「논어16(論語十六)」, 146조목에는 "'學者做得事不是, 須是悔 ; 悔了, 便不要做始得. 若悔了, 第二番又做, 是自不能立志, 又干別人甚事?' 因問: '『集注』有'未得則發憤忘食'之說.' 曰: '聖人未必有未得之事, 且如此說. 若聖人便有這般事, 是他便發憤做將去.

아직 터득하지 못하면 분발하면서 먹기를 잊으며, 이미 터득하면 그것을 즐기면서 근심을 잊었던 것이다.

詳說

○ 與上句對說, 故以'而'易'以'.

'이득즉악지이망우(已得則樂之而忘憂 : 이미 터득하면 그것을 즐기면서 근심을 잊었음)'는 위의 구절과 짝하여 말한 것이다. 그러므로 '이(而)'을 '이(以)'로 바꾸었다.

○ 朱子曰 : "是逐事上說."267)

주자(朱子 : 朱熹)가 말하였다. "이는 위의 일을 좇아서 말한 것이다."

朱註

以是二者, 俛焉日有孶孶, 而不知年數之不足, 但自言其好學之篤耳.

이 두 가지로써 힘쓰면서 날마다 부지런히 노력함이 있고, 살아갈 햇수가 부족함을 알지 못하였으니, 다만 스스로 그 배우기를 좋아하는 독실함만 말하였을 뿐이다.

詳說

○ 音滋.

'면언일유자자(俛焉日有孶孶)'에서 '자(孶)'자는 음이 자(滋)이다.

○ 言老也.

'연수부족(年數不足)'은 늙음을 말한다.

○ 二句, 見『禮記』「表記」.

學者當悔時, 須是學聖人, 始得. 豈可自道我不似聖人, 便休卻!'(학자들은 일을 할 때 옳지 않다면 모름지기 고치며, 고쳐서 터득한 것은 하지 않아야 한다. 고쳤으면 두 번째로 또 일을 해 나가는데, 스스로 뜻을 세울 수 없는 것이라면 다른 사람에게 무슨 일을 구하겠는가?' 이에 물었다. '『논어집주(論語集註)』에 '아직 터득하지 못하면 분발하면서 먹기를 잊으며'라는 말이 있습니다.' 주희가 말하였다. '성인은 꼭 터득하지 못하는 일이 없지만, 또한 이렇게 말하였다. 성인에게 이런 일이 있다면 그가 분발을 해 나갈 것이다. 학자들이 고칠 때는 모름지기 성인을 배워야 비로소 터득한다. 어찌 스스로 나는 성인 같지 않으니 그만 두겠다고 말할 수 있겠는가!')라고 하였다.

267) 호광 편(胡廣 編), 『논어집주대전(論語集註大全)』「술이(述而)」에는 "忘食忘憂, 是逐事上說; 一憤一樂, 循環代至, 非謂終身只此一憤一樂也. 逐事上說, 故可遂言不知老之將至, 而爲聖人之謙辭. 若作終身說, 則憤短樂長, 不可幷連下句, 而亦不見聖人自貶之意矣."로 되어 있다.

'힘쓰면서 날마다 부지런히 노력함이 있고, 살아갈 햇수가 부족함을 알지 못하였으니[俛焉日有孳孳, 而不知年數之不足]'의 두 구절은 『예기』「표기(表記)」에 보인다.[268]

○ 以上, 皆其好學也.

이 위는 모두 공자(孔子)가 배우기를 좋아함이다.

○ 孔子言.

'자언(自言)'은 공자(孔子)의 말이다.

○ 指孔子.

'단자언기호학지독이(但自言其好學之篤耳)'에서 '기(其)'는 공자(孔子)를 가리킨다.

○ 去聲.

'단자언기호학지독이(但自言其好學之篤耳)'에서 '호(好)'자는 거성(去聲 : 좋아하다)이다.

○ 一作'爾'.

'단자언기호학지독이(但自言其好學之篤耳)'에서 '이(耳)'는 어떤 판본에는 '이(爾)'로 썼다.[269]

○ 朱子曰 : "聖人之謝辭."[270]

주자(朱子 : 朱熹)가 말하였다. "성인(聖人)이 사양하는 말이다."

○ 使子路對之如此, 雖諸梁, 亦安能浼我哉?

자로(子路)에게 이와 같이 대답하게 했다면 비록 심제량(沈諸梁 : 葉公)이라도 또한 어찌 나를 더럽힐 수 있었겠는가?

○ 有釋無訓.

경문의 풀이는 있으나, 훈고는 없다.

---

268) 두 구절은 『예기』「표기(表記)」에 보인다 : 『예기』「표기(表記)」에서 "「小雅」曰 : '高山仰之, 景行行止.' 子曰 : '『詩』之好仁, 如此. 鄕道而行, 中道而廢, 忘身之老也, 不知年數之不足也, 俛焉日有孳孳, 斃而后已.'"라고 하였으며, 『논어집주대전』에 이 내용이 실려 있다.

269) '이(耳)'는 어떤 판본에는 '이(爾)'로 썼다 : 『논어집주(論語集註)』에는 '耳'로 되어 있는 반면에 『논어집주대전』과 조선 정조 때 간행된 내각본 『논어집주대전』에는 '爾'로 되어 있다.

270) 호광 편(胡廣 編), 『논어집주대전(論語集註大全)』「술이(述而)」에는 "忘食忘憂, 是逐事上說; 一憤一樂, 循環代至, 非謂終身只此一憤一樂也. 逐事上說, 故可遂言不知老之將至, 而爲聖人之謙辭."로 되어 있다.

朱註

然深味之, 則見其全體至極, 純亦不已之妙, 有非聖人, 不能及者.

그러나 깊이 음미하면 그 전체가 지극하여 순일(純一)함이 또한 그치지 않는 오묘함을 볼 수 있으니, 성인(聖人)이 아니면 미칠 수 없음이 있는 것이다.

詳說

○ **雙峰饒氏曰 : "'全體', 說'憤'·'樂', '至極', 說'忘食'·'忘憂', '純亦不已', 說'不知老之將至.'"**[271]

쌍봉 요씨(雙峰饒氏 : 饒魯)가 말하였다. "'전체(全體)'는 '분(憤)'과 '락(樂)'을 말하며, '지극(至極)'은 '망식(忘食)'과 '망우(忘憂)'를 말하며, '순역불이(純亦不已 : 순일함이 그치지 않음)'는 '부지노지장지(不知老之將至 : 늙음이 장차 이름을 알지 못함)'를 말한다."

○ **出『中庸』.**

'순역불이(純亦不已)'는 『중용(中庸)』에 나온다.[272]

○ **朱子曰 : "聖人便是天, 故其妙處, 獨與之契合."**[273]

주자(朱子 : 朱熹)가 말하였다. "성인(聖人)은 곧 하늘이기 때문에 그 오묘한 곳이 홀로 더불어 딱 들어맞는 것이다."

○ **又曰 : "二句看來, 見得聖人超乎萬物之表."**[274]

주자(朱子 : 朱熹)가 또 말하였다. "두 구절을 보면 성인(聖人)이 만물의 겉모습에 넘어섬을 볼 수 있다."

---

271) 호광 편(胡廣 編), 『논어집주대전(論語集註大全)』「술이(述而)」에는 "雙峯饒氏曰 : '憤與樂相反, 聖人發憤, 便至忘食; 樂便至忘憂, 是兩邊各造其極. 如寒到寒之極, 暑到暑之極. 故曰: 全體至極, 兩者循環不已, 所以不知老之將至. 此是聖人之心純乎天理, 別無他嗜好, 所以自然學之不厭. 故曰: 純亦不已. 全體, 說憤·樂; 至極, 說忘食·忘憂; 純亦不已, 說不知老之將至.'"로 되어 있다.

272) 『중용(中庸)』에 나온다 : 『중용장구(中庸章句)』 제26장에서 "詩云 : '維天之命, 於穆不已', 蓋曰 : '天之所以爲天也, 於乎不顯? 文王之德之純', 蓋曰 : '文王之所以爲文也, 純亦不已.'"라고 하였다.

273) 호광 편(胡廣 編), 『논어집주대전(論語集註大全)』「술이(述而)」에는 "發憤忘食, 是發憤便能忘食; 樂以忘憂, 是樂便能忘憂, 更無些小係累. 無所不用其極, 但見義理之無窮, 不知身世之可憂歲月之有變也. 衆人縱如何發憤, 也有些無緊要心在; 雖如何樂, 終有些係累乎其中. 不怨天, 不尤人, 樂天安土, 安於所遇, 無一毫之私意, 聖人便是天, 聖人有此理, 天亦有此理, 故其妙處, 獨與之契合."으로 되어 있다.

274) 호광 편(胡廣 編), 『논어집주대전(論語集註大全)』「술이(述而)」에는 "聖人直是脫灑, 私欲自惹不著, 這兩句, 雖無甚利害, 細看来, 見得聖人超出乎萬物之表."로 되어 있다.

朱註

蓋凡夫子之自言, 類如此, 學者宜致思焉.
대개 무릇 공자가 스스로 한 말은 모두 이와 같으니 배우는 사람들이 마땅히 생각함을 집중해야 한다.

詳說

○ 自謙之辭.
'부자지자언(夫子之自言 : 공자가 스스로 한 말)'은 스스로 겸손한 말이다.

○ 猶皆也.
'류여차(類如此)'에서 '류(類)'는 개(皆)와 같다.

○ 朱子曰 : "謙若平易, 而人不可及者, 在其中."[275]
'유여차(類如此 : 모두 이와 같음)'에 대해, 주자(朱子 : 朱熹)가 말하였다. "겸손함이 평이(平易)한 것 같으나 사람들이 미치지 못하는 것이 그 가운데 있다."

○ '然'字以下, 又微反而申論之, 以勉學者.
'연(然)'자 아래로[276]는 또 은미하게 뒤집어서 거듭 논의하여 배우는 사람들에게 힘쓰게 한 것이다.

---

275) 호광 편(胡廣 編), 『논어집주대전(論語集註大全)』「술이(述而)」에는 "朱子曰 : '發憤忘食, 樂以忘憂, 不知老之將至云爾, 泛說若是謙辭. 然聖人之爲人, 自有不可及處, 直要做到底, 不做箇半間不界底人. 非是有所因, 眞箇或有所感, 發憤而至於忘食, 所樂之至而忘憂. 蓋有不知其然, 而不自知其老之將至也. 又如好古敏以求之, 自是謙辭; 學不厭教不倦, 亦是謙辭. 當時如公西華·子貢, 自能窺測聖人不可及處, 蓋聖人處己之謙若平易, 而其所以不可及者, 亦在其中矣.'(주자(朱子 : 朱熹)가 말하였다. '분발하면 먹기를 잊으며, 즐거워하여 근심을 잊어서 늙음이 장차 이름을 알지 못한다"라는 것은 겸양의 말을 두루 한 것 같다. 그러나 성인의 사람됨은 스스로 미칠 수 없는 곳이 있어서 곧장 끝까지 해내려하지 모든 일에 철저하지 못한 사람이 되지는 않는다. 인하는 바가 있어서가 아니며 실제 간혹 느낀 것이 있어 분발하여 먹는 것을 잊는데 이르게 되고 즐거워함이 지극하여 근심을 잊는 것이다. 대체로 그런 것을 알지 못하여 스스로 늙음이 곧 이르려함을 알지 못하는 것이다. 또한 "옛 것을 좋아하여 민첩하게 구하였다"는 것은 겸사이다. "배우는 것을 싫어하고, 가르치는 것을 게을리 하지 않는 것" 또한 겸사이다. 당시 공서화나 자공 같은 사람은 성인이 미칠 수 없는 곳을 스스로 엿보고 헤아릴 수 있었다. 대체로 성인이 처신함에 겸손함이 평이한 것 같으나 미치지 못할 것도 또한 그 가운데 있을 것이다.')"라고 하였다. 『주자어류(朱子語類)』 권34, 「논어16(論語十六)」, 139조목에도 동일하게 기록되어 있다.

276) '연(然)'자 아래로 : "然深味之……"를 말하는 것이다.

[7-19-1]

子曰："我非生而知之者, 好古敏以求之者也."
공자가 말하였다. "나는 태어나서 아는 사람이 아니라, 고훈(古訓)을 좋게 여겨 힘써 탐구(探求)하는 사람이로다."

朱註

去聲.[277]
'호고민이구지자야(好古敏以求之者也)'에서 '호(好)'자는 거성(去聲 : 좋아함)이다.

詳說

○ 南軒張氏曰："門人謂: '夫子不可跂及', 故以是告之."[278]
남헌 장씨(南軒張氏 : 張栻)가 말하였다. "문인들이 이르기를 '공자는 애써도 미칠 수 없다.'라고 하였다. 그러므로 이로써 말해준 것이다."

○ 此篇'好古', 凡再見, '生而知之', 又見「季氏」.
이 편에서 '호고(好古)'가 모두 두 번 보이며,[279] '생이지지(生而知之)'는 또 「계씨(季氏)」에 보인다.[280]

朱註

'生而知之'者, 氣質淸明, 義理昭著, 不待學而知也. '敏', 速也, 謂汲汲也.
'생이지지(生而知之)'라는 것은 기질이 맑고 밝으며, 의리(義理)에 밝고 분명하여 배움을 기다리지 않아도 아는 것이다. '민(敏)'은 빨리함이니, 부지런히 분발하여 게을리하지 않음이다.

---

277) 호광 편(胡廣 編), 『논어집주대전(論語集註大全)』「술이(述而)」. 『논어주소(論語注疏)』「음의」에는 "好, 呼報反."이라고 하였다.

278) 호광 편(胡廣 編), 『논어집주대전(論語集註大全)』「술이(述而)」에는 "南軒張氏曰 : '門人見夫子之聖, 謂生而知之, 不可跂及也. 故夫子以是告之, 使果能好古敏以求之, 則是聖人亦豈不可希? 玩味辭氣, 其循循然善誘, 可謂至矣.'"로 되어 있다.

279) 이 편에서 '호고(好古)'가 모두 두 번 보이며 : 다른 하나는 "子曰 : '述而不作, 信而好古, 竊比於我老彭.'"에 나오는 '好古'이다.

280) '생이지지(生而知之)'는 또 「계씨(季氏)」에 보인다 : 『논어(論語)』「계씨(季氏)」에서 "孔子曰 : '生而知之者, 上也; 學而知之者, 次也; 困而學之, 又其次也, 困而不學, 民斯爲下矣.'"라고 하였다.

詳說

○ 氣質清明, 故義理昭著.

타고난 기질(氣質)이 맑고 밝기 때문에 의리(義理)에 밝고 분명한 것이다.

○ 有訓無釋.

훈고는 있으나 풀이는 없다.

朱註

○ 尹氏曰:"孔子以生知之聖, 每云'好學'者, 非惟勉人也. 蓋生而可知者, 義理耳, 若夫禮樂名物·古今事變, 亦必待學而後, 有以驗其實也."

윤씨(尹氏 : 尹焞)가 말하였다. "공자(孔子)는 나면서 아는 성인(聖人)인데 매양 '호학(好學)'이라고 이른 것은 오직 사람들만 힘쓰게 할 뿐이 아니었던 것이다. 대개 나면서 알 수 있는 것은 의리(義理)일 뿐이니, 저 예악(禮樂)의 명칭과 사물이나 옛날과 오늘날의 큰 변고와 같으면, 또한 반드시 배움을 갖춘 뒤에 그 실제를 증험할 수 있는 것이다."

詳說

○ 慶源輔氏曰:"諸家多以爲勉人之辭, 故辨之."281)

'매운호학자, 비유면인야(每云好學者, 非惟勉人也 : 매양 호학이라고 이른 것은 오직 사람들만 힘쓰게 할 뿐이 아니었던 것이다)'에 대해, 경원 보씨(慶源輔氏 : 輔廣)가 말하였다. "여러 학자들이 대부분 사람들을 힘쓰게 하는 말이라고 여겼기 때문에 구별한 것이다."

○ 音扶.

'부예악명물(夫禮樂名物)'에서 '부(夫)'자는 음이 부(扶)이다.

○ 禮樂之名與物.

'예악명물(禮樂名物)'은 예(禮)와 음악의 명칭과 사물이다.

---

281) 호광 편(胡廣 編), 『논어집주대전(論語集註大全)』「술이(述而)」에 "慶源輔氏曰 : '孔子以生知之聖, 每云好學者, 諸家多以爲勉人之辭. 故尹氏辨之, 以爲生而可知者, 自然昭著之義理爾. 若夫禮樂名物·古今事變, 亦必待學而後, 有以驗其實也.' 又曰 : '好古敏求, 非生知者不能. 旣知其義理, 則自然敏於學以驗其實也. 故生而知之者, 義理也; 好古敏求者, 事實也, 理與事一貫, 知與行相資.'"로 되어 있다.

○ 慶源輔氏曰:“敏求者, 事實也.”[282]

경원 보씨(慶源輔氏 : 輔廣)가 말하였다. “힘써 탐구한 것은 사실이다.”

○ ‘敏’字, 此章之題目.

‘민(敏 : 고훈에 힘씀)’자가 이 장의 제목이다.

282) 호광 편(胡廣 編), 『논어집주대전(論語集註大全)』「술이(述而)」에는 “慶源輔氏曰 : ‘孔子以生知之聖, 每云好學者, 諸家多以爲勉人之辭. 故尹氏辨之, …… 故生而知之者, 義理也; 好古敏求者, 事實也, 理與事一貫, 知與行相資.’”로 되어 있다.

[7-20-1]

子不語怪 · 力 · 亂 · 神.
공자는 괴이함과 힘과 어지러움과 귀신을 말하지 않았다.

朱註

怪異 · 勇力 · 悖亂之事, 非理之正, 固聖人所不語.
괴이한 것과 용맹한 기력과 패륜(悖倫)이나 반란(叛亂)의 일은 도리의 바름이 아니니 굳이 성인(聖人)이 말하지 않은 것이다.

詳說

○ 音佩.[283]
'패란지사(悖亂之事)'에서 '패(悖)'자는 음이 패(佩)이다.

○ 此不當語也.
'고성인소불어(固聖人所不語 : 굳이 성인이 말하지 않은 것이다)'라는 구절에서 볼 때, 이는 마땅히 말하지 않아야 하는 것이다.

○ 先釋三者, 此下, 又摘出釋'神'字. 是『集註』之權衡, 而記者之所未察也.
먼저 세 가지를 뜻풀이하고,[284] 이 아래에서 또 '신(神)'자를 끄집어내어 풀이하였다. 이는 『논어집주(論語集註)』의 권형(權衡)인데, 기록하는 사람이 살피지 못한 것이다.

朱註

鬼神, 造化之迹, 雖非不正, 然非窮理之至, 有未易明者.
귀신(鬼神)은 대자연의 창조와 변화의 자취이니, 비록 바르지 않음이 아니나 이치를 궁구함의 지극함이 아니면 쉽게 밝히지 못하는 것이 있다.[285]

283) 호광 편(胡廣 編), 『논어집주대전(論語集註大全)』「술이(述而)」.
284) 세 가지를 뜻풀이하고 : "怪異 · 勇力 · 悖亂之事, 非理之正."을 말하는 것이다.
285) 『주자어류(朱子語類)』 권34, 「논어16(論語十六)」, 152조목에는 다음과 같이 설명하고 있다. "물었다. ''공자는 괴이함과 힘과 어지러움과 귀신을 말하지 않았다.'에 대해 『논어집주(論語集註)』의 옛글에서는 '귀신의 이치는 밝히기 어렵고 의혹되기는 어려워 실제로 사람의 일을 벗어나지 않는다.'라 하였는데, 귀신의 이치는 사람의 일에서 어떻게 볼 수 있습니까?' 주희가 말하였다. '귀신은 다만 두 기운이 굽혔다 폈다 왔다 갔다 하는 것이다. 사람의 일을 가지고

詳說

○ 雙峰饒氏曰："天地造化之妙, 不可得見, 所可見者, 其屈伸往來之迹耳."286)

'조화지적(造化之迹 : 대자연의 창조와 변화의 자취)'에 대해, 쌍봉 요씨(雙峰饒氏 : 饒魯)가 말하였다. "천지자연의 창조하고 변화하는 오묘한 이치를 볼 수 없으니, 볼 수 있는 것은 그 굽혔다 펴며 가고 오는 자취일 뿐이다."

○ 去聲.287)

'유미이명자(有未易明者)'에서의 '이(易)'자는 거성(去聲 : 쉽다)이다.

朱註

故亦不輕以語人也.

때문에 또한 가벼이 사람들에게 말해 주지 않은 것이다.

詳說

○ 去聲.288)

'고역불경이어인야(故亦不輕以語人也)'에서 '어(語)'자는 거성(去聲 : 말해 주다)이다.

○ 添'輕'字, 以見非都不言也.

'역불경이어인야(亦不輕以語人也 : 또한 가벼이 사람들에게 말해 주지 않은 것이다)'는 '경(輕)'자를 더하여 그릇되어 모두 말하지 않음을 보인 것이다.

말하면 복은 선하고 화는 음란한 것과 같은 데서 귀신의 도리를 볼 수 있다. 『논어(論語)』 가운데서는 성인께서 일찍이 이를 말한 적이 없다.' 내[우]가 물었다. '움직임과 고요함, 말함과 묵묵함도 이런 이치입니까?'주희가 말하였다. '실제로 그렇다. 성인은 이 말을 사람들에게 전혀 말한 적이 없어 여기에 대해서는 형체도 그림자도 없어 또한 말하기 어렵다. 이른 바 '귀신을 공경하되 멀리 한다'는 것을 이렇게 말하였을 뿐이다.'(問: ''子不語怪·力·亂·神.' 集注言: '鬼神之理, 難明易惑, 而實不外乎人事.' 鬼神之理, 在人事中如何見得?' 曰: '鬼神只是二氣之屈伸往來. 就人事中言之, 如福善禍淫, 便可以見鬼神道理. 論語中聖人不曾說此.' 寓問: '如動靜語黙, 亦是此理否?' 曰: '固是. 聖人全不曾說這話與人, 這處無形無影, 亦自難說. 所謂'敬鬼神而遠之', 只恁地說.')"

286) 호광 편(胡廣 編), 『논어집주대전(論語集註大全)』「술이(述而)」에는 "雙峯饒氏曰 : '造化之迹, 指其屈伸往来之可見者言也. 天地造化之妙, 不可得而見; 所可見者, 其屈伸往来之迹爾.'"로 되어 있다.

287) 호광 편(胡廣 編), 『논어집주대전(論語集註大全)』「술이(述而)」.

288) 호광 편(胡廣 編), 『논어집주대전(論語集註大全)』「술이(述而)」에는 "語, 音御."라고 하였다.

○ 慶源輔氏曰："驟語之, 反滋惑."[289]

경원 보씨(慶源輔氏 : 輔廣)가 말하였다. "갑작스레 말해 주면 도리어 의혹만 불어난다."

○ 新安陳氏曰："'神'與'恠', 不同."[290]

신안 진씨(新安陳氏 : 陳櫟)가 말하였다. "'신(神)'과 '괴(恠)'는 같지 않다."

○ 釋中有訓, 而於本文, 微有檃栝.

경문을 풀이하는 가운데 훈고가 있는데, 경문에서 은미하게 은괄(檃栝)함이 있다.

朱註

○ 謝氏曰："聖人, 語常而不語恠; 語德而不語力; 語治而不語亂; 語人而不語神."

사씨(謝氏 : 謝良佐)가 말하였다. "성인(聖人)은 상도(常道)를 말하고 괴이함을 말하지 않으며, 도덕(道德)을 말하고 용력(勇力)을 말하지 않으며, 선치(善治)를 말하고 패란(悖亂)을 말하지 않으며, 인륜(人倫)을 말하고 귀신(鬼神)을 말하지 않았다."

詳說

○ 去聲.[291]

'어치이불어란(語治而不語亂)'에서 '치(治)'자는 거성(去聲 : 治理함)이다.

○ '常'·'德'·'治'·'人', 理之正也, 是'怪'·'力'·'亂'·'神'之反也.

'상(常)'·'덕(德)'·'치(治)'·'인(人)'은 도리의 바름이니, 이는 '괴(怪)'·'력(力)'·'란(亂)'·'신(神)'의 반대이다.

---

289) 호광 편(胡廣 編), 『논어집주대전(論語集註大全)』「술이(述而)」에는 "慶源輔氏曰 : '異, 非常也; 勇力, 非德也; 悖亂, 非治也, 三者, 皆非正理, 而聖人之心, 廣大光明, 隱惡揚善, 自然不語及此. 至於鬼神, 雖非不正, 然乃造化之迹, 二氣之良能, 其理幽深, 非格物致知者, 而驟以語之, 則反滋其惑, 故亦不輕以語人. 然能知所以爲人, 則知所以爲鬼神矣.'"로 되어 있다.

290) 호광 편(胡廣 編), 『논어집주대전(論語集註大全)』「술이(述而)」에는 "新安陳氏曰 : '神與怪不同, 故以怪力亂總言, 表神而出之.'"로 되어 있다.

291) 호광 편(胡廣 編), 『논어집주대전(論語集註大全)』「술이(述而)」.

[7-21-1]

子曰 : "三人行, 必有我師焉, 擇其善者而從之, 其不善者而改之."
공자가 말하였다. "세 사람이 나아감에 반드시 내 스승이 있나니, 그 착한 것을 가려서 좇고, 그 착하지 않은 것을 가려서 고쳐야 한다."

詳說

○ '擇'字義, 貫至下'其'字.
'택기선자(擇其善者)'에서 '택(擇)'자의 뜻이 아래 '기불선자(其不善者)'에서 '기(其)'자에 이르기까지 이어진다.

朱註

三人同行, 其一我也, 彼二人者, 一善一惡, 則我從其善而改其惡焉, 是二人者, 皆我師也.
세 사람이 같이 나아감에 그 하나는 나이고, 저 둘은 다른 사람이거늘, 한 사람은 착하고 한 사람은 악하면 나는 그 착함을 좇고 그 악함을 고칠 것이니, 이 두 사람이라는 것이 모두 나의 스승인 셈이다.

詳說

○ 取有於己.
'아종기선(我從其善 : 나는 그 착함을 좇음)'은, 자기에게 취함이 있는 것이다.

○ 改之於己.
'개기악언(改其惡焉 : 그 악함을 고침)'은 자기에게서 고치는 것이다.

○ 以'皆'字, 易'必有'二字.
'개아사야(皆我師也 : 모두 나의 스승임)'는 '개(皆)'자로써 '필유(必有)' 두 글자를 바꾼 것이다.

○ 有釋無訓.
경문의 뜻풀이는 있으나, 훈고는 없다.

○ 朱子曰 : "人若以自修爲心, 則擧天下萬物, 無不足以發吾義理之正."[292]

292) 호광 편(胡廣 編), 『논어집주대전(論語集註大全)』「술이(述而)」에는 "朱子曰 : '人若以自脩爲

주자(朱子 : 朱熹)가 말하였다. "사람이 만약 스스로 닦음으로써 마음을 삼는다면 천하의 만물을 들어서 충분히 나의 의리(義理)의 바름을 드러내지 못할 것이 없을 것이다."

○ **雙峯饒氏曰 : "或兩人, 皆善皆惡, 與一人行, 莫非吾師."**[293)]

쌍봉 요씨(雙峯饒氏 : 饒魯)가 말하였다. "혹시 두 사람이 모두 착하고 모두 악해도 한 사람과 더불어 나아간다면 나의 스승이 아님이 없을 것이다."

○ **其眞師則乃善者也, 本文'必有'二字, 微有此意. 蓋以取師者言, 則善惡皆可, 若以作師者言, 則善而已.**

그 참된 스승은 바로 착한 사람이니, 본문의 '필유(必有)' 두 글자에 은미하게 이러한 뜻이 있다. 대개 스승을 취하는 것으로써 말하면 선(善)과 악(惡)이 모두 괜찮지만, 스승이 되는 것으로써 말하면 선(善)일 따름이다.

朱註

○ **尹氏曰 : "'見賢思齊, 見不賢而內自省', 則善惡皆我之師, 進善, 其有窮乎?"**

윤씨(尹氏 : 尹焞)가 말하였다. "'어진 사람을 보면 서로 같아질 것을 생각하고, 어질지 못한 사람을 보면 안으로 스스로 살핀다.'라고 하였으니, 곧 선(善)과 악(惡)이 모두 나의 스승이거늘, 선에 나아감이 어찌 다함이 있겠는가?"

詳說

○ **悉井反.**

心, 則擧天下萬物, 凡有感乎前者, 無不足以發吾義理之正, 善者固可師, 見不善者, 便恐懼脩省, 亦吾師也.'"로 되어 있고 『주자어류(朱子語類)』 권34, 「논어16(論語十六)」, 153조목에는 "聖人之學, 異夫常人之學. 才略擧其端, 這裏便無不昭徹. 然畢竟是學. 人若以自修爲心, 則擧天下萬物, 凡有感乎前者, 無非足以發吾義理之正. 善者固可師, 不善者這裏便恐懼修省, 恐落在裏面去, 是皆吾師也.(성인의 배움은 보통 사람의 배움과는 다르다. 재략이 그 단서를 들면 여기에는 밝게 통하지 않음이 없다. 그러나 결국은 배우는 것이다. 사람이 만약 스스로 닦음으로써 마음을 삼는다면 천하의 만물을 들어서 충분히 나의 의리(義理)의 바름을 드러내지 못할 것이 없을 것이다. 선한 사람은 실제로 스승으로 삼을 수 있고 선하지 않은 자는 여기서는 닦고 성찰하는 것을 두려워하고 안으로 떨어져 들어가는 것을 두려워하는데 이 모두 나의 스승이다.)"라고 되어 있다.

293) 호광 편(胡廣 編), 『논어집주대전(論語集註大全)』「술이(述而)」에는 "雙峯饒氏曰 : '此姑以一善一惡對言, 以見善惡皆吾師. 或兩人皆善, 則皆當從; 兩人皆惡, 則皆當改. 便是與一人行, 亦有我師, 此則言外之意.' 南軒張氏云 : '一人之身, 有善有不善, 亦莫非吾師也.'"로 되어 있다.

'견불현이내자성(見不賢而內自省)'에서의 '성(省)'자의 '실(悉)'과 '정(井)'의 반절(反切)이다.

○ 見「里仁」.

'견불현이내자성(見不賢而內自省 : 어질지 못한 사람을 보면 안으로 스스로 살핀다)'은 「이인(里仁)」에 보인다.[294]

○ 改不善, 亦善也.

'진선(進善)'은 착하지 않음을 고침이니 또한 선(善)이다.

○ '師'字, 此章之題目.

'사(師 : 스승됨)'자가 이 장의 제목이다.

---

294) 「이인(里仁)」에 보인다 : 『논어(論語)』「이인(里仁)」에서 "子曰 : '見賢思齊焉, 見不賢而內自省也.'"라고 하였고, 그 『주석』에서 "思齊者, 冀己亦有是善; 內自省者, 恐己亦有是惡."이라고 하였다.

[7-22-1]

子曰："天生德於予，桓魋其如予何?"
공자가 말하였다. "하늘이 나에게 덕을 일으키게 하였으니, 환퇴가 그 나에게 어찌 하리오?"

朱註

徒雷反.295)

'환퇴기여여하(桓魋其如予何)'에서 '퇴(魋)'는 '도(徒)'와 '뢰(雷)'의 반절(反切)이다.

詳說

○ 『史記』「世家」曰："孔子適宋，與弟子習『禮』大樹下，魋伐其樹，孔子去之，弟子曰：'可以速矣'，子曰：'云云'."296)

『사기(史記)』「공자세가(孔子世家)」에서 말하였다. "공자(孔子)가 송(宋)나라에 가서 제자들과 큰 나무 아래에서 『예기』를 익혔는데, 상퇴(向魋)가 그 나무를 베어 버려 공자(孔子)가 그곳을 떠나려고 하자 제자들이 말하기를 '빨리 하는 것이 좋겠습니다.'라고 하니, 공자가 말하기를, '이러이러하다.'라고 한 것이다."

朱註

'桓魋'，宋司馬向魋也，出於桓公故，又稱桓氏.

'환퇴(桓魋)'는 송나라 사마 상퇴(向魋)이니, 환공(桓公)에게서 나왔기 때문에 또 환씨(桓氏)라고도 부른다.

詳說

○ 式亮反.297)

---

295) 호광 편(胡廣 編), 『논어집주대전(論語集註大全)』「술이(述而)」. 『논어주소(論語注疏)』「음의」에도 "魋，徒雷反."이라고 하였다.

296) 호광 편(胡廣 編), 『논어집주대전(論語集註大全)』「술이(述而)」에 실려 있는 내용은 다음과 같다. "『史記』，孔子適宋，與弟子習『禮』大樹之下，魋伐其樹，孔子去之，弟子曰：'可以速矣.' 子曰：'天生德於予，桓魋其如予何?' 遂之鄭. 疑遭伐樹，遂微服去之，弟子欲其速，行而以此語之也. 聖人雖知其不能害己，然避患未嘗不深；避患雖深，而處之未嘗不閒暇，所謂並行而不悖也."

297) 호광 편(胡廣 編), 『논어집주대전(論語集註大全)』「술이(述而)」.

'송사마상퇴야(宋司馬向魋也)'에서 '상(向)'은 '식(式)'과 '량(亮)'의 반절(反切)이다.

○ 桓公之後.

'출어환공(出於桓公 : 환공에게서 나옴)'은 환공(桓公)의 후손이다.

○ 訓畢.

훈고가 끝났다.

朱註

魋欲害孔子, 孔子言 : "天旣賦我以如是之德, 則桓魋其奈我何?" 言必不能違天害己.

환퇴(桓魋)가 공자(孔子)를 해치려고 하자, 공자(孔子)가 말하기를 "하늘이 이미 나에게 이와 같은 덕을 부여하였거늘, 환퇴가 그 나를 어찌 하겠는가?"라고 하였는데, 반드시 하늘을 어기고 자기를 해칠 수 없음을 말한 것이다.

詳說

○ 『孟子』「萬章」曰 : "將要而殺之, 微服而過宋."[298]

'퇴욕해공자(魋欲害孔子; 환퇴가 공자를 해치려고 함)'에 대해, 『맹자(孟子)』「만장상(萬章上)」에서 말하였다. "장차 맞이하여 죽이려 하여 미복(微服) 차림으로 송(宋)나라를 지나갔다."[299]

○ 與也.

'천기부아(天旣賦我)'에서 '부(賦)'는 줌이다.

---

298) 『맹자(孟子)』「만장상(萬章上)」. "孔子不悅於魯衛, 遭宋桓司馬, 將要而殺之, 微服而過宋, 是時孔子當阨, 主司城貞子, 爲陳侯周臣."

299) 『주자어류(朱子語類)』 권34, 「논어16(論語十六)」, 156조목에서는 "물었다. ''하늘이 나에게 덕을 일으키게 하였으니, 환퇴가 그 나에게 어찌 하리오?'는 공자께서 이미 이렇게 말하고, 또 미복을 하고 송나라를 지나간 것인데, 곧 하늘의 도리와 사람의 일이 모두 교차된 것입니까?' 주희가 말하였다. '그렇다. 이른바 '정명(正命)을 아는 자는 위험한 담장 아래에 서지 않는다'라 하였으니, 만약에 정명을 아는 자가 위험한 담장 아래에 서 있은들 또한 무슨 해가 되겠느냐! 그런데도 오히려 또한 서지 않는다. 지금 이른바 명을 안다는 것은 다만 명을 버리는 것이다.'(問: ''天生德於予, 桓魋其如予何! '孔子旣如此說了, 卻又微服而過宋者, 乃是天理·人事之交盡否?' 曰: '然. 所謂'知命者不立乎巖牆之下'. 若知命者, 便立乎巖牆之下, 也何害! 卻又不立. 而今所謂知命者, 只是捨命.')"라고 하였다.

○ 聖.

'여시(如是 : 이와 같음)'는 성(聖)스러움이다.

○ 七字, 所以釋'其奈我何'.

'필불능위천해기(必不能違天害己 : 반드시 하늘을 어기고 자기를 해칠 수 없음)'의 일곱 글자는 '기내아하(其奈我何 : 그 나를 어찌 하겠는가?)'를 풀이한 것이다.

○ 釋畢.

경문의 풀이가 끝났다.

○ 程子曰 : "此聖人極斷制以理."[300]

정자(程子 : 程頤)가 말하였다. "이는 성인이 지극하게 판단하여 도리로써 제어한 것이다."

○ 吳氏曰 : "公伯寮, 其如命何, 猶聽命於天; 匡人桓魋, 其如予何? 則天命在己, 己與天爲一. 夫子平日, 未嘗以聖自居, 至是毅然無退託意, 亦不能掩其聖矣."[301]

오씨(吳氏 : 吳仲迂)[302]가 말하였다. "'공백료(公伯寮)가 그 명(命)을 어찌 하겠는가'는 하늘에게 명(命)을 듣는 것과 같으며, '광인(匡人)과 환퇴(桓魋)가 그 나를 어찌 하겠는가'는 천명(天命)이 자기에게 있으니 자기와 하늘이 하나가 된다는 것이다. 공자가 평일에 일찍이 성스러움으로 스스로 내세운 적이 없거늘, 이에 이르러 의연하게 물러나서 맡기는 뜻은 없었으나 또한 그 성스러움을 가릴 수가 없었다."

---

300) 호광 편(胡廣 編), 『논어집주대전(論語集註大全)』「술이(述而)」에는 "程子曰 : '天生德於子, 此聖人極斷制以理.'"로 되어 있고, 주희(朱熹), 『논어정의(論語精義)』 권4 상의 내용은 다음과 같다. "又『語録』曰 : '天生德於予, 便是命聖人, 極斷置以理.'"

301) 호광 편(胡廣 編), 『논어집주대전(論語集註大全)』「술이(述而)」에는 "吳氏曰 : '夫子平日未嘗以聖自居, 及遭匡人桓魋之難, 則曰: 天生德於予文不在玆乎, 辭氣毅然, 無復退託推讓之意, 蓋至是亦不能揜其聖矣. 一以德言, 一以道言, 有此德則能任此道, 其實一而已矣.'"로 되어 있다.

302) 오중우(吳仲迂) : 원나라 때 학자로 호가 가당(可堂)이고, 번양(番陽) 또는 부량(浮梁) 사람이라고 한다. 박학(博學)하여 경전에 밝았으며, 벼슬을 하지 않고 은거하였다. 저서로는 『사서어록(四書語錄)』·『경전발명(經傳發明)』·『춘추기문(春秋紀聞)』·『어류차(語類次)』 등이 있다.

[7-23-1]

子曰："二三子, 以我爲隱乎? 吾無隱乎爾. 吾無行而不與二三子者, 是丘也."
공자가 말하였다. "너희들은 내가 숨긴다고 여기느냐? 나는 너희들에게 숨김이 없노라. 나는 행하고 너희들에게 보여주지 않음이 없는 사람, 바로 구(丘)이니라."

朱註

諸弟子, 以夫子之道高深, 不可幾及. 故疑其有隱, 而不知聖人作止語默無非敎也.
여러 제자들이 공자 도(道)가 높고 깊어서 도달할 수 없다고 여겼다. 그러므로 그 숨김이 있을 것이라고 의심하였는데, 성인(聖人)의 동작과 정지(靜止)와 언사(言辭)와 침묵이 가르침이 아님이 없음을 알지 못한 것이다.

詳說

○ 音祈, 下同.[303]
'불가기급(不可幾及)'에서의 '기(幾)'자는 음이 기(祈)이니, 아래도 같다.

○ 襯上一句.
'의기유은(疑其有隱 : 그 숨김이 있을 것이라고 의심하였는데)'은 위의 한 구절[304]에 가깝다.

○ 朱子曰 : "凡日用飮食."[305]
'작지어묵(作止語默 : 동작과 정지와 언사와 침묵)'에 대해, 주자(朱子 : 朱熹)가 말하였다. "모두 날마다 쓰고 마시고 먹는 사이다."[306]

---

303) 호광 편(胡廣 編), 『논어집주대전(論語集註大全)』「술이(述而)」에는 "幾, 平聲."이라고 하였다.
304) 위의 한 구절 : "二三子, 以我爲隱乎? 吾無隱乎爾."를 말하는 것이다.
305) 호광 편(胡廣 編), 『논어집주대전(論語集註大全)』「술이(述而)」에는 "朱子曰 : '要緊只在吾無行不與二三子處, 須仔細認聖人無不與二三子處在那裏, 凡日用飮食間, 皆要認得.'"으로 되어 있다.
306) 『주자어류(朱子語類)』 권34, 「논어16(論語十六)」, 158조목에서는 "자선이 말하였다. ''나는 그대들에게 숨기는 것이 없노라'라는 말은 제자들에게 스스로 어떠한가를 드러낸 것입니다. 이를테면 안자는 다만 '우뚝 서 있다'라 드러내었고, 염자는 스스로 '힘이 부족한 자는 중도에 그만 둔다'는 것을 드러내었다. 성인은 배우는 자에게 스스로 힘써 줄 수 없었으므로 이렇게 경계하였습니다.' 주희가 말하였다. '긴요한 의미는 모두 '행하고서도 그대들에게 보여주지 않음이 없는 것'이란 곳에 있으니, 모름지기 성인이 제자들에게 보여주지 않은 것이 어디에 있

○ '不知聖人作止語黙無非教也', 襯下二句.

'부지성인작지어묵무비교야(不知聖人作止語黙無非教也 : 성인의 동작과 정지와 언사와 침묵이 가르침이 아님이 없음을 알지 못한 것이다)는, 아래의 두 구절[307]에 가까운 것이다.

○ 以上, 論也.

이 위는 경문의 의미 설명이다.

朱註

故夫子以此言曉之. '與', 猶示也.

그러므로 공자가 이 말로써 깨우쳐준 것이다. '여(與)'는 보여줌이다.

詳說

○ 此章.

'차언(此言)'은 이 장이다.

○ 以論釋之.

경문의 의미 설명으로 풀이하였다.

○ '是某'二字與'吾'字, 義似複盡, 所以致丁寧之意云. '子'·'爾'字, '我'·'吾'字, 亦有此意, 其語勢則與'仁者, 先難而後獲, 可謂仁矣.'者, 相類.

'시모(是某 : 是丘)' 두 글자와 '오(吾)'자는 뜻이 중복되어 다하였으니, 정녕(丁寧)한 뜻이 집중된 것이다. '자(子)'와 '이(爾)'자, '아(我)'와 '오(吾)'자에도 또한 이런 뜻이 있으니, 그 말의 형세가 곧 '인자, 선난이후획, 가위인의(仁者, 先難而後

는지 자세히 알아야 한다. 무릇 날로 쓰고 먹고 마시고 거처하는 사이에 성인이 어떠한지 자신은 지금 어떠한지를 알게 된다.' 어떤 이가 물었다. '향당에서 터득한 것으로도 또한 충분히 성인의 동정을 알 수 있겠군요.' 주희가 말하였다. ''상대부와 말씀하실 때는 은은하게 하셨다'와 같은 따위에서도 볼 수 있다. 다만 공자께서 제자들에게 보여주신 것은 또한 여기에 그치지 않으니, 실제로 의미가 어떠한지를 알아야 한다.'(子善說: ''吾無隱乎爾'. 此在弟子自見得如何. 如顔子只見得'所立卓爾', 冉子自見得'力不足, 中道而廢'. 聖人以學者不能自去用力, 故以此警之.' 曰: '要緊意思, 都在'吾無行而不與三三子'處, 須去仔細認聖人無不與三三子處在那裏. 凡日用飮食居處之間, 認得聖人是如何, 自家今當如何.' 或問: '鄕黨所得, 亦足以見聖人之動靜.' 曰: ''與上大夫言, 誾誾如也'之類, 這亦可見. 但夫子所以與二三子又不止此, 須是實認得意思是如何.')"라고 하였다.

307) 아래의 두 구절 : "吾無行而不與二三子者, 是丘也."를 말하는 것이다.

獲, 可謂仁矣 : 어진 사람이 어려움을 먼저 하고 얻음을 뒤에 하면 인이라고 이를 수 있다)'[308]는 구절과 서로 비슷하다.

○ '與, 猶示也', 訓在後.

'여, 유시야(與, 猶示也)'는 훈고가 뒤에 있는 것이다.

朱註

○ 程子曰 : "聖人之道, 猶天然, 門弟子親炙而冀及之然後, 知其高且遠也. 使誠以爲不可及, 則趨向之心, 不幾於怠乎?

정자(程子 : 程頤)가 말하였다. "성인(聖人)의 도는 하늘과 같으니, 문하의 제자들이 가까이서 직접 가르침을 받아 미치기를 바란 뒤라야 그 높고 또 원대함을 알 수 있는 것이다. 설사 진실로 미칠 수 없다고 여긴다면 쫓아가는 마음이 게으름에 이르지 않겠는가?

詳說

○ 叔子.

'정자왈(程子曰)'에서 '정자(程子)'는 동생 정이(程頤)이다.

○ 此只以高言.

'유천연(猶天然 : 하늘과 같음)'의 경우, 이는 다만 높음으로써 말한 것이다.

○ 此三字文勢, 與前章註'如浮雲然', 及後章註'若宋女子姓者然', 同.

이 세 글자의 문장 형세는 앞장 주석의 '여부운연(如浮雲然 : 마치 뜬구름과 같음)'[309] 및 뒷장 주석의 '약송여자성자연(若宋女子姓者然 : 마치 송나라 여자의 성씨인 사람처럼 함)'[310]과 같다.

---

308) 인자, 선난이후획, 가위인의(仁者, …… 인이라고 이를 수 있다) : 『논어(論語)』「옹야(雍也)」에서 "樊遲問知, 子曰 : '務民之義, 敬鬼神而遠之, 可謂知矣.' 問仁, 曰 : '仁者, 先難而後獲, 可謂仁矣.'"라고 하였다.

309) 앞장 주석의 '여부운연(如浮雲然 : 마치 뜬구름과 같음)' : 『논어(論語)』「술이(述而)」에서 "子曰 : '飯疏食飮水, 曲肱而枕之, 樂亦在其中矣, 不義而富且貴, 於我, 如浮雲.'"이라고 하고 그 주석에서 "程子曰 : '非樂疏食飮水也, 雖疏食飮水, 不能改其樂也, 不義之富貴, 視之輕如浮雲然.'"이라고 하였는데, 끝에 나오는 '如浮雲然'을 말하는 것이다.

310) 뒷장 주석의 '약송여자성자연(若宋女子姓者然 : 마치 송나라 여자의 성씨인 사람처럼 함)' : 『논어(論語)』「술이(述而)」에서 "孔子退, 揖巫馬期而進之曰 : '吾聞君子, 不黨, 君子亦黨乎? 君取於吳, 爲同姓, 謂之吳孟子, 君而知禮, 孰不知禮?'"라고 하고, 그 주석에서 "『禮』, 不取同姓,

○ 二字, 出『孟子』「盡心」.

'친자(親炙)' 두 글자는 『맹자(孟子)』「진심하(盡心下)」에 나온다.[311]

○ 使弟子.

'사(使)'는 제자에게 하도록 함이다.

○ 必有自盡者.

'불기어태호?(不幾於怠乎? : 게으름에 이르지 않겠는가?)'는 반드시 스스로 재력(才力)을 다함이 있어야 하는 것이다.

朱註

故聖人之教, 常俯而就之如此, 非獨使資質庸下者勉思企及, 而才氣高邁者, 亦不敢躐易而進也."

그러므로 성인(聖人)의 가르침은 항상 몸을 숙여서 나아가기를 이와 같이 하였으니,[312] 오직 자질이 모자라고 낮은 사람에게 힘써 생각하고 미치기를 꾀하게

而魯與吳皆姬姓, 謂之吳孟子者, 諱之, 使若宋女子姓者然."이라고 하였는데, 끝에 있는 '若宋女子姓者然'을 말하는 것이다.

311) '친자(親炙)' 두 글자는 『맹자(孟子)』「진심하(盡心下)」에 나온다 : 『맹자(孟子)』「진심하(盡心下)」에서 "孟子曰 : '聖人, 百世之師也, 伯夷 · 柳下惠, 是也. 故聞伯夷之風者, 頑夫廉, 懦夫有立志; 聞柳下惠之風者, 薄夫敦, 鄙夫寬. 奮乎百世之上, 百世之下, 聞者莫不興起也, 非聖人而能若是乎? 而況於親炙之者乎.'"라고 하였다.

312) 성인(聖人)의 가르침은 항상 몸을 숙여서 나아가기를 이와 같이 하였으니 : 『주자어류(朱子語類)』 권34, 「논어16(論語十六)」, 160조목에는 다음과 같이 설명하고 있다. "물었다. '이천이 말하기를 '성인이 사람을 가르칠 때 항상 자기를 숙여 남에게 나아가셨다. 만약 아래를 스쳐 남을 가르치면 이는 성인이 숨김이 있는 것이다.'라 하였는데 어떻습니까?' 주희가 말하였다. '도에는 크고 작은 것과 정밀하고 거친 것이 있다. 큰 것, 정밀한 것은 실제로 도이며, 작은 것 거친 것도 또한 도이다. 『중용(中庸)』을 살펴보면 '크시도다, 성인의 도여! 양양히 만물을 발육하여 높음이 하늘에까지 닿았다'라 한 것은 도의 큰 곳을 말한 것이고, '우우히 크도다! 예의가 삼백 가지이고 위의가 삼천 가지이다'라 한 것은 도의 작은 곳을 말하였다. 성인이 사람을 가르칠 때 작은 것 가까운 것으로 나아가 사람을 가르치는 일이 곧 숙여 나가는 것이다. 그러나 이른바 큰 것 정밀한 것 또한 여기에 있을 뿐으니 처음부터 둘로 이름이 없다. 학자를 아래로 배우고 위로 통달하게 하려면 스스로 드러내야 할 따름이며 나에게 있어서는 애초에 숨기는 것이 없어야 한다.'(問: '伊川言: '聖人教人常俯就. 若是掠下一著教人, 是聖人有隱乎爾.' 何也?' 曰: '道有大小精粗. 大者 · 精者, 固道也 ; 小者 · 粗者, 亦道也. 觀中庸言'大哉聖人之道! 洋洋乎發育萬物, 峻極于天', 此言道之大處 ; '優優大哉! 禮儀三百, 威儀三千', 是言道之小處. 聖人教人, 就其小者近者教人, 便是俯就. 然所謂大者精者, 亦只在此, 初無二致. 要在學者下學上達,

할 뿐만 아니라, 재능이 높고 뛰어난 사람도 감히 뛰어넘어 쉽게 나아가지 않도록 한 것이다."

詳說

◯ '俯就'·'企及', 見『禮記』「檀弓」.

'부취(俯就 : 몸을 숙여서 나아감)'와 '기급(企及 : 미치기를 꾀함)'은 『예기』「단궁(檀弓)」에 보인다.[313)]

◯ 此句, 亦蒙上'使'字義.

'재기고매자(才氣高邁者 : 재능이 높고 뛰어난 사람)'의 이 구절은 또한 위의 '사(使)'자의 뜻을 이어받은 것이다.

◯ 去聲.[314)]

'역불감렵이이진야(亦不敢躐易而進也)'에서 '이(易)'자는 거성(去聲 : 쉽다)이다.

◯ 躐等輕易.

'엽이(躐易)'는 등급을 뛰어넘으며 가볍고 쉽게 여기는 것이다.

朱註

呂氏曰 : "聖人體道無隱, 與天象昭然, 莫非至教. 常以示人, 而人自不察."

여씨(呂氏 : 呂大臨)[315)]가 말하였다. "성인(聖人)은 도(道)를 체득함에 숨김이 없고 하늘의 형상처럼 밝아서 지극한 가르침이 아님이 없다. 항상 사람들에게 보여주거늘 사람들이 스스로 살피지 못한다."

自見得耳, 在我則初無所隱也.')"

313) 『예기』「단궁(檀弓)」에 보인다 : 『禮記』「檀弓」. "曾子謂子思曰 : '伋! 吾執親之喪也, 水漿不入於口者七日.' 子思曰 : '先王之制禮也, 過之者, 俯而就之; 不至焉者, 跂而及之. 故君子之執親之喪也, 水漿不入於口者三日, 杖而後能起.'" ; 여기서는 '跂'로 표기되어 있다.

314) 호광 편(胡廣 編), 『논어집주대전(論語集註大全)』「술이(述而)」.

315) 여대림(呂大臨, 1046~1092) : 북송 시대의 학자로 자가 여숙(與叔)이고, 호가 남전(藍田)이다. 대균(大鈞)의 동생으로 처음에는 장재(張載)에게 수학하다가 장재가 죽은 뒤, 정호(程顥)·정이(程頤)에게 수학하여 사양좌(謝良佐)·유초(游酢)·양시(楊時)와 더불어 정문(程門)의 네 선생이라고 불리게 되었다. 형 대균(大鈞)과 함께 마을의 교화와 상호부조(相互扶助)를 위해 민간의 사회단체인 향약(鄕約)을 조직하였다. 저서로는 『남전문집』 외에 『대학해(大學解)』·『중용해(中庸解)』·『시설(詩說)』 등이 있다.

詳說

○ 新安陳氏曰: "'體道', 謂與道爲體."316)

'성인체도무은(聖人體道無隱)'에 대해, 신안 진씨(新安陳氏: 陳櫟)가 말하였다. "'체도(體道)'는 도(道)와 더불어 한 몸이 됨을 이른다."

○ 與天象同其昭然.

'여천상소연(與天象昭然)'은 하늘의 형상과 더불어 그 밝음이 같은 것이다.

○ 汪氏曰: "門人有得於此言. 故「鄕黨」一篇, 記得詳密."317)

왕씨(汪氏: 汪炎昶)318)가 말하였다. "문인들이 이 말에서 얻음이 있었다. 그러므로 「향당(鄕黨)」 한 편에서 기록함에 상세하고 치밀할 수 있었다."

---

316) 호광 편(胡廣 編), 『논어집주대전(論語集註大全)』「술이(述而)」에는 "新安陳氏曰: '體道, 與鬼神體物而不可遺之體同. 道無形體, 可見聖人一身, 渾然此道. 動靜語黙之間, 無非此道之所呈露. 無形體之道, 於聖人身上形見出來, 是所謂與道爲體, 而無所隱於人也.'"로 되어 있다.

317) 호광 편(胡廣 編), 『논어집주대전(論語集註大全)』「술이(述而)」에는 "汪氏曰: '「鄕黨」一篇, 是門人有得於此言, 故記得詳密如此.'"로 되어 있다.

318) 왕염창(汪炎昶, 1261~1338): 송나라 때 학자로 자가 무원(懋遠)이고, 호가 고일(古逸)·고일민(古逸民)이어서 고일선생(古逸先生)이라고 불렀으며, 신안(新安) 사람이다. 일찍이 태학생 손숭(孫崇)·원유(元游)와 종유(從遊)하였고, 정자(程子)와 주자(朱子)의 성리학의 요체를 터득하였다. 벼슬을 하지 않고 은거하며 시주(詩酒)를 즐겼다. 저서로는 『고일민선생집(古逸民先生集)』 등이 있다.

[7-24-1]

子以四敎, 文·行·忠·信.
공자가 네 가지로써 가르쳤으니, 문(文)과 행(行)과 충(忠)과 신(信)이다.

朱註

去聲.[319]
'행(行)'자는 거성(去聲 : 德行)이다.

詳說

○ 言以四者而敎也.
'이사교(以四敎)'는 네 가지로써 가르친 것을 말한다.

朱註

程子曰 : "敎人以學文·修行而存忠·信也, 忠·信, 本也."
정자(程子 : 程頤)가 말하였다. "사람을 가르침에 글을 배우고, 덕행을 닦으며, 충(忠)과 신(信)을 보존하는 것으로써 하였는데, 충(忠)과 신(信)이 근본이다."[320]

詳說

○ 叔子.
'정자왈(程子曰)'에서 '정자(程子)'는 동생 정이(程頤)이다.

○ 添'而'字.
'교인이학문수행이존충신야(敎人以學文修行而存忠信也)'에서 '이(而)'자를 더하였다.

○ 朱子曰 : "'文', 是窮理, 所以爲先, 旣行矣, 又須反之於心, 無一毫不實處."[321]

---

319) 호광 편(胡廣 編), 『논어집주대전(論語集註大全)』「술이(述而)」.

320) 『주자어류(朱子語類)』 권34, 「논어16(論語十六)」, 161조목에서는 "사람을 가르치는 도는 바깥으로부터 요약하여 안으로 들어가므로 문을 먼저하고 행을 나중에 한다. 그리고 충과 신이라는 것은 또한 행실을 세우는 방법이다.(敎人之道, 自外約入向裏去, 故先文後行. 而忠信者, 又立行之方也.)"라고 하였다.

321) 호광 편(胡廣 編), 『논어집주대전(論語集註大全)』「술이(述而)」에는 "問 : '子以四敎, 何以有四者之序?' 曰 : '文, 便是窮理, 豈可不見之於行? 然旣行矣, 又恐行之有未誠實. 故又敎之以忠·信也, 所以伊川言以忠信爲本, 蓋非忠·信, 則所行不誠故耳.' 因問 : '行有餘力, 則以學文, 何也?'

주자(朱子 : 朱熹)가 말하였다. "'문(文)'은 이치를 궁구함이니, 먼저 해야 하는 것이며, 이미 행하였으면 또 모름지기 마음에 되돌려서 한 터럭만큼의 충실하지 못한 곳이 없어야 한다."

○ 有釋無訓.

경문의 풀이는 있으나 훈고는 없다.

○ 陳氏曰 : "所以萃此理於心."322)

'충 · 신, 본야(忠 · 信, 本也)'에 대해, 진씨(陳氏 : 陳埴)가 말하였다. "이 도리(道理)를 마음에 모으는 것이다."

○ 此言外意也.

이는 말 밖의 뜻이다.

曰 : '彼將教子弟, 而使之知大槩也, 此則教學者深切用工也.' 問 : '然則彼正合小學之事歟?' 曰 : '然. 文 · 行 · 忠 · 信, 是從外做向內; 則以學文, 是從內做向外. 聖人言此類者多, 要人逐處自識得.'"로 되어 있고, 『주자어류(朱子語類)』 권34, 「논어16(論語十六)」, 164조목의 내용은 다음과 같다. "讀'子以四教', 曰 : '其初須是講學, 講學旣明而後, 修於行. 所行雖善, 然更須反之於心, 無一毫不實處, 乃是忠信.'(공자께서는 네 가지로 가르치셨다"를 읽고 말하였다. '처음에는 모름지기 강학을 행한다. 강학이 이미 밝아지면 다음에는 행실을 닦아야 한다. 행실이 비록 훌륭하다 하나 더욱 반드시 마음으로 되돌리어 터럭 하나 만큼의 충실하지 못한 곳이 없어야 곧 충과 신이다.')"

322) 호광 편(胡廣 編), 『논어집주대전(論語集註大全)』 「술이(述而)」에는 "陳氏曰 : '學文, 所以窮理; 脩行, 所以體是理於身; 存忠 · 信, 所以萃是理於心.'"으로 되어 있다.

[7-25-1]

子曰 : "聖人, 吾不得而見之矣, 得見君子者, 斯可矣."
공자가 말하였다. "성인(聖人)을 내가 만나보지 못하거든, 군자(君子)인 사람을 만나봄이 이에 다행인 것이다."

朱註

'聖人', 神明不測之號. '君子', 才德出衆之名.
'성인(聖人)'은 신성(神聖)하고 명철(明哲)하여 헤아리지 못하는 호칭이다. '군자(君子)'는 재능과 덕행이 뭇사람 중에서 뛰어난 이름이다.

詳說

○ 與「先進」之'君子者', 同.
'군자자(君子者)'는 「선진(先進)」의 '군자자(君子者)'[323)]와 같다.

○ 猶幸也.
'가(可)'는 행(幸)과 같다.

○ 訓兼釋.
훈고에 경문의 풀이를 겸하였다.

○ 上下節之間, 有'君子, 吾不得而見之, 得見善人者, 斯可'之意.
위와 아래의 구절 사이에 '군자는 내가 만나보지 못하거든 착한 사람인 자를 만나봄이 이에 다행인 것이다.'라는 뜻이 있다.

[7-25-2]

子曰 : "善人, 吾不得而見之矣, 得見有恒者, 斯可矣.
공자가 말하였다. "착한 사람을 내가 만나보지 못하거든, 항상함이 있는 사람을 만나봄이 이에 다행일 것이다.

---

323) 「선진(先進)」의 '군자자(君子者)' : 『논어(論語)』「선진(先進)」에서 "子曰 : '論篤, 是與, 君子者乎? 色莊者乎?'"라고 하였다.

詳說

○ 胡登反.[324]

'득견유항자(得見有恒者)'에서 '항(恒)'은 '호(胡)'와 '등(登)'의 반절(反切)이다.

朱註

'子曰'字, 疑衍文. '恒', 常久之意.

'자왈(子曰)'자는 의심컨대 군더더기 글귀이다. '항(恒)'은 오래한다는 뜻이다.

詳說

○ 先正'子曰'二字.

'의연문(疑衍文 : 의심컨대 군더더기 글귀인 듯함)'은 선대의 현인들이 '자왈(子曰)' 두 글자라고 하였다.

○ '恒', 旣著'胡'·'登'之音, 至『詩』, 又著'亘'音, 以其字不甚顯. 故兩著之以見其例, 如'亟'·'曾'·'敎'·'監'·'羨'·'壞'·'蹶'之類, 皆是也.

'항(恒)'은 이미 '호(胡)'와 '등(登)'의 반절로 음을 드러냈는데, 『시경(詩經)』에 이르러서 또 '긍(亘)'의 음을 드러내서 그 글자가 무척 분명하지 못하다. 그러므로 두 가지로 드러난 것을 그 예로써 보면 '극(亟)'과 '증(曾)'과 '오(敎)'와 '감(監)'과 '선(羨)'과 '괴(壞)'와 '궐(蹶)'과 같은 따위가 모두 이것이다.

朱註

張子曰 : "有恒者, 不二其心; 善人者, 志於仁而無惡."

장자(張子 : 張載)[325]가 말하였다. "항상함이 있는 사람은 그 마음이 둘이 아니며, 착한 사람인 자는 인(仁)에 뜻을 두어 사악함이 없는 것이다."

---

324) 호광 편(胡廣 編), 『논어집주대전(論語集註大全)』「술이(述而)」.

325) 장재(張載, 1020~1077) : 북송 시대의 학자로 리학(理學) 창시자 가운데 한 사람이다. 자가 자후(子厚)이고, 봉상 미현(鳳翔郿縣) 횡거진(橫渠鎭) 사람으로, 세상 사람들이 횡거선생(橫渠先生) 또는 장자(張子)라고 불렀으며, 선현(先賢)으로 받들어 공자 사당 제38위에 봉사(奉祀)한다. 주돈이(周敦頤)·소옹(邵雍)·정이(程頤)·정호(程顥)와 함께 '북송오자(北宋五子)'라고 불렀다. 저서로는 『숭문집(崇文集)』 외에 『정몽(正蒙)』·『횡거역설(橫渠易說)』 등이 있다.

詳說

○ **先言'有恒', 恐是偶角.**

'유항자, 불이기심; 선인자, 지어인이무악(有恒者, 不二其心; 善人者, 志於仁而無惡 : 항상함이 있는 사람은 그 마음이 둘이 아니며, 착한 사람인 자는 인에 뜻을 두어 사악함이 없는 것이다)'에서 먼저 '유항(有恒)'을 말한 것은 아마도 모서리각일까 염려한 것이다.

○ **朱子曰 : "皆未知學問者也."**[326)]

주자(朱子 : 朱熹)가 말하였다. "모두 아직 학문을 알지 못하는 사람들이다."

○ **訓兼釋.**

훈고에 경문의 풀이를 겸하였다.

○ **朱子曰 : "此思其次之意."**[327)]

주자(朱子 : 朱熹)가 말하였다. "이는 그 다음을 생각하는 뜻이다."

○ **雙峰饒氏曰 : "次乎聖人者, 爲君子; 次乎善人者, 爲有恒."**[328)]

쌍봉 요씨(雙峰饒氏 : 饒魯)가 말하였다. "성인(聖人)에 다음인 사람은 군자(君子)가 되고, 착한 사람에 다음인 사람은 항상함이 있는 사람이 된다."

○ **次乎君子者, 善人, 是也.**

군자(君子)에 다음인 사람은 착한 사람이 이것이다.

---

326) 호광 편(胡廣 編), 『논어집주대전(論語集註大全)』「술이(述而)」에는 "朱子曰 : '善人, 是資質好底人, 自然無惡. 有恒, 只是把捉得定, 又未到善人自然好處在. 然善人 · 有恒, 皆未知學問者也.'"로 되어 있고, 『주자어류(朱子語類)』 권34, 「논어16(論語十六)」, 174조목에는 "善人是資質自好底人, 要做好事, 而自然無惡者也. 有恒, 則只是把捉得定, 又未到善人自然好處在. 善人, 正如上文所謂聖人 ; 有恒, 正如所謂君子. 然而善人 · 有恒者, 皆未知學問者也.(선인은 자질이 본래 좋은 사람으로 좋은 일을 하려고 하며 자연히 악함이 없는 사람이다. 항심이 있으면 다만 꽉 잡을 수는 있어도 또한 선인의 자연스레 좋은 곳에 이르지는 못한다. 선인은 바로 위의 문장에서 이른바 성인이고 항심이 있다는 것은 이른바 군자이다. 그러나 선인과 항심이 있는 사람은 모두 아직 학문을 알지 못하는 사람들이다.')"라고 되어 있다.

327) 호광 편(胡廣 編), 『논어집주대전(論語集註大全)』「술이(述而)」에는 "此但爲思其上者, 而不可得, 故思其次之意."로 되어 있다.

328) 호광 편(胡廣 編), 『논어집주대전(論語集註大全)』「술이(述而)」에는 "雙峯饒氏曰 : '聖人是天生底, 君子是學而成底; 善人是氣質好底, 有恒是有常守底. 次乎聖人者爲君子, 次乎善人者爲有恒.'"으로 되어 있다.

[7-25-3]

亡而爲有, 虛而爲盈, 約而爲泰, 難乎有恒矣."
없는데도 있노라 하며, 비었으되 찼노라 하며, 간약(簡約)하되 크노라 하면 항상함이 있기가 어려우니라."

朱註

讀爲無.[329] 三者, 皆虛夸之事, 凡若此者, 必不能守其常也.
'망(亡)'은 독음이 무(無)이다. 세 가지는 모두 헛되이 자랑하는 일이니, 무릇 이와 같은 사람은 반드시 그 떳떳한 도리를 지킬 수 없다.

詳說

○ 朱子曰: "以無爲有, 以虛爲盈, 以約爲泰, 不可以久. 約·泰, 貧富·貴賤之稱."[330]
주자(朱子: 朱熹)가 말하였다. "없는 것을 있는 것으로 하고, 빈 것을 찬 것으로 하고, 적은 것을 큰 것으로 하면 오래 할 수 없다. 약(約)과 태(泰)는 빈부(貧富)와 귀천(貴賤)의 일컬음이다."

○ 釋兼訓.
경문 풀이에 훈고를 겸하였다.

朱註

張敬夫曰: "'聖人''君子', 以學言, '善人''有恒者', 以質言." 愚謂, '有恒者'之與'聖人', 高下固懸絶矣. 然未有不自有恒而能至於聖者也. 故章末, 申言有恒之義, 其示人入德之門, 可謂深切而著明矣.

---

329) 호광 편(胡廣 編), 『논어집주대전(論語集註大全)』「술이(述而)」. 『논어주소(論語注疏)』「음의」에는 "亡, 如字, 一音無."라고 하였다.

330) 호광 편(胡廣 編), 『논어집주대전(論語集註大全)』「술이(述而)」에는 "問: '亡而爲有.' 朱子曰: '正謂此皆虛夸之事, 不可以久, 是以不能常, 非謂此便是無常也.' '以亡爲有, 以虛爲盈, 以約爲泰, 則不能常. 謂如我窮約, 却欲作富底擧止, 縱然時暫做得, 將來無時, 又做不得, 如此便是無常. 亡對有而言, 是全無; 虛是有, 但少; 約是就用度上說.'"; "朱子曰: …… 曰: '有無虛實·約泰之分, 奈何?' 曰: '無, 絶無也; 虛, 則未滿之名耳. 二者兼內外, 學之所至·事之所能而言. 約之與泰, 則貧富·貴賤之稱耳. 爲之云者, 作爲如是之形, 作爲如是之事者也. 爲而無以繼, 則雖欲爲有恒, 不可得矣.'"로 되어 있다.

장경부(張敬夫 : 張栻)가 말하였다. "'성인(聖人)'과 '군자'는 학문으로써 말하였고, '선인(善人)'과 '유항자(有恒者)'는 자질로써 말하였다." 내가 생각하건대, '유항자'는 성인에 비하여 높고 낮음이 진실로 현격하게 떨어진다. 그러나 스스로 항상함을 두지 않고 성스러움에 이르는 사람은 있지 않다. 그러므로 이 장의 끝에 항상함을 두는 뜻을 거듭 말하여 사람들에게 그 덕에 들어가는 문을 보였으니, 매우 간절하고 아주 명쾌하다고 말할 수 있다.331)

詳說

◯ 先順說, 下抑'有恒'.

'유항자지여성인, 고하고현절의(有恒者之與聖人, 高下固懸絶矣 : 유항자는 성인에 비하여 높고 낮음이 진실로 현격하게 떨어진다)'에 대해, 먼저 순조롭게 변설하면서 '유항(有恒)'을 낮추고 누른 것이다.

◯ 又推說, 上揚'有恒'.

'미유부자유항이능지어성자야(未有不自有恒而能至於聖者也 : 스스로 항상함을 두지 않고 성스러움에 이르는 사람은 있지 않다)'에서는 또 미루어 설명하면서 '유항(有恒)을 위로 올렸다.

---

331) 『주자어류(朱子語類)』 권34, 「논어16(論語十六)」, 175조목에서 "선인과 항자의 구별에 대하여 물었다. 주희가 말하였다. '선인은 이미 악이 없지만 도에 들어가지 않는다. 항심이 있는 사람은 변하지 않는 분수를 지킬 따름이다. 『논어(論語)』 가운데 이런 것이 모두 보편적인 질문인데 날로 쓰는 급한 데는 절실하지 않다. 이런 것은 모두 뒤쪽에 배치하고 앞쪽에는 요긴하고 절실한 것만 있다. 요긴하고 절실한 곳이 통한다면 나머지는 절로 이해할 수 있게 된다.'(問善人·有恒者之別. 曰: '善人已無惡, 但不入道. 有恒者惟守恒分而已. 論語中此等皆汎問, 非切於日用之急者. 此等皆置之後面, 前面自有緊切處. 若緊切處通, 餘處自理會得.')"라고 하였고, 176조목에서는 "두가 물었다. ''선인은 항심이 있다'장에서 항심이 있는 자가 성인에게 가는 일은 그 높고 낮음이 실제로 현격하게 떨어져 있습니다. 그러나 스스로 항심이 없으면서 성인에 이를 수 있는 자는 없습니다. 천하의 일은 대개 이미 항심이 있지만 바야흐로 이루어 낼 수 있습니다. 일찍이 분수령의 물을 본 적이 있는데 처음에는 미미하며, 하루 이틀을 가면 흐름이 점차 커지고, 건양에 이러서는 마침내 큰 시내를 이룹니다. 이로 보건대 학문 또한 항심이 있어야 성인에 이를 수 있습니다.' 주희가 말하였다. '가장 좋은 것은 옛 사람들이 베틀의 실을 끊은 일로 비유하면 적절하다. 끊을 때는 쉽지만 이을 때는 어렵기 때문에 한번 끊어졌다하면 이을 수가 없다.'(竇問: ''善人有恒'一章, 有恒者之去聖人, 高下固懸絶矣. 然未有不自有恒而能至於聖人者. 天下事大概旣是有恒, 方做得成. 嘗觀分水嶺之水, 其初甚微; 行一兩日, 流漸大; 至到建陽, 遂成大溪. 看來爲學亦是有恒方可至於聖人.' 曰: '最是古人斷機, 譬喩最切. 緣是斷時易, 接時難, 一斷了, 便不可接.')"라고 하였다.

○ 歸重'有恒'.

'신언유항지의(申言有恒之義 : 항상함을 두는 뜻을 거듭 말함)'는 '유항(有恒)'을 중요하게 여긴 것이다.

○ 指'有恒'.

'기시인입덕지문(其示人入德之門 : 그 덕에 들어가는 문을 보였음)'은 '유항(有恒)'을 가리킨다.

○ '有恒', 此章之題目.

'유항(有恒 : 항상함을 두다)'이 이 장의 제목이다.

[7-26-1]

子, 釣而不綱, 弋不射宿.
공자는 낚시질하시고 그물질하지 않으시며, 주살질하시되 자는 것을 쏘지 않았다.

朱註

食亦反.[332] '綱', 以大繩屬網, 絶流而漁者也. '弋', 以生絲繫矢而射也. '宿', 宿鳥.

'익불석숙(弋不射宿)'에서 '석(射)'은 '식(食)'과 '역(亦)'의 반절(反切)이다. '강(綱)'은 큰 줄로 그물을 엮어서 흐르는 물을 가로막아서 물고기를 잡는 것이다. '익(弋)'은 생생한 명주실을 화살에 매어서 쏘는 것이다. '숙(宿)'은 둥지에서 쉬고 있는 새이다.

詳說

○ 音燭.[333]
'이대승속망(以大繩屬網)'에서 '촉(屬)'자는 음이 촉(燭)이다.

○ '弋', 只可以射鳥. 故知其指鳥.
'익(弋)'은 다만 새를 쏠 수 있다. 그러므로 새를 가리킴을 아는 것이다.

○ 有訓無釋.
훈고는 있으나 풀이는 없다.

朱註

○ 洪氏曰 : "孔子少貧賤, 爲養與祭, 或不得已而釣弋,
홍씨(洪氏 : 洪興祖)가 말하였다. "공자(孔子)가 젊어서 가난하고 보잘것없어서 봉양과 제사를 위하여 간혹 마지못해 어쩔 수 없이 낚시질과 주살질을 하였으니,

---

332) 호광 편(胡廣 編), 『논어집주대전(論語集註大全)』「술이(述而)」. 『논어주소(論語注疏)』「음의」에서도 "射, 食亦反."이라고 하였다.
333) 호광 편(胡廣 編), 『논어집주대전(論語集註大全)』「술이(述而)」.

詳說

○ 去聲.[334]

'공자소빈천(孔子少貧賤)'에서 '소(少)'자는 거성(去聲 : 젊다)이다.

○ 未仕.

'소빈천(少貧賤 : 젊어서 가난하고 보잘 것 없음)'은 아직 벼슬하지 않은 것이다.

○ '爲'·'養', 幷去聲.[335]

'위양여제(爲養與祭)'에서 '위(爲)'자와 '양(養)'자는 모두 거성(去聲 : 위하다, 봉양하다)이다.

○ 養親.

'위양(爲養)'은 어버이를 봉양함이다.

○ 南軒張氏曰 : "有賓客之用."[336]

남헌 장씨(南軒張氏 : 張栻)가 말하였다. "귀한 손님의 용도도 있다."

○ 祭先.

'제(祭)'는 선조에게 제사함이다.

○ 以上, 皆用回護之語.

'혹부득이(或不得已 : 간혹 마지못해 어쩔 수 없이)'의 경우, 이 위로는 모두 변호하는 말에 사용한다.

朱註

如'獵較', 是也.

'엽각(獵較)'과 같은 것이 이것이다.

---

334) 호광 편(胡廣 編), 『논어집주대전(論語集註大全)』「술이(述而)」.

335) 호광 편(胡廣 編), 『논어집주대전(論語集註大全)』「술이(述而)」.

336) 호광 편(胡廣 編), 『논어집주대전(論語集註大全)』「술이(述而)」에는 "南軒張氏曰 : '聖人之心, 天地生物之心也, 其親親而仁民, 仁民而愛物, 皆是心之發也. 然於物也, 有祭祀之須, 有奉養·賓客之用, 則其取之也, 有不得免焉. 於是, 取之有時, 用之有節. 若夫子之不絶流·不射宿, 則皆仁之至·義之盡, 而天理之公也. 使夫子之得邦家, 則王政行焉, 鳥獸魚鼈咸若矣. 若夫窮口腹以暴天物者, 則固人慾之私也. 而異端之教, 遂至於禁殺茹蔬, 殞身飼獸, 而於其天性之親·人倫之愛, 反恝然其無情也, 則亦豈得爲天理之公哉? 故梁武之不以血食祀宗廟, 與商紂之暴殄天物, 事雖不同, 然其咈天理以致亂亡, 則一而已.'"로 되어 있다.

詳說

○ 音角.[337]

'여렵교(如'獵較')'에서 '교(較)'자는 음이 각(角)이다.[338]

○ 二字, 出『孟子』「萬章」.

'엽각(獵較)'의 두 글자는 『맹자(孟子)』「만장하(萬章下)」에 나온다.[339]

○ 又以獵較, 證其爲實事.

'여엽각시야(如獵較是也 : 엽각과 같은 것이 이것이다.)'는 또 '엽각(獵較)'으로써 그 실제의 일이 됨을 증명한 것이다.

朱註

然盡物取之, 出其不意, 亦不爲也, 此可見仁人之本心矣. 待物如此, 待人可知; 小者如此, 大者可知."

그러나 그 동물이 다하도록 취하지 않았으며, 그 의도하지 않은 동물을 몰고 쫓는 일을 또한 하지 않았으니, 여기서 인자한 성인(聖人)의 본마음을 볼 수 있다. 동물 대하는 것이 이와 같았으니, 사람 대하는 일을 알 수 있으며, 작은 것이 이와 같았으니, 큰 것을 알 수 있다."

詳說

○ 綱.[340]

'진물취지(盡物取之 : 그 동물이 다하도록 취하지 않았음)'는 그물질함이다.

○ 宿.[341]

'출기불의(出其不意 : 그 의도하지 않은 동물을 몰고 쫓는 일)'는 둥지에서 쉬고 있

---

337) 호광 편(胡廣 編), 『논어집주대전(論語集註大全)』「술이(述而)」.

338) '교(較)'자는 음이 각(角)이다 : '각(較)'은 '각(角)'과 서로 의미가 통하니, 이는 금수(禽獸)를 가리킨다. 한나라 양웅(揚維)의 『태현경(太玄經)』에서 "山無角, 水無鱗."이라고 하였는데, 여기서 '각(角)'은 금수(禽獸)를 말한다.

339) 『맹자(孟子)』「만장하(萬章下)」에 나온다 : 『맹자(孟子)』「만장하(萬章下)」에서 "孔子之仕於魯也, 魯人獵較, 孔子亦獵較."라고 하였고, 그 『집주(集註)』에서 조기(趙岐)는 "獵較者, 田獵相較奪禽獸, 得之以祭."라고 하였다.

340) 호광 편(胡廣 編), 『논어집주대전(論語集註大全)』「술이(述而)」에는 '絶流而漁'라고 하였다.

341) 호광 편(胡廣 編), 『논어집주대전(論語集註大全)』「술이(述而)」에는 '射宿'이라고 하였다.

는 것이다.

○ 新安陳氏曰 : "於取物之中, 有愛物之心."342)

'차가견인인지본심의(此可見仁人之本心矣 : 여기서 인자한 성인의 본마음을 볼 수 있음)'에 대해, 신안 진씨(新安陳氏 : 陳櫟)가 말하였다. "동물을 취하는 가운데 생물을 사랑하는 마음이 있다."

○ 南軒張氏曰 : "仁義, 天理之公也. 梁武之不血食宗廟, 商紂之暴殄天物, 其咈天理, 一而已."343)

남헌 장씨(南軒張氏 : 張栻)가 말하였다. "인의(仁義)는 천리(天理)의 공변됨이다. 양(梁)나라 무제(武帝)가 희생의 피로써 종묘에 제사 지내지 않은 것과 상(商)나라 주왕(紂王)이 대자연의 생물들을 잔인하게 해치는 것은 천리(天理)를 어긴 것이 같을 따름이다."

○ 四句, 又推廣其言外意.

'대물여차, 대인가지; 소자여차, 대자가지(待物如此, 待人可知; 小者如此, 大者可知 : 동물 대하는 것이 이와 같았으니, 사람 대하는 일을 알 수 있으며, 작은 것이 이와 같았으니, 큰 것을 알 수 있음)'의 네 구절은 또 그 말 밖의 뜻을 미루어 넓힌 것이다.

---

342) 호광 편(胡廣 編), 『논어집주대전(論語集註大全)』「술이(述而)」에는 "新安陳氏曰 : '於取物之中, 有愛物之仁, 於此, 可見其本心.'"으로 되어 있다.

343) 호광 편(胡廣 編), 『논어집주대전(論語集註大全)』「술이(述而)」에는 "南軒張氏曰 : '聖人之心, 天地生物之心也, 其親親而仁民, 仁民而愛物, 皆是心之發也. 然於物也, 有祭祀之須, 有奉養·賓客之用, 則其取之也, 有不得免焉. …… 若夫子之不絶流·不射宿, 則皆仁之至·義之盡, 而天理之公也. …… 故梁武之不以血食祀宗廟, 與商紂之暴殄天物, 事雖不同, 然其咈天理以致亂亡, 則一而已.'"로 되어 있다.

[7-27-1]

子曰："蓋有不知而作之者? 我無是也. 多聞, 擇其善者而從之, 多見而識之, 知之次也."

공자가 말하였다. "대개 알지 못하고 지을 사람이 있느냐? 나는 이것이 없노라. 많이 들어서 그 착함을 가려 좇으며, 많이 보아서 기억함이 앎의 다음이니라."

朱註

音志. '不知而作', 不知其理而妄作也.

'다견이지지(多見而識之)'에서 '지(識)'자는 음이 지(志)이다. '부지이작(不知而作)'은 그 이치를 알지 못하면서 함부로 짓는 것이다.

詳說

○ 朱子曰："作事."[344]

'부지기리이망작야(不知其理而妄作也 : 그 이치를 알지 못하면서 함부로 짓는 것이다)'에 대해, 주자(朱子 : 朱熹)가 말하였다. "일을 짓는 것이다."

○ 添'理'·'妄'字.

'부지기리이망작야(不知其理而妄作也)'에서 볼 때, '리(理)'자와 '망(妄)'자를 더한

---

344) 호광 편(胡廣 編), 『논어집주대전(論語集註大全)』「술이(述而)」에는 "問 : '不知而作, 作是述作, 或只是凡所作事?' 曰 : '只是作事.' 又曰 : '聞見大畧爭不多, 較所聞, 畢竟多聞, 須別識善惡而從; 見則見得此爲是彼爲非, 則當識之, 他日行去不差也.'"로 되어 있고, 『주자어류(朱子語類)』 권34, 「논어16(論語十六)」, 181조목에는 "楊問: ''不知而作', '作'是述作? 或只是凡所作事?' 曰: '只是作事.' 又問: ''多聞, 擇其善者而從之, 多見而識之', 不知可以作'多聞而識之, 多見, 擇其善者而從之', 得否?' 曰: '聞·見大略爭不多. 較所聞畢竟多. 聞須別識善惡而從. 見則見得此爲是, 彼爲非, 則當識之, 他日行去不差也.'(양이 물었다. "'알지 못하면서 한다'의 '한다'는 것은 저술을 하는 것입니까? 아니면 다만 일을 하는 것입니까?' 주희가 말하였다. '다만 일을 하는 것이다.' 또 물었다. ''많이 듣고서 그 좋은 것을 가려서 따르며, 많이 보고서 기억해둔다'는 것은 '많이 듣고 기억해 두고 많이 보고 그 좋은 것을 가려 따른다'로 고칠 수 있는지, 어떤지 모르겠습니다.' 주희가 말하였다. '듣는 것과 보는 것은 대략 다툼이 많지 않다. 듣는 것에 비하면 반드시 많다. 듣는 것은 모름지기 따로 선악을 아는 것을 구별하여 따라야 한다. 보는 것은 이것은 옳고 저것은 그르다는 것을 보게 되면, 마땅히 그것을 알아 훗날 행하여 어긋나지 않아야 한다.')"로 되어 있다.

것이다.

○ 訓.

훈고이다.

○ 厚齋馮氏曰:"「桑柔」詩云, '予豈不知'345)而作, 古有此語."346)

후재 풍씨(厚齋馮氏:馮椅)가 말하였다. "「상유(桑柔)」 시에 이르기를, '여기부지(予豈不知:내가 어찌 알지 못함)'라고 하였다."

○ '蓋有'者, 言世或有其人而不敢質言之辭.

'개유(蓋有)'라는 것은 세상에 간혹 그 사람이 있어서 감히 딱 잘라서 말하지 못하는 어사(語辭)를 말한다.

朱註

孔子自言:"未嘗妄作", 蓋亦謙辭. 然亦可見其無所不知也.

공자(孔子)가 스스로 말하기를, "일찍이 함부로 지은 적이 없다."라고 하였는데, 대개 또한 겸손한 말이다. 그러나 또한 그 알지 못하는 것이 없음을 볼 수 있다.

詳說

○ 我無是.

'공자자언미상망작(孔子自言:"未嘗妄作":공자가 스스로 말하기를, 일찍이 함부로 지은 적이 없다고 하였음)'은 나에게 이것이 없음이다.

○ 承前諸章'謙己', 而下'亦'字.

'개역겸사(蓋亦謙辭:대개 또한 겸손한 말이다)'는 앞의 여러 장의 '겸기(謙己)'를 이은 것이어서 '역(亦)'자를 놓은 것이다.

○ 正意.

진정한 뜻이다.

○ 餘意.

'연역가견기무소부지야(然亦可見其無所不知也:그러나 또한 그 알지 못하는 것이 없음을 볼 수 있다)'는 나머지 뜻이다.

345) '予豈不知':『시경(詩經)』「대아·상유(桑柔)」. "嗟爾朋友! 予豈不知而作?"

346) 호광 편(胡廣 編), 『논어집주대전(論語集註大全)』「술이(述而)」.

○ 釋.

경문의 풀이이다.

朱註

'識', 記也. 所從, 不可不擇, 記則善惡, 皆當存之, 以備參考, 如此者, 雖未能實知其理, 亦可以次於知之者也.

'지(識)'는 기억함이다. 좇는 것은 가리지 않을 수 없지만, 기억해 두면 선과 악을 모두 마땅히 마음속에 보존되어 참고함에 대비할 수 있으니,347) 이와 같이 하는 사람은 비록 실제로 그 이치를 잘 알지 못하여도 또한 그것을 아는 사람에 버금갈 수는 있는 것이다.

詳說

○ 訓.

'지기야(識, 記也 : 지는 기억함이다)'는 훈고이다.

○ 從而行之.

'소종(所從)'은 좇아서 행하는 것이다.

○ 記之於心.

'소종, 불가불택, 기즉선악, 개당존지(所從, 不可不擇, 記則善惡, 皆當存之 : 좇는 것은 가리지 않을 수 없지만, 기억해 두면 선과 악을 모두 마땅히 마음속에 보존됨)'는 마음속에 기억해 둠이다.

○ 本文, 於此不言, 擇善, 可知其幷善惡言.

경문에서는 이에 대하여 말하지 않았지만, 택선(擇善)이 그 선과 악을 아울러서 말한 것임을 알 수 있다.

---

347) 기억해 두면 선과 악을 모두 마땅히 마음속에 보존되어 참고함에 대비할 수 있으니 : 『주자어류(朱子語類)』 권34, 「논어16(論語十六)」, 189조목에 다음과 같이 설명하였다. "물었다. ''좋은 것을 가려 따른다'는 것은 이미 아는 것입니까?' 주희가 말하였다. '택하지 않았을 때는 선악을 분별하지 못하였지만, 택하였으면 선악이 구별된다. 비유컨대 일반적인 사물은 좋아하고 싫어함이 섞여 있어, 좋아하는 것은 가려내야 하고, 미워하는 것은 가려서 버려야 한다. 이리 가리고 저리 가리면 절로 좋아하고 미워하는 것을 알게 된다.'(問: ''擇善而從之', 是已知否?' 曰: '未擇時則未辨善惡, 擇了則善惡別矣. 譬如一般物, 好惡來雜在此, 須是擇出那好底, 擇去那惡底. 擇來擇去, 則自見得好惡矣.')"

○ 朱子曰 : "聞 · 見, 是互相發明, 不可泥看."348)

'이비참고(以備參考 : 참고함에 대비할 수 있음)'에 대해, 주자(朱子 : 朱熹)가 말하였다. "듣고 봄이 서로 드러내어 밝혔으니, 혼동해서는 안 된다."

○ 指'聞 · 見'二句.

'여차자(如此者)'는 '문(聞)과 견(見)의 두 구절을 가리킨다.349)

○ 照上'理'字.

'수미능실지기리(雖未能實知其理 : 비록 실제로 그 이치를 잘 알지 못하여도)'는 위의 '리(理)'자350)를 반영한 것이다.

○ 南軒張氏曰 : "知之者, 知之至."351)

'역가이차어지지자야(亦可以次於知之者也 : 또한 그것을 아는 사람에 버금갈 수는 있는 것이다)'에 대해, 남헌 장씨(南軒張氏 : 張栻)가 말하였다. "그것을 아는 사람은 앎이 지극한 것이다."

○ 照上'無所不知'之'知'字.

위의 '무소부지(無所不知)'의 '지(知)'자352)를 반영한 것이다.

○ 釋.

경문의 풀이이다.

---

348) 호광 편(胡廣 編), 『논어집주대전(論語集註大全)』「술이(述而)」에는 "朱子曰 : '知以心言, 得於聞見者次之. 聞見皆欲求其多, 否則聞見孤寡, 不足以爲學矣. 擇字, 生於從字, 識則未便有從意. 故不言擇善, 聞見, 亦是互相發明, 不可泥看.'"으로 되어 있다.

349) '문(聞)과 견(見)의 두 구절을 가리킨다 : 경문의 "多聞, 擇其善者而從之, 多見而識之, 知之次也."를 말하는 것이다.

350) 위의 '리(理)'자 : 위 집주의 "不知其理而妄作也."에 나오는 '理'자를 말하는 것이다.

351) 호광 편(胡廣 編), 『논어집주대전(論語集註大全)』「술이(述而)」에는 "南軒張氏曰 : '天下之事, 莫不有所以然. 不知其然而作焉, 皆妄而已. 聖人之動, 無非實理也, 其有不知而作者乎? 雖然, 知未易至也, 故又言知之次者, 使學者有所持循. 由其序而至焉, 多聞擇善而從, 多見而識其善, 雖未及乎知之至. 然知之次也, 擇焉識焉而不已, 則其知將日新矣.'"로 되어 있다.

352) '무소부지(無所不知)'의 '지(知)'자 : 위 집주의 "然亦可見其無所不知也."에 나오는 '知'자를 말하는 것이다.

[7-28-1]

互鄕, 難與言, 童子見, 門人惑,
호향(互鄕)은 더불어 말하기가 어렵다 하였더니 어린 아이가 찾아뵙자 문인들이 의혹하였는데

朱註

'見', 賢遍反. '互鄕', 鄕名, 其人, 習於不善, 難與言善. '惑'者, 疑夫子不當見之也.
'동자현(童子見)'에서 '현(見)'은 '현(賢)'과 '편(遍)'의 반절(反切)이다. '호향(互鄕)'은 마을 이름이니, 그 마을 사람들이 착하지 않은 일을 익혀서 더불어 선(善)을 말하기 어려웠다. '혹(惑)'이라는 것은 공자가 마땅히 그를 보지 않아야 한다고 의기(疑忌)한 것이다.

詳說

○ '闕黨'之類, 疑皆魯地.
'호향, 향명(互鄕, 鄕名)'의 '호향(互鄕)'은 '궐당(闕黨)'[353]의 따위이며, 의심하건대 모두 노나라이다.

○ 凡居其鄕者.
'기인(其人)'은 무릇 그 마을에 사는 사람이다.

○ 難與言故, 知其俗習於惡.
'습어불선(習於不善 : 착하지 않음에 익숙함)'은 더불어 말하기 어려운 까닭이니, 그 풍속이 악함에 익숙함을 아는 것이다.

○ 添'善'字.
'난여언선(難與言善 : 더불어 선을 말하기 어려움)'의 경우, '선(善)'자를 더하였다.

○ 二句, 本伊川語.
'습어불선, 난여언선(習於不善, 難與言善)'의 두 구절은 이천(伊川 : 程頤)의 말에 근거한 것이다.[354]

---

353) 궐당(闕黨) : 그 마을을 가리키는 말이다. 『논어(論語)』「헌문(憲問)」에서 "闕黨童子將命."라고 하였다.

354) 이천(伊川 : 程頤)의 말에 근거한 것이다 : 주희(朱熹), 『논어정의(論語精義)』 권4 상에 실려

○ 如字.

'견(見)'은 본래의 음으로 읽는다.

○ 訓兼釋.

훈고에 경문의 풀이를 겸하였다.

[7-28-2]

子曰："與其進也, 不與其退也, 唯何甚? 人潔己以進, 與其潔也, 不保其往也."

공자가 말하였다. "사람이 몸을 조촐히 하여 나오거든 그 조촐함을 허여하되 그 지나간 날을 보장하지는 못하는 것이며, 그 나아감을 허여하되 그 물러감을 허여하는 것이 아니지만, 어찌 심하게만 대하겠는가?"

朱註

疑此章有錯簡. '人潔'至'往也'十四字, 當在'與其進也'之前. '潔', 修治也. '與', 許也. '往', 前日也.

의심하건대, 이 장은 편장(篇章)의 순서가 뒤섞임이 있는 듯하니, '인결(人潔)'에서 '왕야(往也)'까지 14자는 마땅히 '여기진야(與其進也)'의 앞에 있어야 한다. '결(潔)'은 닦고 다스림이다. '여(與)'는 허여함이다. '왕(往)'은 전날이다.

詳說

○ 先正, 錯簡, 遂依改正次序, 訓之.

선대의 현인(賢人)이 편장(篇章)의 순서가 뒤섞인 것을 마침내 차례를 고쳐 바르게 하여 새긴 것이다.

있는 내용은 다음과 같다. "伊川解曰 : '互鄉之人, 習於不善, 難與言善者也. 今四方之俗, 有頑惡難治者, 皆習使之然也. 互鄉之童子來, 而門人怪之, 子曰: 與其進也之志善, 不與退而不善也, 拒絕之則太甚矣. 人潔己而來, 當與其潔也, 豈保其往而不善乎? 聖人待物之弘也.'"

○ 訓畢.

훈고가 끝났다.

朱註

言人潔己而來, 但許其能自潔耳, 固不能保其前日所爲之善惡也.

어떤 사람이 자기를 조촐히 하여 오면 다만 그 능히 스스로 조촐히 한 것을 허여할 뿐이고, 진실로 그 전날에 행한 선과 악을 보장할 수는 없는 것이다.

詳說

○ 以'而'易'以'.

'인결기이래(人潔己而來 : 어떤 사람이 자기를 조촐히 하여 오면)'에서는 '이(而)'로써 '이(以)'를 바꾼 것이다.

○ 自新.

'단허기능자결이(但許其能自潔耳 : 다만 그 능히 스스로 조촐히 한 것을 허여할 뿐임)'는 스스로 새롭게 함이다.

○ 添'善惡'字, 言不能必其前日之善也, 言前日之惡, 非吾所與也.

'고불능보기전일소위지선악야(固不能保其前日所爲之善惡也 : 진실로 그 전날에 행한 선과 악을 보장할 수는 없는 것임)'의 경우, '선악(善惡)'자를 더하였으니, 그 전날의 선(善)을 기필할 수 없음을 말하고, 전날의 악(惡)은 내가 허여할 바가 아님을 말한 것이다.

朱註

但許其進而來見耳, 非許其旣退而爲不善也.

다만 그 앞으로 나아가서 방문하는 것을 허여할 뿐이고, 그 이미 물러가서 착하지 않음을 하는 것을 허여함이 아니다.

詳說

○ 音現.

'단허기진이래현이(但許其進而來見耳)'에서 '현(見)'자는 음이 현(現)이다.

○ 須看二'但'字.

'단허기진이래견이(但許其進而來見耳 : 다만 그 앞으로 나아가서 방문하는 것을 허여할 뿐이고)'는 모름지기 두 '단(但)'자[355]를 살펴보아야 한다.

○ 添'不善'字.

'비허기기퇴이위불선야(非許其旣退而爲不善也 : 그 이미 물러가서 착하지 않음을 하는 것을 허여함이 아님)'에서는 '불선(不善)'자를 더한 것이다.

○ 『大全』曰 : "依改正次序, 釋五句."[356]

『논어집주대전』에서 말하였다. "차례를 고쳐서 바로잡은 것에 의거하여 다섯 구절을 풀이하였다."

○ 此下, 又錯擧申釋其意.

이 아래는 또한 순서가 뒤섞인 것에 의거하여 거듭 그 뜻을 풀이하였다.

朱註

蓋不追其旣往, 不逆其將來, 以是心至, 斯受之耳.

대개 그 이미 지나간 것을 뒤좇지 않고, 그 장차 올 것을 미리 맞이하지 않으며, 이 마음으로 이르면 이에 받아들일 뿐임을 말한 것이다.

詳說

○ 追咎.

'추(追)'는 허물을 좇음이다.

○ 『大全』曰 : "不保其往."[357]

'불추기기왕(不追其旣往 : 그 이미 지나간 것을 뒤좇지 않음)'에 대해, 『논어집주대전』에서 말하였다. "그 지나간 날을 보장하지 않음이다."

○ 見「憲問」.

'불역기장래(不逆其將來 : 그 장차 올 것을 미리 맞이하지 않음)'에서 '불역(不逆)'은 「헌문(憲問)」에 보인다.[358]

○ 『大全』曰 : "不與其退."[359]

---

355) 두 '단(但)'자 : 위의 주석 "但許其能自潔耳."와 "但許其進而來見耳."에 나오는 '但'자를 말한다.

356) 호광 편(胡廣 編), 『논어집주대전(論語集註大全)』「술이(述而)」.

357) 호광 편(胡廣 編), 『논어집주대전(論語集註大全)』「술이(述而)」.

358) 불역(不逆)'은 「헌문(憲問)」에 보인다 : 『논어(論語)』「헌문(憲問)」에서 "子曰 : '不逆詐, 不億不信, 抑亦先覺者是賢乎!'"라고 하고, 그 주석에서 "逆, 未至而迎之也; 億, 未見而意之也."라고 하였다.

『논어집주대전』에서 말하였다. "그 물러간 것을 허여하지 않는다."

○ 『大全』曰: "潔己以進."360)

'이시심지(以是心至: 이 마음으로써 이름)'에 대해, 『논어집주대전』에서 말하였다. "자기를 조촐히 하여 나아감이다."

○ 『大全』曰: "與潔·與進."361)

'이시심지, 사수지이(以是心至, 斯受之耳: 이 마음으로 이르면 이에 받아들일 뿐임)'에 대해, 『논어집주대전』에서 말하였다. "조촐함을 허여하고, 나아감을 허여함이다."

○ 二句, 見『孟子』「盡心」.

두 구절은 『맹자(孟子)』「진심하(盡心下)」에 보인다.362)

朱註

'唯'字上下, 疑又有闕文, 大抵亦不爲已甚之意.

'유(唯)'자의 위와 아래에 의심하건대, 또 빠진 글자가 있는 듯하니, 대저 또한 너무 지나치게 하지 않는다는 뜻일 것이다.

詳說

○ 『大全』曰: "'唯'字, 全無意."363)

'유자상하, 의우유궐문(唯字上下, 疑又有闕文: 유자의 위와 아래에 의심하건대, 또 빠진 글자가 있는 듯함)'에 대해, 『논어집주대전』에서 말하였다. "'유(唯)'자는 전혀 뜻이 없다."

○ 將釋'唯何心364)'三字, 而先以文勢, 疑其文闕. 此下乃略釋其義.

---

359) 호광 편(胡廣 編), 『논어집주대전(論語集註大全)』「술이(述而)」.

360) 호광 편(胡廣 編), 『논어집주대전(論語集註大全)』「술이(述而)」.

361) 호광 편(胡廣 編), 『논어집주대전(論語集註大全)』「술이(述而)」.

362) 두 구절은 『맹자(孟子)』「진심하(盡心下)」에 보인다: 『맹자(孟子)』「진심하(盡心下)」에서 "孟子之滕, 館於上宮, 有業屨於牖上, 館人求之弗得. 或問之曰: '若是乎? 從者之廋也.' 曰: '子以是, 爲竊屨來與?' 曰: '殆非也.' '夫子之設科也, 往者不追, 來者不拒, 苟以是心至, 斯受之而已矣.'"라고 하였다.

363) 호광 편(胡廣 編), 『논어집주대전(論語集註大全)』「술이(述而)」.

364) 心: '甚'자의 오기이다.

장차 '유하심(唯何甚)'의 세 글자를 풀이함에 먼저 문장의 형세로써 하다가 의심하건대 그 문장이 빠진 것이다. 이 아래에서는 이에 대략 그 뜻을 풀이하였다.

○ 承上'與潔'·'與進'四句[365]意, 而下'亦'字.

'대저역불위이심지의(大抵亦不爲已甚之意 : 대저 또한 너무 지나치게 하지 않는다는 뜻일 것이다)'는 위의 '여결(與潔)'과 '여진(與進)' 네 구절의 뜻을 이어서 '역(亦)' 자를 놓은 것이다.

○ 見『孟子』「離婁」.

'불위이심(不爲已甚)'은 『맹자(孟子)』「이루하(離婁下)」에 보인다.[366]

○ 釋畢.

경문의 풀이가 끝났다.

朱註

程子曰 : "聖人待物之洪, 如此."

정자(程子 : 程頤)가 말하였다. "성인(聖人)이 사람을 대접하고 사물을 마주함의 넓음이 이와 같은 것이다."

詳說

○ 叔子.

'정자왈(程子曰)'에서 '정자(程子)'는 동생 정이(程頤)이다.

○ '物', 卽人也, 與前章註'待物'二字, 不同.

'성인대물지홍, 여차(聖人待物之洪, 如此)'에서 '물(物)'은 곧 사람이니, 앞장 주석의 '대물(待物)'[367] 두 글자와 같지 않다.

---

365) '與潔'·'與進'四句 : 위의 주석 "人潔己而來, 但許其能自潔耳, 固不能保其前日所爲之善惡也, 但許其進而來見耳."를 말하는 것이다. '與潔'은 '許其能自潔'을 말하며, '與進'은 '許其進而來見'을 가리키는 말이다.

366) 『맹자(孟子)』「이루하(離婁下)」에 보인다 : 『맹자(孟子)』「이루하(離婁下)」에서 "孟子曰 : '仲尼不爲已甚者.'"라고 하고 그 주석에서 "已, 猶太也."라고 하였다.

367) 앞장 주석의 '대물(待物)' : 『논어(論語)』「술이(述而)」의 "子釣而不綱, 弋不射宿."라는 구절에 대한 주석에서 "洪氏曰 : '孔子少貧賤, 爲養與祭, 或不得已而釣弋, 如獵較, 是也. 然盡物取之, 出其不意, 亦不爲也, 此可見仁人之本心矣. 待物如此, 待人可知; 小者如此, 大者可知.'"라고 하였는데, 여기서 '대물(待物)'의 '物'은 사람이 아니라 동물임을 말하는 것이다.

[7-29-1]

子曰："仁遠乎哉? 我欲仁, 斯仁至矣."
공자가 말하였다. "인(仁)이 먼가? 내가 인(仁)하고자 하면 이에 인(仁)이 이르는 것이다."

朱註

'仁'者, 心之德, 非在外也, 放而不求, 故有以爲遠者.
'인(仁)'이라는 것은 마음의 덕이니,[368] 밖에 있는 것이 아닌데 놓아두고 구하지 않기 때문에 멀리 있다고 여기는 사람이 있는 것이다.

詳說

○ 南軒張氏曰："我固有之."[369]

---

368) 인(仁)'이라는 것은 마음의 덕이니 : 『주자어류(朱子語類)』 권34, 「논어16(論語十六)」, 196조목에는 인(仁)을 '마음(心)'으로 논의한 구절이 있다. "'내가 인을 하고자 하면'에 대하여 물었다. 주희가 말하였다. '하고자만 하면 인은 여기에 있다. 호자의 『지언』에서는 혹자가 '마음이 나가면 어떻게 찾느냐?'고 묻자 호자는 대단하게 이야기 하였는데, 나는 그렇게까지 이야기할 필요가 없다고 하였다. 이를테면 맹자는 닭과 개가 도망가면 구할 줄 아는 것을 가지고 비유를 하였는데 실제로 그렇다. 그러나 닭이나 개는 이따금 집을 나가게 되면 사람들에게 맞아죽어 잡아먹히게 되니 찾는다고 될 일도 아니다. 또한 찾는다 해도 모름지기 사람이 보내어 찾게 한다. 이 마음은 걸린 것이 매우 커서 찾지 않을 수 없는데, 찾기만 하면 쉽게 반드시 얻는다. 대체로 사람의 마음은 출입이 있을 뿐이니 나가지 않으면 들어오고, 이리로 나가면 저리로 들어온다. 다만 나갈 때는 사람들이 모두 깨닫지 못한다는 사실을 모른다. 이 마음이 놓였음을 비로소 깨달으면 이리로 돌아와 있다. 경계하고 신중하고 두려워하는 것 같은 것은 그렇게만 하면 마음이 여기에 있다.' 또 물었다. '정자가 '마음으로 마음을 부린다'는 것은 어떻습니까?' 주희가 말하였다. '다만 하나의 마음일 뿐이니 정자가 말하였을 때 오히려 두 마음이 있는 것 같다. 자세히 보면 하나의 마음일 뿐이다.'(問: '我欲仁.' 曰: '才欲, 便是仁在這裏. 胡子知言上或問'放心如何求', 胡子說一大段, 某說都不消恁地. 如孟子以雞犬知求爲喩, 固是. 但雞犬有時出去, 被人打殺煮喫了, 也求不得. 又其求時, 也須遣人去求. 這箇心, 則所係至大, 而不可不求, 求之易得, 而又必得. 蓋人心只是有箇出入, 不出則入, 出乎此, 則入乎彼. 只是出去時, 人都不知不覺. 才覺得此心放, 便是歸在這裏了. 如戒愼恐懼, 才恁地, 便是心在這裏了.' 又問: '程子'以心使心', 如何?' 曰: '只是一箇心, 被他說得來卻似有兩箇. 子細看來, 只是這一箇心.'"

369) 호광 편(胡廣 編), 『논어집주대전(論語集註大全)』「술이(述而)」에는 "南軒張氏曰 : '仁豈遠於人乎? 患人不欲之耳. 欲之斯至, 不曰至仁, 而曰斯仁至矣, 蓋仁非有方所而可往至之也. 欲仁而仁至, 我固有之也.'"로 되어 있다.

'인자, 심지덕(仁者, 心之德 : 인이라는 것은 마음의 덕이다)'에 대해, 남헌 장씨(南軒張氏 : 張栻)가 말하였다. "내가 본디 갖고 있는 것이다."

○ 九字, 襯'仁遠乎哉'.

'인자, 심지덕, 비재외야(仁者, 心之德, 非在外也)'의 아홉 글자는 '인원호재(仁遠乎哉)'에 가깝다.

○ 見『孟子』「告子」.

'방이불구(放而不求 : 놓아두고 구하지 않음)'는 『맹자(孟子)』「고자상(告子上)」에 보인다.[370)]

○ 又反說.

'유이위원자(有以爲遠者 : 멀리 있다고 여기는 사람이 있음)'는 또 반대로 말한 것이다.

○ 覺軒蔡氏曰 : "時人, 以仁遠而難爲."[371)]

각헌 채씨(覺軒蔡氏 : 蔡模)[372)]가 말하였다. "당시 사람들이 인(仁)이 멀리 있고 행하기 어렵다고 여겼다."

朱註

> 反而求之, 則卽此而在矣, 夫豈遠哉?
>
> 되돌려서 구한다면 인(仁)에 나아가서 안에 두게 되나니, 대저 어찌 멀리 있겠는가?

---

370) 『맹자(孟子)』「고자상(告子上)」에 보인다 : 『맹자(孟子)』「고자상(告子上)」에서 "孟子曰 : '仁, 人心也; 義, 人路也. 舍其路而不由, 放其心而不知求, 哀哉! 人有鷄犬, 放則知求之, 有放心而不知求, 學問之道, 無他, 求其放心而已矣.'"라고 하였고 그 『집주(集註)』에서 "仁者, 心之德."이라고 하였다.

371) 호광 편(胡廣 編), 『논어집주대전(論語集註大全)』「술이(述而)」에는 "覺軒蔡氏曰 : '時人, 皆以仁道遠而難爲. 故夫子以工夫之切近者, 勉而進之, 謂仁豈遠乎哉? 我欲仁, 斯仁至矣. 蓋仁者, 心之德, 纔一收斂, 則此心便在, 所以甚言其近且易, 不得他求也.'"로 되어 있다.

372) 채모(蔡模, 1188~1246) : 남송 시대의 학자로 자가 중각(仲覺)이고, 호가 각헌(覺軒)이어서 학자들이 각헌선생(覺軒先生)이라고 불렀으며, 각헌 채씨(覺軒蔡氏) 또는 건안 채씨(建安蔡氏)라고도 일컬었다. 주자의 사위인 채침(蔡沈)의 큰 아들이다. 저서로는 『대학연설(大學演說)』·『논어집소(論語集疏)』·『맹자집소(孟子集疏)』·『역전집해(易傳集解)』·『속근사록(續近思錄)』·『하락탐신(河洛探頤)』 등이 있다.

詳說

○ 襯'我欲'字.

'반이구지(反而求之 : 되돌려서 구한다면)'는 '아욕(我欲)'자[373]에 가깝다.

○ 襯'斯'字.

'즉(則)'은 '사(斯)'자[374]에 가깝다.

○ 以'在'易'至', 以見其非自外至.

'즉차이재의(卽此而在矣 : 인에 나아가서 안에 두게 됨)'는 '재(在)'로써 '지(至)'[375]를 바꾼 것이다.

○ 朱子曰 : "昔者亡之, 今忽在此, 如自外而至."[376]

주자(朱子 : 朱熹)가 말하였다. "예전에는 없었는데 지금 홀연히 여기에 있는 것은 밖에서부터 이른 것과 같다."

○ 釋兼訓.

경문 풀이에 훈고를 겸하였다.

○ 音扶.[377]

'부기원재(夫豈遠哉)'에서 '부(夫)'자는 음이 부(扶)이다.

○ 言外未足之意.

'부기원재?(夫豈遠哉? : 대저 어찌 멀리 있겠는가?)'는 말 밖의 만족스럽지 못한 뜻을 말한다.

朱註

○ 程子曰 : "爲仁由己, 欲之則至, 何遠之有?"

정자(程子 : 程頤)가 말하였다. "인(仁)을 함이 자기에게 말미암으니, 인을 하고자 하면 이르거늘 어찌 멀리 있겠는가?"

---

373) '아욕(我欲)'자 : 경문의 "我欲仁, 斯仁至矣."에 나오는 '我欲'을 말하는 것이다.

374) '사(斯)'자 : 경문의 "我欲仁, 斯仁至矣."에 나오는 '斯'자를 말하는 것이다.

375) 지(至)' : 경문의 "我欲仁, 斯仁至矣."에 나오는 '至'자를 말하는 것이다.

376) 호광 편(胡廣 編), 『논어집주대전(論語集註大全)』「술이(述而)」에는 "問 : '斯仁至矣, 至若來至之意?' 曰 : '昔者亡之, 今忽在此, 如自外而至耳, 如『易』言來復, 實非自外而來也.'"로 되어 있다.

377) 호광 편(胡廣 編), 『논어집주대전(論語集註大全)』「술이(述而)」.

詳說

○ 叔子.

'정자왈(程子曰)'에서 '정자(程子)'는 동생 정이(程頤)이다.

○ 見「顔淵」.

'위인유기(爲仁由己 : 인을 함이 자기에게 말미암음)'는 「안연(顔淵)」에 보인다.[378]

○ 以'由己'二字, 解此章.

'유기(由己)' 두 글자로써 이 장을 풀이하였다.

---

378) 「안연(顔淵)」에 보인다 : 『논어(論語)』「안연(顔淵)」에서 "顔淵問仁, 子曰 : '克己復禮爲仁, 一日克己復禮, 天下歸仁焉, 爲仁由己, 而由人乎哉?'"라고 하였다.

[7-30-1]

陳司敗問 : "昭公知禮乎?" 孔子曰 : "知禮."
진나라 사패(司敗)가 물었다. "소공(昭公)이 예(禮)를 알았습니까?" 공자가 말하였다. "예를 알았다."

朱註

'陳', 國名; '司敗', 官名, 即司寇也.
'진(陳)'은 나라 이름이고, '사패(司敗)'는 벼슬 이름이니, 곧 사구(司寇 : 秋官)이다.

詳說

○ 恐讀者認爲姓, 故特訓之.
'진, 국명(陳, 國名)'은 읽는 사람들이 성(姓)으로 알까봐 염려한 까닭에 특별히 새긴 것이다.

○ 其人姓名無傳.
'사패, 관명(司敗, 官名)'은 그 사람의 성과 이름이 전해지는 것이 없다.

○ 『左傳』注曰 : "陳·楚名司寇, 爲司敗."379)
'사구야(司寇也)'에 대해, 『춘추좌전(春秋左傳)』의 주석에서 말하였다. "진(陳)나라와 초(楚)나라에서 사구(司寇)를 이름하여 사패(司敗)라고 하였다."

朱註

'昭公', 魯君, 名稠, 習於威儀之節, 當時以爲知禮.
'소공(昭公)'은 노나라 임금이니, 이름이 주(稠)이고, 위의(威儀)의 예절을 습득하여 당시에 예(禮)를 안다고 여겼다.

詳說

○ 音疇.380)
'명주(名稠)'에서의 '주(稠)'자는 음이 주(疇)이다.

---

379) 『춘추좌전주소(春秋左傳注疏)』 권18, 문공(文公) 10년조에 실려 있다. ; 『논어집주대전』에는 "胡氏曰 : '『左氏傳』註, 陳·楚名司寇, 爲司敗.'"라고 하였다.

380) 호광 편(胡廣 編), 『논어집주대전(論語集註大全)』「술이(述而)」.

○ 訓畢.

훈고가 끝났다.

○ 因承而釋之.

이에 이어서 경문을 풀이하였다.

朱註

故司敗以爲問, 而孔子答之如此.

그러므로 사패가 질문을 하였는데, 공자(孔子)가 이와 같이 대답한 것이다.

詳說

○ 事見『左』昭五年.

'당시이위지례(當時以爲知禮 : 당시에 예를 안다고 여겼다)'는 일이 『춘추좌전(春秋左傳)』 소공(昭公) 5년 기사에 보인다.

○ '以', 知禮.

'사패이(司敗以)'의 '이(以)'는 예를 아는 것이다.

○ 厚齋馮氏曰 : "時子在陳, 蓋記於陳, 稱孔子."381)

'공자(孔子)'에 대해, 후재 풍씨(厚齋馮氏 : 馮椅)가 말하였다. "그때 공자가 진(陳)나라에 있어서 대개 진(陳)나라에서 기록하면서 공자라고 일컬은 것이다."

○ 非弟子而外之之辭.

제자가 아니어서 도외시한 말이다.

○ 知禮.

'답지여차(答之如此 : 이와 같이 대답하였다)'는 예를 아는 것이다.

○ 釋畢.

경문의 풀이가 끝났다.

381) 호광 편(胡廣 編), 『논어집주대전(論語集註大全)』「술이(述而)」에는 "厚齋馮氏曰 : '古者, 男子稱氏, 辨其族也; 女子稱姓, 厚其別也. 故制字姓從女, 百世而婚姻不通者, 周道也. 稱孔子, 時孔子在陳, 蓋記於陳也.'"로 되어 있다.

[7-30-2]

孔子退, 揖巫馬期而進之曰 : "吾聞君子不黨, 君子亦黨乎? 君取於吳, 爲同姓, 謂之吳孟子, 君而知禮, 孰不知禮?"
공자가 물러가거늘 무마기(巫馬期)에게 읍(揖)하고서 나와 말하였다. "나는 들으니 군자는 편당(偏黨)하지 않는다고 하였는데, 군자도 또한 편당을 하오? 임금이 오(吳)나라에 장가드니 동성(同姓)이기 때문에 오맹자(吳孟子)라고 일컬었으니, 임금이 예(禮)를 알면 누가 예를 알지 못하리오?"

朱註

七住反. '巫馬', 姓; '期', 字, 孔子弟子, 名施. 司敗揖而進之也. 相助匿非曰'黨'.
'군취어오(君取於吳)'에서의 '취(取)'는 '칠(七)'과 '주(住)'의 반절(反切)이다. '무마(巫馬)'는 성(姓)이고, '기(期)'는 자(字)이며, 공자의 제자로 이름이 시(施)인데, 사패(司敗)가 읍하고서 그에게 나아간 것이다. 서로 도와 거짓됨을 숨기는 것을 '당(黨)'이라고 한다.

詳說

○『家語』曰 : "陳人."[382]
'시(施)'에 대해,『공자가어(孔子家語)』에서 말하였다. "진(陳)나라 사람이다."

○『史記』「仲尼弟子傳」曰 : "少孔子三十歲."
『사기(史記)』「중니제자열전(仲尼弟子列傳)」에서 말하였다. "공자보다 서른 살이 적다."

○ 本文'退揖'二字, 有相連之嫌, 故特著此一句. 蓋期陳人, 故子至陳而期, 以介於司敗而見之也.
'사패읍이진지야(司敗揖而進之也 : 사패가 읍하고서 그에게 나아간 것이다)'의 경우, 경문의 '퇴읍(退揖)' 두 글자[383]는 서로 이어지는 의심이 있기 때문에 특별히 이 한 구절을 드러낸 것이다. 대개 진나라 사람을 기대했으므로 공자가 진나라에 이르러 기약하고 사패를 소개하여 그를 만난 것이다.

---

382) 호광 편(胡廣 編), 『논어집주대전(論語集註大全)』「술이(述而)」에는 "名施, 魯人."이라고 하였다.
383) 경문의 '퇴읍(退揖)' 두 글자 : 경문의 "孔子退, 揖巫馬期而進之."에서 '퇴(退)'자와 '읍(揖)'자를 말한다.

朱註

『禮』, "不取同姓", 而魯與吳皆姬姓, 謂之吳孟子者, 諱之, 使若宋女子姓者然.

『예기』에 "같은 성씨에게는 장가들지 않는다."라고 하였거늘, 노(魯)나라와 오(吳)나라가 모두 희성(姬姓)이라서 오맹자(吳孟子)라고 일컬은 것이니, 그것을 숨김이 마치 송나라 여자의 성(姓)인 것처럼 그렇게 했던 것이다.

詳說

○ 見『禮記』「坊記」.

'불취동성(不取同姓 : 같은 성씨에게는 장가들지 않는다)'은, 『예기』「방기(坊記)」에 보인다.384)

○ 音基.

'이노여오개기성(而魯與吳皆姬姓)'에서의 '기(姬)'자는 음이 기(基)이다.

○ 當稱吳孟姬而諱之.

'휘지(諱之)'는, 마땅히 오맹기(吳孟姬)라고 불러야 하는데 숨긴 것이다.

○ 如『春秋』'仲子'之類, 以子姓故稱子.

'사약송여자성자연(使若宋女子姓者然 : 마치 송나라 여자의 성인 것처럼 그렇게 했던 것이다)'은 『춘추(春秋)』의 '중자(仲子)' 따위이니, 자성(子姓)이기 때문에 자(子)라고 불렀다.

○ 訓兼釋.

훈고에 경문의 풀이를 겸하였다.

○ 朱子曰 : "時吳强, 昭公不得已藉其勢, 非貪色也. 曰'吳孟子', 則公已自知其非矣. 天王擧法, 則亦須原情."385)

주자(朱子 : 朱熹)가 말하였다. "당시에 오나라가 강성하여 소공(昭公)이 마지못해

---

384) 『예기』「방기(坊記)」에 보인다 : 『예기』「방기(坊記)」에서 "子云 : '取妻, 不取同姓, 以厚別也.'"라고 하였다. 『논어집주대전』에는 "『禮』「坊記」, 取妻, 不取同姓, 以厚別也. 故買妾, 不知其姓則卜之, 以此防民. 魯『春秋』, 猶去夫人之姓, 曰 : '吳', 其死曰 : '孟子卒.'"이라고 하였다.

385) 호광 편(胡廣 編), 『논어집주대전(論語集註大全)』「술이(述而)」에는 "問 : '昭公取同姓之事, 若天王擧法, 則如何斷?' 朱子曰 : '此非昭公故爲之也. 當時吳盛强, 中國無伯主. 以齊景公, 猶云: 旣不能令, 又不受命! 涕出而女於吳. 若昭公, 亦是藉其勢, 不得已之故, 非貪其色而然也. 天王擧法, 則罪固不免, 亦須原情自有處置. 況不曰孟姬, 而曰吳孟子, 則昭公亦已自知其非矣.'"로 되어 있고, 『주자어류(朱子語類)』 권34에도 이와 같은 내용이 실려 있다.

어쩔 수 없이 그 세력에 도움 받은 것이지, 여색을 탐한 것은 아니었다. '오맹자(吳孟子)'라고 했다면 소공(昭公)이 이미 스스로 그 그릇됨을 알고 있었다. 천자가 법령을 거행한다면 또한 모름지기 실정에 근거해야 한다."

[7-30-3]

巫馬期以告, 子曰:"丘也幸. 苟有過, 人必知之."
무마기(巫馬期)가 말해 주었는데 공자가 말하였다. "나는 다행이로다. 진실로 허물이 있거든 사람들이 반드시 아는구나."

朱註

孔子不可自謂諱君之惡, 又不可以取同姓爲知禮. 故受以爲過而不辭.
공자는 스스로 임금의 악(惡)을 숨긴 것을 말할 수 없었고, 또 같은 성씨에게 장가든 것으로 예(禮)를 안다고 여길 수도 없었다. 그러므로 받아들여 과실로 삼고 사양하지 않았다.

詳說

○ 可謂深知夫子之意.
'공자불가자위휘군지악, 우불가이취동성위지례(孔子不可自謂諱君之惡, 又不可以取同姓爲知禮)'라는 구절을 볼 때, 공자의 뜻을 깊이 알았다고 이를 만하다.

○ 此本伊川語.
이것은 본래 이천(伊川 : 程頤)의 말이다.386)

○ 南軒張氏曰:"取同姓之爲非禮, 其義已在其中."387)

386) 이것은 본래 이천(伊川 : 程頤)의 말이다 : 주희(朱熹), 『논어정의(論語精義)』 권4 상의 내용을 보면 이를 알 수 있다. "『或問』注言 : '諱君之惡, 是否?' 曰 : '是何以歸過於己?' 曰 : '非是歸過於己, 此事却是陳司敗欲使巫馬期以取同姓之事去, 問是知禮, 不知禮? 却要回報言語也. 聖人只有箇不言而已, 若說道我諱君之惡, 不可也, 又不成. 却以取同姓爲禮, 亦不可, 只可道丘也幸苟有過人必知之.'"

387) 호광 편(胡廣 編), 『논어집주대전(論語集注大全)』「술이(述而)」에는 "南軒張氏曰 : '他國之大

‘수이위과이불사(受以爲過而不辭)’에 대해, 남헌 장씨(南軒張氏 : 張栻)가 말하였다. “같은 성씨에게 장가드는 것이 예(禮)가 아님이 되니, 그 뜻이 이미 그 가운데 들어 있다.”

○ 以論釋之, 無訓.

경문의 의미 설명으로 풀이하였고, 훈고는 없다.

朱註

○ 吳氏曰 : “魯, 蓋夫子父母之國, 昭公, 魯之先君也. 司敗又未嘗顯言其事, 而遽以‘知禮’爲問, 其對之宜如此也. 及司敗以爲有黨, 而夫子受以爲過, 蓋夫子之盛德, 無所不可也. 然其受而爲過也, 亦不正言其所以過, 初若不知孟子之事者, 可以爲萬世之法矣.”

오씨(吳氏 : 吳棫)388)가 말하였다. “노나라는 대개 공자의 부모 나라이고, 소공(昭公)은 노나라의 선대 임금이다. 사패(司敗)가 또 일찍이 그 일을 말한 적이 없었는데, 갑자기 ‘예(禮)를 아는가?’로 질문을 하여 그 대답의 마땅함이 이와 같았던 것이다. 사패가 편당함이 있다고 여기는 데 미쳐서는 공자가 받아들여 과실로 여겼으니, 대개 공자의 성대한 덕은 옳지 않은 것이 없었다. 그러나 그 받아들여 과실로 여김에 또한 그 과실이 된 까닭을 바른대로 말하지 않았으며, 애당초 오맹자(吳孟子)의 일을 알지 못하는 사람처럼 하였으니, 아주 오랜 세대의 모범이 될 수 있는 것이다.”

詳說

○ 取同姓事.

‘사패우미상현언기사(司敗又未嘗顯言其事 : 사패가 또 일찍이 그 일을 말한 적이 없었음)’는 같은 성씨에 장가드는 것이다.

夫, 問吾國之君知禮與否, 則但可告之以知禮而已. 及巫馬期以司敗之言告, 則又豈可謂娶同姓爲知禮乎? 若言爲君隱之意, 則淺露已甚, 而失前對之本意矣. 故但引己之過而已, 然而娶同姓之爲非禮, 其義固已在其中矣. 聖人辭氣之間, 其天地造化與?’”로 되어 있다.

388) 오역(吳棫, 1100?~1154) : 송나라 때의 학자로 자가 재로(才老)이고, 서주(舒州) 사람이다. 경학(經學)을 두루 익히고 연구하여 『논어속해(論語續解)』 등을 지었을 뿐 아니라, 음운학에 통달하여 『운보(韻補)』·『시운보(詩韻補)』·『자학보운(字學補韻)』·『초사석음(楚辭釋音)』 등을 지었으며, 훈석(訓釋)에도 정통하여 『패전(稗傳)』 등을 지었으나 전하지는 않는다.

○ 隨問隨答.

'기대지의여차야(其對之宜如此也 : 그 대답의 마땅함이 이와 같았음)'는 질문함에 따라서 대답함이 따르는 것이다.

○ 只荅其上一半'君子不黨'二句之意, 而不及其下一半之意.

'부자수이위과(夫子受以爲過 : 공자가 받아들여 과실로 여겼음)'는 다만 위 절반의 '군자는 편당하지 않는다.'는 두 구절의 뜻에 대답하였고, 아래 절반의 뜻에는 미치지 않았다.

○ 非吾過, 而以爲吾過, 是無所不可也.

'무소불가야(無所不可也 : 옳지 않은 것이 없었음)'는 나의 과실이 아닌데 나의 과실로 여겼으니, 이는 옳지 않은 것이 없음이다.

○ 若云 : "吾以非禮, 謂之禮, 是吾過", 則是正言也.

'역부정언기소이과(亦不正言其所以過 : 또한 그 과실이 된 까닭을 바른대로 말하지 않았음)'의 경우, 만약에 이르기를 "내가 예(禮)가 아닌 것으로써 예라고 말한다면 이는 나의 과실이다."라고 한다면 이것이 바른대로 말하는 것이다.

○ 雲峰胡氏曰 : "君臣之義, 婚姻之禮, 爲萬世法."[389)]

'가이위만세지법의(可以爲萬世之法矣 : 아주 오랜 세대의 모범이 될 수 있음)'에 대해, 운봉 호씨(雲峰胡氏 : 호병문)가 말하였다. "임금과 신하의 의리와 혼인의 예의는 오랜 세대에 이르는 법이 된다."

---

389) 호광 편(胡廣 編), 『논어집주대전(論語集註大全)』「술이(述而)」에는 "雲峯胡氏曰 : '使夫子而直指君之非, 則自無君臣之禮; 使夫子而不自引己之過, 則遂無婚姻之禮, 何以爲萬世之法哉?'"로 되어 있다.

[7-31-1]

子與人歌而善, 必使反之, 而後和之.
공자가 사람과 더불어 노래함에 잘 하거든 반드시 하여금 다시 하라 하시고, 그 뒤에 화답하였다.

朱註

'和', 去聲.390)
'이후화지(而後和之)'에서 '화(和)'자는 거성(去聲 : 화답하다)이다.

詳說

○ 人之歌, 善也.
사람의 노래가 좋은 것이다.

朱註

'反', 復也. 必使復歌者, 欲得其詳而取其善也,
'반(反)'은 다시 함이다. 반드시 노래를 다시 하게 한 것은 그 상세한 것을 얻어서 그 착한 것을 취하고자 함이고,

詳說

○ 訓.
'반, 부야(反, 復也)'는 훈고이다.

○ 再歌.
'필사부가자(必使復歌者 : 반드시 노래를 다시 하게 한 것)'는 거듭 노래함이다.

○ '欲'字意, 至此.
'욕득기상이취기선야(欲得其詳而取其善也 : 그 상세한 것을 얻어서 그 착한 것을 취하고자 함)'에서 '욕(欲)'자의 뜻은 여기까지 이른다.

---

390) 호광 편(胡廣 編), 『논어집주대전(論語集註大全)』「술이(述而)」.

朱註

而後和之者, 喜得其詳而與其善也.
뒤에 화답한 것은 그 상세한 것을 얻음에 기뻐하고 그 착한 것을 좇은 것이다.

詳說

○ '喜'字意, 止此.
'희득기상(喜得其詳 : 그 상세한 것을 얻음에 기뻐함)'에서 '희(喜)'자의 뜻은 여기서 ['詳'자] 그친다.

○ 新安陳氏曰 : "'取'·'與'二字, 如『孟子』'取諸人以爲善, 是與人爲善者也.'"
'취기선야, …… 여기선야(取其善也, …… 與其善也)'에 대해, 신안 진씨(新安陳氏 : 陳櫟)가 말하였다. "'취(取)'와 '여(與)'의 두 글자는 『맹자(孟子)』의 '사람들에게서 취하여 선(善)으로 삼는 것은 이는 사람들과 함께 선(善)을 하는 것이다.'라는 말과 같다."391)

○ 釋畢.
경문의 풀이가 끝났다.

○ 此下, 又申論之.
이 아래에서는 또 거듭하여 논의하였다.

朱註

此見聖人氣象從容, 誠意懇至, 而其謙遜審密, 不掩人善,392) 又如此. 蓋一事之微, 而衆善之集, 有不可勝旣者焉, 讀者宜詳味之.

---

391) '취(取)'와 '여(與)'의 두 글자는 …… 함께 선(善)을 하는 것이다.'라는 것과 같다 : 『맹자(孟子)』「공손추상(公孫丑上)」에서 "孟子曰 : '子路, 人告之以有過則喜; 禹聞善言則拜; 大舜有大焉. 善與人同, 舍己從人, 樂取於人, 以爲善. 自耕稼陶漁, 以至爲帝, 無非取於人者. 取諸人以爲善, 是與人爲善者也. 故君子莫大乎與人爲善.'"라고 하였고, 그 주석에서 "與, 猶許也; 助也."라고 하였다.

392) 『주자어류(朱子語類)』 권34, 「논어16(論語十六)」, 200조목에는 "『논어집주(論語集註)』에서는 '공자께서는 남과 노래를 할 때' '다른 사람의 착함을 덮어 두지 않는다'라고 하였는데, 대체로 그가 노래를 잘 하면 그에게 다시 부르게 함으로써 성인이 갑자기 따라 불러 불쑥 끼어들어 섞이게 하지 않으셨다. 지금 사람들은 남들이 말을 잘 하는 것을 보면 그 사람이 말하는 것을 기다리지 않고 말을 하여, 그가 하는 말에 불쑥 끼어드니 이것이 곧 좋은 점을 가리는 것이다.'(『集注』說'子與人歌', '不掩人善', 蓋他歌旣善, 使他復歌, 聖人未遽和以攙雜之. 如今人見人說得一話好, 未待人了, 便將話來攙他底, 則是掩善.)"라고 되어 있다.

이는 성인의 기상이 차분하고 느긋하며 정성스런 뜻이 간절하고 지극하되, 그 겸손하고 세밀(細密)하여 다른 사람의 착함을 덮어 두지 않는 것이 또 이와 같음을 보인 것이다. 대개 한 가지 일의 은미함이라도 많은 선(善)이 모여서 이루 다할 수 없는 것이 있으니, 읽는 사람들이 마땅히 상세하게 음미해야 한다.

詳說

○ 七容反.[393]

'차견성인기상종용(此見聖人氣象從容)'에서 '종(從)'은 '칠(七)'과 '용(容)'의 반절(反切)이다.

○ 慶源輔氏曰:"氣象從容, 故謙遜; 誠意懇至, 故審密."[394]

'겸손심밀(謙遜審密 : 겸손하고 세밀함)'에 대해, 경원 보씨(慶源輔氏 : 輔廣)가 말하였다. "기상이 차분하고 느긋하기 때문에 겸손하며, 정성스런 뜻이 간절하고 지극하기 때문에 세밀한 것이다."

○ 朱子曰:"抑又見不輕信而易悅之意."[395]

'우여차(又如此)'에 대해, 주자(朱子 : 朱熹)가 말하였다. "그렇다면 또 가볍게 믿거나 쉽게 기뻐하지 않는 뜻을 볼 수 있다."

○ 平聲.[396]

'유불가승기자언(有不可勝旣者焉)'에서의 '승(勝)'자는 평성(平聲 : 감당하다)이다.

○ 盡也.

'기(旣)'는 다함이다.

---

393) 호광 편(胡廣 編), 『논어집주대전(論語集註大全)』「술이(述而)」.

394) 호광 편(胡廣 編), 『논어집주대전(論語集註大全)』「술이(述而)」.

395) 호광 편(胡廣 編), 『논어집주대전(論語集註大全)』「술이(述而)」에는 "朱子曰: '聖人天縱多能, 其於小藝, 不待取於人而後足, 乃欲得其詳如此, 其謙遜謹審可知也. 然若不待其曲終而遽和之, 則幾於伐己之能, 以掩彼之善矣. 故必俟其曲終, 以盡見其首尾節奏之善然後, 又使復歌而始和之, 則旣不失其與人爲善之意, 而又不掩其善也. 然此亦聖人動容周旋, 自然而中, 非有意於爲之也. 抑又見其從容不迫, 不輕信而易悅之意.'"로 되어 있다.

396) 호광 편(胡廣 編), 『논어집주대전(論語集註大全)』「술이(述而)」.

[7-32-1]

子曰："文莫吾猶人也? 躬行君子, 則吾未之有得."
공자가 말하였다. "문장은 내가 다른 사람과 같지 못하겠느냐? 군자를 몸소 행함은 곧 내가 아직 얻음이 있지 못했노라."

詳說

○ '也'字, 有'乎'字意.
'문막오유인야(文莫吾猶人也)'에서 '야(也)'자는 '호(乎)'자의 뜻이 있다.

朱註

'莫', 疑辭. '猶人', 言不能過人而尙可以及人. '未之有得', 則全未有得.
'막(莫)'은 의문사이다. '유인(猶人)'은 다른 사람보다 나을 수 없으나 오히려 다른 사람에게 미칠 수 있음을 말한다. '미지유득(未之有得)'은 곧 전혀 얻음이 있지 못함이다.

詳說

○ 訓兼釋.
훈고에 경문의 풀이를 겸하였다.

朱註

皆自謙之辭, 而足以見言行之難易緩急, 欲人之勉其實也.
모두 스스로 겸손하게 한 말로, 언행(言行)의 어렵고 쉬움과 늦고 빠름을 충분히 볼 수 있으니, 사람들이 그 실질에 힘쓰기를 바란 것이다.

詳說

○ '行', 去聲.[397]
'족이견언행지난이완급(足以見言行之難易緩急)'에서 '행(行)'자는 거성(去聲 : 행동)이다.

---

397) 호광 편(胡廣 編), 『논어집주대전(論語集註大全)』「술이(述而)」.

○ '易', 去聲.398)

'족이견언행지난이완급(足以見言行之難易緩急)'에서 '이(易)'자는 거성(去聲 : 쉽다)이다.

○ 新安陳氏曰 : "以文對行而言, 可見文爲言."399)

'족이견언행지난이완급(足以見言行之難易緩急 : 언행의 어렵고 쉬움과 늦고 빠름을 충분히 볼 수 있음)'에 대해, 신안 진씨(新安陳氏 : 陳櫟)가 말하였다. "문장으로써 행동에 상대하여 말하였으니, 문장이 말이 됨을 볼 수 있다."

○ 釋兼論.

경문 풀이에 의미 설명을 겸하였다.

朱註

○ 謝氏曰 : "文, 雖聖人, 無不與人同, 故不遜; 能躬行君子, 斯可以入聖, 故不居, 猶言'君子道者三, 我無能焉.'"

사씨(謝氏 : 謝良佐)가 말하였다. "문장은 비록 성인(聖人)이나 다른 사람들과 같지 않음이 없기 때문에 양보하지 않았으며, 군자(君子)를 몸소 행할 수 있으면 이에 성인에 들어갈 수 있기 때문에 자처하지 않았으니, '군자의 도(道)라는 것이 세 가지인데, 나는 잘하는 것이 없다.'라고 말한 것과 같다.

詳說

○ 朱子曰 : "如云: '聽訟, 吾猶人'."400)

---

398) 호광 편(胡廣 編), 『논어집주대전(論語集註大全)』「술이(述而)」.

399) 호광 편(胡廣 編), 『논어집주대전(論語集註大全)』「술이(述而)」에는 "新安陳氏曰 : '文不在玆之文, 文字重. 此以文對躬行而言, 可見文爲言, 而躬行爲行. 故『集註』以言行之難易緩急釋之.'"로 되어 있다.

400) 호광 편(胡廣 編), 『논어집주대전(論語集註大全)』「술이(述而)」에는 "朱子曰 : '文莫吾猶人也, 莫是疑辭, 猶今人云: 莫是如此否, 言文則吾與人一般, 如云: 聽訟吾猶人也. 若躬行君子, 則吾未之有得, 此與君子之道四, 丘未能一焉之意同.'(주자(朱子 : 朱熹)가 말하였다. '문은 내가 남과 같지 않았겠는가'는 의문문이 아니라 지금 사람들이 '이렇지 않겠는가?'라 말하는 것과 같다. 문은 내가 남과 같다 라는 것은 '송사를 들음은 나도 남과 같이 한다.'라 말하는 것과 같다. '군자의 도를 몸소 행함은 내가 아직 얻은 것이 있지 못하다'와 같은 말은 '군자의 도 네 가지는 내가 하나도 능한 것이 없다'라는 뜻과 같다.)"로 되어 있다. 『주자어류(朱子語類)』 권34, 「논어16(論語十六)」, 202조목도 같다.

'불손(不遜)'에 대해, 주자(朱子 : 朱熹)가 말하였다. "'송사(訟事)를 들어서 다스림은 내가 다른 사람과 같다.'[401]라고 이른 것과 같다."

○ 躬行君子之道, 諺釋可考.

'궁행군자(躬行君子 : 몸소 군자를 행함)'는 몸소 군자의 도(道)를 행함이니, 『언해』본 해석에서 살펴볼 수 있다.[402]

○ 見「憲問」.

'군자도자삼, 아무능언(君子道者三, 我無能焉 : 군자의 도라는 것이 세 가지인데, 나는 잘하는 것이 없다)'은 「헌문(憲問)」에 보인다.[403]

---

401) 송사(訟事)를 들어서 다스림은 내가 다른 사람과 같다 : 『논어(論語)』「안연(顔淵)」에서 "子曰 : '聽訟, 吾猶人也, 必也使無訟乎.'"라고 하였다.

402) 『언해』본 해석에서 살펴볼 수 있다 : 『언해』본 해석에서는 "군자를 몸소 행함"이라고 하였다.

403) 「헌문(憲問)」에 보인다 : 『논어(論語)』「헌문(憲問)」에서 "子曰 : '君子道者三, 我無能焉, 仁者不憂; 知者不惑; 勇者不懼.'"라고 하였고, 그 주석에서 "自責以勉人也."라고 하였다. 『논어(論語)』「공야장(公冶長)」에는 "군자지도사(君子之道四)"를 언급하고 있는데, "몸가짐이 공손하며, 윗사람을 섬김이 공경스러우며, 백성을 기름이 은혜로우며, 백성을 부림이 의롭다.(其行己也恭, 其事上也敬, 其養民也惠, 其使民也義)"는 것이다.

[7-33-1]

子曰 : "若聖與仁, 則吾豈敢? 抑爲之不厭, 誨人不倦, 則可謂云爾已矣." 公西華曰 : "正唯弟子不能學也."
공자가 말하였다. "성(聖)과 인(仁) 같으면 내가 어찌 감당하리오? 그러나 행함을 싫어하지 않으며 사람 가르침을 게을리하지 않음은 곧 그렇게 하였다고 말할 수 있을 뿐이니라." 공성화(公西華)가 말하였다. "정말로 오직 제자들이 배울 수가 없습니다."

朱註

此亦夫子之謙辭也. '聖'者, 大而化之. '仁', 則心德之全而人道之備也. '爲之', 謂爲仁·聖之道. '誨人', 亦謂以此教人也.
이는 또한 공자가 겸손하게 한 말이다. '성(聖)'이라는 것은 학덕(學德)이 광대하여 많은 백성들을 감화시킨다. '인(仁)'은 곧 마음의 덕이 온전하면서 사람의 도리가 갖춰짐이다. '위지(爲之)'는 인(仁)과 성(聖)의 도를 하는 것을 이른다. '회인(誨人)'은 또한 이것으로써 사람들을 가르치는 것을 이른다.

詳說

○ 承上章, 先總大意.
'차역부자지겸사야(此亦夫子之謙辭也 : 이는 또한 공자가 겸손하게 한 말이다)'는 위의 장을 이어서 먼저 대강의 뜻을 총괄한 것이다.

○ 見『孟子』「盡心」.
'성자, 대이화지(聖者, 大而化之 : 성이라는 것은 학덕이 광대하여 많은 백성들을 감화시킨다)'는 『맹자(孟子)』「진심하(盡心下)」에 보인다.[404]

○ 『易』「說卦」曰 : "立人之道, 曰仁與義."[405]

---

404) 『맹자(孟子)』「진심하(盡心下)」에 보인다 : 『맹자(孟子)』「진심하(盡心下)」에서 "孟子曰 : '……可欲之謂善, 有諸己之謂信, 充實之謂美, 充實而有光輝之謂大, 大而化之之謂聖, 聖而不可知之之謂神.'"라고 하였고, 그 주석에서 조기(趙岐)는 "大行其道, 使天下化之, 是爲聖人."이라고 하였다.

405) 『주역(周易)』「설괘전(說卦傳)」. "昔者, 聖人之作易也, 將以順性命之理, 是以立天之道, 曰陰與陽; 立地之道, 曰柔與剛; 立人之道, 曰仁與義."

‘인도지비야(人道之備也 : 사람의 도리가 갖춰짐이다)’에 대해, 『주역(周易)』「설괘(說卦)」에서 말하였다. “사람을 서게 하는 도는 인(仁)과 의(義)이다.”

○ 仁 · 聖倒言, 以便文耳.

‘위인 · 성지도(爲仁 · 聖之道 : 인과 성의 도를 하는 것)’에서 인(仁)과 성(聖)을 거꾸로 말한 것은 문장의 편리 때문일 뿐이다.

○ 仁 · 聖.

‘이차(以此)’의 ‘차(此)’는 인(仁)과 성(聖)이다.

○ 訓兼釋.

훈고에 경문의 풀이를 겸하였다.

朱註

然不厭 · 不倦, 非己有之, 則不能, 所以弟子不能學也.

그러나 싫어하지 않고 게을리하지 않는 것은 자기가 그것을 갖고 있음이 아니면 해낼 수가 없으니, 제자들이 배울 수 없는 까닭인 것이다.

詳說

○ 添‘然’字, 以反其辭, 蓋從‘抑’字來.

‘연불염불권(然不厭不倦)’의 ‘연(然)’은 ‘연(然)’자를 더하여 그 말을 뒤집었으니, 대개 ‘억(抑)’자로부터 온 것이다.

○ 此三句, 本伊川說.

‘불염불권, 비기유지, 즉불능(不厭不倦, 非己有之, 則不能 : 싫어하지 않고 게을리하지 않는 것은 자기가 그것을 갖고 있음이 아니면 해낼 수가 없음)’의 이 세 구절은 본래 이천(伊川 : 程頤)의 말이다.[406]

○ 朱子曰 : “言正是弟子不能學處.”[407]

---

406) 이 세 구절은 본래 이천(伊川 : 程頤)의 말이다 : 주희(朱熹), 『논어정의(論語精義)』 권4 상에서 “伊川解曰 : ‘夫子謙自謂不敢當仁聖, 然行之而不厭, 以誨人而不倦, 不厭不倦, 非己有不能也. 公西華見聖人之道遠, 而誨人不倦, 故歎曰正唯弟子, 不能學爾.”라고 하였다.

407) 호광 편(胡廣 編), 『논어집주대전(論語集註大全)』「술이(述而)」에는 “朱子曰 : ‘夫子固多謙辭, 到得說‘抑爲之不厭, 誨人不倦’, 公西華便識得. 所以有‘正唯弟子不能學也’之說, 便說道聖人有不讓處.’(공자께서는 실제로 겸양하는 언사가 많으셨는데, ‘그러나 행하기를 싫어하지 않으며 남을 가르치기를 게을리 하지 않는 것’에 대해서는 공서화라면 알 수가 있었다. 그래서 ‘정말로

'소이제자불능학야(所以弟子不能學也 : 제자들이 배울 수 없는 까닭인 것이다)'에 대해, 주자(朱子 : 朱熹)가 말하였다. "정말로 제자들이 배울 수 없는 곳임을 말한 것이다."

○ 釋兼論.

경문 풀이에 의미 설명을 겸하였다.

朱註

○ 鼂[408]氏曰 : "當時, 有稱夫子聖且仁者. 以故, 夫子辭之, 苟辭之而已焉, 則無以進天下之材, 率天下之善, 將使聖與仁爲虛器, 而人終莫能至矣.

조씨(鼂氏 : 晁說之)[409]가 말하였다. "당시에 공자를 성스럽고 어진 사람이라고 일컬음이 있었다. 이 때문에 공자가 사양하였는데, 진실로 사양할 따름이었다면 천하의 재능(才能)을 진보하게 하고, 천하의 선량(善良)을 이끌어 줌이 없어서 장차 성인(聖人)과 인자(仁者)에게 공허한 인재(人才)가 되게 하여 사람들이 끝내 이를 수 없게 되었을 것이다.

詳說

○ 音潮.[410]

'조(鼂)'자는 음이 조(潮)이다.

○ 『大全』曰 : "名說之, 字以道, 清豐人."[411]

제자들이 배울 수 없는 곳임을 말한 것이다.'라는 말을 하였으니, 성인에게 양보하지 않는 곳이 있음을 말한 것이다.')"라고 하였다.

408) 호광 편(胡廣 編), 『논어집주대전(論語集註大全)』「술이(述而)」에는 '晁'자로 되어 있고, 조선 정조 때 간행된 내각본 『논어집주대전』에는 박문호(朴文鎬)의 『논어집주상설(論語集註詳說)』과 마찬가지로 '鼂'자로 되어 있다.

409) 조설지(晁說之, 1059~1129) : 송나라 때의 학자로 자가 이도(以道) · 백이(伯以)이고, 사마광(司馬光)의 사람됨을 사모하여 자호를 경우생(景迂生)이라 하고, 대대로 단주(澶州)에 살았으며, 거야(鉅野) 사람이다. 저서로는 『역상구대전(易商瞿大傳)』 · 『서론(書論)』 · 『역상소전(易商小傳)』 · 『상구역전(商瞿易傳)』 · 『친씨역식(親氏易式)』 · 『조씨시전(晁氏詩傳)』 · 『시론(詩論)』 · 『조씨서전(晁氏書傳)』 · 『조씨춘추전(晁氏春秋傳)』 · 『논어강의(論語講義)』 · 『주역태극전(周易太極傳)』 · 『중용전(中庸傳)』 · 『홍범소전(洪范小傳)』 · 『경우생집(景迂生集)』 등이 있다.

410) 호광 편(胡廣 編), 『논어집주대전(論語集註大全)』「술이(述而)」.

411) 호광 편(胡廣 編), 『논어집주대전(論語集註大全)』「술이(述而)」.

'조씨(鼂氏)'에 대해, 『논어집주대전』에서 말하였다. "이름이 설지(說之)이고, 자가 이도(以道)이며, 청풍(淸豐) 사람이다."

○ 文上意, 惟以'豈敢'二字推之, 而知其然耳.

'유칭부자성차인자(有稱夫子聖且仁者 : 공자를 성스럽고 어진 사람이라고 일컬음이 있었다)'에 대해, 문장 위의 뜻은 오직 '기감(豈敢)' 두 글자로써 유추하여 그러함을 알 뿐이다.

○ 上一半謙辭.

'부자사지(夫子辭之 : 공자가 사양하였음)'의 경우, 위 절반은 겸손하게 한 말이다.

○ 夫子猶不能是虛器也.

'장사성여인위허기(將使聖與仁爲虛器 : 장차 성인과 인자에게 공허한 인재가 되게 함)'로 볼 때, 공자가 오히려 공허한 인재일 수는 없는 것이다.

○ 亦可謂知夫子之意.

'인종막능지의(人終莫能至矣 : 사람들이 끝내 이를 수 없게 되었을 것이다)'라는 구절은 또한 공자의 뜻을 알 수 있다고 이를 만하다.

朱註

故夫子雖不居仁 · 聖, 而必以爲之不厭, 誨人不倦, 自處也. '可謂云爾已矣'者, 無他之辭也. 公西華仰而歎之, 其亦深知夫子之意矣."

그러므로 공자가 비록 인(仁)과 성(聖)을 자처하지 않았으나, 반드시 행하기를 싫어하지 않고 사람들을 가르침에 게을리 하지 않은 것으로는 자처하였다. '가위운이이의(可謂云爾已矣 : 그렇게 하였다고 말할 수 있을 뿐임)'라는 말은 다른 것이 없다는 뜻이다. 공서화(公西華)가 우러러 감탄하였으니, 그 또한 깊이 공자의 뜻을 안 것이다."

詳說

○ 上聲.[412]

'자처야(自處也)'에서의 '처(處)'자는 상성(上聲 : 自居하다)이다.

○ 變'抑'言'必', 而下一半, 遂爲正意.

'자처야(自處也)'는 '억(抑)'을 바꾸어서 '필(必)'로 말하여 아래 절반은 마침내 진

412) 호광 편(胡廣 編), 『논어집주대전(論語集註大全)』「술이(述而)」.

정한 뜻이 되었다.

○ 是自处之辭.

'가위운이이의(可謂云爾已矣 : 그렇게 하였다고 말할 수 있을 뿐임)'는 자처하는 말이다.

○ 諺解不釋'云爾', 恐欠語.

'가위운이이의자(可謂云爾已矣者)'는 『언해』에서 '운이(云爾)'를 풀이하지 않았으니,[413] 아마도 말을 빠뜨린 듯하다.

○ 此訓也. '已'字, 有無他之義, 猶言此則有之.

'가위운이이의자, 무타지사야(可謂云爾已矣者, 無他之辭也 : 可謂云爾已矣라는 것은 다른 것이 없다는 말이다)'라는 구절을 보면, 이는 훈고이다. '이(已)'자는 다른 뜻이 없으며, 오히려 이것을 말하여 곧 있게 된 것이다.

○ 承夫子自言, 而下'亦'字.

'기역심지부자지의의(其亦深知夫子之意矣 : 그 또한 깊이 공자의 뜻을 안 것이다)'는 공자가 스스로 말한 것을 이어서 '역(亦)'자를 놓은 것이다.

○ 慶源輔氏曰 : "華, 蓋見夫子實全仁聖之道."[414]

경원 보씨(慶源輔氏 : 輔廣)가 말하였다. "공서화(公西華)는 대개 공자의 실제로 온전한 인(仁)과 성(聖)의 도를 본 것이다."[415]

---

413) 『언해』에서 '운이(云爾)'를 풀이하지 않았으니 : 『언해』본에서는 "가히 이를 따름이니라."라고 하였다.

414) 호광 편(胡廣 編), 『논어집주대전(論語集註大全)』「술이(述而)」에는 "慶源輔氏曰 : '爲之不厭者, 仁·聖之實; 誨人不倦者, 仁聖之施. 非在己者有仁聖之德, 豈能如是? 公西華蓋即爲之不厭·誨人不倦, 而見夫子實全仁聖之道, 非學者所能效也.'"로 되어 있다.

415) 『주자어류(朱子語類)』 권34, 「논어16(論語十六)」, 204조목에는 "다른 사람이 행할 때는 남을 가르치는데 싫어하고 게을리 할 때가 없을 수 없고, 오직 성인이라야 싫어하지 않고 게을리하지 않는다. '정말로 제자들이 배울 수 없는 곳임을 말한 것이다.'라는 것은 바로 제자들이 배울 수 없는 곳임을 말하였다. 만약 공서화가 직접 일찍이 하거나 직접 그렇게 본 것이 아니라면 어떻게 해석하여 말하겠는가!(其他人爲之, 誨人不能無厭倦時 ; 惟聖人則不厭·不倦. '正唯弟子不能學也', 言正是弟子不能學處. 這若不是公西華親曾去做來, 親見是恁地, 如何解恁地說!"라고 하였다.

[7-34-1]

子疾病, 子路請禱, 子曰: "有諸?" 子路對曰: "有之, 誄曰'禱爾于上下神祇.'" 子曰: "丘之禱, 久矣."
공자가 병환(病患)이 생겼거늘, 자로(子路)가 기도(祈禱) 드릴 것을 여쭈었는데, 공자가 말하였다. "그런 것이 있느냐?" 자로가 대답하여 말하였다. "그런 것이 있으니, 뇌사(誄辭)에 말하기를, '너를 하늘과 땅의 신기(神祇)에게 기도한다.'라고 하였습니다." 공자가 말하였다. "나의 기도는 오래되었다."

朱註

力軌反.416)
'뢰(誄)'는 '력(力)'과 '궤(軌)'의 반절(反切)이다.

詳說

○ 一作'於'.
'우(于)'는 어떤 판본에는 '어(於)'로 썼다.417)

朱註

'禱', 謂禱於鬼神. '有諸', 問有此理否. '誄'者, 哀死而述其行之辭也.
'도(禱)'는 귀신에게 기도함을 이른다. '유저(有諸)'는 이러한 이치가 있는 여부를 물음이다. '뢰(誄)'라는 것은 죽음을 슬퍼하면서 그 행적을 기술한 말이다.

詳說

○ 觀子路所荅之意. 蓋認'有諸'二字, 爲有此事否.
'유저, 문유차리부(有諸, 問有此理否 : 유저는 이러한 이치가 있는 여부를 물음이다)'는 자로(子路)가 대답한 뜻을 살펴보는 것이다. 대개 '유저(有諸)' 두 글자는 이 일이 있는 여부가 된다고 인식한다.

---

416) 『논어정의』「음의」에는 "誄, 力軌反. 『說文』作'讄'. 或云: '作讓.' 禱, 累功德以求福也, 以誄爲謚也.'"라고 하였다.

417) '우(于)'는 어떤 판본에는 '어(於)'로 썼다 : 호광 편(胡廣 編), 『논어집주대전(論語集註大全)』와 내각본 『논어집주대전』에는 모두 '于'로 되어 있다.

○ 去聲, 下同.418)

'술기행(述其行 : 그 행적을 기술함)'의 '행(行)'은 거성(去聲 : 행위)이니, 아래도 같다.

○ 『周禮』「大祝」曰 : "六辭, 六曰誄."419)

'뢰자, 애사이술기행지사야(誄者, 哀死而述其行之辭也 : 뢰라는 것은 죽음을 슬퍼하면서 그 행적을 기술한 말이다)'에 대해, 『주례』「대축(大祝)」에서 말하였다. "육사(六辭)에서 여섯 번째를 뇌(誄)라고 한다."

朱註

'上下', 謂天地, 天曰神, 地曰祇.

'상하(上下)'는 천지(天地)를 이르니, 하늘을 신(神)이라 하고, 땅을 기(祇)라고 한다.

詳說

○ 音歧.

'지왈기(地曰祇)'에서 '기(祇)'자는 음이 기(歧)이다.

○ 有訓無釋.

훈고는 있으나 풀이는 없다.

○ 朱子曰 : "只是引古語, 以明有禱之理, 非謂欲禱皇天后土也."420)

주자(朱子 : 朱熹)가 말하였다. "다만 이는 옛말을 인용하여 기도(祈禱)가 있는 이치를 밝혔으며, 황천(皇天)과 후토(后土)에게 기도하고자 함을 이른 것은 아니다."

○ 蓋古有人誄死者, 曰 : "禱爾于神祇, 不見佑, 竟死, 可哀."云, 而子路只爲禱事而引之, 故逸其下一半.

대개 옛날에 어떤 사람이 죽은 사람을 위한 뇌사(誄辭)에서 말하기를 "너를 하늘과 땅의 귀신에게 빌었건만 도와줌을 보지 못하고 마침내 죽으니 슬프도다."라고

418) 호광 편(胡廣 編), 『논어집주대전(論語集註大全)』「술이(述而)」에는 "行, 去聲, 下素行, 同."이라고 하였다.

419) 『주례』「춘관(春官) · 대축(大祝)」. "作六辭, 以通上下親疏遠近, 一曰祠; 二曰命; 三曰誥; 四曰會; 五曰禱; 六曰誄."

420) 호광 편(胡廣 編), 『논어집주대전(論語集註大全)』「술이(述而)」에는 "朱子曰 : '只是引此古語, 以明有禱之理, 非謂欲禱皇天后土也. 禱雖臣子之禮, 其辭則述君父悔過遷善之意, 以解謝鬼神之譴怒.'"로 되어 있다.

하였는데, 자로(子路)가 기도(祈禱)하는 일을 위해서 인용하였기 때문에 그 아래 절반이 없는 것이다.

朱註

'禱'者, 悔過遷善, 以祈神之佑也.
'도(禱)'라는 것은 과실을 뉘우치고 선(善)으로 옮겨가서 신기(神祇)의 도움을 비는 것이다.

詳說

○ 朱子曰: "臣子, 述君父悔過遷善之意, 以解謝鬼神之譴怒."421)
'도자, 회과천선, 이기신지우야(禱者, 悔過遷善, 以祈神之佑也: 도라는 것은 과실을 뉘우치고 선으로 옮겨가서 신기의 도움을 비는 것이다)'에 대해, 주자(朱子: 朱熹)가 말하였다. "신하와 아들이 임금과 아버지의 과실을 뉘우치고 선으로 옮겨가는 뜻을 말하여 귀신의 꾸지람을 풀어주고 사례하는 것이다."

○ 此論禱之事.
이는 기도하는 일을 논의하였다.

朱註

無其理, 則不必禱, 旣曰'有之', 則聖人未嘗有過, 無善可遷, 其素行, 固已合於神明.
그 이치가 없으면 기도를 기필하지 못하거늘, 이미 '그런 것이 있다'고 말하였다면 성인(聖人)이 일찍이 과실이 있은 적이 없고 선하여 옮겨갈 만한 일이 없어서 그 평소 행실이 진실로 이미 신명에 부합하였다.

詳說

○ 先反說.
'불필도(不必禱: 기도를 기필하지 못함)'는 먼저 반대로 말한 것이다.

---

421) 호광 편(胡廣 編), 『논어집주대전(論語集註大全)』「술이(述而)」에는 "朱子曰: '只是引此古語, 以明有禱之理, 非謂欲禱皇天后土也. 禱雖臣子之禮, 其辭則述君父悔過遷善之意, 以解謝鬼神之譴怒.'"로 되어 있다.

○ 『易』「乾·文言」曰: "與鬼神, 合其吉凶."422)

'고이합어신명(固已合於神明 : 진실로 이미 신명에 부합했음)'에 대해, 『주역(周易)』「건괘(乾卦)·문언(文言)」에서 말하였다. "귀신과 더불어 그 길흉에 부합한다."

朱註

故曰: "丘之禱, 久矣."

그러므로 말하기를, "나의 기도는 오래되었다."라고 한 것이다.

詳說

○ 朱子曰: "一句, 語意深厚."423)

'구지도, 구의(丘之禱, 久矣 : 나의 기도는 오래되었다)'에 대해, 주자(朱子 : 朱熹)가 말하였다. "한 구절의 말뜻이 깊고 두텁다."

○ 新安陳氏曰: "因子路引'禱爾'而言, 蓋不禱之禱也."424)

신안 진씨(新安陳氏 : 陳櫟)가 말하였다. "자로(子路)가 '도이(禱爾 : 너를 기도함)'를 인용하여 말함에 말미암았으니, 대개 기도하지 않는 기도이다."

○ 以論釋之.

경문의 의미 설명으로 풀이하였다.

○ 此下, 又申論其意.

이 아래에서는 또 그 뜻을 거듭 논변하였다.

朱註

又「士喪禮」, 疾病, 行禱五祀,

---

422) 『주역(周易)』「건괘(乾卦)·문언(文言)」. "夫大人者, 與天地合其德, 與日月合其明, 與四時合其序, 與鬼神合其吉凶, 先天而天弗違, 後天而奉天時."

423) 호광 편(胡廣 編), 『논어집주대전(論語集註大全)』「술이(述而)」에는 "問 : '聖人, 與天地合其德; 與鬼神合其吉凶, 我即天地鬼神, 天地鬼神即我, 何禱之有?' 朱子曰 : '自他人言之, 謂聖人如此可也, 聖人之心, 豈以此自居? 惟味某之禱久矣一句, 語意深厚, 聖人氣象, 與天人之分, 自求多福之意, 可見.'"으로 되어 있다.

424) 호광 편(胡廣 編), 『논어집주대전(論語集註大全)』「술이(述而)」에는 "新安陳氏曰 : '聖人素履無愧, 少壯迨老, 無非對越神明之時, 豈待疾病而後禱哉? 所謂禱久矣, 乃因子路引禱爾而言, 蓋不禱之禱也.'"로 되어 있다.

又「사상례(士喪禮)」에서 "병환(病患)이 생김에 오사(五祀 : 門·戶·中霤·灶·行)에 기도를 거행한다."라고 하였으니,[425)]

詳說

○『儀禮』.
'「사상례(士喪禮)」'는 『의례(儀禮)』이다.

○ 疾甚.
'병(病)'은 질병이 심함이다.

○ 如字.
'행도오사(行禱五祀)'에서 '행(行)'은 본래의 음으로 읽는다.

○『儀禮』注曰 : "門·戶·竈·行·中霤."[426)]
'행도오사(行禱五祀 : 오사에 기도를 거행함)'는 『의례(儀禮)』의 주석에서 말하였다. "문(門)·호(戶)·조(竈)·행(行)·중류(中霤)이다."

○『儀禮』止此.
『의례』는 여기에서[行禱五祀] 그친다.

---

425) 『주자어류(朱子語類)』 권34, 「논어16(論語十六)」, 212조목에는 『사상례』에 관한 견해가 드러나 있다. "숙기가 물었다. ''자로가 기도할 것을 청하였다'의 '주(注)' 아래에는 두 개의 뜻이 있는 모양입니다.' 주희가 말하였다. '그렇다. 다만 「사상례」의 뜻은 오히려 하찮은 뜻일 뿐이다.' 한참 있다가 말하였다. '성인은 꼼꼼하시다. 다른 사람 같았으면 모름지기 큰소리로 꾸짖었을 텐데 성인께서는 오히려 '그런 일이 있는가?'라 물으시고, 그가 다시 말하기를 기다렸다가 '기도한 지가 오래 되었다.'라 하셨다. 이는 '남과 함께 노래를 불러 상대방이 노래를 잘하면 반드시 다시 부르게 하시고, 그 뒤에 따라 부르셨다.'라 하신 것과 같다. 오히려 그 마음속에서는 그렇게 꼼꼼하게 하려 한 것이 아닌데, 성인이 저절로 그렇게 꼼꼼하니 그렇게 실수하지 않고 대범하게 건너뛰어 말씀하신 것이다.'(叔器問: ''子路請禱', 注下是兩箇意思模樣.' 曰: '是. 但士喪禮那意卻只是箇小意思.' 良久, 云: '聖人便是仔細. 若其他人, 便須叫喚罵詈, 聖人卻問'有諸', 待他更說, 卻云是'禱久矣'. 這如'與人歌而善, 必反之而後和之'樣. 卻不是他心裏要恁仔細, 聖人自是恁地仔細, 不恁地失枝落節, 大步跳過去說.')"

426) 호광 편(胡廣 編), 『논어집주대전(論語集註大全)』「술이(述而)」에 다음과 같은 내용이 실려 있다. "『儀禮』第十三篇註云 : '謂門戶竈行中霤, 盡孝子之情. 五祀, 博言之. 士二祀, 日門日行.'" 그리고 『예기』「월령(月令)」, 정현(鄭玄)의 주석에는 "五祀, 門·戶·中霤·灶·行也."라고 하였다.

朱註

蓋臣子迫切之至情, 有不能自已者, 初不請於病者而後禱也.

대개 신하와 아들이 긴박하고 절실한 지극한 감정에 스스로 말 수 없는 것이 있음이고, 처음부터 병든 사람에게 청한 뒤에 기도하는 것이 아니다.

詳說

○ 子路何不引此禮, 而必引誄乎?

자로(子路)는 어찌 이 예(禮)를 인용하지 않고 반드시 뇌사(誄辭)를 인용하였는가?

○ '不'字意, 至此.

'초불청어병자이후도야(初不請於病者而後禱也 : 처음부터 병든 사람에게 청한 뒤에 기도하는 것이 아니다)'에서 '불(不)'자의 뜻이 여기까지 이른다.

朱註

故孔子之於子路, 不直拒之, 而但告以無所事禱之意.

그러므로 공자(孔子)가 자로에게서 곧바로 거절하지 못하고 다만 기도를 일삼음이 없는 뜻으로 말해준 것이다.

詳說

○ 襯'有諸'句.

'부직거지(不直拒之 : 곧바로 거절하지 못함)'는 '유저(有諸)'의 구절에 가깝다.

○ 襯'禱久'句.

'단고이무소사도지의(但告以無所事禱之意 : 다만 기도를 일삼음이 없는 뜻으로 말해준 것이다)'는 '도구(禱久)'의 구절에 가깝다.

○ 朱子曰 : "聖人知有此理, 故不責子路, 子路所欲禱, 禱於所當祭, 必非淫祀, 但不當請耳."427)

427) 호광 편(胡廣 編), 『논어집주대전(論語集註大全)』「술이(述而)」에는 "朱子曰 : '在臣子則可, 在我則不可, 聖人也知有此理, 故言我不用禱, 而不責子路之非也. 疾病行禱者, 臣子之於君父, 各禱於其所當祭. 子路所欲禱, 必非淫祀, 但不當請耳.'"로 되어 있고, 『주자어류(朱子語類)』 권34, 「논어16(論語十六)」, 207조목에는 "讀此章, 曰: '在臣子則可, 在我則不可. 聖人也知有此理, 故但言我不用禱, 而亦不責子路之非也.'(이 장을 읽고 말하였다. '신하에게 있으면 괜찮고

주자(朱子 : 朱熹)가 말하였다. "성인(聖人)이 이러한 이치가 있음을 알았기 때문에 자로(子路)를 책망하지 않았으며, 자로가 기도하려는 곳은 마땅히 제사 지낼 곳에 기도하여 반드시 음란한 제사가 아니었으나 다만 마땅히 청하지 않았을 뿐이었다."

○ **慶源輔氏曰 : "行禱, 周公猶爲之. 然周公則可, 武王則不可; 子路則可, 夫子則不可."**[428]
경원 보씨(慶源輔氏 : 輔廣)가 말하였다. "기도를 거행함은 주공(周公)도 오히려 하였다. 그러나 주공은 옳았고 무왕(武王)은 옳지 않았으며, 자로는 옳았고 공자는 옳지 않았다."

나에게 있으면 괜찮지 않다. 성인도 이런 이치가 있음을 알았으므로 다만 나는 기도를 쓰지 않는다고만 말하였을 뿐 또한 자로가 그릇됨을 책망하지는 않았다.')"라고 하였다.

428) 호광 편(胡廣 編), 『논어집주대전(論語集註大全)』「술이(述而)」에는 "慶源輔氏曰 : '疾病而行禱, 乃臣子迫切之至情, 在周公猶爲之. 然周公則可, 武王則不可; 子路則可, 夫子則不可. 領子路之至情, 明在己之正理, 夫子之心, 卽天地神祗之心也.'"로 되어 있다.

[7-35-1]

子曰："奢則不孫，儉則固，與其不孫也，寧固."   공자가 말하였다. "사치하면 공손하지 아니하고, 검소하면 고루하나니 그 공손하지 아니함으로 함께하기보다는 차라리 고루할 것이니라."

朱註

'孫', 去聲.[429] '孫', 順也. '固', 陋也.

'사칙불손(奢則不孫)'에서 '손(孫)'자는 거성(去聲 : 恭順하다)이다. '손(孫)'은 공순(恭順)함이다. '고(固)'는 고루(固陋)함이다.

詳說

○ 訓畢.

훈고가 끝났다.

朱註

奢·儉, 俱失中, 而奢之害大.

사치와 검소는 모두 중도(中道)를 잃었는데,[430] 사치의 해악이 크다.

詳說

○ 不孫, 固.

'사·검, 구실중(奢·儉, 俱失中 : 사치와 검소는 모두 중도를 잃었음)'은 공순하지 않고 고루함이다.

○ 新安陳氏曰："奢而僭犯, 爲害甚; 儉陋之害, 止此而已."[431]

---

429) 주희(朱熹), 『논어정의(論語精義)』「음의」에는 "孫, 音遜."이라고 하였다.

430) 『주자어류(朱子語類)』 권34, 「논어16(論語十六)」, 214조목에는 "사치로우면 공순치 못하다는 말은 그 사람이 나름대로 거둬들이지를 못한 것이다. 공은 또한 사치로운 사람의 뜻과 검소한 사람의 뜻을 본 것이다. 사치로운 사람은 교만한 뜻이 있어 반드시 윗사람을 과도하게 범한 곳에 이르러서야 그치게 된다.(才奢, 便是不孫, 他自是不戢斂也. 公且看奢底人意思, 儉底人意思. 那奢底人便有驕敖底意思, 須必至於過度僭上而後已.)"라고 하였다.

431) 호광 편(胡廣 編), 『논어집주대전(論語集註大全)』「술이(述而)」에는 "新安陳氏曰 : '奢失之過, 儉失之不及, 皆非中道. 然奢而僭犯, 爲害甚, 儉陋之害, 止此而已, 即與其奢也, 寧儉之意.'"로

‘사지해대(奢之害大 : 사치의 해악이 크다)’에 대해, 신안 진씨(新安陳氏 : 陳櫟)가 말하였다. “사치하면서 도리에 어긋남이 해악의 심함이 되지만, 검소하여 고루함의 해악은 여기에 그칠 따름이다.”

○ 釋畢.

경문의 풀이가 끝났다.

朱註

○ 鼂[432]氏曰 : “不得已而救時之弊也.”

조씨(鼂氏 : 晁說之)가 말하였다. “마지못해 어쩔 수 없이 당시의 폐해(弊害)를 구한 것이다.”

詳說

○ 此只論下一半之意.

이는 다만 아래 절반의 뜻을 논의한 것이다.

되어 있다.

432) 호광 편(胡廣 編), 『논어집주대전(論語集註大全)』에는 ‘晁’자로 되어 있고, 내각본 『논어집주대전』과 박문호(朴文鎬)의 『논어집주상설(論語集註詳說)』에는 ‘鼂’자로 되어 있다.

[7-36-1]

子曰 : "君子坦蕩蕩, 小人長戚戚."
공자가 말하였다. "군자는 평탄히 널찍하고, 소인은 길이 애태우는 것이다."

朱註

'坦', 平也. '蕩蕩', 寬廣貌.
'탄(坦)'은 평탄(平坦)함이다. '탕탕(蕩蕩)'은 널찍한 모양이다.

詳說

○ 常也.
'평야(平也)'는 떳떳함이다.

○ 訓畢.
훈고가 끝났다.

朱註

程子曰 : "君子循理, 故常舒泰; 小人役於物, 故多憂戚."
정자(程子 : 程頤)가 말하였다. "군자는 도리를 좇기 때문에 항상 느긋하고 편안하며, 소인은 물질을 일삼기 때문에 많이 애태우는 것이다."

詳說

○ 叔子.
'정자왈(程子曰)'에서 '정자(程子)'는 동생 정이(程頤)이다.

○ 四字有力.
'순리(循理)'와 '역물(役物)'의 네 글자에 힘이 있다.

○ 厚齋馮氏曰 : "'曰坦', 無適而不寬廣, '曰長', 無時而不憂慮."433)
'다우척(多憂戚 : 많이 애태움)'에 대해, 후재 풍씨(厚齋馮氏 : 馮椅)가 말하였다. "'평탄히'라고 한 것은 어디를 가더라도 널찍하지 않음이 없는 것이고, '길이'라고 한 것은 어느 때라도 애태우지 않음이 없는 것이다."

433) 호광 편(胡廣 編), 『논어집주대전(論語集註大全)』「술이(述而)」에는 "厚齋馮氏曰 : '蕩蕩曰坦, 其心無適而不寬廣也; 戚戚曰長, 無時而不憂慮也.'"

○ 釋畢.

경문의 풀이가 끝났다.

朱註

○ **程子曰: "'君子坦蕩蕩', 心廣體胖."**

정자(程子: 程顥)가 말하였다. "군자는 평탄히 널찍하여 마음이 넓고 몸이 편안하고 느긋하다."[434)]

詳說

○ 伯子.[435)]

'정자왈(程子曰)'에서 '정자(程子)'는 형 정호(程顥)이다.

○ 音盤.

'심광체반(心廣體胖)'에서 '반(胖)'자는 음이 반(盤)이다.

○ 四字, 出『大學』.

'심광체반(心廣體胖)'의 네 글자는 『대학(大學)』에 나온다.[436)]

○ 言'坦蕩', 卽'廣胖'之意.

'탄탕(坦蕩)'이 곧 '광반(廣胖)'의 뜻이다.

○ 此只論上一半.

이는 다만 위 절반을 논의한 것이다.

434) 『주자어류(朱子語類)』 권34, 「논어16(論語十六)」, 216조목에는 "'군자는 평탄히 널찍하여'라는 것은 성의일 뿐으로 '마음이 넓고 몸이 편안하고 느긋한 것'일 따름이다.'('君子坦蕩蕩', 只是意誠, '心廣體胖'耳)"라고 하였다.

435) 주희(朱熹), 『논어정의(論語精義)』 권4 상에서 "明道曰: '君子坦蕩蕩, 心廣體胖.'"이라고 하였다.

436) '심광체반(心廣體胖)'의 네 글자는 『대학(大學)』에 나온다: 『대학장구(大學章句)』(전6장)에서 "富潤屋, 德潤身, 心廣體胖. 故君子必誠其意"라고 하였고, 그 주석에서 "胖, 安舒也."라고 하였다.

[7-37-1]

子, 温而厲; 威而不猛; 恭而安.
공자는 온화하되 엄숙하며, 위엄스럽되 맹렬(猛烈)하지 않으며, 공손하되 편안하였다.

朱註

'厲', 嚴肅也. 人之德性, 本無不備, 而氣質所賦, 鮮有不偏.
'려(厲)'는 엄숙함이다. 사람의 덕성은 본래 갖추지 못함이 없으나 기질에 부여된 것이 치우치지 않은 사람이 드물게 있다.437)

詳說

○ 訓.

'려, 엄숙야(厲, 嚴肅也)'는 훈고이다.

---

437) 『주자어류(朱子語類)』 권34, 「논어16(論語十六)」, 221조목에는 기질(氣質)과 관련하여 다음과 같은 논의가 있다. "위가 물었다. '횡거가 말하기를 '15년을 '공손하면서도 편안하셨다'를 배웠으니 이루지 못하였다.'라 하였습니다. 명도는 말하기를 '배움을 이루지 못하였으니 다소간 병폐가 있음을 알만하다.'라 하였습니다. 이천이 '만약에 알지 못한다면 요임금이 그가 일을 행할 때 배우는 것을 엿보기만 하고, 요임금의 총명함과 예지가 없이 어찌 그처럼 동작하고 주선하는 가운데 예를 생기게 하겠는가?'라 말한 것만 못합니다.' 주희가 말하였다. '또한 이와 같으며 다소의 병폐가 있었다.' 한참 있다가 말하였다. '사람은 기질에 의해 판세가 정하여진다. 사소한 것이 변하면 더욱 사소함이 생기고, 사소한 것이 변하면 또한 더욱 사소함이 생긴다.' 또 말하였다. '성인은 분발하면 먹을 것도 잊고 즐거우면 근심을 잊으니, 한 칼에 두 동강을 내는 것은 지극히 타당하다! 성인은 실제로 말하는데 있지 않았다. 안자가 성인이 한 마디 하는 것을 얻어 곧장 가슴 속의 생각을 모두 말하면 그뿐이지, 더 이상 여러 가지 가늘고 미세하며 얽히고설키어 복잡함이 없다.' 물었다. '횡거는 단단히 잡았는데 불안해 한 것이 아닙니까?' 주희가 말하였다. '그는 공손함을 배웠으나 일찍이 익숙하지 못하였음을 스스로 징험하였다. 공손함을 배운 것이 아니라 편안함을 배웠다.'(魏問: '橫渠言: '十五年學"恭而安'不成.' 明道曰: '可知是學不成, 有多少病在.' 莫是如伊川說: '若不知得, 只是覷卻堯學他行事, 無堯許多聰明睿智, 怎生得似他動容周旋中禮?'' 曰: '也是如此, 更有多少病在.' 良久, 曰: '人便是被氣質局定. 變得些子了, 又更有些子 ; 變得些子了, 又更有些子.' 又云: '聖人發憤便忘食, 樂便忘憂, 直是一刀兩段, 千了百當! 聖人固不在說. 但顏子得聖人說一句, 直是傾腸倒肚, 便都了, 更無許多廉纖纏擾, 絲來線去.' 問: '橫渠只是硬把捉, 故不安否?' 曰: '他只是學箇恭, 自驗見不曾熟. 不是學箇恭, 又學箇安.'"

○ **上聲.**[438]

'선유불편(鮮有不偏)'에서 '선(鮮)'자는 상성(上聲 : 드물다)이다.

○ **先論常人.**

'선유불편(鮮有不偏 : 치우치지 않은 사람이 드물게 있다)'은 보통 사람을 먼저 말한 것이다.

朱註

惟聖人, 全體渾然, 陰陽合德. 故其中和之氣, 見於容貌之間者如此.

오직 성인(聖人)은 전체가 순수하고 원만하여 천지(天地) 음양(陰陽)과 덕(德)이 같다. 그러므로 그 중화(中和)의 기운이 용모 사이에 나타난 것이 이와 같다.[439]

詳說

○ **上聲.**[440]

'전체혼연(全體渾然)'에서 '혼(渾)'자는 상성(上聲 : 純粹圓滿함)이다.

○ **雙峰饒氏曰 : "應德性而言."**[441]

'전체혼연(全體渾然 : 전체가 순수하고 원만함)'에 대해, 쌍봉 요씨(雙峰饒氏 : 饒魯)가 말하였다. "덕성(德性)에 응하여 말한 것이다."

○ **雙峰饒氏曰 : "應氣質而言."**[442]

---

438) 호광 편(胡廣 編), 『논어집주대전(論語集註大全)』「술이(述而)」.

439) 『주자어류(朱子語類)』 권34, 「논어16(論語十六)」, 217조목에는 "'공자께서는 온화하시면서도 엄숙하고, 위엄이 있으시면서도 사납지 않으셨으며, 공손하시면서도 편안하셨다.'라는 부분에 대해, 엄숙하셨다는 것은 저절로 위엄이 있다는 의미이며, 사납지 않으셨다는 것은 저절로 온화함이 있다는 의미이다. 대체로 '온화하셨다'라는 것과 '위엄이 있으셨다', '공손하셨다'의 세 글자가 주된 말이고, '엄숙하셨다'라느니, '사납지 않으셨다', '편안하셨다'라는 말은 부수적으로 딸린 말이다. 위아래의 두 구절은 이해하기 쉽다. 여러분들은 성인의 위엄 있는 기상이 어떠한지를 보아야 한다.' 한참 있다가 일러주었다. '성인은 덕이 성하여 자연스럽게 엄숙하다.'('子溫而厲, 威而不猛, 恭而安'. 須看厲, 便自有威底意思 ; 不猛, 便自有溫底意思. 大抵曰'溫', 曰'威', 曰'恭', 三字是主 ; 曰'厲', 曰'不猛', 曰'安', 是帶說. 上下二句易理會. 諸公且看聖人威底氣象是如何.' 久之, 云: '聖人德盛, 自然尊嚴.')"라고 하였다.

440) 호광 편(胡廣 編), 『논어집주대전(論語集註大全)』「술이(述而)」.

441) 호광 편(胡廣 編), 『논어집주대전(論語集註大全)』「술이(述而)」에는 "雙峯饒氏曰 : '全體渾然, 應上文德性而言; 陰陽合德, 應上文氣質而言.'"으로 되어 있다.

442) 호광 편(胡廣 編), 『논어집주대전(論語集註大全)』「술이(述而)」에는 "雙峯饒氏曰 : '全體渾然,

'음양합덕(陰陽合德 : 천지 음양과 덕이 같다)'에 대해, 쌍봉 요씨(雙峰饒氏 : 饒魯)가 말하였다. "기질에 응하여 말한 것이다."

○ 音現.[443]

'현어용모지간자(見於容貌之間者)'에서 '현(見)'자는 음이 현(現)이다.

朱註

門人熟察而詳記之, 亦可見其用心之密矣.

문인들이 익숙하게 살펴서 상세하게 기록하였으니, 또한 마음 씀의 세밀함을 볼 수 있는 것이다.

詳說

○ 慶源輔氏曰 : "用心不密, 則見溫不見厲, 餘皆然."[444]

'역가견기용심지밀의(亦可見其用心之密矣 : 또한 마음 씀의 세밀함을 볼 수 있음)'에 대해, 경원 보씨(慶源輔氏 : 輔廣)가 말하였다. "마음 씀이 세밀하지 않으면 온화함만 보고 엄숙함을 보지 못하니, 나머지도 모두 그러할 것이다."

○ '知', 去聲.[445]

'억비지(抑非知)'에서 '지(知)'자는 거성(去聲 : 지혜)이다.

○ '行', 去聲.[446]

'덕행(德行)'에서 '행(行)'자는 거성(去聲 : 행실)이다.

朱註

抑非知足以知聖人, 而善言德行者, 不能記. 故程子以爲'曾子之言', 學者所宜反復而玩心也.

그러나 지혜가 충분히 성인(聖人)을 알고 덕행을 잘 말하는 사람이 아니면 기록

應上文德性而言; 陰陽合德, 應上文氣質而言.'"으로 되어 있다.

443) 호광 편(胡廣 編), 『논어집주대전(論語集註大全)』「술이(述而)」에는 "見, 賢遍反."이라고 하였다.

444) 호광 편(胡廣 編), 『논어집주대전(論語集註大全)』「술이(述而)」에는 "慶源輔氏曰 : '用心不密, 則見其溫, 不見其厲, 餘皆然.'"으로 되어 있다.

445) 호광 편(胡廣 編), 『논어집주대전(論語集註大全)』「술이(述而)」.

446) 호광 편(胡廣 編), 『논어집주대전(論語集註大全)』「술이(述而)」.

할 수 없다. 그러므로 정자(程子)가 '증자(曾子)의 말'이라고 여긴 것이니, 배우는 사람들이 마땅히 반복하여 마음을 다해야 할 것이다.

詳說

○ 二句, 見『孟子』「公孫丑」.

'억비지족이지성인, 이선언덕행자(抑非知足以知聖人, 而善言德行者 : 그러나 지혜가 충분히 성인(聖人)을 알고 덕행을 잘 말하는 사람이 아니면)'의 두 구절은 『맹자(孟子)』「공손추상(公孫丑上)」에 보인다.447)

○ 叔子.

'정자(程子)'는 동생 정이(程頤)이다.

○ 宰我 · 子貢 · 有若, 知足以知聖人; 冉牛 · 閔子 · 顏淵, 善言德行; 曾子蓋兼之, 故知其爲曾子之言.

'정자이위증자지언(程子以爲曾子之言 : 정자가 증자의 말이라고 여긴 것)'은 재아(宰我)와 자공(子貢)과 유약(有若)은 지혜가 충분히 성인(聖人)을 알았으며, 염우(冉牛)와 민자(閔子)와 안연(顏淵)은 덕행을 잘 말하였으며, 증자(曾子)는 대개 그것들을 아울렀기 때문에 그 증자의 말이 됨을 안 것이다.

○ 覆同.448)

'학자소의반복(學者所宜反復)'에서 '복(復)'은 복(覆)과 같다.

---

447) 『맹자(孟子)』「공손추상(公孫丑上)」에 보인다 : 『맹자(孟子)』「공손추상(公孫丑上)」에서 "曰 : '敢問其所以異.' 曰 : '宰我 · 子貢 · 有若, 智足以知聖人, 汙不至阿其所好'. 宰我曰 : '以予觀於夫子, 賢於堯舜遠矣.' 子貢曰 : '見其禮而知其政, 聞其樂而知其德, 由百世之後, 等百世之王, 莫之能違也, 自生民以來, 未有夫子也.' 有若曰 : '豈惟民哉! 麒麟之於走獸, 鳳凰之於飛鳥, 太山之於邱垤, 河海之於行潦, 類也, 聖人之於民, 亦類也. 出於其類, 拔乎其萃, 自生民以來, 未有盛乎孔子也.'"라고 하였고, 『맹자(孟子)』「공손추상(公孫丑上)」에서 "宰我 · 子貢, 善爲說辭; 冉牛 · 閔子 · 顏淵, 善言德行; 孔子兼之, 曰 : '我於辭命, 則不能也', 然則夫子, 旣聖矣乎."라고 하였다.

448) "復, 方服反."이라고 하였다.

연구번역자 소개

신창호(申昌鎬)

현) 고려대학교 교수
고려대학교 박사(동양철학/교육사철학 전공)
고려대학교 교육문제연구소 소장
한국교육철학학회 회장·한중철학회 회장
「『중용』 교육사상의 현대적 조명」(박사학위논문), 『유교의 교육학 체계』 외 다수의 논문·번역·저서가 있음

김학목(金學睦)

현) 고려대학교 연구교수
건국대학교 박사(한국철학 전공)
해송학당 원장(동양학·사주명리 강의)
「박세당의 『신주도덕경』 연구」(박사학위논문), 『한국주역대전』 외 다수의 논문·번역·저서가 있음

윤원현(尹元鉉)

전) 고려대학교 연구교수
私立中國文化大學 박사(朱子哲學 전공)
한중철학회 회장
「從朱子思想中之天人架構闡論其義理脈絡」(박사학위논문), 『성리대전』 외 다수의 논문·번역·저서가 있음

조기영(趙麒永)

현) 고려대학교 연구교수
연세대학교 박사(한문학 전공)
서정대 교수·연세대국학연구원 연구원
「하서 김인후 시 연구」(박사학위논문), 『한국시가의 정신세계』 외 다수의 논문·번역·저서가 있음

김언종(金彦鍾)

현) 고려대학교 명예교수
國立臺灣師範大學(韓國經學 전공)
한국고전번역원 이사·고전번역학회 회장
「丁茶山論語古今注原義總括考徵」(박사학위논문), 『(역주)시경강의』 외 다수의 논문·번역·저서가 있음

임헌규(林憲圭)

현) 강남대학교 교수
한국학중앙연구원 박사(동양철학 전공)
동양고전학회 회장
「유가의 심성론 연구 – 맹자와 주희를 중심으로」(박사학위논문), 『공자에서 다산 정약용까지 – 유교 인문학의 동서철학적 성찰』 외 다수의 논문·번역·저서가 있음

허동현(許東賢)

현) 경희대학교 교수
고려대학교 박사(한국근대사 전공)
경희대학교 학부대학 학장·한국현대사연구원 원장
「1881년 조사시찰단 연구」(박사학위논문), 『한국의 국가 형성과 민주주의』 외 다수의 논문·번역·저서가 있음

논어집주상설 연구번역 연구진

연구책임자

신창호(고려대학교)

전임연구원

김학목(고려대학교)
윤원현(고려대학교)
조기영(고려대학교)

공동연구원

김언종(고려대학교)
임헌규(강남대학교)
허동현(경희대학교)
박성빈(고려대학교, 전산)

논어집주상설 4

초판발행 2019년 8월 25일

지은이 박문호
책임역주 신창호
공동역주 김학목 · 윤원현 · 조기영 · 김언종 · 임헌규 · 허동현
펴낸이 노현

편 집 문선미
표지디자인 BEN STORY
제 작 우인도 · 고철민

펴낸곳 ㈜ 피와이메이트
서울특별시 금천구 가산디지털2로 53 한라시그마밸리 210호(가산동)
등록 2014. 2. 12. 제2018-000080호
전 화 02)733-6771
f a x 02)736-4818
e-mail pys@pybook.co.kr
homepage www.pybook.co.kr
ISBN 979-11-90151-09-2 94140
979-11-90151-05-4 (세트)

정 가 28,000원 (세트 210,000원)

박영스토리는 박영사와 함께하는 브랜드입니다.